The Invincible Company

최강 기업의 탄생

KB058860

THE INVINCIBLE COMPANY

세계 최고의 상품·서비스·기업에게서 배우는 비즈니스 모델 전략

최강 기업의 탄생

알렉산더 오스터왈더 · 예스 피그누어 · 프레더릭 에티엠블 · 앨런 스미스 지음 | 유정식 옮김

비즈니스북스

최강 기업의 탄생

1판 1쇄 인쇄 2021년 10월 11일
1판 1쇄 발행 2021년 10월 22일

지은이 | 알렉산더 오스터왈더 · 예스 피그누어 · 프레더릭 에티엠블 · 앨런 스미스
옮긴이 | 유정식
발행인 | 홍영태
편집인 | 김미란
발행처 | (주)비즈니스북스
등 록 | 제2000−000225호(2000년 2월 28일)
주 소 | 03991 서울시 마포구 월드컵북로6길 3 이노베이스빌딩 7층
전 화 | (02)338−9449
팩 스 | (02)338−6543
대표메일 | bb@businessbooks.co.kr
홈페이지 | http://www.businessbooks.co.kr
블로그 | http://blog.naver.com/biz_books
페이스북 | thebizbooks
ISBN 979−11−6254−242−2 03320

비즈니스북스는 독자 여러분의 소중한 아이디어와 원고 투고를 기다리고 있습니다.
원고가 있으신 분은 ms1@businessbooks.co.kr로 간단한 개요와 취지, 연락처 등을 보내 주세요.

모든 유형의 혁신에는 그에 맞는 비즈니스 모델이 필요하다.
이 책에 소개된 세계의 슈퍼 비즈니스 모델들을 통해
최강 기업으로 발돋움하라!

최강 기업이란?

시대에 뒤처지기 전에 스스로를 지속적으로 재창조하는 조직! 최강의 기업은 현재를 효과적으로 '활용'하면서도 미래를 '탐험'한다. 최강의 기업은 한 지붕 아래에서 '혁신'과 '실행'이 조화를 이루는 문화를 구축한다. 최강의 기업은 슈퍼 비즈니스 모델로 경쟁하고 기존 산업의 경계를 초월한다.

어떻게 하면
최강 기업이 될 수 있는가?

스스로를 지속적으로 재창조하라

누구보다 한발 앞서며 위기를 헤쳐 나가려면 지속적으로 스스로를 재창조해야 한다. 여러 비즈니스 모델이 그 어느 때보다 빨리 효력을 잃어가는 지금, 시대에 뒤처질 수는 없다. 기존의 경쟁 기업뿐 아니라 예상치 못한 공격적인 스타트업까지 가세하면서 경쟁이 점점 치열해지고 있다. 최강 기업은 이에 맞대응하고 앞서 나가기 위해 지속적으로 자신을 재설정한다. '우리는 누구이며 어디서 어떻게 경쟁해야 하는가?'

현재 갖고 있는 것을 관리·개선할 방법을 찾는 동시에 비즈니스 모델 포트폴리오를 통해 미래를 탐험하라.

혁신의 엔진에 끊임없이 연료를 주입하고 경쟁력을 유지할 수 있도록 혁신의 문화를 디자인·실천·관리하라.

슈퍼 비즈니스 모델로 경쟁하라

새로운 제품과 서비스, 가격, 기술로 경쟁하는 것은 점점 '무한 경쟁'의 쳇바퀴에 빠지는 꼴이 되고 만다. 경쟁자들은 그렇게 하라고 놔두라. 대신 당신은 시장의 기회, 새로운 고객 니즈, 떠오르는 기술을 비즈니스 모델에 담아내는 데 최선을 다하라. 경쟁자들을 무너뜨리고, 그들이 공략하기 어려운 슈퍼 비즈니스 모델을 설계하고 테스트하고 구축하라.

슈퍼 비즈니스 모델을 디자인하고 테스트하고 관리할 방법을 찾아라.

시장의 기회, 새로운 기술, 제품과 서비스 혁신을 최대한 활용하기 위해 '비즈니스 모델 패턴'을 적용하라.

산업의 경계를 초월하라

성공한 조직은 산업의 경계나 역학관계에 얽매이지 않는다. 대신 그들은 산업의 경계를 헐고 다른 이들을 무너뜨린다. 그들의 비즈니스 모델이나 비즈니스 포트폴리오는 이미 속해 있던 영역에서 나온 결과물이 아니다. 시장의 기회를 중심으로 가치를 창조하기 위해 새로운 방법을 지속적으로 탐험한 결과물이다.

핵심 비즈니스를 개선하는 데 능하고 동시에 기존의 산업 경계를 뛰어넘어 완전히 새로운 기회를 탐험하는 데도 뛰어난 '양손잡이 형 조직'을 창조하고 관리할 방법을 찾으라.

중국의 핑안PingAn은 전통적인 은행·보험 대기업이었다. 그들은 현재 5개 분야에서 독보적 경쟁력을 갖춘 세계 최대의 빅테크 기업으로 진화했다. 그 비결을 훔쳐라.

그리고
더 많은 가치를 창조하라

사회를 위해

규모와 상관없이 스스로를 지속적으로 재창조하는 기업은 사회에 매우 긍정적인 영향을 끼친다. 그들은 경제 성장에 기여하며 판을 뒤집을 혁신을 주도한다. 그런 기업 중 최고는 환경·사회적 영향력을 발휘함으로써 세계를 더 좋게 변화시키기 위해 노력을 집중한다. 반면 기업의 쇠퇴와 종말은 경기하락으로 고통받는 모든 도시와 지역에 엄청난 충격을 안겨준다.

직원을 위해

스스로를 재창조하지 못하는 기업은 수천 명의 직원을 떠나보내야 한다. 그러나 최강의 기업은 세기를 거듭해 번영하면서 장기적인 일자리를 제공한다. 최강의 기업은 실행과 혁신을 똑같이 잘 해내는 곳으로 21세기라는 도전에 걸맞은 세계 수준의 조직구조와 프로세스를 갖추고 있다.

고객을 위해

지속적으로 혁신하고 새로운 비즈니스 모델을 탐험하는 기업은 새롭고 더 나은 가치를 더 매력적인 가격으로 꾸준히 제안한다. 몇몇 '진부한 혁신'은 그저 더 많은 소비를 만들어낼 뿐이지만, '진정한 혁신'은 편의, 오락, 웰빙, 성취 등 다양한 의미 있는 가치를 고객에게 선사한다.

주주를 위해

최강의 기업이 보여주는 장기적 성장, 파산 리스크 극복, 세계적 수준의 실행·혁신 역량 같은 매력적인 요소는 주주에게 이익을 제공한다. 내일의 비즈니스를 위한 씨앗을 뿌림과 동시에 현재 일구어놓은 열매를 잘 관리하고 수확하는 최강의 기업은 오랜 세월 번영한다. 활용과 탐험에 두루 뛰어난 능력은 파괴되거나 시대에 뒤처질 리스크를 줄여주며 최고의 인재를 끌어 모은다.

《비즈니스 모델의 탄생》부터
《최강 기업의 탄생》까지

이 책은 스트래티저Strategyzer 시리즈의 4번째 책이다. 이전 책들의 연장선상에 있는 이 책은 혁신팀, 기업가, 조직을 운영하는 고위 리더들이 해야 하는 일련의 역할을 제시한다. 우리는 세계 최고의 기업들과 협업하면서 습득한 지식, 경험, 무엇보다 '세계 최강의 기업'들에 대한 연구 결과를 이 책에 담았다.

strategyzer.com/books

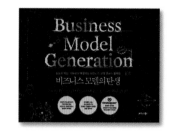

	해야 할 일	핵심 질문	핵심 도구와 프로세스	도서
혁신과 디자인 창조와 개선	비즈니스, 아이디어, 혁신을 도식화한다	조직을 위해 지속적인 이익과 가치를 어떻게 창조할 것인가?	비즈니스 모델 캔버스BMC 혹은 미션 모델 캔버스MMC	《비즈니스 모델의 탄생》(원서 2009)
	제품과 서비스를 도식화한다	고객을 위해 어떻게 가치를 창조할 것인가?	가치 제안 캔버스VPC	《밸류 프로포지션 디자인》(원서 2014)
	기회를 극대화하고 비즈니스 모델로 경쟁한다	최고의 비즈니스 모델 디자인을 통해 어떻게 기회를 극대화하고 비즈니스를 개선할 것인가?	비즈니스 모델 패턴(패턴의 창조와 전환)	《최강 기업의 탄생》(원서 2020), 《비즈니스 모델의 탄생》
아이디어 테스트와 리스크 절감	아이디어를 테스트하고 리스크를 줄인다	적합하지 않은 비즈니스 아이디어를 추진하는 데 따르는 리스크를 어떻게 줄일까?	고객 개발(스티브 블랭크), 애자일 엔지니어링/린스타트업(에릭 리스), 테스트 카드, 학습 카드	《스타트업 오너를 위한 매뉴얼》The Startup Owner's Manual(스티브 블랭크, 원서 2012), 《린 스타트업》(에릭 리스, 원서 2011), 《밸류 프로포지션 디자인》
	아이디어 테스트에 적합한 실험을 선택한다	아이디어를 테스트하고 리스크를 줄이기 위해 가장 적절한 실험은 무엇인가?	아이디어 테스트 설계	《비즈니스 아이디어의 탄생》(원서 2019)
	리스크와 불확실성 절감을 측정한다	아이디어를 현실적인 비즈니스 모델로 진척시키고 있는가?	스트래티저 혁신 지표	《최강 기업의 탄생》
혁신 문화 디자인과 포트폴리오 관리	경쟁우위에 섬으로써 최강의 기업이 된다	어떻게 파괴를 막고 지속적으로 스스로를 재창조할 것인가?	포트폴리오 맵, 포트폴리오 액션	《최강 기업의 탄생》
	(혁신) 문화를 창조한다	혁신 문화를 어떻게 디자인하고 테스트하고 관리할 것인가?	문화 맵CM, 혁신 문화 평가	《최강 기업의 탄생》
	최고의 아이디어에 투자한다	어떤 아이디어와 팀에 투자해야 하는가?	스타래티저 성장 깔때기Strategyzer Growth Funnel, SGF, 혁신 프로젝트 스코어카드IPS	《최강 기업의 탄생》
	(혁신) 팀을 정렬한다	어떻게 운영하고 팀을 정렬시킬 것인가?	팀 정렬 맵TAM	《팀 정렬 맵》Team Alignment Map (2020)

이 책을 어떻게 읽어야 하는가?

고위 리더

혁신 리더 및 혁신팀

기업가

비즈니스 리더는 조직의 활기와 성장을 유지하는 데 필요한 조건들을 정립해야 한다. 비즈니스의 어떤 부분에 성장 잠재력이 있으며 어느 부분을 개선해야 하는지, 어떤 부분이 파괴될 리스크를 안고 있는지 등을 있는 그대로 파악해야 한다. 또한 내일의 비즈니스를 만들어갈 잠재력이 어디 숨어 있는지 알아내야 한다. 리스크를 지속적으로 관리하면서 미래를 위해 건전한 투자를 감행하라.

혁신 리더 및 혁신팀은 조직의 성장과 개선 아이디어가 가진 리스크를 줄이는 데 기여해야 한다. 혁신 관리에 도움이 되는 도구, 프로세스, 지표를 적절히 활용한다. 또한 산업의 경계를 최대한 허물면서 쇠퇴하는 비즈니스 모델을 개조하기 위해, 비즈니스 모델에 어떻게 혁신의 기회를 반영할지 파악해야 한다.

기업가에게 유일한 목표는 아이디어에 따르는 리스크를 줄이고 아이디어를 실제 비즈니스로 전환시키는 것이다. 기업가정신의 난제는 현실적 조건하에서 아이디어를 지속적으로 테스트하고 조정하는 것에 있다. 또한 (기술이나 제품 혁신이 아니라) 오직 슈퍼 비즈니스 모델을 통해서만이 산업의 모든 경계를 무너뜨리고 계속 살아남을 비즈니스를 구축할 수 있다.

포트폴리오 맵(p.28)을 사용해 비즈니스 포트폴리오를 디자인하고 테스트하고 관리(p.67)하라. 모든 구성원이 현재에 충실하면서도 미래에 투자하도록 투명하게 올바른 지침을 제시하라.

시장의 기회, 새로운 기술, 다른 혁신을 최대한 수용하려면 패턴 모음(p.148)을 활용하라. 비즈니스 모델 패턴을 슈퍼 비즈니스 모델 디자인에 적용하라.

여러 아이디어를 잠재력이 크고 리스크가 적은 순서대로 시각화하려면 탐험 맵(p.36)을 사용하라. 아이디어가 비즈니스로 진척되는 정도를 측정하기 위해 테스트와 혁신 지표(p.106)를 사용하라.

혁신 문화(p.324)를 성공적으로 정립하기 위한 기본 조건을 만들라. 조직의 핵심이 되는 '실행 문화'를 세계 수준의 '혁신 문화'로 보완하라.

고위 리더가 건전하고 투명한 투자 결정을 내릴 수 있도록 포트폴리오 맵(p.60)을 사용하라. 그것을 통해 기회가 어디에 있는지 제시하라. 비즈니스 포트폴리오를 어떻게 관리(p.67)해야 하는지 학습하라.

패턴 모음(p.148)을 사용해서 시장의 기회, 새로운 기술, 다른 혁신을 최대한 받아들여라. 비즈니스 모델 패턴을 슈퍼 비즈니스 모델 디자인에 적용하라.

리더를 위한 평가 질문(p.230)을 적재적소에 던져 팀원들이 새로운 기회를 탐험하고 슈퍼 비즈니스 모델로 경쟁하도록 지원하라.

고위 리더가 혁신 문화(p.314)를 구현할 수 있도록 도와라. 혁신을 가속화하는 핵심 조력자와 혁신을 막는 방해꾼이 무엇인지 알아내라.

성공을 도와줄 기업가 리더십 및 팀(p.356) 형태의 지원 부서를 설립하라. 이기는 팀의 핵심적인 특성을 파악하라.

15

차례

도구

비즈니스 모델 포트폴리오

기업이 현재 활용하는 기존 비즈니스 모델,
그리고 파괴를 막고 영속성을 보장받기 위해
기업이 탐험하는 새로운 비즈니스 모델,
이 2가지의 모음.

'최강 기업' 따라잡기

완벽한 최강의 기업은 존재하지 않는다. 하지만 최대한 가까이 다가간 기업은 파괴의 위험에 맞서 스스로를 꾸준히 재창조한다. 이들 기업은 기존 비즈니스 모델 포트폴리오를 관리하고 지속적으로 개선한다. 동시에 새로운 성장 엔진을 체계적으로 만들어가는 데 초점을 맞춘 새로운 비즈니스 모델 포트폴리오를 관리한다.

포트폴리오 맵

현재 개선 중이고 성장 중인 기존의 비즈니스 모델, 그리고 탐험 중이고 테스트 중인 미래의 비즈니스 모델, 이 2가지를 동시에 시각화하고 분석하고 관리하기 위한 전략 경영 도구.

포트폴리오의 이분화

훌륭한 비즈니스 모델 포트폴리오는 완전히 다른 논리를 지닌 2개의 개별 포트폴리오로 구성되어 있다고 생각한다. 이를 각각 활용 포트폴리오Exploit Portfolio, 탐험 포트폴리오Explore Portfolio라 명명한다. 전자는 현재 개선 중이고 성장 중인 기존의 비즈니스, 가치 제안, 제품, 서비스를 포함한다. 후자는 현재 테스트 중인 모든 혁신 프로젝트, 새로운 비즈니스 모델, 새로운 가치 제안, 새로운 제품과 서비스를 포함한다.

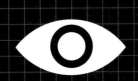

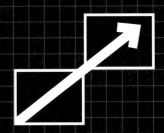

포트폴리오 관리

강력한 비즈니스 모델 포트폴리오를 디자인하고 유지하려면 3가지 주요 활동이 필요하다. 시각화, 분석, 관리가 그것이다.

시각화

비즈니스 모델 포트폴리오에 관한 토론, 미팅, 워크숍 등이 원활하게 이루어지려면 먼저 그것을 시각화해줄 '공용어'가 있어야 한다. 현재 우리는 어떤 비즈니스 모델을 보유하고 있는지, 또한 어떤 비즈니스 모델을 탐험 중인지, 모두의 이해가 필요하다.

분석

조직 전체가 비즈니스 모델 포트폴리오를 이해하면 어떤 것이 파괴 리스크에 처했으며, 어떤 것은 잘 대응하고 있는지 확인할 수 있다. 또한 어떤 비즈니스 모델이 수익성이 좋은지, 리스크가 큰 상태인지, 미래 성장을 보장하기 위해 탐험 중인지 파악할 수 있다.

관리

좋은 포트폴리오 관리는 조직의 파괴를 방지할 균형 잡힌 포트폴리오를 디자인하고 유지하는 일련의 조치를 취하는 것을 말한다. 또한 시대에 뒤떨어진 것은 새로운 비즈니스 모델로 변화시키고, 확실히 자리 잡은 비즈니스 모델은 잘 보호하며 지속적으로 성장시키고 개선한다. 완전히 새로운 비즈니스 모델을 탐험하는 것 역시 포트폴리오 관리에 포함된다.

새로운 비즈니스 모델의 상당수가 실패로 돌아간다. 그러나 살아남은 몇 개가 엄청난 수익을 창출하고 미래를 보장해줄 것이다.

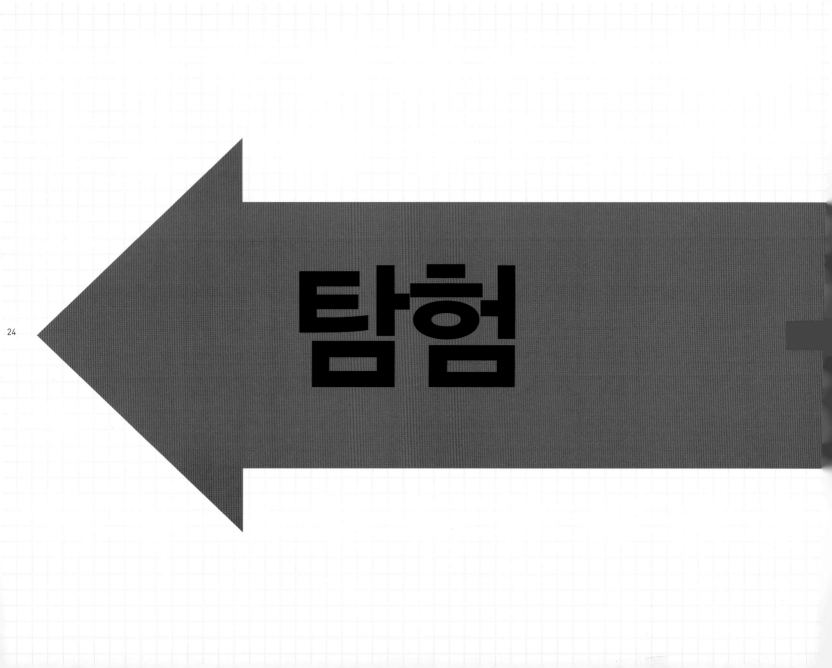

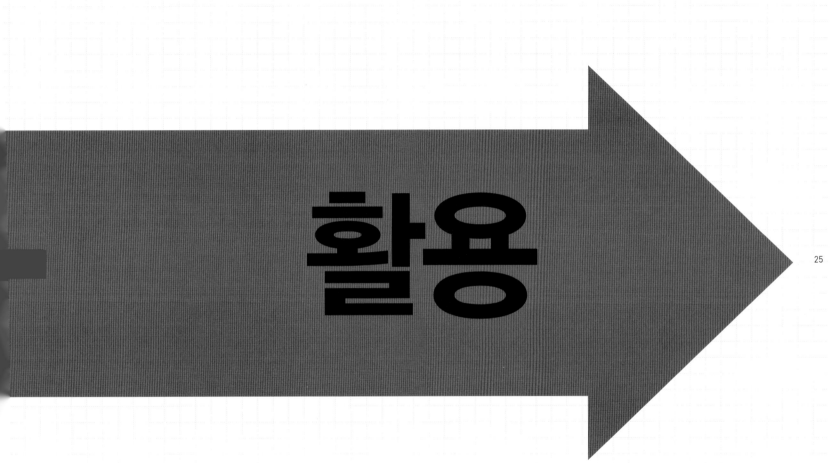

활용

25

탐험과 활용의 연속 과정

최강의 기업은 탐험보다 활용에 우선순위를 두지 않는다. 그들은 새로운 비즈니스를 '탐험'하고 기존 비즈니스를 '활용'하는 2가지 연속 과정을 동시에 관리하는 데 세계 수준의 능력을 보인다. 그들은 수천 혹은 수십만 명의 사람들과 수십억 달러 규모의 비즈니스를 관리하면서도 'Day 1'의 스타트업 정신을 유지한다. 탐험과 활용을 잘 관리하는 능력은 대기업에만 중요한 게 아니다. 모든 산업에서 비즈니스 모델의 수명이 점점 짧아지는 가운데 중소기업과 스타트업 모두의 생존에 매우 중요한 능력이다.

탐험 ⟷ 활용		
탐색과 돌파	**초점**	활용
높음	**불확실성**	낮음
벤처캐피탈 스타일의 리스크 수용, 소수의 초대박 추구	**재무 철학**	안정적인 수익과 배당이 보장되는 안전한 피난처
반복적인 실험, 속도, 실패, 학습, 신속한 적응 추구	**문화와 프로세스**	순차적 실행, 계획, 예측 가능성, 실패 가능성 최소화 추구
불확실성 대처에 뛰어나고 패턴 인식에 능하며, 큰 그림과 디테일을 모두 다루는 '탐험가'	**사람과 스킬셋**	조직화와 계획에 능하고 시간과 예산에 맞게 결과물이 나오도록 효율적인 프로세스를 설계하는 '관리자'

26

탐험

높은 불확실성

활용

낮은 불확실성

성장

새로운 비즈니스를 확장하고 기존의 비즈니스를 개선하거나 재창조한다.

탐색

비즈니스 아이디어를 고객에게 의미 있는 가치 제안과 규모 있고 수익성 있는 비즈니스 모델로 변환시킨다.

포트폴리오 맵

현재 개선 혹은 성장 중인 기존 비즈니스 모델,
탐험 혹은 테스트 중인 미래 비즈니스 모델, 이
2가지를 동시에 시각화하고 분석하고 관리하기
위한 전략 경영 도구.

탐험 포트폴리오

혁신 프로젝트, 새로운 비즈니스
모델, 새로운 가치 제안, 새로운 제
품과 서비스를 **기대 수익** expected
return 과 **혁신 리스크** innovation risk의
관점으로 배치한 포트폴리오.

활용 포트폴리오

기존의 비즈니스, 가치 제안, 제품
과 서비스를 **수익** return과 **종말 및
파괴 리스크** death and disruption risk의
관점으로 배치한 포트폴리오.

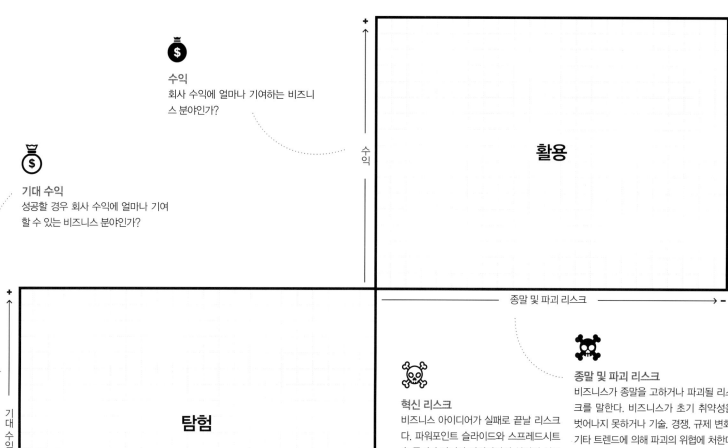

수익
회사 수익에 얼마나 기여하는 비즈니스 분야인가?

기대 수익
성공할 경우 회사 수익에 얼마나 기여할 수 있는 비즈니스 분야인가?

수익

기대 수익

활용

종말 및 파괴 리스크

혁신 리스크

탐험

혁신 리스크
비즈니스 아이디어가 실패로 끝날 리스크다. 파워포인트 슬라이드와 스프레드시트 속 증거가 아니라 아이디어의 실질적 성공 가능성에 부합하는 증거가 별로 없다면 리스크는 높아진다. 비즈니스 아이디어의 수용 가능성desirability, 실현 가능성feasibility, 생존 가능성viability, 적응 가능성adaptability에 부합하는 증거의 양에 따라 리스크는 감소한다.

종말 및 파괴 리스크
비즈니스가 종말을 고하거나 파괴될 리스크를 말한다. 비즈니스가 초기 취약성을 벗어나지 못하거나 기술, 경쟁, 규제 변화, 기타 트렌드에 의해 파괴의 위협에 처한다면 리스크는 높아진다. 비즈니스를 보호할 수 있는 해자moat를 설치하면 리스크는 감소한다.

포트폴리오 관리

탐험: 탐색search

탐험 포트폴리오는 기업의 미래를 보장하기 위해 새로운 아이디어, 가치 제안, 비즈니스 모델을 탐색하는 것을 말한다. 탐색 과정은 기대 수익을 최대화하고 혁신 리스크를 최소화하는 것을 포함한다. 테스트나 조정 과정에서 탈락할 아이디어에 괜한 힘을 쏟을 리스크를 줄여야 한다.

활용: 성장grow

활용 포트폴리오는 기존의 비즈니스 모델이 계속 성장 궤도를 타도록 유지하는 것을 말한다. 여기에는 신규 비즈니스 모델을 확대하고 쇠퇴하는 비즈니스 모델을 개조하며 성공적인 비즈니스 모델을 보호하는 과정이 모두 포함된다. 수익을 향상시키고 파괴 리스크를 최소화함으로써 성장 궤도를 유지하라. 시대에 뒤떨어진 비즈니스 모델을 강력한 것으로 전환하는 것이 가장 좋은 방법이다.

활용 포트폴리오

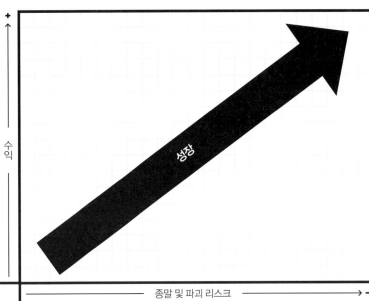

수익

성장

종말 및 파괴 리스크 ──────────→ -

탐험 포트폴리오

기대 수익

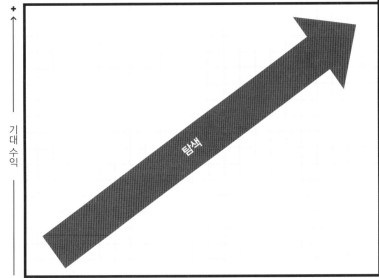

탐색

혁신 리스크 ──────────→ -

탐험 포트폴리오

혁신 여정

활용

탐험

혁신 여정을 둘러싼 5가지 미신

새로운 비즈니스 아이디어를 탐험하는 과정은 순차적으로 진행되지 않으며, 기존 비즈니스를 관리하는 것과는 근본적으로 다르다. 혁신과 기업가정신의 여정에서 아이디어를 실제 비즈니스로 전환하지 못하게 막는 5가지 미신은 다음과 같다.

미신 1: 혁신과 기업가정신의 여정에서 가장 중요한 부분은 '완벽한 아이디어'를 발굴하고 실행하는 것이다.

현실: 혁신과 기업가정신의 여정은 아이디어를 고객에게 의미 있는 가치 제안으로 전환시키고 규모를 확대할 수 있는 비즈니스 모델로 전환시키는 것이다.

아이디어는 그저 출발점일 뿐이다. 이론적으로는 대단해 보이는 아이디어라 해도 그것이 현실에서 작동할 것이라는 충분한 증거를 수집할 때까지 지속적으로 테스트하고 조정하는 것은 어려운 과정이다. 탐험 여정은 결국 고객이 진정으로 원하는 가치 제안을 발견하고 수익성 있게 규모를 확대할 수 있는 비즈니스 모델을 찾을 때까지 아이디어를 반복적으로 조정하는 것이다.

미신 2: 아이디어를 체계적으로 테스트해야 증거를 통해 분명한 경로를 찾을 수 있다. 아이디어를 충분히 테스트하고 조정하면 해결책은 마술처럼 나타날 것이다.

현실: 혁신과 기업가정신은 불완전하고 잠재적으로 모순된 증거를 기반으로 의사결정을 내리는 것이다. 그리고 때로는 아이디어를 폐기하는 것이 조직의 건강을 위해 필요할 수 있다.

철저한 테스트 과정을 거친다 해도 아이디어를 실제 비즈니스로 전환하는 것은 언제나 예술의 영역에 해당하는 일이다. 증거가 앞으로의 명확한 경로를 제시하는 경우는 드물다. 증거를 통해 패턴을 감지할 수 있고 의견에 기대서 도박을 하지 않고 오직 정보에 따라 리스크가 적은 결정을 내릴 수 있다. 당연히 테스트나 증거 분석에 얽매이면 안 된다. 확보한 증거를 바탕으로 아이디어를 고수하거나 피벗할지 혹은 폐기할지 결정하라.

미신 3: 몇 번의 큰 베팅으로 큰 수익을 거둘 수 있다.

현실: 탐험 여정에서는 수많은 스몰벳small bet**을 통해 증거를 수집해 결정해야 한다.**

혁신의 초기 단계에서 어떤 아이디어가 효과적이고 그렇지 않은지 알아내는 것은 불가능하다. 처음엔 여러 아이디어와 프로젝트에 작은 금액과 시간을 투자하는 것부터 시작하라. 실질적 증거가 도출되는 아이디어와 프로젝트에 추가 투자를 진행하라. 여러 번의 스몰벳 라운드를 체계적으로 수행하면 가장 유망한 수익을 보일 최고의 아이디어와 최고의 팀이 수면 위로 떠오를 것이다.

미신 4: 새로운 비즈니스를 탐험하고 기존의 비즈니스를 관리하는 데 필요한 역량은 서로 비슷하다. 둘 다 비즈니스이기 때문이다.

현실: 탐험과 활용은 서로 다른 역량과 경험을 필요로 하는 근본적으로 다른 2개의 전문 영역이다.

효과를 발휘할 때까지 비즈니스 아이디어를 테스트하고 조정하는 것은 비즈니스를 관리할 때에 필요한 역량과는 근본적으로 다른 요소를 필요로 한다. 혁신과 기업가정신의 여정에서 당신은 높은 불확실성을 마주하게 된다. 테스트를 통해 수집한 데이터에서 패턴을 감지해 수익성 있게 규모를 확대할 수 있는 무언가로 변환시켜야 한다. 경험이 쌓여야 관리를 잘할 수 있는 것처럼 많은 경험을 통해서만이 탐험을 더 잘할 수 있게 된다.

미신 5: 혁신팀은 전통적인 비즈니스를 파괴시키려 하는 변절자나 해적들이다. 회사 내에서 그들이 생존하려면 아무도 알아채지 못하도록 '스텔스 모드'를 작동시켜야 한다.

현실: 혁신가는 기업의 미래에 꼭 필요한 파트너로 인식될 필요가 있다. 그렇지 않으면 의미 있는 혁신이 전사적으로 일어나기 어렵다.

혁신팀이 변절자처럼 인식된다면 고객, 브랜드, 프로토타입 제작 같은 기업의 주요 자원에 접근하는 데 어려움을 겪는다. 혁신팀은 기업의 미래를 창조하는 임무를 지닌 파트너로 인식될 필요가 있다.

탐험 여정의 잠재적 단계

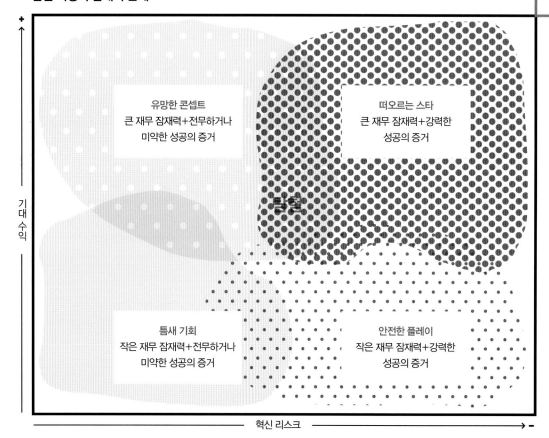

기대 수익

유망한 콘셉트
큰 재무 잠재력+전무하거나
미약한 성공의 증거

떠오르는 스타
큰 재무 잠재력+강력한
성공의 증거

틈새 기회
작은 재무 잠재력+전무하거나
미약한 성공의 증거

안전한 플레이
작은 재무 잠재력+강력한
성공의 증거

혁신 리스크

기대 수익과 혁신 리스크

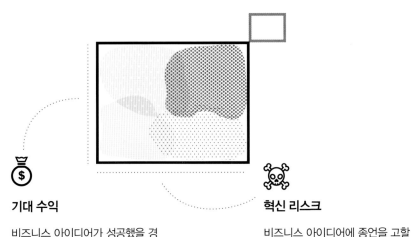

기대 수익

비즈니스 아이디어가 성공했을 경우 재무 잠재력(영향력)을 말한다. 선호에 따라 기대 수익을 정의할 수 있다. 수익성, 잠재 매출액, 잠재 성장률, 이윤 등 아이디어의 잠재력을 평가할 수 있는 재무 지표를 기준으로 삼을 수도 있다. 사회적·환경적 기여도를 지표로 삼을 수도 있다.

혁신 리스크

비즈니스 아이디어에 종언을 고할 4가지 혁신 리스크가 존재한다. 수용 가능성 리스크, 생존 가능성 리스크, 실현 가능성 리스크, 적응 가능성 리스크가 그것이다.

수용 가능성 리스크
고객이 관심을 갖지 않는다.

비즈니스가 목표로 삼은 시장이 너무 작아서 가치 제안을 원하는 고객이 너무 적을 경우 혹은 회사가 목표 고객에게 접근해 그들을 적절히 확보하고 유지할 수 없을 때의 리스크를 말한다.

생존 가능성 리스크
충분히 돈을 벌 수 없다.

성공적인 매출 흐름을 창출할 수 없을 때, 고객이 기꺼이 충분한 돈을 지불하려 하지 않을 때, 비용이 너무 높아 지속적으로 이익을 벌어들이지 못할 때의 리스크를 말한다.

실현 가능성 리스크
아이디어를 실현하여 제공하지 못한다.

핵심 자원(기술, 지식재산, 브랜드 등), 핵심 활동, 핵심 파트너를 관리하거나 확대하거나 접근할 수 없을 때의 리스크를 말한다.

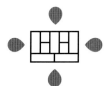

적응 가능성 리스크
외부 요소들이 비우호적이다.

비즈니스가 경쟁적 환경, 기술, 규제, 사회적 트렌드, 시장 트렌드에 적응할 수 없을 때 혹은 거시환경이 우호적이지 않을 때(인프라 부족, 불황 등)의 리스크를 말한다.

여기에서 아이콘으로 소개된 비즈니스 모델 캔버스에 관해서는 p. 96을 참조하라.

탐험 여정

활용

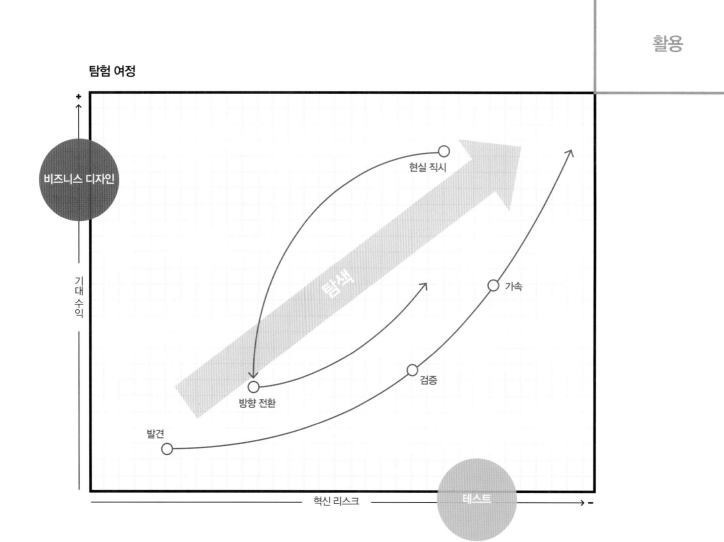

비즈니스 디자인

기대 수익

현실 직시

탐색

가속

검증

방향 전환

발견

혁신 리스크

테스트

탐색과 피벗 Pivot

탐험 포트폴리오의 여정이란 결국 새로운 비즈니스 아이디어가 효력이 있을 것이라는 충분한 증거를 수집할 때까지 탐색하고 피벗하는 것을 말한다. 아이디어, 가치 제안, 비즈니스 모델에 대한 탐색은 서로를 지속적으로 보완하는 2개의 주요 활동으로 구성된다

비즈니스 디자인

디자인은 모호한 아이디어, 시장에 대한 통찰, 테스트에서 얻은 증거를 구체적인 가치 제안과 견고한 비즈니스 모델로 전환하는 활동을 말한다. 좋은 비즈니스 디자인이 되려면 수익을 최대화하고 제품, 가격, 기술을 뛰어넘어 경쟁할 수 있는 강력한 비즈니스 모델 패턴을 사용해야 한다.

테스트

테스트는 이론적으로 좋아 보이지만 현실에서는 효력을 발휘하지 못할 아이디어를 추구함으로써 생기는 리스크를 줄이는 활동이다. 핵심 가설 정의, 신속한 실험 수행, 근거를 통한 학습으로 아이디어를 테스트한다.

탐색 궤적

발견 Discovery
고객에 대한 이해, 맥락, 지불 의지

테스트를 통해 리스크를 줄이는 구간이다. 초기 증거는 당신이 제공하는 것에 고객이 관심을 가질 것인지(수용 가능성)를 나타낸다. 추가적인 증거는 보통 고객의 지불 의지(생존 가능성)를 가리킨다. 이 단계에 필요한 발견 프로토타입은 스토리보드, 동영상, 가상 브로셔 등이므로 기술적 스킬셋이 필요하지 않다.

피벗 궤적

현실 직시 Reality Check
초기 궤적의 실패

초기 유력한 증거에도 불구하고 테스트 중인 아이디어가 효력을 발휘할 가능성이 적다는 새로운 증거가 나올 때에는 현실 직시가 필요하다. 이럴 때는 전체 비즈니스 모델 혹은 일부분에 문제는 없는지 의문을 던져야 한다. 또한 최초 아이디어와 비즈니스 모델의 어떤 부분을 계속 유지하고 어떤 부분은 버릴지도 재고할 필요가 있다.

검증 Validation
검증된 관심과 수익성의 지표들

이 단계에서는 제품과 서비스에 대한 고객의 관심(수용 가능성)을 나타내는 확실한 증거를 찾는다. 가상 판매 Mock Sale나 의향서 Letter of Intent 등으로 고객이 얼마나 돈을 지불할지(생존 가능성)를 가늠할 수 있다. 필요한 비용 구조에 대한 최초의 증거를 통해 기대 수익(생존 가능성)을 가늠한다. 기술 프로토타입으로 활동과 자원을 관리할 수 있는지(실현 가능성)도 알아볼 수 있다.

방향 전환 Change of Direction
새로운 방향의 테스트

이 단계는 최초의 궤적에서 새로운 궤적으로 피벗하는 것을 말한다. 다시 말해 비즈니스 모델에서 하나 이상의 요소에 상당한 변화를 가한다. 새로운 방향의 기초가 되는 가설을 재고할 필요가 있음을 의미한다. 어떤 증거가 여전히 유효하며 어떤 증거는 그렇지 않은지 분석할 필요가 있다. 방향 전환을 하려면 통상 이미 테스트한 비즈니스 모델의 요소들도 재차 테스트해야 한다.

가속 Acceleration
한정된 규모에서 검증된 모델

이 단계에서는 프로토타입이나 최초의 제품과 서비스의 가치 제안을 한정된 시장에서 테스트하는 것을 목표로 한다. 즉 한정된 규모에서 이익을 내면서 고객 가치를 창조하고 전달할 수 있는지 증거를 찾는 단계다. 고객 규모를 확대하고 유지하기 위해 좀 더 큰 투자를 정당화할 증거를 찾고 규모에 맞게 수익성을 테스트한다.

디자인 – 테스트 루프에 대한 자세한 내용을 보려면 '관리' 부분(p.94)을 보라.
강력한 비즈니스 모델을 디자인하는 것에 대한 자세한 내용을 보려면 '발명 패턴' 부분(p.146)을 보라.

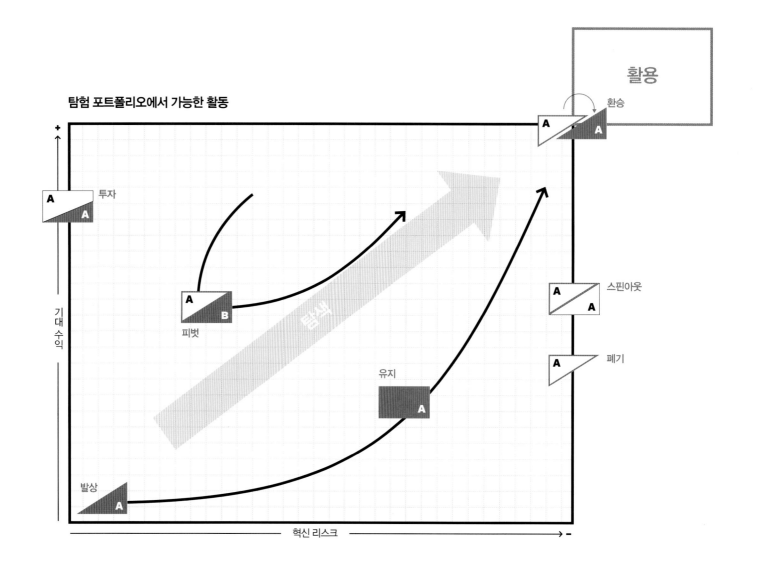

탐험 포트폴리오에서 가능한 활동

활용

환승

투자

피벗

스핀아웃

폐기

유지

발상

탐색

기대 수익

혁신 리스크

탐험 활동

탐험 포트폴리오에서 수행할 7가지 활동이 있다. 각 활동은 새로운 비즈니스 아이디어를 형성하고 테스트하는 것과 관련이 있다. 즉 수익을 향상시키고 혁신 리스크를 줄이기 위한 활동이다. 새로운 아이디어에 대한 탐험은 새로운 비즈니스 모델의 모든 활용 즉 포트폴리오 내의 기존 비즈니스 모델의 점진적 개선을 테스트하는 것까지 포괄할 수 있다.

삼각형으로 활동을 시각화하자는 아이디어는 루이스 펠리페 시스네로스Luis Felipe Cisneros와의 토론에서 나왔다. 탐험 포트폴리오 활동에 대한 자세한 내용을 보려면 '관리' 부분(p.118)을 보라.

투자 Invest

A가 존재하나 포트폴리오 밖에 있다
↓
A가 부분적으로 포트폴리오에 포함된다

내부 프로젝트의 포트폴리오를 강화할 목적으로 외부의 스타트업 혹은 탐험 프로젝트에 전면·부분적 투자를 감행하기로 결정하는 것을 말한다.

유지 Persevere

A가 포트폴리오에 포함된다
↓
A가 변함없이 포트폴리오 내에 있다

증거에 따라 아이디어를 계속 테스트하기로 결정하는 것을 말한다. 유지 결정은 보통 증거 분석 결과로부터 통찰을 얻은 후에 이루어진다. 좀 더 강력한 실험으로 동일한 가설을 반복 테스트하거나 다음으로 중요한 가설로 넘어가는 활동이 이어진다.

폐기 Retire

A가 포트폴리오에 포함된다
↓
A가 폐기된다

증거 혹은 전략적 적합성이 부족해서 프로젝트 탐색을 끝내는 결정이다. 탈락 결정은 아이디어가 현실에서 효력을 발휘하지 못하거나 수익 잠재력이 미흡하다는 증거에 따라 이루어진다.

스핀아웃 Spinout

A가 포트폴리오에 포함된다
↓
A가 포트폴리오 밖으로 이동한다

유망한 아이디어를 폐기하기보다 스핀아웃(분사)하자는 결정이다. 스핀아웃 결정은 타사, 투자자 혹은 아이디어를 탐험했던 팀에 아이디어를 매각하는 형태로 이루어질 수 있다. 회사는 스핀아웃된 조직에 투자를 하거나 리스크가 줄어든 후에 다시 사들일 수도 있다.

발상 Ideate

A가 존재하나 포트폴리오 밖에 있다
↓
A가 포트폴리오 안에 포함된다

시장 기회, 기술, 제품, 서비스 등을 최초의 비즈니스 모델과 가치 제안 프로토타입으로 전환하는 활동이다. 보통 워크숍의 형태로 이루어진다. 이 단계에서는 혁신 리스크를 크게 줄일 실질적 증거는 나타나지 않고 테스트할 가정만 존재한다. 파워포인트 슬라이드나 스프레드시트에 발상 단계의 결과를 기록하라.

피벗 Pivot

A가 포트폴리오에 포함된다
↓
A 대신 B가 포트폴리오에 들어간다

비즈니스 모델에서 하나 이상의 요소에 상당한 변화를 요구하는 결정이다. 피벗은 보통 테스트한 아이디어가 대대적인 수정 없이는 현실에서 제대로 작동하지 않을 것임을 깨달은 후에 이루어진다. 피벗은 종종 초기에 얻은 증거가 새로운 궤적에 맞지 않을 수 있다는 의미이다. 이미 테스트한 비즈니스 모델의 요소를 다시 테스트할 필요가 있다.

환승 Transfer

A가 탐험 포트폴리오에 포함된다
↓
A가 활용 포트폴리오로 이동된다

강력한 근거에 따라 비즈니스 모델 아이디어를 탐험에서 활용으로 옮기는 결정이다. 통상 수용 가능성, 실현 가능성, 생존 가능성, 적응 가능성에 대한 강력한 증거를 확보한 후 이 결정이 내려진다. 환승하려면 활용 포트폴리오 내에 적당한 위치를 확보할 필요가 있다. 기존 비즈니스에 포함시킬 수도 있고 새로운 단독stand-alone 비즈니스로 설정할 수도 있다.

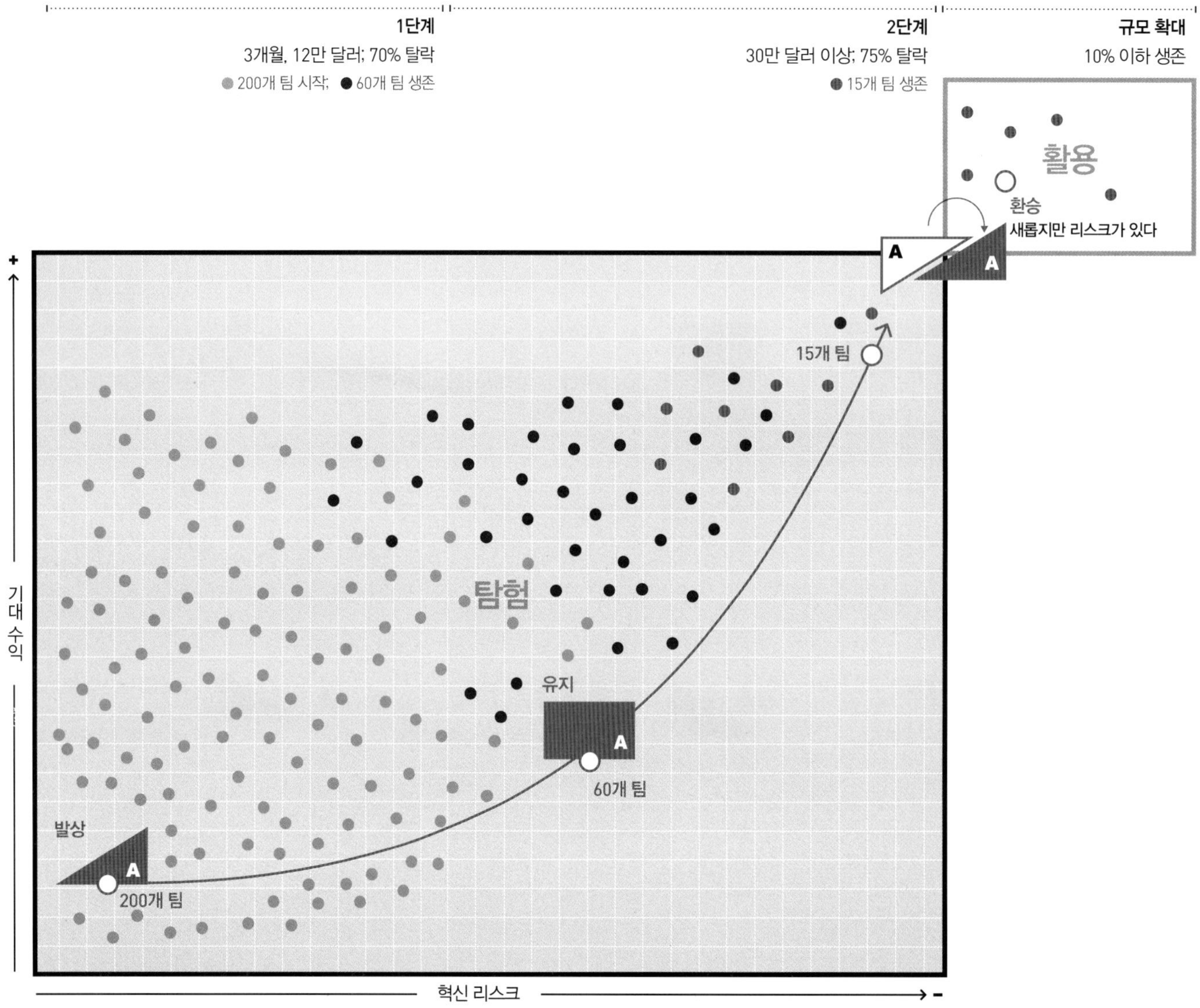
1단계
3개월, 12만 달러; 70% 탈락
200개 팀 시작; 60개 팀 생존
2단계
30만 달러 이상; 75% 탈락
15개 팀 생존
규모 확대
10% 이하 생존
활용
환승
새롭지만 리스크가 있다
15개 팀
탐험
유지
60개 팀
발상
200개 팀
기대 수익
혁신 리스크

보쉬 Bosch

탐험 포트폴리오를 이해하기 위해 1886년 설립된 독일의 다국적 엔지니어링 및 기술 기업 보쉬의 예를 살펴보자. 이 사례는 2017~2019년에 이뤄진 보쉬 엑셀러레이터 프로그램Bosch Accelerator Program에서 나온 익명의 데이터에 근거한다.

보쉬 그룹은 전 세계 41만 명의 종업원을 고용해 연간 785억 유로(약 100조 원, 2018년 기준)의 매출을 기록 중이다.[1]
보쉬의 핵심 비즈니스는 4개의 섹터로 나뉜다. 모빌리티 솔루션(하드웨어와 소프트웨어), 소비자 제품(가전 및 공구), 산업 기술(제조장비 포함), 에너지 및 빌딩 기술이 그것이다.

제품과 기술에서 비즈니스 모델로

보쉬는 설립 당시부터 기술 혁신에 주도적이었다. 보쉬의 연구개발 역량은 디젤 인젝션 펌프, ABS antilock brake system 등 혁신을 주도하며 성공을 이끌었다.
2014년에 보쉬 CEO 폴크마르 덴너Volkmar Denner는 비즈니스 모델 혁신을 자극하는 방향으로 구성원들과 소통했다. 보쉬는 기존의 기술과 제품에 초점을 계속 유지하면서도 동시에 새로운 유형의 비즈니스 모델에 좀 더 많은 관심을 쏟을 필요가 있었다.
2015년 보쉬는 '비즈니스 모델 혁신 사업부'를 신설해 비즈니스 모델 개발 역량과 함께 혁신 프로세스를 보완하기로 했다. 제품 혁신을 뛰어넘어 혁신을 탐험하고 육성하고 활성화하는 생태계 조성의 필요성을 간파했던 것이다.

보쉬 엑셀러레이터 프로그램

보쉬의 비즈니스 모델 혁신 사업부가 만든 서비스 포트폴리오 중 하나가 바로 엑셀러레이터 프로그램이다.
팀원들은 이 프로그램에 따라 새로운 아이디어를 탐험하거나 기존 비즈니스에서 착안된 아이디어를 탐색한다. 프로그램에 속한 팀은 비즈니스 모델을 철저히 분석한다. 아울러 두 단계로 구성된 과정을 통해 체계적으로 아이디어를 개선하고 테스트하고 조정한다.
전 세계에서 20~25개 팀이 선발되어 2~10개월간 함께 일할 기회가 주어진다. 1단계에서는 초기 투자액으로 12만 유로를 지급해 2개월 동안 자신들의 비즈니스 모델 아이디어를 현실화시킬 수 있는지 테스트한다. 테스트 결과에 따라 각 팀은 2단계에서 추가적으로 30만 유로를 더 투자받을 수 있다. 추가 투자액으로 각 팀은 최소 기능 제품Minimum Viable Product, MVP을 고객에게 테스트할 수 있고 비즈니스 모델 아이디어를 수익성 있게 확대할 수 있을지 가능성을 시연할 수 있다.
이 경쟁 과정이 모두 성공적으로 끝나면, 최상의 증거를 얻은 팀들만 인큐베이션 단계로 이동한다.
2017년 이래로 보쉬는 200개 이상의 팀에 투자를 진행했다. 1단계에서 70%의 프로젝트가 탈락했고, 2단계 후에는 남은 팀 중 75%가 탈락했다. 두 단계를 거쳐 15개 팀이 후속 투자 라운드에 진입함으로써 자신들의 프로젝트를 성공적으로 확대할 수 있었다.
보쉬 엑셀러레이터 프로그램은 유럽, 아시아, 북미, 남미 등을 통틀어 새로운 비즈니스 아이디어를 검증하는 보쉬만의 글로벌 스탠더드가 되었다.

"보쉬 엑셀러레이터 프로그램을 통해 보쉬는 비즈니스 모델을 규모에 맞게 검증할 수 있는 신속하고 체계적이며 자본효율적인 프로세스를 구현했습니다. 결과적으로 보쉬 전체의 혁신 포트폴리오를 수립할 수 있었습니다."

우베 키르슈너 박사
Uwe Kirschner
보쉬 매니지먼트 컨설팅 비즈니스 모델 혁신 담당 부사장

활용 포트폴리오

수익, 그리고
종말 및 파괴 리스크

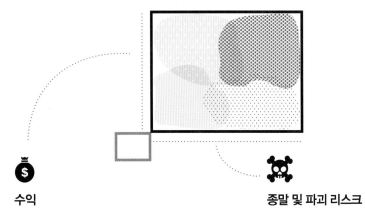

수익

기존 비즈니스의 재무적 수익(영향)을 의미한다. 선호에 따라 각기 다른 재무적 수익의 정의를 선택할 수 있다. 수익성, 매출, 매출 성장, 이윤 등 비즈니스의 재무적 수익을 평가할 수 있는 재무지표라면 무엇이든 무방하다. 재무지표 대신 사회·환경적 기여에 초점을 맞출 수도 있다.

종말 및 파괴 리스크

비즈니스를 죽일 수 있는 2가지 유형의 종말 및 파괴 리스크가 있다.

내부 비즈니스 모델
디자인 리스크
약점weaknesses

비즈니스 모델은 어떻게 디자인 되었느냐에 따라 파괴에 취약할 수도, 그렇지 않을 수도 있다. 예를 들어 주로 제품과 서비스나 가격으로 경쟁하는 기업은 강력한 해자로 비즈니스 모델을 보호하는 기업에 비해 파괴에 취약하다. 제3부 '발명 패턴'과 제4부 '개선 패턴'에서 '더 좋은 비즈니스 모델로 경쟁하는 법'에 대해 상세히 알아볼 것이다.

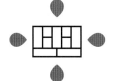

외부 비즈니스 모델
파괴 리스크
위협threats

매우 강력한 비즈니스 모델이라 해도 외부의 힘에 의해 파괴될 수 있다. 파괴는 4가지 서로 다른 이유로 발생할 수 있다. 시장의 변화, 파괴적 트렌드(기술, 사회, 환경, 규제), 공급사슬supply chain과 경쟁의 변화, 거시경제 환경의 변화가 그것이다.

활용 포트폴리오의 잠재적 리스크 영역

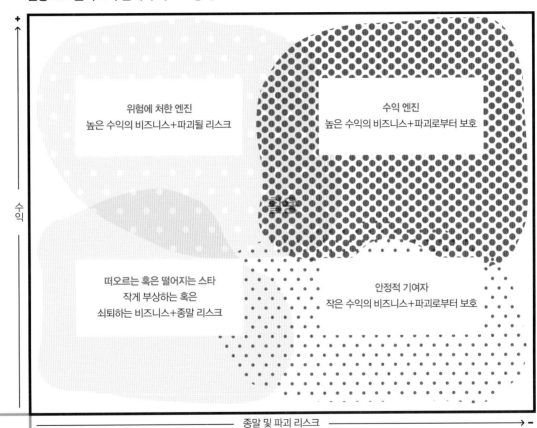

수익

위험에 처한 엔진
높은 수익의 비즈니스+파괴될 리스크

수익 엔진
높은 수익의 비즈니스+파괴로부터 보호

활용

떠오르는 혹은 떨어지는 스타
작게 부상하는 혹은
쇠퇴하는 비즈니스+종말 리스크

안정적 기여자
작은 수익의 비즈니스+파괴로부터 보호

종말 및 파괴 리스크

탐험

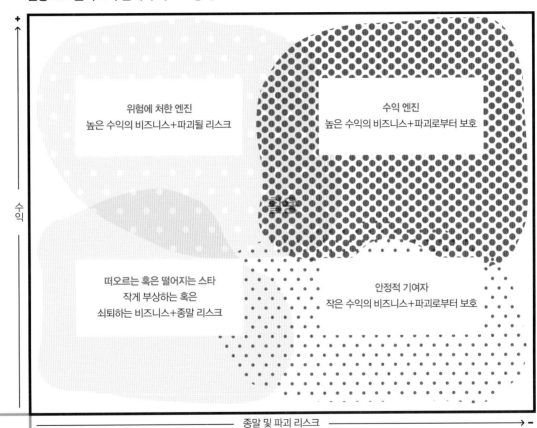

성장과 쇠퇴의 궤적

활용 포트폴리오의 여정은 비즈니스의 성장과 쇠퇴를 말한다. 이때의 목표는 기존 비즈니스 모델을 보호하고 개선하고 재창조함으로써 지속적으로 쇠퇴를 막는 것이다.

비즈니스 모델 전환 테스트에 대해 더 많은 것을 보려면 '관리' 부분(p.142)을 보라. 기존 비즈니스 모델을 새로운 것으로 전환하는 것에 대해 더 많은 것을 알려면 '전환 패턴' 부분(pp.246~247)을 보라.

성장 궤적

규모 확대 Scale
비즈니스의 이륙

검증되고 유망한 기회를 실제 비즈니스로 전환시키는 첫 성장 단계를 의미한다. 이 단계의 주요 활동은 고객 확보 및 유지, 제품과 서비스 전달 규모의 확대 등으로 구성된다. 모든 팀원은 인프라와 인적 자원을 포함해 전방위적 확장에 초점을 맞춘다.

부스트 Boost
수립된 비즈니스의 성과 촉진

이 단계에서는 지속적인 혁신으로 검증된 비즈니스 모델의 성장을 촉진하고 유지한다. 즉 새로운 제품 혁신, 새로운 채널, 인접 시장에 대한 탐색 등을 통해 비즈니스 모델을 강화한다.

보호 Protect
비즈니스 효율 증진과 파괴로부터 보호

이 단계에서는 경쟁으로부터 비즈니스를 보호하고 효율을 증가시킴으로써 강력한 위치를 유지하는 데 초점을 맞춘다. 이 단계에서는 주로 효율을 위한 혁신이 이루어진다. 이 단계의 비즈니스는 규모가 크고 수익성도 좋지만 성장 트렌드는 점차 침체된다.

쇠퇴 궤적

파괴 Disruption
비즈니스를 위협하는 외부 힘의 출현

이 단계에서는 외부 환경의 변화가 비즈니스를 취약하게 만들고 위협한다. 시장의 변화로 인해 파괴가 일어날 수 있다. 기술·사회·환경 혹은 규제 트렌드, 공급사슬의 변화, 경쟁, 새로운 진입자, 거시경제 환경의 변화가 그것이다. 이 단계에 있는 비즈니스는 여전히 규모가 크고 수익성도 나쁘지 않지만 위험한 상태다.

위기 Crisis
외부 힘으로 비즈니스 파괴 및 쇠퇴 촉발

비즈니스가 외부 힘에 의해 파괴되며 빠르게 쇠퇴한다. 이 단계에 처한 기존 비즈니스 모델에 많은 투자를 한 상황이라면 '진부화' obsolescence 를 막기 위해 과감한 변화를 감행해야 한다.

전환 및 재출현 Shift & Reemergence
비즈니스 모델의 상당한 변화와 성장 회복

시대에 뒤떨어져 파괴된 비즈니스 모델을 새롭게 정비된 비즈니스 모델로 전환하는 데 성공하는 것을 말한다. 새로운 비즈니스 모델은 새로운 성장 시대를 연다.

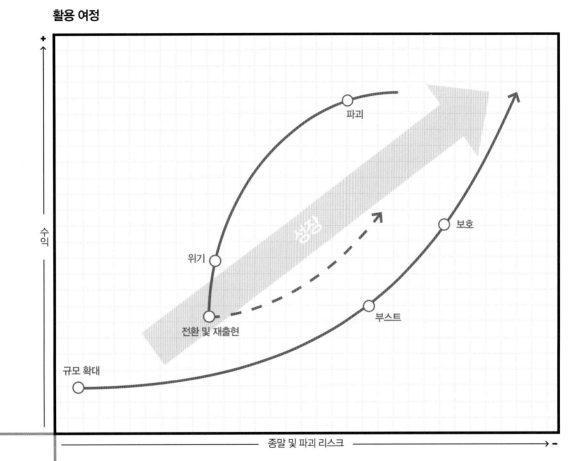

활용 여정

탐험

종말 및 파괴 리스크

수익

성장

규모 확대
전환 및 재출현
위기
파괴
부스트
보호

활용 활동

활용 포트폴리오에서 수행할 7가지 활동이 있다. 모든 활동은 기존 비즈니스 모델을 관리하며 기업 정체성과 정렬시키는 것이다. 여기에는 새로운 비즈니스를 전면적으로 추가하는 것과 더 이상 적합하지 않는 비즈니스를 제거하는 것까지 모두 포함될 수 있다. 또한 파괴 리스크를 줄이기 위해 활용 포트폴리오 내 기존 비즈니스 모델을 점진적 혹은 근본적으로 개선하는 활동도 포함된다. 혁신 리스크를 줄이기 위해서는 탐험 포트폴리오에서 개선 사항을 테스트해야 한다.

활용 포트폴리오 활동에 대한 자세한 내용에 대해서는 '관리' 부분 (p.132)을 보라.

파트너십 Partner

A가 포트폴리오에 포함되며 B는 포트폴리오 밖에 있다
↓
A는 계속 포트폴리오 안에 있고 B에 의해 강화되며, B는 포트폴리오 밖에 있다

하나 이상의 비즈니스 모델을 강화하기 위해 외부 비즈니스와 파트너십을 맺는 활동을 말한다.

개선 Improve

A가 포트폴리오에 포함된다
↓
A가 B로 탈바꿈되어 포트폴리오 안에 위치한다

새롭고 더 경쟁력 있는 비즈니스 모델로 변화시키기 위해 시대에 뒤떨어진 비즈니스 모델을 개조하는 활동을 말한다.

투자 Invest

A가 존재하나 포트폴리오 밖에 있다
↓
A가 일부만 포트폴리오에 포함된다

포트폴리오를 강화하기 위해 외부 비즈니스에 전면적 혹은 부분적으로 투자하는 결정을 말한다.

처분 Divest

A가 포트폴리오에 포함된다
↓
A가 포트폴리오 밖에 위치한다

하나의 비즈니스 모델을 퇴출하는 활동을 말한다. 타사, 투자자 혹은 경영진에게 매각하는 형태(경영자 바이아웃management buyout)로 이루어질 수 있다.

인수 Acquire

A가 존재하나 포트폴리오 밖에 있다
↓
A가 포트폴리오에 포함된다

새로운 단독 비즈니스를 설립하거나 기존 비즈니스와 통합하기 위해 외부 비즈니스를 매입하는 활동을 말한다.

합병 Merge

A가 존재하지만 포트폴리오 밖에 있고 B는 포트폴리오 안에 있다
↓
A를 인수하여 B와 합병시킨 다음 포트폴리오 안에 둔다

외부로부터 인수하거나 내부의 비즈니스를 하나 혹은 여러 개의 비즈니스들과 합병하는 활동을 말한다.

해체 Dismantle

A가 포트폴리오에 포함된다
↓
A를 폐기한다

비즈니스를 끝내거나 해체시키는 활동을 말한다.

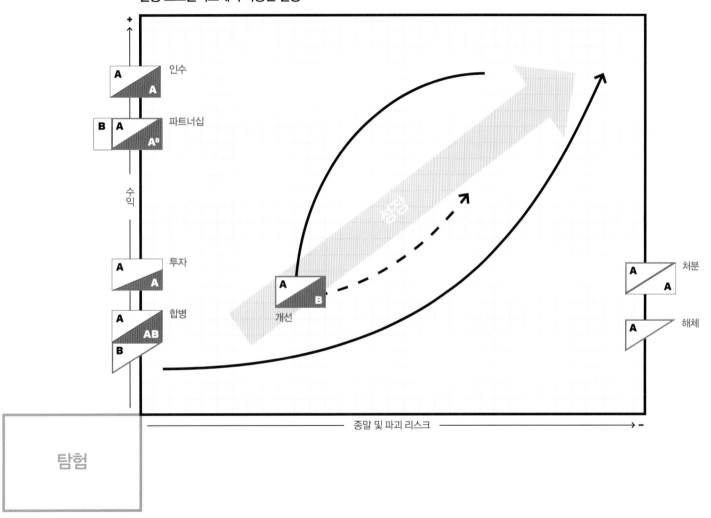

활용 포트폴리오에서 가능한 활동

- 인수
- 파트너십
- 투자
- 합병
- 개선
- 처분
- 해체

수익 +

종말 및 파괴 리스크 −

성장

탐험

네슬레 Nestlé

활용 포트폴리오의 사용을 잘 이해하기 위해 스위스 식품 기업 네슬레가 2017〜2018년 사이에 기존 비즈니스 포트폴리오를 어떻게 관리했는지 개략적으로 살펴보자. 이 사례는 CEO 울프 마크 슈나이더Ulf Mark Schneider가 투자자의 날investor day인 2019년 2월 14일에 했던 프레젠테이션을 바탕으로 한 것이다. 2017년 취임한 슈나이더는 1922년 이래 네슬레가 최초로 외부에서 영입한 CEO다.

우리는 네슬레의 주요 비즈니스 카테고리를 매출 규모에 따라 정렬했다. 매출 규모 외에 수익성, 이익 등 여러분 회사에서 재무성과를 평가할 때 사용하는 재무지표를 사용해도 무방하다.

종말 및 파괴 리스크에 관한 명확한 정보가 없기 때문에 우리는 네슬레의 주요 비즈니스 카테고리를 리스크에 따라 배열하지는 않았다. 하지만 투자자의 날 연설에서 울프 마크 슈나이더는 '확정' 혹은 '전략적으로 검토 중'인 개별 비즈니스와 브랜드를 언급했다. 우리는 포트폴리오 맵의 '개선' 영역에 해당 브랜드를 나열해봤다.

인수, 투자, 파트너십

네슬레는 외부 기업을 인수하거나 투자하거나 파트너십을 맺음으로써 여러 카테고리에 걸쳐 포트폴리오를 확장했다.

음료 카테고리에서 네슬레는 스타벅스 제품을 고객에게 소매로 판매하기 위해 스타벅스로부터 영구적 글로벌 라이선스를 사들였다. 이전에도 네슬레는 샌프란시스코에 있는 커피 체인 스타트업 블루보틀 커피Blue Bottle Coffee 지분을 대량 매입했다.

또한 네슬레는 아트리움 이노베이션Atrium Innovations 인수를 통해 헬스 사이언스 카테고리를 확장했다.

반려동물 케어 카테고리에서 네슬레 퓨리나Purina는 테일즈닷컴tails.com의 주식을 대거 사들였다.

조리식품 카테고리에서는 캘리포니아의 채식 식품 제조업체 스위트 어스Sweet Earth를 인수했다.[2]

개선

2017년부터 2018년까지 네슬레는 유아 식품 브랜드 거버Gerber, 중국 식품 브랜드 인루Yinlu, 네슬레 스킨헬스Skin Health를 개선했다. 특히 스킨헬스와 식품 브랜드 헤르타Herta는 매각을 염두에 두고 전략적 검토를 진행했다.

처분

네슬레는 몇 번의 사업 분할을 통해 포트폴리오를 조정했다. 2018년에 네슬레는 페레로Ferrero에 US 컨펙셔너리U.S. Confectionary를 29억 달러에 매각했다.

또한 생명보험사 거버 라이프Gerber Life를 현금 15억 5,000만 달러를 받는 조건으로 웨스턴앤드서던 파이낸셜 그룹Western&Southern Financial Group에 매각했다.[2]

핵심 비즈니스 카테고리

네슬레의 7개 핵심 비즈니스 카테고리 결과를 그림처럼 펼쳐놓았다. 각 비즈니스 카테고리는 여러 개의 브랜드와 다수의 서로 다른 비즈니스 모델을 보유하고 있다. 네슬레는 개별 비즈니스 모델 관점으로 결과를 분류하지 않는다. 예를 들어 네스프레소와 돌체구스토는 둘 다 캡슐 커피를 판매하지만 비즈니스 모델이 완전히 다르며 개별 브랜드로 운영된다.

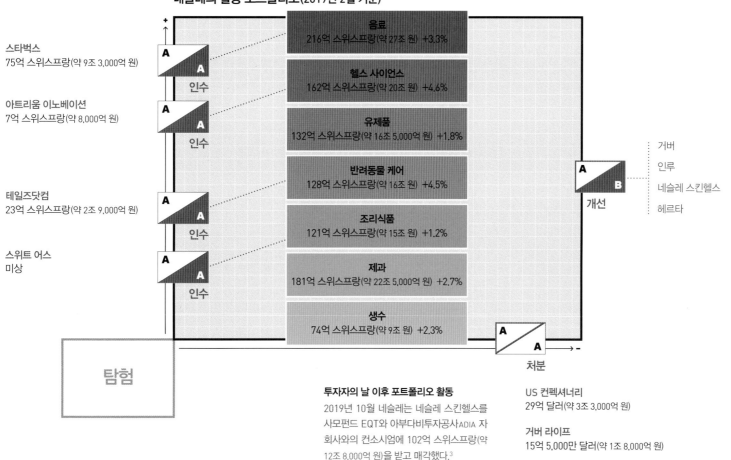

네슬레의 활용 포트폴리오(2019년 2월 기준)

스타벅스
75억 스위스프랑(약 9조 3,000억 원)

아트리움 이노베이션
7억 스위스프랑(약 8,000억 원)

테일즈닷컴
23억 스위스프랑(약 2조 9,000억 원)

스위트 어스
미상

인수

음료
216억 스위스프랑(약 27조 원) +3.3%

헬스 사이언스
162억 스위스프랑(약 20조 원) +4.6%

유제품
132억 스위스프랑(약 16조 5,000억 원) +1.8%

반려동물 케어
128억 스위스프랑(약 16조 원) +4.5%

조리식품
121억 스위스프랑(약 15조 원) +1.2%

제과
181억 스위스프랑(약 22조 5,000억 원) +2.7%

생수
74억 스위스프랑(약 9조 원) +2.3%

개선

거버
인루
네슬레 스킨헬스
헤르타

처분

탐험

투자자의 날 이후 포트폴리오 활동

2019년 10월 네슬레는 네슬레 스킨헬스를 사모펀드 EQT와 아부다비투자공사ADIA 자회사와의 컨소시엄에 102억 스위스프랑(약 12조 8,000억 원)을 받고 매각했다.[3]

US 컨펙셔너리
29억 달러(약 3조 3,000억 원)

거버 라이프
15억 5,000만 달러(약 1조 8,000억 원)

활용

탐험

혁신의 유형

모든 혁신이 똑같을 수는 없다. 서로 다른 유형의 혁신은 각기 다른 역량, 자원, 경험 수준 , 조직 지원을 필요로 한다. 이상적인 것은 조직 내 서로 다른 부문에서 각기 혁신이 이루어지고 성공을 위해 서로 다른 수준의 재량권을 갖는 것이다. 우리는 혁신을 3가지 유형으로 구분한다. 이 분류법은 하버드대 교수 클레이튼 크리스텐슨Clayton Christensen의 아이디어에서 차용했는데, 바로 효율efficiency 혁신, 지속적sustaining 혁신, 변혁적transformative 혁신이다.

탐험 ⟵ ⟶ 활용

변혁적 혁신

변혁적 혁신은 가장 어렵다. 기업의 전통적 영역 바깥에서 기회를 탐험해야 하기 때문이다. 이 혁신을 성공시키려면 기업의 비즈니스 모델을 근본적으로 변화시키거나 확장할 필요가 있다. 변혁적 혁신은 기업을 확장시키고 새로운 성장 동력을 창조하며 기존 비즈니스를 파괴할 기회를 두루 모색하는 과정이다. 이로써 기업의 장기적 발전을 꾀할 수 있다.

장점
기업의 장기적 발전을 도모한다. 파괴로부터 기업을 보호한다.

단점
리스크가 크고 불확실하다. 즉각적으로 수익이 발생하기 어렵다.

주도 팀
운영 중인 비즈니스 인력과 자원에 대한 접근 권한과 함께 재량권을 가진 비즈니스 외부의 전담 혁신팀이 주도한다.

지속적 혁신

지속적 혁신은 기존의 비즈니스 모델을 강화하고 생존 기회를 탐험하는 활동이다. 지속적 혁신의 대표적인 예로 새로운 제품과 서비스, 새로운 유통 채널, 새로운 고객 지원과 생산 기술, 지리적 확장을 들 수 있다.

장점
상대적으로 낮은 리스크와 불확실성. 중단기적인 기간, 실질적인 영향이 경쟁력을 유지하는 데 도움이 된다.

단점
파괴로부터 거의 보호받지 못한다.

주도 팀
내부 운영 사업부로부터 강력한 지원을 받는 전담 혁신팀이 주도한다.

효율 혁신

효율 혁신은 기존 비즈니스 모델의 운영 측면을 개선하는 기회를 탐험하는 활동이다. 그런데 효율 혁신으로는 비즈니스 모델을 실질적으로 변화시킬 수 없다. 대표적인 예로 운영, 유통, 지원을 개선하는 기술과 조직을 효율적으로 움직이게 만드는 프로세스 혁신을 들 수 있다.

장점
리스크와 불확실성이 적고 즉각적인 효과가 있으며 예상 가능하다. 혁신의 범위에 따라 재무적 영향이 작을 수도 있고 클 수도 있다.

단점
파괴 리스크로부터 보호받을 수 없다. 미래를 위해 기업을 새롭게 포지셔닝하지 못한다.

주도 팀
조직 전체와 모든 계층에 걸쳐 혁신을 주도한다. 전문 혁신가 그룹의 도움을 받는 것이 이상적이다.

고어 Gore

우리는 균형 잡힌 탐험 및 활용 포트폴리오의 사례로 W. L. 고어 앤드 어소시에이츠(이하 고어)를 살펴보겠다. 미국의 다국적 엔지니어링 및 기술 기업인 고어는 빌 고어 Bill Gore와 지네비브 고어 Genevieve Gore 부부가 1958년에 설립했다.

재료과학에 특화된 면모를 보이는 고어는 동맥류 Aneurysms 치료를 위한 의료 장비부터 캐주얼 및 전문가용 의류에 쓰이는 고성능 고어텍스 GORE-TEX® 소재에 이르기까지 기술 기반의 혁신적 솔루션을 창조하는 것으로 유명하다.

고어의 핵심 비즈니스 3가지는 산업 및 전자제품, 기능성 직물, 신체 이식용 의료 장치다. 연매출액은 37억 달러(약 4조 3,000억 원)에 이르며 미국에서 설립된 가장 큰 비공개기업 200곳 중 하나로 전 세계 50개 지역에서 1만 500명 이상의 직원을 고용하고 있다.[4]

계기 Trigger

전통적으로 고어의 매출 성장률은 사업부 신설에 크게 의존했다. 절연선 및 절연케이블로 시작한 고어는 1970년 전자제품 사업, 1975년 의료장비 사업, 1976년 의류소재 사업을 추가했다. 하지만 지난 10년 동안 고어의 제품이 성공적으로 판매됐던 시장이 어느새 포화 상태가 되고 말았다. 이런 현실은 경쟁력 있고 값싼 대체품의 등장과 맞물려 혁신 전략을 좀 더 야심차게 추진하려는 고어의 행보에 계기로 작용했다. 고어는 핵심 비즈니스에 대한 혁신 계획을 추진함과 동시에 잠재력 있는 미래 비즈니스를 탐험하기로 결정했다.

혁신 깔때기 Innovtion Funnel

2015년 고어는 새로운 아이디어를 탐험하고 테스트하고 조정하기 위해 혁신 깔때기를 확대하는 계획에 착수했다. 목표는 기존 비즈니스를 지속적으로 개선할 방법을 탐색하면서도 잠재력 있는 신성장 엔진을 테스트하고 지속적인 가치 창출이 가능한 프로세스 기반의 생태계를 구축하는 것이다.

그해 가을, 내부 기업가로 구성된 6개 사내 팀 중 벤처 하나가 혁신 여정에 뛰어들었다. 2019년 말까지 총 103개 팀 중 12개 벤처가 혁신의 깔때기를 통과할 예정이다.

이 과정은 2개의 주요 단계로 이루어진다. 1단계 '콘셉트 개발'에서 각 팀은 비즈니스 모델 캔버스의 각 요소에 대해 증거가 뒷받침되는 권고안을 제시해야 한다. 2단계 '제품 개발'에서는 리스크를 줄이기 위해 기술 및 시장의 불확실성과 씨름해야 한다. 각 팀은 단계마다 풀타임으로 사내 스타트업에 참여할 엔지니어와 기타 직원으로 구성된다. 고어는 미래 탐험을 주도할 내부 기업가의 풀을 구축하고자 한다. 고어에게 혁신은 반복적으로 계속되는 활동이자 멈추지 않는 탐험의 파이프라인이다.

"우리는 순수한 호기심, 심도 있는 상상력, 리스크를 수용하는 용기를 통해 혁신을 추구합니다. 우리의 혁신 문화와 앞선 재료기술은 지금은 존재하지 않는 가능성을 발굴하도록 해줍니다."

그렉 하논
Greg Hannon
최고 기술 책임자 CTO

고어텍스 인피니움 써미움 신발

GORE-TEX® INFINIUM THERMIUM footwear

혁신 깔대기를 통과하기 위해 처음으로 테스트받고 검증받은 제품 중 하나가 고어텍스 인피니움 써미움 신발이다. 팀은 기존 기술을 고객이 원하는 신발 기술로 바꾸어놓았다. 이 기술을 사용하면 두꺼운 천을 덧대지 않아도 단열이 잘되는 따뜻한 겨울 부츠를 만들 수 있다. 고어텍스 인피니움 써미움 신발은 2018년에 여성 신발 브랜드 에코 ECCO®와 프라우Frau®에서 출시되었고 2019년에는 다른 브랜드에도 이 기술이 채용되었다.

고어 써멀 인슐레이션

GORE® Thermal Insulation

한 혁신팀은 하나의 가치 제안을 철저히 분석하기 위해 모바일 전자제품 공급사슬 내에 존재하는 80개 이상의 기업과 협의를 진행했다. 이런 노력은 고어 써멀 인슐레이션을 최신 XPS 랩톱 컴퓨터의 과열 방지 목적으로 사용하는 델Dell과의 대규모 협업으로 이어졌다.

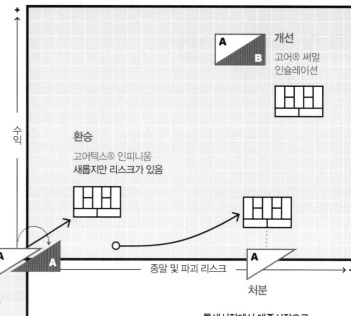

개선
고어® 써멀 인슐레이션

환승
고어텍스® 인피니움
새롭지만 리스크가 있음

종말 및 파괴 리스크

처분

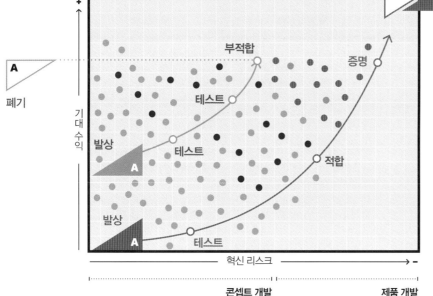

폐기

기대 수익

발상

부적합

테스트

테스트

증명

적합

테스트

발상

혁신 리스크

콘셉트 개발
66% 탈락

제품 개발
57% 탈락

● 103개 팀으로 시작   ● 35개 팀 생존   ● 15개 팀 생존

틈새시장에서 대중시장으로

한 팀은 기존 제품을 프리미엄 시장에서 보급형 세그먼트로 매출을 확대할 잠재적 방법을 탐험했다. 이들은 새로운 세그먼트도 차별성에 가치를 부여할 것이라는 가설을 설정했다. 하지만 고객 인터뷰를 진행한 결과 가설이 잘못됐음이 드러났다. 최종 소비자의 수요와 가치 인식 수준은 낮았던 것이다. 결국 시장에 먹히지 않을 아이디어에 많은 시간과 에너지를 낭비하는 함정을 피할 수 있었다.

포트폴리오 맵
사용하기

포트폴리오 맵을 사용해서 기존의 비즈니스는
물론이고 탐험 중인 새로운 아이디어를 시각화
하고 분석하고 관리하라.

		기업가	기업 혁신팀	고위 리더
👁	시각화	기대 수익과 혁신 리스크를 기준으로 탐험 중인 모든 아이디어를 맵에 표시하라.	조직 내 모든 혁신 리더를 소집한 후 기대 수익과 리스크에 근거해(증거 뒷받침) 혁신 프로젝트를 맵에 표시하게 하라.	고위 리더를 모아 수익, 종말 및 파괴 리스크를 기준으로 기존 비즈니스(카테고리, 사업 유닛, 비즈니스 모델, 제품, 브랜드)를 모두 맵에 표시하게 하라.
〰	분석	모든 아이디어를 평가하고 당신의 의지와 리스크 감지 정도를 근거로 가장 유망한 아이디어를 선정하라.	탐험 포트폴리오가 기대하는 수익을 창출할 가능성이 있는지 평가하라. 충분히 많은 아이디어를 탐험하고 있는지 각 아이디어의 리스크를 잘 경감시키고 있는지 물어라.	탐험 포트폴리오와 활용 포트폴리오를 두루 평가하라. 기존 비즈니스가 파괴 위험에 처할 것에 대비하기 위해 충분히 많은 새로운 혁신 프로젝트를 탐험 중인지 판단하라.
↗	관리	가장 유망한 아이디어를 지속적으로 테스트해서 리스크를 줄여라. 기대 수익을 최적화하기 위해 비즈니스 모델을 개선하라.	기대 수익을 증가시켜야 한다면 탐험 포트폴리오를 확대하라. 대다수의 프로젝트에서 리스크와 불확실성이 줄어들지 않는다면 테스트에 더 집중하라.	파괴 리스크가 크다면 탐험에 더 많은 노력을 기울여라. 비전에 입각해 활용 포트폴리오를 확장하거나 축소하고 위험에 처한 비즈니스를 개선하라.

포트폴리오 맵

비즈니스:

작성자:

날짜:

활용

탐험

+ $ 수익

+ $ 기대 수익

종말 및 파괴 리스크 —

혁신 리스크 —

Strategyzer
strategyzer.com

미래를 정확한 시야로 조망하려면 기업 내에 소통 문화를 창조해야 한다.

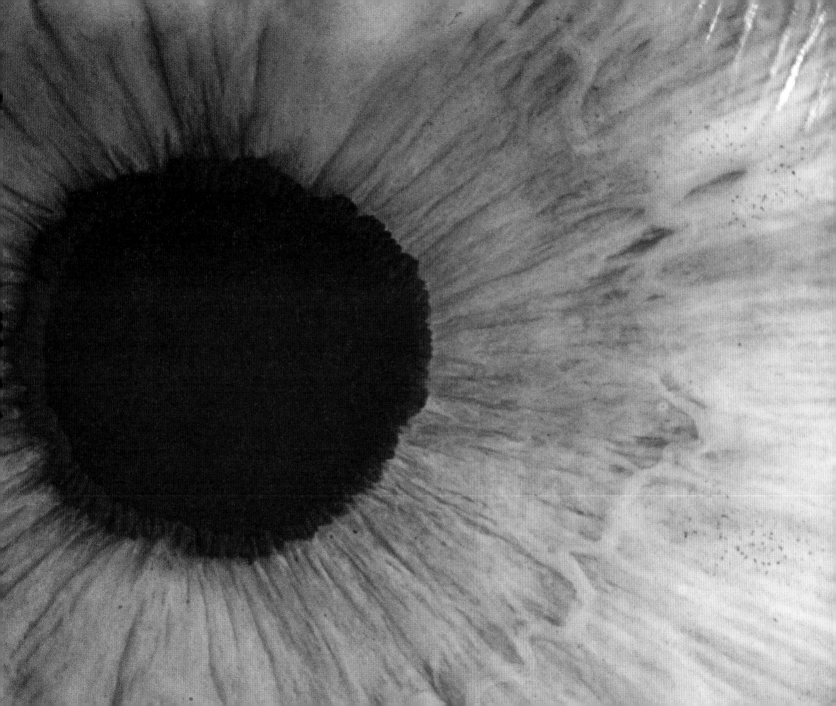

2

관리

당신의 포트폴리오를 관리하라!

최강 기업은 현재의 비즈니스와 미래의 비즈니스를 동시에 추구하는 포트폴리오를 바탕으로 조직을 전략적으로 가이드하고 프로젝트를 다양화하며 리스크를 측정하고 적극적으로 실행한다.

가이던스

어떤 프로젝트, 혁신, 개선, 포트폴리오 활동이 도입되고 퇴출되어야 하는지 명확한 전략적 포트폴리오 가이던스를 제시하라.

다양화

혁신 리스크를 최소화하면서 다양한 분야에 베팅하기 위해 '혁신의 깔때기'를 설정하라. 가장 뛰어난 프로젝트와 팀이 수면 위로 드러나도록 하고, 증거에 따라 팀에 대한 투자 규모를 점차 확대하라.

측정

모든 비즈니스와 기회에 대한 혁신 및 파괴 리스크를 체계적으로 측정하고 시각화하라. 포트폴리오가 미래에 얼마나 적합할지 판단하라.

실행

포트폴리오를 최적화하기 위해 포트폴리오 실행의 모든 측면을 활용하라. 비즈니스를 내부에서 육성하거나 인수 혹은 사업 분할하거나 상황에 따라 2가지 모두를 하라.

가이던스

강력한 포트폴리오를 디자인하고 유지하려면 명확한 방향을 제시할 필요가 있다. 우리는 이 것을 '전략적 가이던스'라고 명명한다. 전략적 방향에 대한 개요, 필요한 조직문화, 외부세계 에 비치기 원하는 기업 이미지 등으로 구성된 다. 전략적 포트폴리오 가이던스를 정립하고 나 면, 포트폴리오 실행을 결정하는 데 필요한 모 든 것이 준비된 셈이다.

전략적 방향
우리는 왜 이 일을 하는가?

조직의 열망이 무엇인지 정의하라. 이 를 통해 '어디에서 활약하고 싶은가?', '어떤 유형의 재무성과를 달성하고 싶 은가?'를 명확히 할 수 있다. 전략적 방 향은 어떤 유형의 기업을 설립하고 싶 은지 혹은 어떤 회사가 되고 싶은지 정 의하는 것이라 말할 수 있다.

기업 정체성
우리는 누구인가?

조직문화
조직의 가치가 어떻게 우리를 이끄는가?

브랜드 이미지
우리의 일에 대해 무엇을 말하는가?

뼈대를 잡은 전략적 방향을 구현하기 위해 기업 구성원이 준수해야 할 핵심 실행 사항이 무엇인지 정의하라. 이를 통해 원하는 문화를 촉진시키려면 어 떤 조력자를 배치할 것인지 알게 된다.

외부 세계가 우리를 어떻게 인식하기 를 바라는지 이미지를 정의하라. 외부 세계란 고객, 주주, 이해관계자, 미디어 등이다. 외부에 비치길 희망하는 이미 지는 전략적 방향, 조직문화와 일관성 이 있어야 한다.

Adapted from The VCI(Vision – Culture – Image) model, M.J. Hatch and M. Schultz(2003)

포트폴리오 가이던스

전략적 가이던스는 포트폴리오 관리를 위해 명확한 맥락을 제공한다. 또한 자원 할당과 포트폴리오 활동을 위한 포트폴리오 가이던스를 정의하는 데 도움을 준다. 포트폴리오 가이던스는 무엇에 집중하고 무엇은 배제할지, 어디에 투자하고 어디는 피해야 할지, 어디를 탐험하고 어디를 건너뛰어야 할지 판단할 명확한 기준을 제공한다.

전반적 가이던스

다음을 정의한다.

☐ 재무성과 철학(예: 안전 배당safe divi-dend, 성장률 등)
☐ 장기 활동 영역(예: 시장, 지역, 기술 등)
☐ 전략적 핵심 자원과 필요 개발 능력(예: 기술 자원, 비즈니스 모델 기반 등)

활용 가이던스

☐ 단기적 재무성과 목표
☐ 비즈니스 모델 개선 목표(예: 기술 투자, 비즈니스 모델의 전환)
☐ 기존 포트폴리오를 위한 가치 제안의 개발 및 개선 방법

수익

종말 및 파괴 리스크

탐험 가이던스

☐ 탐험 프로젝트의 우선순위를 정하기 위한 성과 가이드라인(예: 기회의 규모, 시장 규모, 비용 절감 규모 등)
☐ 탐험의 경계선과 전략적 적합도(예: 새로운 전장인지 아닌지, 새로운 비즈니스 모델인지 아닌지, 새로운 기술인지 아닌지 등)
☐ 핵심 자원과 능력의 우선순위(예: 기술 자원, 비즈니스 모델 기반 등)

환승 가이던스

다음을 정의한다.

☐ 탐험 프로젝트를 이익 혹은 손실을 내는 사업부와 통합할지, 새로운 사업부로 신설할지를 관리
☐ 지배력을 가진 기존 비즈니스 모델이 탐험 프로젝트를 압도하지 않도록 관리

기대 수익

혁신 리스크

포트폴리오 관리

포트폴리오
깔때기 퀴즈

최소한 하나의 대성공(예: 5억 달러 이상 규모의 비즈니스)을 거두려면, 한 기업은 몇 개의 프로젝트 팀에 각각 10만 달러씩을 투자해야 할까?

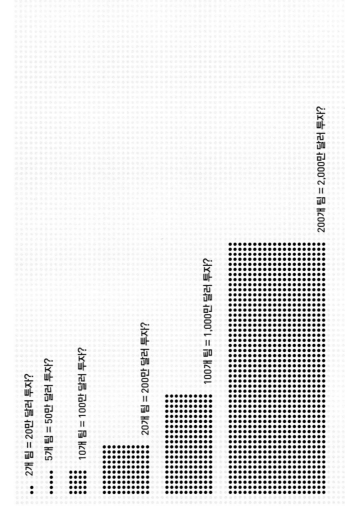

2개 팀 = 20만 달러 투자?

5개 팀 = 50만 달러 투자?

10개 팀 = 100만 달러 투자?

20개 팀 = 200만 달러 투자?

100개 팀 = 1,000만 달러 투자?

200개 팀 = 2,000만 달러 투자?

만약 우리가 _____ 개 프로젝트에
각각 10만 달러씩 투자한다면,

A _____ 개는 실패하고,

B _____ 개는 어느 정도 성공하고,

C _____ 개는 새로운 성장 엔진이 될 것이다.

다음 페이지에 답이 있다 →

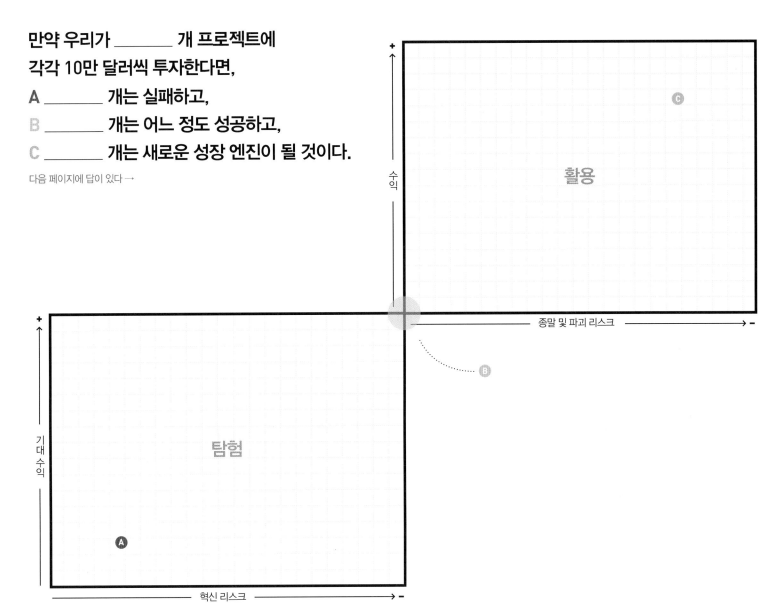

승자를 미리 골라낼 수는 없다

여기 나오는 통계는 스타트업을 대상으로 한 초기 단계의 벤처 투자로부터 나왔다. 이 데이터는 기존의 조직이 성공과 실패의 비율을 예측하는 데도 훌륭한 사례가 되어준다. 기존 기업은 스타트업에 비해 덜 혁신적이지만 리스크 역시 적은 것을 감안하면 이 비율은 매우 극단적인 수치로 보일 수 있다.

72
관리

미국 벤처캐피털의 수익 분포[1]

2004~2013

초기 단계 벤처 투자 통계치를 보면 투자금의 대부분을 회수하지 못하거나 적은 수익만을 거뒀음을 알 수 있다.

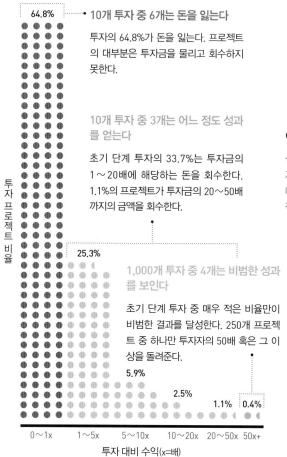

10개 투자 중 6개는 돈을 잃는다

투자의 64.8%가 돈을 잃는다. 프로젝트의 대부분은 투자금을 물리고 회수하지 못한다.

10개 투자 중 3개는 어느 정도 성과를 얻는다

초기 단계 투자의 33.7%는 투자금의 1~20배에 해당하는 돈을 회수한다. 1.1%의 프로젝트가 투자금의 20~50배까지의 금액을 회수한다.

1,000개 투자 중 4개는 비범한 성과를 보인다

초기 단계 투자 중 매우 적은 비율만이 비범한 결과를 달성한다. 250개 프로젝트 중 하나만 투자자의 50배 혹은 그 이상을 돌려준다.

투자 프로젝트 비율

64.8%
25.3%
5.9%
2.5%
1.1% 0.4%

0~1x 1~5x 5~10x 10~20x 20~50x 50x+

투자 대비 수익(x=배)

여기서의 교훈

실패할 프로젝트에 투자하지 않고는 승자를 골라낼 수 없다. 큰 수익을 기대한다면 그만큼 소액의 자금을 더 많은 프로젝트에 투자할 필요가 있다.

만약 우리가 <u>250</u> 개 프로젝트에
각각 10만 달러씩 투자한다면,

A <u>162</u> 개는 실패하고,
B <u>87</u> 개는 어느 정도 성공하고,
C <u>1</u> 개는 새로운 성장 엔진이 될 것이다.

혁신 깔때기

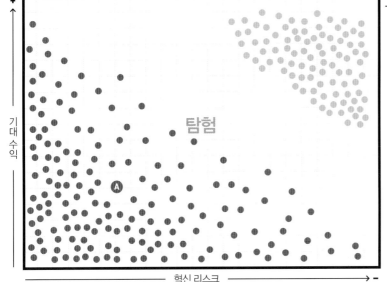

미터드 펀딩

전통적인 투자 프로세스를 고수하는 기존 기업은 하나의 프로젝트를 구현하기 위해 사전에 거대한 예산을 편성하여 팀을 꾸리곤 한다. 이것은 증명되지 않은 위험한 아이디어에 큰 판돈을 거는 것이나 마찬가지다. 혁신의 과정에서는 어떤 아이디어가 효력을 발휘할지 알 수 없다. 스타트업과 벤처 세계에서는 리스크와 불확실성이 상존하므로, 프로젝트 포트폴리오 전체에 분산 투자하는 방식을 취한다. 이 방식은 일련의 라운드에 걸쳐 팀에 자금을 투자하는 미터드 펀딩metered funding 방식과 결합되어 운영된다. 견인력 있는 아이디어만 유지되고 후속 펀딩을 받을 수 있다. 달리 말해 수많은 아이디어가 처음에 받는 돈은 매우 적다. 아이디어 중 충분한 견인력과 증거를 확보한 것만이 후속 펀딩을 받는다. 먹히지 않는 아이디어 혹은 지속 불가능한 프로젝트팀은 배제된다.

기대 수익이
적을수록
베팅은 조금씩

모든 투자가 비범한 성과를 낼 필요는 없다. 예를 들어 중소기업이라면 현재의 매출과 이익 정도를 창출하는 새로운 비즈니스에 만족할 것이다. 대기업의 사업부나 사업 부문이 회사 전체가 달성해야 할 성장 목표 전부를 감당할 필요도 없다. 물론 여전히 변함없는 사실은 승자를 미리 골라낼 수는 없다는 것이다. 만약 투자금 이상의 수익을 기대한다면 최소 4개의 프로젝트에 투자해야 한다. 통계에 따르면 이 정도 투자로는 1~5배 수익을 기대할 수 있다. 100개 중 6개 프로젝트만이 5~10배의 수익을 가져다준다.

만약 우리가 __10__ 개 프로젝트에
각각 10만 달러씩 투자한다면,

A __6__ 개는 실패하고,

B __3__ 개는 어느 정도 성공하고,

C __1__ 개는 새로운 성장 엔진이 될 것이다.

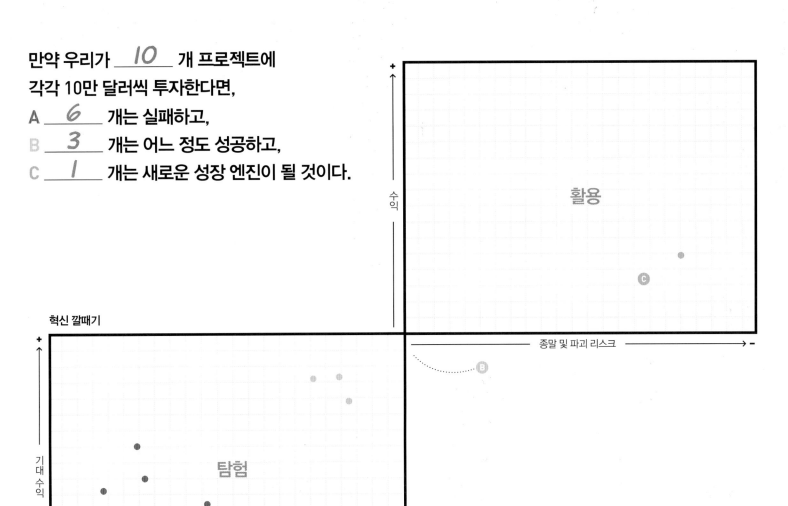

혁신 깔때기

수익

종말 및 파괴 리스크

활용

기대 수익

탐험

혁신 리스크

당신이 손을 대는 모든 것이 금으로 변하지는 않는다.

하나의 성공을 잡기 위해서는 여러 번에 걸친 스몰벳이 필요하다.

아마존 Amazon

제프 베조스는 "실패와 혁신은 쌍둥이와 같다." 라고 말한다. 아마존의 파죽지세 같은 성공 비결은 '실패는 학습의 시작'임을 구성원 모두가 이해한 데 있다. 아마존은 실패와 실험을 장려하는 리더와 모든 직원의 노력으로 이러한 조직 문화를 구축할 수 있었다.

베조스는 성공으로 가는 길 위엔 실패가 수북이 쌓여 있음을 알고 있다. 아마존의 영리한 점은 실패의 문화로부터 가치를 창조하는 능력에 있다. 아마존은 투자자들이 대가가 큰 여러 실패에 익숙해지도록 함으로써 기업 가치가 손실이 아닌 잠재적 성공에 좌우되도록 유도했다. 또한 리스크가 감당할 만하다면 '열심히 시도하고 실패해도 좋다'는 분위기를 형성해 도전하는 직원을 독려하고 보상했다. 베조스는 아마존이 커질수록 실패는 더 많이 생길 것이라고 했다. 조직이 '혁신의 경계선'을 바깥으로 확장하는 데 '안전한 작은 실패'만으로는 바늘 하나조차 움직이지 못할 것이다. 수많은 크고 작은 실패 혹은 재앙과도 같은 실패(파이어폰Fire Phone의 실패로 1억 7,000만 달러를 날렸다)야말로 아마존의 미래를 지탱하는 힘이다.[2]

아마존의 혁신 문화에 대해 좀 더 알려면 p.320을 읽어보라.

✔ Amazon Marketplace

2007

풀필먼트 바이 아마존FBA 론칭

2005

99달러 이상 주문에 대한 무료배송 시작

2003

옥션 폐쇄

다수의 벤더가 옥션을 이탈, 소매와 옥션 사이에 혼돈 발생

마켓플레이스 론칭

지숍 폐쇄

2001

아마존 내 소매업자를 위한 미니 숍인 지숍zShops 론칭

소더비sotheby's와 함께 명품 옥션 사이트 오픈

옥션 생방송을 위해 라이브비드LiveBid 인수

아마존 옥션Amazon Auctions 론칭

1999

이베이eBay를 따라잡기 위해 옥션 사이트를 개발하는 비밀 프로젝트 개시

✔ Amazon Web Service

아마존 웹 서비스AWS 론칭

남아공에 위성 허브 설치

57개 전담 팀이 '세계 인프라' 구축

베조스 "외부 사용이 용이하도록" 기술 보완 지시

시기적절한 기술 및 인프라 기반 제공

서드파티 판매자가 온라인 사이트를 구축할 수 있도록 머천트닷컴merchant.com 개설

성공을 이루려면 실패를 장려하라

여기 2001년 이래 아마존이
탐험했다가 폐기한 비즈니스를 모두 모았다.

제프 베조스
Jeff Bezos
아마존 설립자

"대단한 성공작을 내려면 수천 번의 실패한 실
험을 그 대가로 지불해야 한다."

✕ 아마존 월릿 Amazon Wallet

✕ 엔드리스닷컴 Endless.com

✕ 아마존 뮤직 임포터
Amazon Music Importer

✕ 아마존 데스티네이션 Amazon Destination

✕ 아마존 로컬 레지스터
Amazon Local Register

✕ 지숍 zShops

✕ 코즈모닷컴 Kozmo.com

✕ 아마존 스파크 Amazon Spark

✕ 애스크빌 Askville

✕ 인스턴트 픽업 Instant Pickup

✕ 아마존 로컬 Amazon Local

✕ 대시 버튼 dash Button

✕ 테스트드라이브 Testdrive

✕ 옥션 Auctions

✕ 퀴드시 Quidsi

✕ 스토리빌더 Storybuilder

✕ 웹페이 Webpay

✕ 아마존 웹스토어 Amazon Webstore

✕ 파이어폰 Fire Phone

✕ 아마존 레스토랑 Amazon Restaurants

핑안 Ping An

2008년 핑안보험(그룹) 창립자인 마밍저는 거대 금융 기업에서 기술 기업으로 변화시키기 시작했다. 핑안은 은행·보험 산업이라는 경계를 뛰어넘어 5개의 개별 분야에 뛰어들기 위해 혁신의 깔때기를 구축했다.

마밍저가 1988년 설립한 중국핑안보험그룹은 보험, 은행, 파이낸셜 서비스 등을 주력으로 하는 계열사가 모인 금융 그룹이다. 2007년 이 기업은 중국에서 두 번째로 큰 보험사였다.

2008년 마밍저는 금융 기업에서 기술 기업으로 핑안을 탈바꿈시키기 시작했다. 핑안은 은행·보험 산업의 경계를 뛰어넘어 5개 분야에 뛰어들기 위해 혁신의 깔때기를 구축했다.

2008년 핑안은 〈포춘〉 500대 기업 중 462위를 차지했다. 2019년에는 29위로 급상승해 세계에서 세 번째로 기업 가치가 높은 금융 서비스 기업이 되었다.[3]

파괴 예방 조치

2008년에 불어 닥친 글로벌 금융 위기로 핑안은 스스로가 파괴에 얼마나 취약한지 깨달았다. 그들은 전략적 방향과 비즈니스 모델을 전환함으로써 시스템의 회복탄력성을 강화하기로 결정했다.

회복탄력성
Resilience
구축

마밍저
馬明哲, Peter Ma
핑안보험 설립자이자 CEO

전략적 방향

2008년에 핑안은 여러 산업에 걸쳐 역량을 발휘하기 위해서 금융 대기업에서 기술 기업으로 전략적 방향을 선회했다. 즉 금융만을 타깃으로 한 전략에서 금융, 헬스케어, 자동차 서비스, 부동산, 스마트 시티 등 다양한 생태계를 겨냥한 전략으로 전환한 것이다.

조직문화

기술 기업이 되기 위해 핑안은 스타트업처럼 생각하고 실행해야 한다는 점을 잘 알고 있었다. 그들은 이제는 기업 가치의 3분의 1을 차지하는 생태계 내 기술 스타트업에 우선순위를 두었다. 그들은 제시카 탄을 공동 CEO로 영입함으로써 핑안의 기술 전환을 지휘하게 하고 '핑안 포트폴리오' 내 스타트업을 이끌고 관리하도록 했다.

핑안은 마치 스타트업처럼 자신이 경험하지 못한 분야가 많다는 것을 인정하지만 '한번 해보는 것'을 두려워하지 않았다. 새로운 영역에 설립한 많은 스타트업이 조기에 실패로 끝났지만, 핑안은 그런 실패로부터 배움으로써 좀 더 성공적인 버전으로 진화시켜갔다.

브랜드 이미지

핑안은 더 이상 스스로를 금융 서비스 기업으로 보지 않았다. 그들은 어떤 영역에서든 문제를 해결할 수 있는 적응력 뛰어난 기술과 스킬셋을 지닌 조직으로 회사를 진화시켰다. 핑안은 산업의 경계선을 재정의하고자 했고 부동산, 자동차 서비스, 엔터테인먼트에 이르는 여러 산업을 포괄하는 기술 기업으로 보이길 바랐다. 여타의 기술 스타트업처럼 핑안은 온라인 활성 사용자online active user 의 관점으로 성공 여부를 측정했다.

활용 가이던스

지난 10년간 핑안은 핑안 테크놀로지에 70억 달러를 투자해 미래 금융 서비스에서 중요하게 부각될 4개의 핵심 기술을 개발했다.[4] 인지 능력 cognitive recognition, 인공지능 AI, 블록체인 blockchain, 클라우드 cloud가 그것이다. 이 기술은 파괴 리스크를 줄이고 이익을 향상하는 데 기여함으로써 핑안의 핵심 금융 서비스에 새로운 생명을 불어넣고 있다.

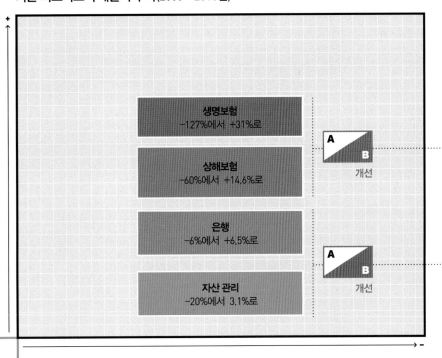

기존 비즈니스의 매출액 추이(2008~2018년)

생명보험
−127%에서 +31%로

상해보험
−60%에서 +14.6%로

은행
−6%에서 +6.5%로

자산 관리
−20%에서 3.1%로

A B
개선

A B
개선

탐험

2014년 핑안상해보험은 맞춤 보험료 산정과 리스크 평가를 위해 인공지능과 텔레매틱스 기술을 사용해 운전자 행동을 추적하는 핑안 오토 오너 PingAn Auto Owner 앱을 개발했다. 이 앱은 기존의 수동적인 상품을 '바람직한 실행'에 즉각 반응해 보상하는 개인화 상품으로 전환시킴으로써 고객 관계를 재정의했다. 이 앱을 통해 핑안은 후선 조직의 수작업 없이 청구건 1개의 평균 처리 시간을 168초로 단축시켰다. 2019년 현재 1,600만 명의 월간 활성 사용자 MAU를 보유하며 중국 자동차 서비스 앱 중에서 선두를 달리고 있다.[5]

핑안은 대출 심사와 금융사기 적발을 위해 인공지능을 사용한 전용 기술을 개발하는 데 4년의 시간을 투자했다. 2017년에 이 프로그램은 대출 신청자의 미세한 표정까지 분석하여 90%의 정확도로 거짓을 가려낼 수 있었다. 신용점수 대신 대출 승인의 도구로 사용되는 이 프로그램 덕에 핑안은 중국 고객의 40%나 되는 신용점수가 없는 새로운 고객 세그먼트에 접근하고 있다. 이 기술은 다른 방식보다 훨씬 높은 정확도로 신용손실을 60%까지 줄이는 데 기여한다.[6, 7]

미래에 대한 탐험

핑안의 전략적 변화가 시작된 2008년 이후, 그들은 매년 매출액의 1%(이익의 최대 10%)를 R&D에 투자했다.[8] 그에 따라 핑안 그룹의 기술 인큐베이터 조직인 핑안 테크놀로지가 설립되었는데, 이 조직에는 핑안의 기존 금융 서비스를 혁신하는 동시에 그룹 내에서 가장 성공적인 스타트업을 육성하라는 책임이 부여됐다. 핑안은 2028년까지 기술 기업으로 진화하고자 R&D에 210억 달러(약 24조 3,000억 원)를 쏟아부을 계획이다.[9]

R&D 투자에 대한 확고한 의지는 '할 수 있다' 문화와 함께 핑안을 혁신의 강력한 파이프라인으로 만들었다. 이는 결과적으로 회사 브랜드 가치의 3분의 1을 차지하는 다채로운 탐험 포트폴리오로 이어졌다. 포트폴리오에는 11개의 기술 스타트업이 포함된다. 루팍스Lufax, 오토홈Autohome 등 2개사는 상장됐고, 루팍스, 굿닥터Good Doctor, 오토홈, 원커넥트OneConnect 등 4개사의 기업 가치는 10억 달러를 넘는다.[10]

성공 여부 측정하기

핑안의 가장 성공적인 플랫폼은 고객을 위한 '원스톱 숍'one-stop shop으로서 지속적으로 온라인 사용자 경험을 향상시키며 사용 사례use case를 사용자 니즈와 부합시키는 생태계 전략을 전적으로 수용했다. 핑안은 사용자의 관여engagement를 성공 지표로 판단했다. 2019년 활성 사용자는 2억 6,900만 명에 달했는데, 사용자 1명당 2.49개의 온라인 서비스를 이용한다는 뜻이다.[10]

굿닥터(2014년)

핑안은 중국 내 의료 서비스 니즈가 한심할 정도로 충족되지 못한다는 점을 깨닫고 생태계를 개선하는 데 역량을 발휘할 기회를 발견했다. 굿닥터는 알리바바Alibaba 그룹 부사장이던 왕타오王涛가 개발했다. 그는 중국 최대 의료 앱을 구축할 목적으로 2013년에 핑안 헬스PingAn Health CEO로 영입됐다. 굿닥터는 2억 6,500만 명 이상의 사용자를 보유한 중국 최대의 온라인 헬스케어 플랫폼으로 사용자에게 인공지능 닥터 서비스를 통해 24시간 온라인 상담을 제공한다. 굿닥터는 2018년 11억 2,000만 달러(약 1조 3,000억 원) 가치로 평가받으며 상장되었다.[12]

제시카 탄
Jessica Tan
핑안 그룹 공동 CEO

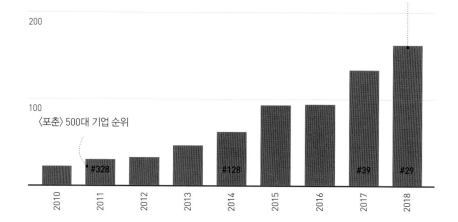

핑안의 순이익 성장 추이(2010~2018년)

단위 10억 위안

230억 달러
(약 26조 5,000억 원)

200

100

〈포춘〉 500대 기업 순위

#328

#128

#39

#29

2010 2011 2012 2013 2014 2015 2016 2017 2018

원커넥트(2015년)
핑안의 자체 기술은 진보를 거듭해 타 금융기관에 핀테크fintech 솔루션을 제공하는 클라우드 플랫폼 원커넥트로 통합됐다. 2018년 현재 원커넥트는 중국 전역에 걸쳐 590개 은행, 72개 보험사, 2,627개 비은행권 금융기관 등 모두 3,289개 회원사에 서비스를 제공한다. 아시아와 유럽 지역에도 진출했다.

오토홈(2016년)
핑안은 호주의 O2O 플랫폼인 오토홈의 지분(16억 달러 상당)을 인수했다. 핑안은 자동차 제조업체와 딜러사가 구매 전환율을 향상시키는 데 도움을 주는 스마트 추천, 스마트 온라인 세일, 스마트 마케팅 등 데이터 상품을 통합함으로써 이 플랫폼을 대폭 개선했다.[16]

오토홈(2019년)
현재 기업 가치가 100억 달러(약 11조 5,000억 원) 수준이다. 2019년 상반기 오토홈은 매출 39억 2,100만 위안과 전년 대비 24.2%에 달하는 성장률을 달성하는 등 빠른 성장을 기록했다. 2019년 현재 매일 3,800만 명의 사용자가 이 앱을 방문한다.[13, 14]

굿닥터(2019년)
6,270만 명의 월간 활성 사용자

원커넥트(2019년)
리스크 관리 상품이 7억 2,100만 회 사용됨

루팍스(2019년)
1,158만 명의 활성 투자자

활용(2019년)

투자

탐험(2008~2018년)

환승

폐기

발상

핑 하오체Ping Haoche(2013~2016년)
자동차 제조업체와 딜러 파트너십을 연결하는 O2O 중고차 판매 플랫폼이었다. 론칭 후 1년 안에 2억 달러의 매몰비용이 발생하자 신속하게 축소됐다.[15]

루팍스
루팍스는 핑안이 기술 기업으로 전환될 때까지 접근할 수 없었던 시장 세그먼트에 어떻게 금융 서비스를 제공할 수 있었는지 보여주는 단적인 사례다. 루팍스는 1,000달러 내외의 5,000개 이상 투자 금융 상품을 중산층 고객에게 제공함으로써 돈을 빌려주고 싶은 사람과 돈을 빌리고 싶은 사람을 연결시켜준다. 루팍스는 인공지능을 활용해 운영비를 줄이고 상호작용을 최적화함으로써 새로운 시장의 투자자와 참여자가 핑안에 익숙해지도록 만든다. 루팍스는 현재 50억 달러 상당의 기업 가치를 보유하고 있는데 핑안이 41%의 지분을 갖고 있다.[11]

핑 하우팡Ping Haufang(2014~2018년)
주택 판매 및 임대, 부동산 투자, 자산관리를 위한 원스톱 숍이었다. 핑안으로서는 한 번도 경험해보지 못했던 부동산 산업의 복잡함을 따라잡지 못한 탓에 실패로 끝났다. 하지만 핑안은 '한번 해보는 것'에 누구보다 적극적이었다.

혁신에 대한 5가지 오해

혁신은 '젊고 이제 막 부상하는' 것이어서 기존 비즈니스를 관리하는 것과 상당히 다르고 전통적인 R&D와도 같지 않다. 혁신이 보여주는 미숙한 특성 때문에 불행히도 조직은 곧바로 혁신에 투자하지 못하고 오해가 생겨난다. 우리는 고위 리더가 혁신에 대해 갖는 다음과 같은 5가지 오해를 찾아냈다.

혁신에 대한 오해 1
혁신에는 새로운 기술과 R&D가 필요하다.
현실
기술은 특정 혁신에 중요한 역할을 하기도 하고 그렇지 않기도 하다.

혁신은 무엇보다 고객과 조직을 위해 가치를 창조하는 참신한 방법을 탐험하는 것이라 말할 수 있다. 혁신은 기술 기반 혁신보다 그 범주가 넓다. 예를 들어 닌텐도 위Nintendo Wii는 출시될 당시 뒤떨어지는 기술 플랫폼으로 평가됐지만 게임 산업을 파괴했다(p.258).

혁신에 대한 오해 2
혁신은 완벽한 아이디어를 찾는 것이다.
현실
훌륭한 아이디어는 쉬운 것이다.

혁신에서 가장 어려운 부분은 수익성을 확보하며 규모를 확장할 수 있는 비즈니스 모델 속에 고객이 관심을 가질 만한 구체적인 가치 제안을 삽입할 때까지 아이디어를 형성하고 조정하며 반복적으로 탐색하는 것이다. 결국 리스크를 줄이려면 좋아 보이는 1~2개의 대담한 아이디어에 '올인'하기보다 많은 아이디어를 탐험하는 포트폴리오를 구성하고 그중에서 최고의 아이디어가 떠오르게 해야 한다.

성공적인 혁신 = (R&D)*+ 비즈니스 R&D + 실행[17]

발명*
*선택사항

고객 가치   비즈니스
모델

혁신에 대한 오해 3

혁신은 고객이 사랑할 제품과 서비스를 만드는 것이다.

현실

제품, 서비스, 고객이 관심을 갖는 가치 제안은 분명 혁신의 기둥이지만 그것만으로는 부족하다.

수익성 있게 규모를 확대할 수 있는 비즈니스 모델이 없으면 아무리 최고의 제품도 고사하고 만다. 효율 혁신부터 변혁적 혁신에 이르는 모든 유형의 혁신에는 시장에서 살아남을 수 있는 비즈니스 모델이 필요하다.

혁신에 대한 오해 4

혁신에는 학습할 수 없는 천재적 창의력이 필요하다.

현실

혁신은 창의적인 천재에 의존하는 흑마술이 아니다.

혁신적 아이디어를 비즈니스 결과로 전환시키는 것은 누구나 배울 수 있는 기술이며 과학이다. 여러 도구, 비즈니스 모델 패턴, 테스트 방법 등은 '교실'에서 충분히 배울 수 있다. 테스트에서 얻은 증거를 더 나은 가치 제안과 비즈니스 모델로 전환시키는 스킬셋은 좀 더 '예술'의 영역에 속하는 것(예: 패턴 인식)이며 이는 경험에서 나온다.

혁신에 대한 오해 5

혁신은 기존 비즈니스와 전략으로도 가능하다.

현실

대다수 조직은 수십 년에 걸쳐 전통적 방식의 R&D를 수행해왔다.

과거에 유효했다고 해서 미래에도 적합하지는 않다. 비즈니스 모델과 가치 제안은 예전보다 빠르게 효과를 잃어가고 산업의 경계는 사라져가며 예상치 못한 곳에서 경쟁자가 출현한다. 이제 비즈니스 R&D라는 새로운 유형의 R&D를 전략적 어젠다로 삼을 때다.

비즈니스 R&D

참신한 비즈니스 기회로 구성된 포트폴리오를 감지하고 구축하며 테스트하고 리스크를 줄이며 투자하기 위해 기업이 수행하는 일련의 활동을 말한다. 기회의 범위는 기존 비즈니스를 향상시키는 것부터 완전히 새로운 비즈니스를 탐험하는 것까지 모두 포괄한다. 비즈니스 R&D의 핵심은 가치 제안과 비즈니스 모델을 구성할 기술과 과학, 기회의 수용 가능성, 실현 가능성, 생존 가능성, 적응 가능성 리스크를 규명하고 테스트하는 것으로 이루어진다. 비즈니스 R&D는 주로 실현 가능성에 초점을 맞춰 기존 기술 및 제품 R&D를 보완한다.

혁신 성과와 R&D 지출

PwC의 전략컨설팅 브랜드 스트래티지앤드Strategy&의 2018년 조사에 따르면 혁신의 성공과 R&D 지출액 간의 강력한 상관관계는 존재하지 않는다. 예를 들어 자동차 업체 폭스바겐은 R&D에 158억 달러(약 18조 2,000억 원)를 지출해 이 조사에 참여한 기업 중 3번째로 큰 지출액을 기록했지만 상위 10대 혁신 기업에는 오르지 못했다. 테슬라는 매출액의 7%인 15억 달러(약 1조 7,000억 원)를 R&D에 지출해 혁신적 기업 순위 5위에 올랐다.[18]

혁신 기업 리스트 상위 2개 기업은 매우 이질적으로 보인다. 1위에 오른 애플은 매출의 5.1%에 해당하는 116억 달러(약 13조 4,000억 원)의 R&D 지출액으로 7위를 기록했다. 2위인 아마존은 매출의 12.7%인 226억 달러(약 26조 원)로 R&D 지출액이 가장 컸다. 로슈, 존슨앤존슨, 머크, 노바티스, 화이자, 사노피 등 제약업체는 R&D 지출 상위 20위 내에 이름을 올렸지만(매출의 14~25%) 상위 10대 혁신 기업에는 오르지 못했다.

스트래티지앤드의 조사 결과 상위 10대 혁신 기업이 상위 10대 R&D 지출 기업보다 매출 성장률, 매출총이익, 시가총액 성장률 면에서 압도적이었다.

혁신 vs. 지출[18]

■■■ 상위 10대 혁신 기업　━━ 상위 10대 R&D 지출 기업

스트래티지앤드의 조사에서 가장 뛰어난 혁신 기업으로 선정된 기업은 성과 면에서 상위 R&D 지출 기업을 압도했다.

100% − 최대치 점수, 5년 연평균성장률CAGR

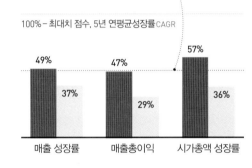

	매출 성장률	매출총이익	시가총액 성장률
상위 10대 혁신 기업	49%	47%	57%
상위 10대 R&D 지출 기업	37%	29%	36%

비즈니스 R&D 활동

비즈니스 R&D는 전통적인 기술 및 제품 R&D를 대체하기보다 보완한다. 비즈니스 R&D의 목적은 새로운 가치 제안과 비즈니스 모델을 창조하고 탐험하고 연구하며, 그 기저의 비즈니스 가설이 가진 리스크를 줄이는 것이다. 비즈니스 R&D는 실현 가능성의 기술적 측면을 조망한다는 점에서 전통적 R&D를 필요로 하기도 한다.

비즈니스 R&D의 주요 과업은 다음과 같다.

1) 기회의 규명

기존 비즈니스를 개선하거나 완전히 새로운 비즈니스를 탐험할 유망한 기회를 찾기 위해 환경 전반을 조망하는 활동이다. 기회는 고객 니즈의 변화, 기술 혁신, 규제 변화, 사회적 트렌드 등에서 생겨나기도 한다. 이 활동에는 경쟁사나 스타트업, 보완할 만한 조직의 인수가 포함될 수 있다.

2) 가치 제안과 비즈니스 모델의 구상, 테스트, 조정

비즈니스 R&D를 수행하는 대부분의 시간은 기회를 테스트하고 그 기회를 실제 비즈니스로 전환하는 작업에 할애된다. 일련의 작업은 고객이 관심을 가질 때까지 수익성 있는 비즈니스 모델을 구축하고, 확대할 수 있다는 증거가 나타날 때까지 가치 제안과 비즈니스 모델을 구상하고 테스트하고 조정하는 활동으로 구성된다.

3) 포트폴리오 관리

비즈니스 R&D의 마지막 활동은 비즈니스 모델 포트폴리오를 유지·관리함으로써 기업을 파괴로부터 보호하는 작업으로 구성된다. 이 작업은 모든 유형의 혁신 프로젝트에 조금씩 베팅한 다음 증거를 생성하는 프로젝트에 점진적으로 투자를 늘리는 동시에 그렇지 못한 프로젝트는 제거하는 세부 활동으로 구성된다. 이 활동은 리스크를 다각화하고 가장 우수한 아이디어와 팀을 부각시킨다.

탐험 포트폴리오 관리

탐험 포트폴리오

탐험 포트폴리오는 미래를 위한 새로운 성장 엔진을 개발하고 외부의 파괴로부터 보호하기 위한 것이다. 탐험 포트폴리오는 개발하고 구현하고자 하는 새로운 비즈니스 분야의 리스크를 경감하는 데 유용하게 활용되고 충분한 통찰을 제공함으로써 좀 더 좋은 조직을 인수하는 데 도움이 된다.

모든 탐험 프로젝트는 2가지 반복 과정을 통해 이루어진다. 기대 수익을 극대화하기 위해 비즈니스 디자인을 개선하는 과정, 현실 세계에서 별 효과를 거두지 못할 프로젝트에 투자하는 리스크와 불확실성을 경감시키는 과정이 그것이다.

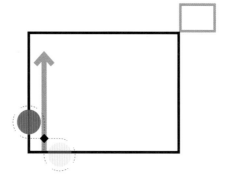

비즈니스 디자인
기대 수익을 증가시켜라

비즈니스 디자인 과정은 비즈니스 아이디어를 형성하고 조정함으로써 아이디어를 최상의 기대 수익을 얻을 수 있는 비즈니스 모델로 전환시키는 반복 과정이다. 초기 디자인 과정은 직관과 시작점(제품 아이디어, 기술, 시장 기회 등)을 기초로 한다. 그 후 이루어지는 디자인 과정은 테스트 과정에서 나오는 증거와 통찰을 기반으로 한다.

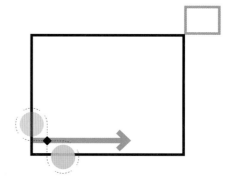

테스트
혁신 리스크를 줄여라

테스트 과정은 거액의 투자가 정당화되도록 아이디어의 리스크와 불확실성이 충분히 줄어들 때까지 비즈니스 아이디어 저변의 가설을 몇 번이고 반복해서 테스트하는 과정이다. 초기 테스트는 보통 신속하고 비용이 적게 드는 실험(예: 고객의 관심을 파악하기 위한 인터뷰와 설문조사)을 기초로 한다. 그 후 좀 더 정교한 실험을 진행함으로써 초기에 얻었던 통찰을 재확인한다.

종이 위에 쓴 비즈니스 모델이 강력하게 보여도 실제로 효과를 발휘할 아이디어라는 보장은 없다. 아이디어가 효과를 발휘할지 규명하려면 비즈니스 모델 디자인을 현실 세계에서 테스트할 필요가 있다. 비즈니스 디자인과 테스트는 서로 끊임없이 피드백을 주고받는 상호작용의 반복이다.

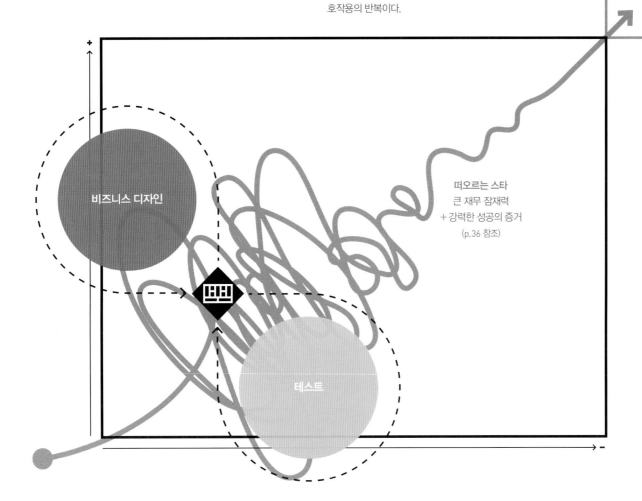

활용

비즈니스 디자인

테스트

떠오르는 스타
큰 재무 잠재력
+ 강력한 성공의 증거
(p.36 참조)

비즈니스 모델 디자인의 성과

비즈니스 모델 디자인은 현재 시장을 지배 중인 혁신적이고 저렴한 제품과 서비스를 능가할 비즈니스 모델을 찾는 과정이다. 뛰어난 수익성과 방어 능력으로 경쟁자를 이기고 심지어 파괴할 수 있는 비즈니스 모델을 창조하는 과정인 것이다. 혁신 여정을 거치는 동안 시장에서 배운 것을 기초로 좀 더 나은 비즈니스 모델을 창조할 수 있는 방법이 무엇인지 끊임없이 자문하라.

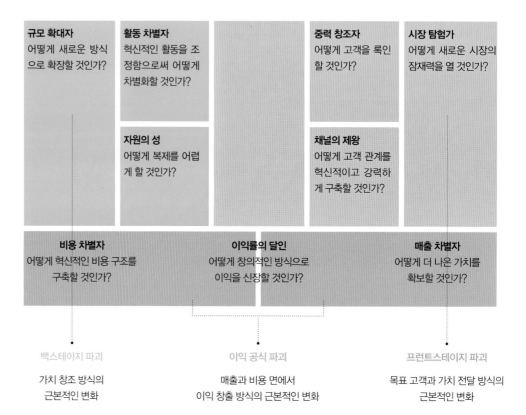

규모 확대자
어떻게 새로운 방식으로 확장할 것인가?

활동 차별자
혁신적인 활동을 조정함으로써 어떻게 차별화할 것인가?

자원의 성
어떻게 복제를 어렵게 할 것인가?

중력 창조자
어떻게 고객을 록인할 것인가?

채널의 제왕
어떻게 고객 관계를 혁신적이고 강력하게 구축할 것인가?

시장 탐험가
어떻게 새로운 시장의 잠재력을 열 것인가?

비용 차별자
어떻게 혁신적인 비용 구조를 구축할 것인가?

이익률의 달인
어떻게 창의적인 방식으로 이익을 신장할 것인가?

매출 차별자
어떻게 더 나은 가치를 확보할 것인가?

백스테이지 파괴

가치 창조 방식의 근본적인 변화

이익 공식 파괴

매출과 비용 면에서 이익 창출 방식의 근본적인 변화

프런트스테이지 파괴

목표 고객과 가치 전달 방식의 근본적인 변화

비즈니스 모델 패턴 모음

비즈니스 모델의 성과를 향상시키는 데 도움을 얻으려면 제3장에 나오는 9개의 비즈니스 모델 패턴 모음을 참조하라. 이 패턴을 잘 참고하면 제품, 서비스, 가격을 뛰어넘어 경쟁하는 데 도움이 되는 영감을 얻을 수 있다.

디자인 평가

비즈니스 모델 아이디어, 기존 비즈니스, 비즈니스 부문의 현재 디자인을 평가할 수 있는 평가 시트를 활용하라(pp.230∼231). 높은 점수를 얻으면 강력한 비즈니스 모델이라는 뜻이다. 낮은 점수가 나오면 잠재력이 강하지만 개선이 필요하다는 의미다. 기존 경쟁자와 새로운 경쟁자를 평가하는 데도 이 평가 시트를 사용할 수 있다. 좋은 디자인이라고 해서 '효력이 있을 것'이라는 의미가 절대 아니라는 점에 주의해야 한다.

디자인 – 테스트

체계적으로 아이디어를 탐험하려면 2가지 반복 과정을 거쳐야 한다. 비즈니스 디자인으로 아이디어를 형성하는 과정, 테스트를 통해 리스크를 경감시키는 과정이 그것이다.

비즈니스 디자인 루프loop

디자인 과정은 비즈니스 아이디어를 형성하고 조정함으로써 아이디어를 가능한 한 최상의 비즈니스 모델로 전환하는 반복 과정이다. 초기 디자인 과정은 직관과 시작점(제품 아이디어, 기술, 시장 기회 등)을 기초로 한다. 그 후에 이루어지는 디자인 과정은 테스트 과정에서 나오는 증거와 통찰을 기반으로 한다.

아이디어 도출Ideate

아이디어를 좀 더 강력한 비즈니스로 전환하기 위해 최초의 직관이나 테스트로부터 얻은 통찰을 바탕으로 가능한 한 많은 대안을 제시하는 단계다. 이 첫 번째 단계에서는 아이디어와 '사랑에 빠지지 않는 것'이 중요하다.

비즈니스 프로토타입Business Prototype

이 2단계에서는 비즈니스 프로토타입을 통해 아이디어 도출 단계에서 나온 대안을 압축해간다. 냅킨에 그린 스케치처럼 대충 만든 프로토타입이어도 무방하다. 가치 제안 캔버스와 비즈니스 모델 캔버스를 사용해 아이디어를 명확하고 구체적으로 만들라. 테스트를 통한 통찰을 바탕으로 계속 반복함으로써 비즈니스 프로토타입을 지속적으로 개선하라.

평가Assess

디자인 과정의 3단계로 평가 시트(pp.230~231)를 가지고 비즈니스 프로토타입 디자인을 평가하는 단계다. 비즈니스 모델 프로토타입 디자인에 만족한다면 곧바로 '현장 테스트'를 시작해도 되고 후속 작업을 반복하고 싶다면 다시 테스트하라.

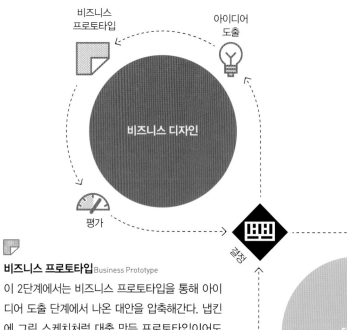

비즈니스
프로토타입

아이디어
도출

비즈니스 디자인

평가

조정

가설

테스트

학습

실험

가설 Hypothesize

비즈니스 아이디어 테스트의 1단계는 아이디어가 가진 리스크와 불확실성을 이해하는 것이다. 이렇게 질문하라. "이 아이디어가 효력을 발휘하려면, 어떤 모든 것이 참이어야 하는가?" 이 질문을 통해 아이디어의 기저에 깔린 가정을 테스트 가능한 가설의 형태로 명료화할 수 있다. 다시 말해 커다란 아이디어를 테스트 가능한 작은 조각들로 쪼개는 것이다.

실험 Experiment

가설을 명료화한다고 해서 아이디어의 리스크와 불확실성을 없앨 수는 없다. 증거 없이 비즈니스 아이디어를 실행하는 우를 범하지 마라. 이론적으로 아무리 아이디어가 훌륭해 보이더라도 실험을 통해 아이디어를 철저히 테스트하라. 이 2단계를 거치면 이론적으로 좋아 보이지만 현실에서 효과가 없는 아이디어를 추진하는 실수를 피할 수 있다.

학습 Learn

테스트 과정의 마지막 3단계는 가설을 지지하거나 기각하기 위해 실험에서 얻은 증거를 분석하는 것이다. 여기서 얻은 통찰을 반영해 아이디어를 유지하거나 전환하거나 폐지하는 결정을 내린다.

테스트 루프

모든 새로운 비즈니스 아이디어, 제품, 서비스, 가치 제안, 비즈니스 모델, 전략에는 근본적으로 '믿음의 도약'leap of faith이 필요하다. 틀린 것이 증명된 아이디어에서 중요하지만 아직 검증되지 않은 측면은 비즈니스를 번성시킬 수도, 무너뜨릴 수도 있다.

아이디어를 테스트 가능한 아주 작은 덩어리로 쪼개는 게 중요한 까닭이다. 그렇게 하려면 아이디어 기저에 깔린 불확실성과 가정을 가설의 형태로 명확히 설정해야 한다. 그런 다음 모든 가설을 테스트의 중요성에 따라 우선순위를 매겨라.

스티브 블랭크
Steve Blank
고객 개발Customer Development의 창안자이자 린 스타트업Lean Startup 운동의 대부

"어떤 비즈니스 플랜도 고객과의
첫 만남에서 살아남지 못한다."

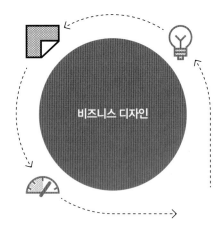

비즈니스 디자인

비즈니스 디자인

비즈니스 모델
캔버스

이 책의 내용을 활용하기 위해 반드시 비즈니스
모델 캔버스의 달인이 될 필요는 없다. 하지만
아이디어를 비즈니스 모델로 전환하기 위해 캔
버스를 활용하면, 리스크를 정의하고 테스트하
고 관리하기 용이할 것이다. 이 책에서는 비즈
니스 모델 캔버스를 아이디어의 수용 가능성,
실현 가능성, 생존 가능성을 판단하는 데 사용
한다. 비즈니스 모델 캔버스를 좀 더 깊이 알고
싶다면 《비즈니스 모델의 탄생》을 일독하거나
온라인 자료를 활용하기 바란다.

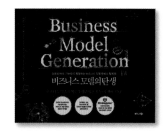

고객 세그먼트 Customer Segments, CS
제품과 서비스을 제공해 만족시키고자
하는 개별 집단이나 조직.

가치 제안 Value Propositions, VP
특정 고객 세그먼트가 필요로 하는 가
치를 창출하는 제품과 서비스의 조합.

채널 Channels, CH
가치를 제안하기 위해 고객과 커뮤니케
이션하고 그들에게 제품과 서비스를 제
공하기 위한 방법.

고객 관계 Customer Relationships, CR
특정 고객 세그먼트와 형성하는 관계의
유형.

핵심 자원 Key Resources, KR
비즈니스 모델이 작동되는 데 필요한
가장 중요한 자산.

핵심 활동 Key Activities, KA
비즈니스 모델을 작동시키기 위해 기업
이 반드시 해야 하는 것.

핵심 파트너 Key Partners, KP
비즈니스 모델이 작동되는 데 기여하는
공급자와 파트너의 네트워크.

수익원 Revenue Streams, RS
기업이 각 고객 세그먼트로부터 창출하
는 현금.

비용 구조 Cost Structure, CS
비즈니스 모델을 운영하는 데 발생하는
모든 비용.

가치 제안 캔버스

가치 제안 캔버스의 목적 역시 비즈니스 모델 캔버스와 유사하다. 이 캔버스를 능숙하게 사용하지 못해도 이 책을 활용하는 데 문제는 없지만 실험의 틀을 잡는 데 참조하면 좋다. 특히 고객을 이해하고 제품과 서비스가 어떻게 가치를 창출하는지 이해하는데 가치 제안 캔버스는 유용할 것이다. 가치 제안 캔버스에 대해 좀 더 깊이 알고 싶다면 《밸류 프로포지션 디자인》을 일독하거나 온라인 자료를 활용하기 바란다.

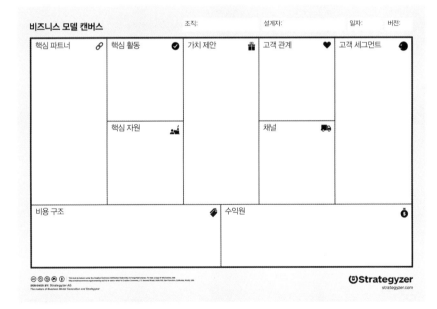

비즈니스 모델 캔버스에 대해 더 많은 것을 알고 싶으면 아래 사이트 참조.
strategyzer.com/books/business-model-generation

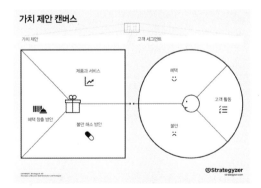

가치 제안 캔버스에 대해 더 많은 것을 알고 싶으면 아래 사이트 참조.
strategyzer.com/books/value-proposition-design

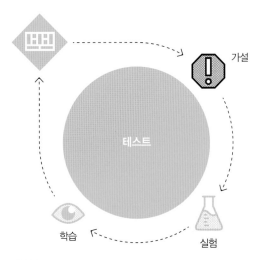

가설

테스트

가설

테스트 과정의 1단계는 비즈니스 아이디어 기저에 깔린 주요 가설들을 규명하고 우선순위를 정하는 것이다. 이 단계를 통해 아이디어의 가장 중요한 리스크를 명확히 할 수 있고 그에 따라 테스트도 가능하게 된다.

정의

• 가치 제안, 비즈니스 모델, 전략의 기초가 되는 가정.
• 비즈니스 아이디어가 효과가 있을지 파악하기 위해 알아낼 필요가 있는 것.
• 비즈니스 아이디어의 수용 가능성, 실현 가능성, 생존 가능성, 적응 가능성과 연결.
• 증거에 바탕을 두고 경험에 의해 테스트한 결과 입증 혹은 거부로 그 결과를 표현.

가설의 4가지 유형 규정하기

아이디어의 리스크와 불확실성을 이해하려면 다음과 같이 질문하라. "이 아이디어가 효력을 발휘하려면, 어떤 모든 것이 참이어야 하는가?" 이 질문을 통해 비즈니스 아이디어 기저에 깔린 4가지 유형(수용 가능성, 실현 가능성, 생존 가능성, 적응 가능성)의 가설을 모두 규명할 수 있다.

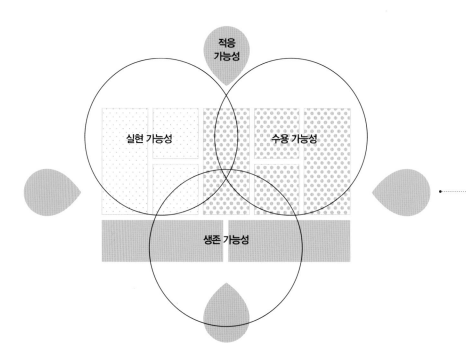

가설의 우선순위 정하기

모든 가설의 우선순위가 동일하지는 않다. 가장 중요하지만 아직은 증거가 없는 가설이 무엇인지 찾아서 먼저 테스트하는 것이 좋다. 아래의 가정 맵 assumptions map 도구를 사용해 2가지 전제를 바탕으로 분류하면 우선순위를 정할 수 있다.

수용 가능성
시장이 이 아이디어를 원하는가?
가설의 수용 가능성을 규명하려면 가치 제안 캔버스와 비즈니스 모델 캔버스의 프런트스테이지 부분을 살펴보라.

실현 가능성
규모 있게 전달할 수 있는가?
가설의 실현 가능성을 규명하려면 비즈니스 모델 캔버스의 백스테이지 부분을 살펴보라.

생존 가능성
이 아이디어가 충분히 수익성 있는가?
가설의 생존 가능성을 규명하려면 비즈니스 모델 캔버스의 수익원과 비용 구조 부분을 살펴보라.

적응 가능성
변화하는 환경에서 이 아이디어는 살아남아 적응할 수 있는가?
가설의 적응 가능성을 규명하려면 비즈니스 모델의 주변 환경을 살펴보라.

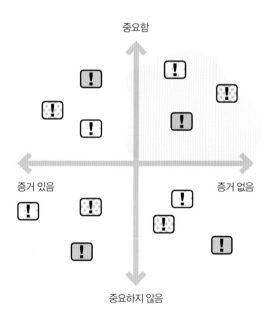

중요함

증거 있음 · 증거 없음

중요하지 않음

중요도
비즈니스 아이디어를 성공시키는 데 얼마나 중요한 가설인지 평가하라. 다시 말해 이 가설이 틀린 것으로 판명되면 비즈니스 아이디어 역시 실패할 것으로 봐야 할지, 다른 모든 가설까지 무의미해지는지 판단하라.

증거의 존재 유무
특정 가설을 지지하거나 거부하는 데 동원될 관찰 가능하며 최신의 직접적인 증거가 있는지 없는지, 얼마나 많은지 판단하라.

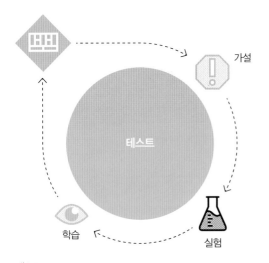

가설

테스트

학습

실험

실험

실험을 통해 아이디어의 리스크를 줄여라

아무도 원치 않는 것을 만드는 우를 범하지 않으려면 테스트의 2단계인 비즈니스 실험을 통해 아이디어를 철저히 검증해야 한다. 가장 중요한 가설을 먼저 테스트하고 아이디어가 효과가 있으리라는 충분한 확신이 들 때까지 계속하라.

정의

- 비즈니스 아이디어의 리스크와 불확실성을 경감시키는 절차.
- 가설을 지지하거나 기각하는 강도가 다른 여러 증거를 도출.
- 실험 진행 시간이 빠를 수도 느릴 수도 있으며, 진행 비용이 저렴할 수도 비쌀 수도 있음.

아이디어를 테스트할 수 있는 여러 실험이 있다. 우리는 《비즈니스 아이디어의 탄생》에서 44개에 달하는 비즈니스 실험을 상세히 다루었다. 간단한 인터뷰, 프로토타입에 관한 토론, 모의 판매의 여러 방법, 작동 가능한 프로토타입(최소 기능 제품, MVP), 고객과의 공동 제작까지 실험은 다양하다. 우리는 통상 여러 팀이 인터뷰 외에는 아이디어를 충분히 테스트하지 않는다는 사실을 발견했다. 아이디어를 실행 포트폴리오로 전환시키고 규모 확대를 시도하기 전에 반드시 3단계에 걸쳐 아이디어를 철저히 테스트하기를 권한다.

비즈니스 아이디어 테스트에 대해 더 많은 것을 알고 싶으면 아래 사이트 참조
strategyzer.com/test

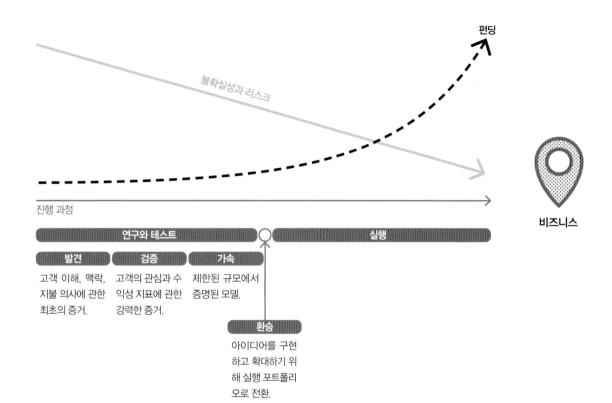

펀딩

불확실성과 리스크

아이디어

진행 과정

연구와 테스트			실행
발견	검증	가속	

발견
고객 이해, 맥락, 지불 의사에 관한 최초의 증거.

검증
고객의 관심과 수익성 지표에 관한 강력한 증거.

가속
제한된 규모에서 증명된 모델.

환승
아이디어를 구현하고 확대하기 위해 실행 포트폴리오로 전환.

비즈니스

《비즈니스 아이디어의 탄생》에서 정리한 비즈니스 아이디어를 테스트할 올바른 실험을 선택하기 위한 4가지 경험 법칙은 다음과 같다.

1. 초기에는 비용과 시간을 적게 들여 실험하라.

보통 처음에는 아는 것이 별로 없다. 올바른 방향을 정확히 짚어내려면 비용과 시간이 적게 드는 실험에 집중하라. 나중에 추가로 테스트하면 되므로 일단은 미약한 증거로 시작해도 된다. 이상적인 상황이라면 비용과 시간은 적게 들면서 강력한 증거를 도출해주는 실험을 선택할 수도 있다.

2. 하나의 가설에 여러 실험을 진행해 증거의 강도를 높여라.

가설이 참인지 거짓인지 증명하려면 여러 개의 실험을 진행하라. 가능한 신속하게 가설에 대해 학습하려 노력하라. 그런 다음 확신을 위해 더 강력한 증거를 도출해줄 실험을 추가로 진행하라. 단 한 번의 실험이나 미약한 증거를 바탕으로 중요한 결정을 내려선 안 된다.

3. 제약 조건하에서 늘 가장 강력한 증거를 도출하는 실험을 택하라.

상황을 고려하되 가능한 한 가장 강력한 실험을 선택하고 디자인하라. 불확실성이 높을수록 신속하면서 비용이 적게 드는 실험을 진행해야 한다. 그런 실험이라고 해서 강력한 증거를 도출하지 못하는 것은 아니다.

4. 무언가를 만들기 전 최대한 불확실성을 줄여라.

사람들은 종종 아이디어를 테스트하기 위해선 무언가를 만들어야 한다고 생각한다. 그것을 만드는 비용이 클수록 여러 유형의 실험이 선행되어야 한다. 실제 고객에게 어떤 혜택, 불만, 활동이 생겨나는지 밝혀내려면 말이다.

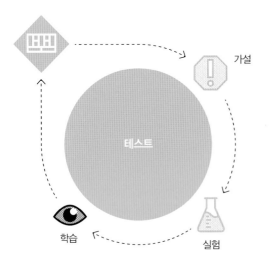

가설

테스트

학습

실험

테스트

학습

테스트 과정의 3단계는 테스트를 통해 얻은 증거가 비즈니스 가설을 지지하는지, 기각하는지 학습하는 것이다. 패턴을 감지하고 통찰을 끌어내기 위해 증거를 분석하는 단계이기도 하다. 많은 실험을 진행할수록 더 많은 증거를 얻을 수 있고 자신의 통찰에 대한 자신감을 확보할 수 있다.

증거

증거는 가설의 참·거짓 여부를 판단하는 데 사용되는 '사실'을 말한다. 증거는 연구나 비즈니스 실험을 통해 얻은 데이터다. 증거는 미약한 것부터 강력한 것에 이르기까지 다양한 형태로 나타난다.

정의
- 실험을 통해 도출되거나 현장에서 수집한 데이터.
- 가설의 참·거짓 여부를 알려주는 사실들.
- 여러 특성들(예: 인용, 행동, 전환율, 주문, 구매 등)을 보이며, 미약할 수도 강력할 수도 있음.

증거의 강도

해당 증거가 얼마나 확실하게 가설의 참·거짓 여부를 판단하는 데 도움이 되는지를 나타낸다. 다음 4가지 영역을 확인함으로써 증거의 강도를 판단할 수 있다.

약함 ◀ ▶ 강함	
의견(믿음)	사실(사건)
사람들의 말	사람들의 행동
실험실 상황	현실 상황
작은 관여	큰 관여

지지　　　불명확　　　기각

통찰

통찰은 증거를 연구해서 알게 된 것을 말한다. 테스트했던 가설을 지지하거나 기각하는지 패턴을 탐색해야 한다.

정의
- 증거를 분석함으로써 알게 된 것.
- 가설의 생존 가능성과 관련한 학습, 그리고 새로운 방향성의 잠재성을 발견.
- 합리적인 비즈니스 결정과 조치의 근거.

신뢰 수준

신뢰 수준이란 수집된 증거가 특정 가설의 지지와 기각 여부를 결정할 만큼 충분히 강력하고 믿을 만한 증명임을 나타낸다.

(0) (0.1) (0.2) (0.3) (0.4) (0.5) (0.6) (0.7) (0.8) (0.9) (1.0)

전혀 신뢰 못 함　　　　　　　　　　　매우 신뢰할 만함

매우 신뢰할 만함
몇 개의 실험을 진행했는데 그중 적어도 하나의 현장 실험에서 매우 강력한 증거가 도출됐다면 매우 신뢰할 수 있는 수준이다.

어느 정도 신뢰할 만함
몇 개의 실험에서 강력한 증거가 나오거나 현장 실험에서 강력한 증거 혹은 콜 투 액션call-to-action, 즉 일부 실행으로 이행해도 될 만한 증거가 도출되었다면 어느 정도 신뢰할 만한 수준이다.

전적으로 신뢰하기 어려움
인터뷰나 설문조사만 진행했다면 좀 더 많은 실험과 강력한 실험을 진행할 필요가 있다. 현실에서 고객은 전혀 다르게 행동할 수 있기 때문이다.

전혀 신뢰 못 함
인터뷰나 설문조사 등 단 한 번의 실험으로 미약한 증거가 나왔다면 좀 더 많은 실험을 진행해야 한다.

큰 실패를 피하라, 그렇지 않으면 당신은 죽는다.

작은 실패를 수용하라, 그렇지 않으면 당신은 죽는다.

혁신 지표

실행 프로젝트에서는 일정과 예산이 핵심 지표이긴 하지만 그것에 얼마나 잘 맞추는지를 측정하는 것은 혁신의 핵심 과업이 아니다. 혁신과 탐험을 위해서는 대규모 투자와 규모 확대 전에 새로운 비즈니스 아이디어의 리스크와 불확실성을 얼마나 줄일 수 있는지 측정하는 것이 매우 중요하다.

탐험		활용
탐색과 발견	**목적성**	실행과 규모 확대
낮음	**예측 가능성**	높음
새로운 아이디어의 리스크와 불확실성 경감	**핵심 성과 지표**KPI	일정과 예산 준수
학습과 조정	**핵심 활동**	계획과 구현
무방(신속하고 저렴하다면)	**실패**	절대 불가
학습을 위한 투자	**실패 비용**	손실 = 처벌
기대 ROI	**재무 지표**	실제 ROI

모든 탐험 프로젝트에서 다음 4가지 주요 KPI를 추적할
필요가 있다.

- 리스크와 불확실성
  아이디어의 리스크를 지금까지 얼마나 줄였는가? 얼마
  나 많은 리스크가 남아 있는가?
- 기대 수익성
  재무 측면에서 아이디어의 가치가 얼마나 클 것인가?
- 학습 속도와 소요 시간
  지금까지 얼마나 많은 시간을 소요했는가? 그 시간에
  얼마나 많은 것을 학습했는가?
- 비용
  아이디어를 테스트하는 데 얼마나 비용을 썼는가?

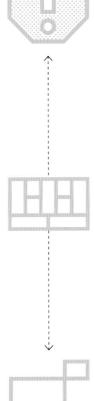

1. 가설 수준

수준을 점점 높이면서 리스크를 파악하고 테스트할
수 있도록 아이디어를 작은 덩어리로 쪼개라. 이 덩
어리들을 아이디어 기저에 깔린 가설이라고 부른
다. 다시 말해 아이디어가 효과를 발휘하려면 참이
라 증명되어야 하는 가장 중요한 것이 가설이다. 가
설을 지지 혹은 기각할 만한 최신의 증거가 나오지
않는다면 리스크와 불확실성을 줄이기 위해 테스트
를 지속해야 한다.

2. 비즈니스 모델 수준

비즈니스 모델 수준에서는 아이디어 기저에 깔린
중요한 가설 모두를 살펴보라. 증명되지 않은 가설
이 많을수록 아이디어의 리스크는 크다. 아이디어
의 리스크를 줄이려면 아이디어가 효과가 있다는
믿음이 생길 때까지 가장 중요한 가설을 테스트해
야 한다.

3. 포트폴리오 수준

포트폴리오 수준에서는 현재 보유한 모든 아이디어
의 리스크를 지금까지 얼마나 많이 줄였는지 살펴
보라. 각각의 재무 잠재력도 살펴보라.

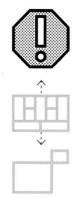

혁신 지표

가설 수준

가설 수준에서는 지금껏 진행한 실험과 그로부터 얻은 통찰의 관점으로 특정 가설과 관련된 모든 사항들을 포착해야 한다.

	가설 기록	실험 기록
데이터	가설 문장	• 실험 설명서 • 성공 지표 • 성공 기준
유형	• 수용 가능성 • 실현 가능성 • 생존 가능성	• 실험실 vs. 현장 • 말 vs. 행동
지표	상태	• 비용 • 소요 시간
예시	가설 1: 우리는 사람들이 온라인으로 신발을 구매할 것이라고 믿는다 (수용 가능성)	실험 1: 랜딩 페이지 측정: '신발 구매하기' 버튼 클릭률(%) 성공 기준: '신발 구매하기' 버튼 클릭률이 방문객의 10% 이상 비용: 200달러

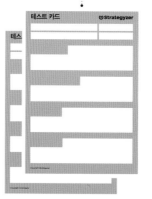

실험 기록

특정 가설을 지지 혹은 기각하기 위해 진행한 모든 실험 기록을 일지 형태로 남겨라. 각 실험별로 실험 유형, 측정한 수치, 성공 기준, 실험 진행 시간, 비용 등을 빠짐없이 기록하라.

학습 기록			활동
• 증거	통찰	신뢰 수준	• 피벗
			• 보류
	지지 불명확 기각	0 0.1 0.2 0.3 0.4 0.5 0.6 0.7 0.8 0.9 1.0	• 유지
• 미약/중간/강력 강도		전혀 신뢰 못 함 매우 신뢰할 만함	• 다시 테스트
• 데이터 포인트의 수			
증거의 강도: 강함 데이터 포인트의 수: *l*만 개 이상 결과적인 증거의 질: 강력	가설 *l*을 지지함	*0.75*의 신뢰 수준	유지

학습 기록
특정 가설을 지지 혹은 기각하는 증거
가 의미하는 바를 일지로 기록하라. 여
기에는 수집한 모든 증거, 데이터 포인
트의 수, 증거의 강도, 통찰이 참인지,
얼마나 신뢰하는지 등을 빠짐없이 기
록하라.

통찰
가설을 지지할 경우 (✔)
기각할 경우 (✘)
불명확할 경우 (?)
등으로 표기

신뢰 수준
통찰을 뒷받침하는 증거로서 충분히
강력하다고 판단되는 수준을 최소 0부
터 최대 1까지 수치로 표시하라.

활동
아이디어를 폐기할지,
아니면 유지하면서 다음
가설을 테스트할지, 피
벗할지 등을 결정한다.

비즈니스 모델 수준

비즈니스 모델 수준에서는 특정 프로젝트와 관련된 모든 가설을 취합하라. 개별 가설이 아이디어의 전체적인 리스크와 불확실성에서 얼마나 많은 비중을 차지하는지 추정하라. 그렇게 하면 프로젝트 과정 중에 아이디어의 리스크를 얼마나 많이 줄였는지 추적할 수 있다.

현재의 프로젝트 진척 수준에서 당신은 다음 사항을 확인할 수 있다.

- **혁신 리스크 수준**: 아이디어의 리스크를 얼마나 줄였으며, 여전히 얼마나 많은 리스크를 안고 있는지를 나타낸다.
- **기대 수익성**: 아이디어의 기회를 재무적 관점으로 재조명해준다.
- **프로젝트 소요 시간**: 해당 아이디어를 테스트하는 데 얼마나 많은 시간이 걸렸는지 보여준다.
- **전체 비용**: 해당 아이디어를 테스트하는 데 얼마나 많은 비용을 사용했는지 개략적으로 보여준다. 팀원들의 급여까지 포함될 수도 있고 아닐 수도 있다.

리스크 경감

특정 가설에서 리스크를 얼마나 경감시켰는지 확인하고 싶다면 해당 가설의 리스크 퍼센티지와 신뢰 수준을 곱해보라.

모든 데이터를 확보했다면 시간 경과에 따른 리스크 수준의 변화, 아이디어 테스트 비용 등을 일목요연하게 그림으로 그릴 수 있다.

피벗

피벗은 기존의 아이디어를 전환하기로 결정했다는 의미다. 피벗은 통상 아이디어의 리스크가 증가하는 것으로 이어진다. 이미 테스트하고 리스크를 경감시킨 가설은 더 이상 새로운 방향과 관련이 없기 때문이다. 게다가 새로운 방향은 테스트가 필요한 새로운 가설들을 낳는다.

비용 증가

일반적으로 실험의 소요 시간과 비용은 리스크를 감소시키는 만큼 늘어난다. 프로젝트 후반부에 이르면 강력한 증거를 도출하고 리스크와 불확실성을 계속 경감시키기 위해 아이디어의 일부를 실행할 필요가 있다. 이를 위해서도 통상 실험 비용은 증가한다.

프로젝트 지표

	이름	시작일	프로젝트 기간
🗔	프로젝트 A	2021년 9월 12일	8주

가설 기록		실험 기록		학습 기록			활동
이름	리스크 %	이름	비용 $	통찰 ✓ ? ✗	신뢰수준 #0~1	리스크 경감 = 리스크×신뢰 수준	다시 테스트, 보류 유지, 피벗
수용 가능성							
가설 1	10%	실험 1	$0.2K	✓	0.75	10% X 0.75 = 7.5%	유지
가설 2	7.5%	실험 2	$0.5K	✗	1	0%	피벗
가설 3	7.5%	실험 3, 실험 4	$1.2K	✓	1	7.5% X 1 = 7.5%	유지
실현 가능성							
가설 7	15%	실험 9, 실험 10	$0.2K	✓	0.5	15% X 0.5 = 7.5%	유지
가설 8	10%	실험 11	$1K	?		0%	다시 테스트
생존 가능성							
가설 4	15%	실험 5	$1.3K	✗	1	0%	피벗
가설 5	10%	실험 6, 실험 7	$0.5K	✓	0.5	10% X 0.5 = 5%	유지
적응 가능성							
가설 6	15%	실험 8	$0.2K	?		0%	다시 테스트
가설 9	10%	실험 12	$0.7K	✓	0.25	10% X 0.25 = 2.5%	유지

기대 수익

매출 잠재력
10억 달러

비용 구조
2억 5,000만 달러

전체 비용
↓
5,800달러

혁신 리스크 수준
↓
 70%

기대 수익
↓
7억 5,000만 달러

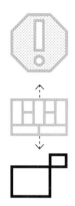

혁신 지표

포트폴리오 수준

팀에게 개별 탐험 프로젝트의 KPI를 추적하도록 하면 탐험 포트폴리오의 상태를 시각화할 수 있다. 이렇게 시각화하면 탐험 중인 아이디어의 재무 잠재력과 현재의 리스크 수준을 조망할 수 있다. 이 데이터와 전체를 조망할 수 있는 자료를 갖추면 좀 더 나은 투자 결정을 할 수 있고 어떤 프로젝트에 투자하고 어떤 프로젝트를 폐기할지 결정할 수 있다.

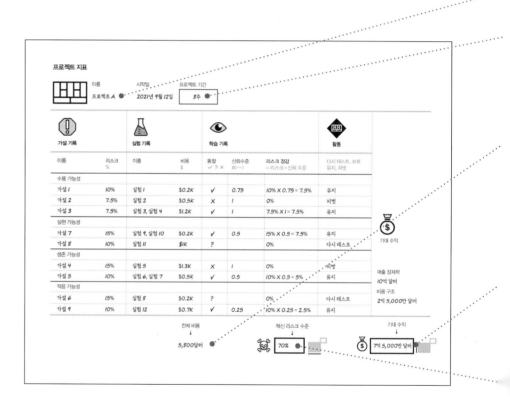

프로젝트 지표

이름 프로젝트 A ● **시작일** 2021년 9월 12일 ● **프로젝트 기간** 8주 ●

가설 기록		실험 기록		학습 기록			활동
이름	리스크 %	이름	비용 $	통찰 ✓ ? ✗	신뢰수준 #0~1	리스크 경감 = 리스크×신뢰 수준	다시 테스트, 보류 유지, 피벗
수용 가능성							
가설 1	10%	실험 1	$0.2K	✓	0.75	10% X 0.75 = 7.5%	유지
가설 2	7.5%	실험 2	$0.5K	✗	1	0%	피벗
가설 3	7.5%	실험 3, 실험 4	$1.2K	✓	1	7.5% X 1 = 7.5%	유지
실현 가능성							
가설 7	15%	실험 9, 실험 10	$0.2K	✓	0.5	15% X 0.5 = 7.5%	유지
가설 8	10%	실험 11	$1K	?		0%	다시 테스트
생존 가능성							
가설 4	15%	실험 5	$1.3K	✗	1	0%	피벗
가설 5	10%	실험 6, 실험 7	$0.5K	✓	0.5	10% X 0.5 = 5%	유지
적용 가능성							
가설 6	15%	실험 8	$0.2K	?		0%	다시 테스트
가설 9	10%	실험 12	$0.7K	✓	0.25	10% X 0.25 = 2.5%	유지

기대 수익
매출 잠재력 10억 달러
비용 구조 2억 5,000만 달러

전체 비용 5,800달러 ● 혁신 리스크 수준 70% 기대 수익 7억 5,000만 달러 ●

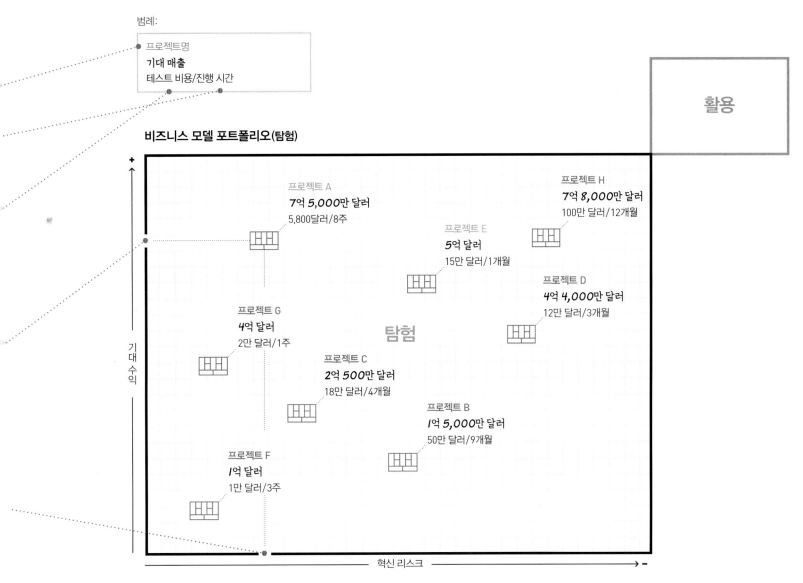

범례:

프로젝트명

기대 매출

테스트 비용/진행 시간

활용

비즈니스 모델 포트폴리오(탐험)

+

프로젝트 A

7억 5,000만 달러

5,800달러/8주

프로젝트 H

7억 8,000만 달러

100만 달러/12개월

프로젝트 E

5억 달러

15만 달러/1개월

프로젝트 D

4억 4,000만 달러

12만 달러/3개월

프로젝트 G

4억 달러

2만 달러/1주

탐험

기
대
수
익

프로젝트 C

2억 500만 달러

18만 달러/4개월

프로젝트 B

1억 5,000만 달러

50만 달러/9개월

프로젝트 F

1억 달러

1만 달러/3주

혁신 리스크 —

결정과 실행

혁신 프로젝트 스코어카드는 효과를 발휘할 비즈니스 아이디어를 발굴하고 탐색하는 팀의 진척도를 체계적으로 평가하기 위한 것이다. 이 평가를 통해 좀 더 나은 투자 의사결정을 내릴 수 있다.

스코어카드는 앞서 언급한 혁신 지표와 포트폴리오 가이드라인에 따라 3가지 차원으로 구성된다.

전략적 적합도

1차원은 적합 정도다. 프로젝트가 진행되려면 기업의 비전, 문화, 이미지와 적합한지 입증할 필요가 있다. 또한 기업의 포트폴리오 가이던스에 맞아야 하고 경영진의 지원을 얻어야 한다.

리스크 경감도

2차원은 가장 중요한 것으로 팀이 비즈니스 아이디어의 리스크와 불확실성을 경감시키는 데 진전이 있는지를 평가한다. 팀은 자신들의 아이디어가 현실에서 효과를 발휘할 가능성이 있다는 점을 스프레드시트와 파워포인트만이 아닌 강력한 증거를 통해 입증해야 한다.

기회의 크기

3차원은 재무 적합도에 관한 것이다. 팀은 재무적 기회를 어느 정도로 평가하는지 명확하게 보여줘야 하고 자신들이 제시하는 재무적 예상이 단지 환상이 아니라는 증거를 실험을 통해 보여줘야 한다.

혁신 프로젝트 스코어카드는 이럴 때 사용한다.

리더
- 투자를 요청하는 발제를 평가할 때.
- 더 좋은 질문을 하면서 팀을 가이드할 때.

팀
- 프로젝트 진행 중에 진척도를 평가할 때.

리더와 팀
- 혁신 프로젝트의 현 상태를 벤치마킹할 때.
- 테스트의 다음 단계를 결정할 때.

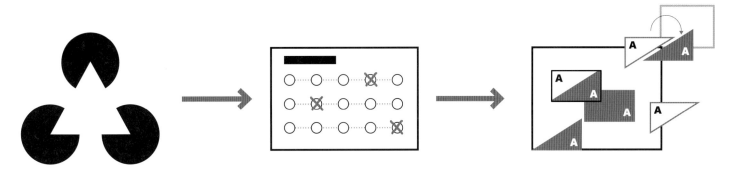

전략적 적합도
p. 68

프로젝트 스코어카드
p. 116

탐험 활동
p. 41, 118

프로젝트 스코어카드

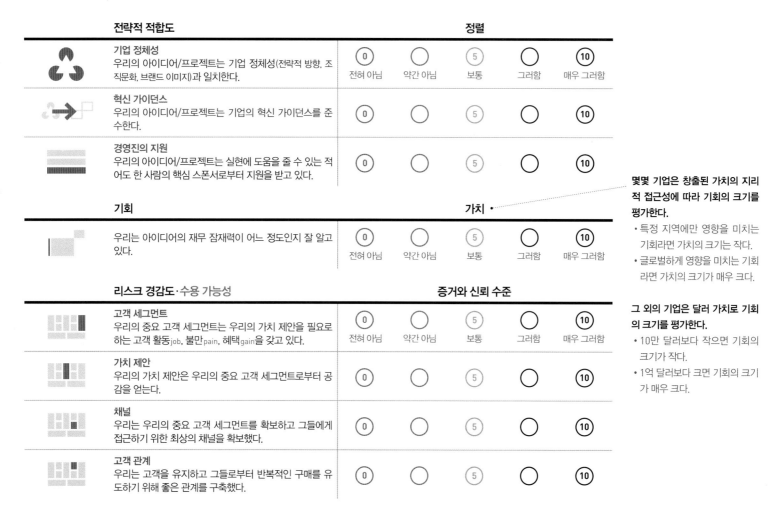

전략적 적합도	정렬				
기업 정체성 우리의 아이디어/프로젝트는 기업 정체성(전략적 방향, 조직문화, 브랜드 이미지)과 일치한다.	0 전혀 아님	○ 약간 아님	5 보통	○ 그러함	10 매우 그러함
혁신 가이던스 우리의 아이디어/프로젝트는 기업의 혁신 가이던스를 준수한다.	0	○	5	○	10
경영진의 지원 우리의 아이디어/프로젝트는 실현에 도움을 줄 수 있는 적어도 한 사람의 핵심 스폰서로부터 지원을 받고 있다.	0	○	5	○	10

기회	가치 •				
우리는 아이디어의 재무 잠재력이 어느 정도인지 잘 알고 있다.	0 전혀 아님	○ 약간 아님	5 보통	○ 그러함	10 매우 그러함

리스크 경감도·수용 가능성	증거와 신뢰 수준				
고객 세그먼트 우리의 중요 고객 세그먼트는 우리의 가치 제안을 필요로 하는 고객 활동job, 불만pain, 혜택gain을 갖고 있다.	0 전혀 아님	○ 약간 아님	5 보통	○ 그러함	10 매우 그러함
가치 제안 우리의 가치 제안은 우리의 중요 고객 세그먼트로부터 공감을 얻는다.	0	○	5	○	10
채널 우리는 우리의 중요 고객 세그먼트를 확보하고 그들에게 접근하기 위한 최상의 채널을 확보했다.	0	○	5	○	10
고객 관계 우리는 고객을 유지하고 그들로부터 반복적인 구매를 유도하기 위해 좋은 관계를 구축했다.	0	○	5	○	10

몇몇 기업은 창출된 가치의 지리적 접근성에 따라 기회의 크기를 평가한다.

- 특정 지역에만 영향을 미치는 기회라면 가치의 크기는 작다.
- 글로벌하게 영향을 미치는 기회라면 가치의 크기가 매우 크다.

그 외의 기업은 달러 가치로 기회의 크기를 평가한다.

- 10만 달러보다 작으면 기회의 크기가 작다.
- 1억 달러보다 크면 기회의 크기가 매우 크다.

리스크 경감도·실현 가능성		증거와 신뢰 수준				
핵심 자원 우리는 우리의 가치 제안을 창조하기 위한 적합한 기술과 자원을 가지고 있다.		(0) 전혀 아님	( ) 약간 아님	(5) 보통	( ) 그러함	(10) 매우 그러함
핵심 활동 우리는 우리의 가치 제안을 창조하기 위해 중요한 활동을 다룰 수 있는 적합한 능력을 갖추고 있다.		(0)	( )	(5)	( )	(10)
핵심 파트너 우리는 우리의 가치 제안을 창조하고 전달하기 위해 우리와 기꺼이 함께 일할 적합한 핵심 파트너를 확보했다.		(0)	( )	(5)	( )	(10)

리스크 경감도·생존 가능성		증거와 신뢰 수준				
매출 우리는 얼마나 많은 고객이 우리에게 기꺼이 돈을 지불할 것이며 어떻게 지불할 것인지 알고 있다.		(0) 전혀 아님	( ) 약간 아님	(5) 보통	( ) 그러함	(10) 매우 그러함
비용 우리는 가치 제안을 창조하고 전달하는 비용을 알고 있다.		(0)	( )	(5)	( )	(10)

리스크 경감도·적응 가능성		증거와 신뢰 수준				
산업 역학 우리의 아이디어/프로젝트는 기존 경쟁자와 새롭게 떠오르는 플레이어들을 물리칠 수 있을 만큼 잘 포지셔닝되어 있다.		(0) 전혀 아님	( ) 약간 아님	(5) 보통	( ) 그러함	(10) 매우 그러함
시장 역학 우리의 아이디어/프로젝트는 시장의 통용되는 변화와 새로운 변화를 고려하고 있다.		(0)	( )	(5)	( )	(10)
핵심 트렌드 우리의 아이디어/프로젝트는 기술, 규제, 문화, 사회의 핵심 트렌드로부터 이익을 얻을 수 있도록 잘 포지셔닝되어 있다.		(0)	( )	(5)	( )	(10)
거시경제 역학 우리의 아이디어/프로젝트는 알려져 있거나 새롭게 부상하는 거시경제와 인프라에 통용되는 트렌드에 맞춰져 있다.		(0)	( )	(5)	( )	(10)

예: '**보통**'은 단 하나의 실험에서 증거가 나왔다는 뜻이고 '**그러함**'은 하나의 실험에서 아주 높은 신뢰 수준의 증거가 나왔다는 뜻이며 '**매우 그러함**'은 여러 번의 실험으로 증거가 도출됐다는 뜻이다.

리스크 평가에서 실행으로

앞에서 포트폴리오 활동(p.41)에 대해 언급했는데 여기서는 탐험의 과정에서 내릴 의사결정에 관한 주제로 진척하고자 한다. 실제 탐험 과정에서는 2개의 주체가 의사결정을 내린다.

팀: 팀은 테스트 과정에서 얻은 증거를 바탕으로 비즈니스 모델과 가치 제안을 끊임없이 반복해서 평가해야 한다. 팀은 매주 탐험 과정을 지속할지(유지), 아이디어의 몇 가지 측면을 크게 변화시킬지(피벗), 아이디어를 완전히 폐기할지 결정해야 한다.

위원회: 의사결정자나 투자위원회는 어떤 팀과 아이디어에 투자하고 어떤 아이디어를 폐기할지 2개월 주기로 모여서 결정해야 한다. 혁신 프로젝트 스코어카드와 테스트에서 얻은 증거가 의사결정의 주요 근거가 되어야 한다. 위원회는 팀의 탐험 과정을 신뢰해야 하고 회의가 열리지 않는 동안에는 팀에 간섭해서는 안 된다.

활동	혁신팀/기업가	위원회
발상	발상은 프로젝트 초기에만 하는 것이 아니다. 탐험 여정 내내 더 강력한 비즈니스 모델, 더 좋은 가치 제안을 창조하기 위한 '작은 발상'이 지속돼야 한다. 발상은 테스트로 얻은 증거에 바탕을 두는 것이 이상적이다.	최초의 아이디어 발상 단계에서 위원회의 역할은 탐험 가이던스를 설정하는 것이다. 위원회는 팀이 규모와 방향의 관점으로 전략적 적합도를 평가하는 방법을 이해하도록 도와야 한다. 위원회는 여러 개의 아이디어 탐험 과정을 동시에 지원한다.
투자	테스트에서 나온 증거에 바탕을 두고 팀은 스타트업*에 투자할 것을 제안하거나 내부에서 개발하지 않고 외부에서 기술을 인수할 것을 제안할 수 있다.	위원회는 외부에 투자하는 것이 맞는지 내부적으로 탐험하는 것이 적절한지 항상 질문을 던져야 한다. 물론 충분한 내부 테스트가 더 나은 투자로 이어진다.
유지	모든 단계에서 팀은 탐험 여정을 계속할지 판단하기 위해 증거를 평가해야 한다. 증거가 강력할수록 팀이 아이디어를 유지할 확신을 가질 수 있다.	위원회는 미리 결정된 날짜에 아이디어의 유지, 피벗, 폐기, 스핀아웃 여부를 결정해야 한다. 위원회 미팅이 없는 기간 동안 위원회의 역할은 팀이 증거에 바탕을 두고 자체적으로 결정 내리도록 지원하는 것이다.
피벗	팀은 도출된 증거가 자신이 세운 최초의 방향을 지지하지 않을 경우 경로를 소폭 혹은 근본적으로 바꿀 것을 고려해야 한다. 피벗하기 전에 증거가 충분히 강력한지 확인하라.	
폐기	때로 피벗하는 것보다 아이디어를 폐기하는 것이 더 최상의 선택일 수 있다. 효과가 없는 아이디어를 폐기함으로써 돈, 시간, 에너지를 아낄 수 있다는 것을 명심하라.	위원회의 모든 권고안은 의견이 아니라 증거에 바탕을 두어야 하며 전략적 적합도에 기초해야 한다. 권고안은 모든 팀이 탐험 과정을 수행하는 동안 제시되어야 한다. 전략적인 아이디어지만 충분한 증거를 얻지 못했다면 유지하라고 권장해서는 안 된다.
스핀아웃	팀은 프로젝트가 성공적일 수 있지만 기업의 포트폴리오 가이던스에 적합하지 않을 경우 스핀아웃을 제안할 수 있다.	
환승	팀은 여러 실험에서 나온 강력한 증거를 통해 아이디어가 효과를 발휘하리라는 충분한 확신이 들 경우 아이디어 규모 확대와 실행(활용)을 추천해야 한다.	위원회는 여러 팀 중 하나가 아이디어의 성공 가능성이 높다는 강력한 증거를 보여줄 경우 그 아이디어를 탐험에서 실행(활용) 단계로 이동시켜야 한다.

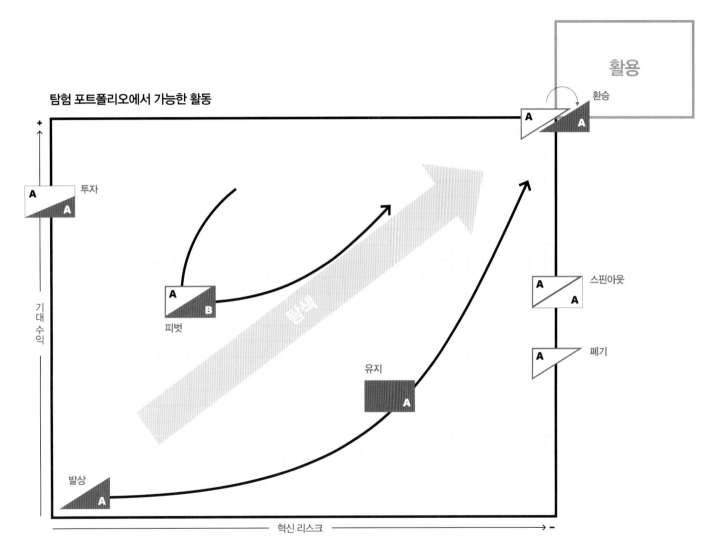

탐험 포트폴리오에서 가능한 활동

활용

환승

투자

스핀아웃

폐기

피벗

유지

발상

기대 수익

혁신 리스크

벤처캐피털리스트 처럼 투자하라

탐험 과정에서는 활용 프로젝트에서 적용되는 상대적으로 경직된 연간 예산 배정 방식이 아니라 벤처캐피털 스타일의 투자 방식을 적용하라.

투자의 적: 비즈니스 플랜

프로젝트팀에게 비즈니스 플랜을 요구한다면 실패의 리스크를 키우는 셈이다. 비즈니스 플랜은 아이디어와 그 실행 방법을 구체적으로 기술한 문서다. 종이와 스프레드시트에서 좋아 보이는 비즈니스 플랜은 실제로는 검증되지 않은 아이디어의 실행 계획으로, 그 자체로 리스크를 최대화한다. 혁신은 리스크와 불확실성을 수반한다. 또한 혁신은 아이디어가 효과가 있을 것이라는 확신이 들 때까지 실험을 통해 얻은 증거에만 의지해 끊임없이 아이디어를 조정하고 적응시키는 과정이다. 이 과정 자체가 잘못된 아이디어를 실행할 리스크를 최소화한다.

여기에는 다음 4가지 원칙이 필요하다.

1. 리스크를 분산시키고 리스크를 관리하려면 개별 프로젝트가 아니라 프로젝트 포트폴리오에 투자하라(p.72 '승자를 미리 골라낼 수는 없다' 부분 참조).

2. 프로젝트 성공에 리스크와 불확실성이 클 때는 스몰벳으로 시작하라.

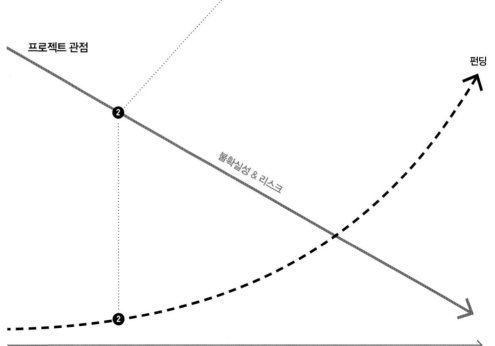

프로젝트 관점

펀딩

불확실성 & 리스크

진행 과정

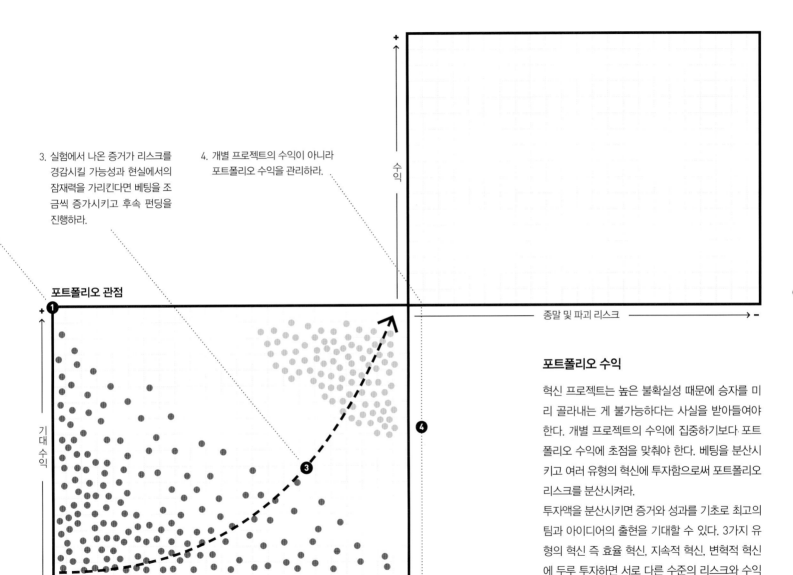

3. 실험에서 나온 증거가 리스크를 경감시킬 가능성과 현실에서의 잠재력을 가리킨다면 베팅을 조금씩 증가시키고 후속 펀딩을 진행하라.

4. 개별 프로젝트의 수익이 아니라 포트폴리오 수익을 관리하라.

포트폴리오 관점

수익

종말 및 파괴 리스크

기대 수익

혁신 리스크

포트폴리오 수익

혁신 프로젝트는 높은 불확실성 때문에 승자를 미리 골라내는 게 불가능하다는 사실을 받아들여야 한다. 개별 프로젝트의 수익에 집중하기보다 포트폴리오 수익에 초점을 맞춰야 한다. 베팅을 분산시키고 여러 유형의 혁신에 투자함으로써 포트폴리오 리스크를 분산시켜라.

투자액을 분산시키면 증거와 성과를 기초로 최고의 팀과 아이디어의 출현을 기대할 수 있다. 3가지 유형의 혁신 즉 효율 혁신, 지속적 혁신, 변혁적 혁신에 두루 투자하면 서로 다른 수준의 리스크와 수익에 투자액을 분산시킬 수 있다.

성장과 혁신 투자위원회

벤처캐피털리스트처럼 투자하기 위해 가장 중요한 요소는 성장과 혁신에 초점을 맞춘 투자위원회를 구성하는 것이다. 전담 위원회를 구성하는 것은 아주 중요하다. 투자의 논리와 스타일이 '실행(활용) 프로젝트'에서 이루어지는 것과는 근본적으로 다르기 때문이다.

위원회는 예산 수립의 결정 권한을 가진 소수의 리더들로 구성된다. 탐험 과정에 전적으로 몰두하는 구성원, 활용 과정으로 들어가길 고대하는 사람을 포함시키는 것이 이상적이다. 투자 의사결정은 조직의 유형에 따라 보통 3~6개월 주기로 이루어진다. 투자는 주로 내부 팀이 대상이지만 외부 스타트업이 대상일 때도 있다.

프로젝트 가이던스와 투자 가이던스

포트폴리오 가이던스를 전달하라. 어떤 프로젝트 유형이 가이던스를 충족시키고 그렇지 않은지 명확히 하라. 재무적 기대치를 강조하라. 팀이 어떻게 최초의 투자를 받을 수 있는지와 후속 검증과 투자 가속을 위해 어떤 유형의 증거가 필요한지를 전반적으로 설명하라.

포트폴리오 관리

발견, 검증, 가속 단계에 있는 프로젝트의 수를 적절히 설정함으로써 포트폴리오의 균형을 유지하라. 기존의 비즈니스가 파괴나 쇠퇴라는 심각한 리스크에 처하기 전에 개선될 수 있도록 파이프라인에 프로젝트를 가득 채우도록 하라. 충분히 많은 수의 탐험 프로젝트에 투자하도록 하라. 그중 몇 개가 조직의 미래를 책임질 기반이 될 것이다.

증거 기반의 투자

파워포인트 프레젠테이션과 스프레드시트에서 매력적으로 보이는 아이디어가 아니라 테스트로부터 증거를 확보한 프로젝트에 투자하라. 팀에게 아이디어를 탐험할 기회를 주도록 하라. 어떤 것이 탁월할지 알 수 없기 때문이다. 최고의 팀과 아이디어를 미리 뽑으려 하지 말고 이 과정을 통해 자연스레 부상할 수 있도록 하라.

프로젝트팀에 대한 지원과 보호

프로젝트팀에게 어떻게 비즈니스 모델을 향상시킬지 질문함으로써 그들이 다음 수준으로 올라서도록 도와라. 필요한 증거를 도출하기 위해 아이디어를 추가적으로 테스트하도록 제안함으로써 후속 투자를 받을 자격을 갖추도록 팀을 도와라. 탐험 과정과 테스트를 어렵게 만드는 회사 내의 세력으로부터 프로젝트를 보호하라.

결과뿐 아니라 혁신의 실행 장려

아이디어를 테스트하는 모든 팀이 그저 후속 투자를 받느냐에 몰두하기보다 자부심을 느끼도록 조치하라. 실패하더라도 새로운 아이디어와 프로젝트를 가지고 돌아올 정도로 강력한 테스트 역량을 보이는 혁신가와 팀을 장려하라.

미터드 펀딩

탐험 프로젝트에 투자하려면 활용 프로젝트에 적용하는 연간 예산 배정 방식이 아니라 벤처캐피털리스트들이 사용하는 미터드 펀딩 방식을 적용해야 한다. 테스트에서 증거를 얻은 프로젝트에는 투자를 점점 늘리고 그렇지 못한 프로젝트는 보류하라. 발견 단계에서는 아이디어를 탐험하는 여러 개의 작은 팀에 적은 금액의 돈을 투자하라.

검증 단계에서는 발견 단계에서 증거를 도출한 팀 중 30～50%에게 투자액을 늘려라. 가속 단계에서는 포트폴리오의 크기를 줄여가면서 남은 팀 중 30～50%에게만 투자하라.

포트폴리오 관리와 미터드 펀딩을 함께 진행하면 예외적으로 커다란 수익을 창출할 '아웃라이어'를 발견할 가능성이 커지며 1～2개의 아이디어에 거액을 베팅할 때 발생할 리스크를 크게 줄일 수 있다.

10배의 법칙
성공은 예상할 수 없고 조직과 상황에 영향을 받는다. 경험으로 얻은 '10배의 법칙'을 당신에게 권한다. 10배의 법칙이란 1,000만 달러의 신규 매출이나 비용 절감을 이루어낼 포트폴리오에 100만 달러를 투자하는 것이다. 예를 들어 10개의 작은 팀에 2만 달러를 투자한다. 최상의 증거를 도출한 5개 팀에 5만 달러의 후속 투자를 진행한다. 최종적으로 최상의 증거를 가진 팀에게 50만 달러를 투자한다. 10억 달러 가치의 성공을 거두고자 한다면 더 큰 포트폴리오에 총액 1억 달러를 투자하라.

⬚ 수용 가능성
⬚ 실현 가능성
▌ 생존 가능성
☐ 적응 가능성

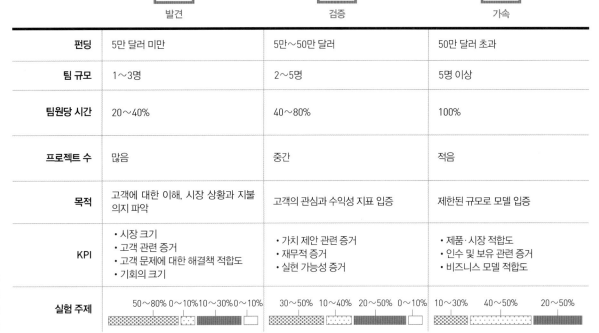

	발견	검증	가속
펀딩	5만 달러 미만	5만～50만 달러	50만 달러 초과
팀 규모	1～3명	2～5명	5명 이상
팀원당 시간	20～40%	40～80%	100%
프로젝트 수	많음	중간	적음
목적	고객에 대한 이해, 시장 상황과 지불 의지 파악	고객의 관심과 수익성 지표 입증	제한된 규모로 모델 입증
KPI	• 시장 크기 • 고객 관련 증거 • 고객 문제에 대한 해결책 적합도 • 기회의 크기	• 가치 제안 관련 증거 • 재무적 증거 • 실현 가능성 증거	• 제품·시장 적합도 • 인수 및 보유 관련 증거 • 비즈니스 모델 적합도
실험 주제	50～80% 0～10% 10～30% 0～10%	30～50% 10～40% 20～50% 0～10%	10～30% 40～50% 20～50%

소니 스타트업 엑셀러레이터 프로그램 SSAP

2014년 소니는 전통적 비즈니스 부문 외에서 비즈니스 아이디어를 발상시키고 상업화하며 규모를 확대하기 위해 '소니 스타트업 엑셀러레이터 프로그램'Sony Startup Accelerator Program을 발족했다. 이 프로그램은 CEO가 직접 주관했다.

1943년 이부카 마사루井深大와 모리타 아키오盛田昭夫가 설립한 소니는 전자, 게임, 영화, 음악, 금융 서비스 등 여러 비즈니스 사업부를 갖춘 일본의 다국적 기업이다.

2012년 CEO 자리에 오른 히라이 가즈오의 리더십 하에 소니는 새로운 부활을 이루어냈다. '하나의 소니'One Sony 기치 아래 오로지 제품에만 집중한다는 정책을 천명함으로써, 모바일 등 저성과 사업부 규모가 축소되었다. 이를 통해 소니는 사업을 효율화하고 핵심역량에 집중할 수 있었다.

이 전략의 일환으로 소니는 SSAP를 발족하고 CEO에게 직접 보고하도록 했다. 히라이는 지속가능한 혁신 엔진이야말로 소니의 미래를 위해 가장 중요하다는 판단하에 SSAP를 직접 관할했다.

사업부가 아니라 CEO가 직접 SSAP를 책임짐으로써 혁신이 추구하는 장기적 목적을 보장했고 단기적 비즈니스 변동에 덜 휩쓸리게 했다. 이로써 8조 6,600억 엔(약 90조 원)의 매출을 올린 2019년은 소니의 73년 역사에서 가장 빛나는 해로 기록됐다.[19]

소니 스타트업 엑셀러레이터 프로그램

2014년 설립되어 오다시마 신지小田島伸至가 이끈 SSAP는 소니의 직원들이 전통적 비즈니스 부문 외에서 비즈니스 아이디어를 발상하고 상업화하며 확대하는 것을 장려하는 내부 프로그램이다. 이후 SSAP는 750개의 비즈니스 아이디어를 제시했고 그중 34개를 인큐베이팅 단계로 전환시켰다. 또한 그중 14개의 비즈니스가 성공적으로 론칭했다.

14개의 비즈니스 중 6개는 SSAP 내부에서 규모 확대 단계를 거쳤고 5개는 기존 사업부로 이관되었으며 2개는 소니 그룹 산하 계열사가 되었고, 1개는 완전한 독립 기업이 되었다. 다양한 엑시트exit 전략을 허용한다는 것은 SSAP가 실현 가능한 아이디어에만 국한하지 않는다는 것과 수익성을 증명할 수만 있다면 최대한 많은 아이디어를 수용한다는 것을 의미한다.

오픈 이노베이션

설립 후 5년이 지난 2019년 이 프로그램은 내부 인큐베이팅 프로그램에서 누구든 아이디어를 제안해 인큐베이팅이 가능하도록 돕는 외부인에 공개된 프로그램으로 탈바꿈했다. 이유는 SSAP가 혁신을 '숫자 게임'으로 보기 때문이다. 기존 경험을 통해 그들은 아이디어의 성공 가능성이 아주 적다는 것(1.85%)을 알고 있었다. 그러므로 엑셀러레이터 프로그램에 더 많은 아이디어를 참여시킬수록 성공하는 수가 많아질 것이라고 생각했다.

SSAP는 소니가 외부업체들의 핵심 비즈니스를 파괴시키지 않고서도 그들과 협업하고 파트너십을 맺도록 돕는 매개체이기도 하다. 2014년에 소니는 큐리오Qrio를 설립하기 위해 벤처캐피털 기업 윌WiL과 파트너십을 맺었다. 큐리오는 기존의 문에 쉽게 설치할 수 있는 스마트 잠금장치다.

히라이 가즈오
平井一夫
소니 사장 겸 CEO
2012~2018년

크라우드펀딩 캠페인은 SSAP가 전략을 테스트하는 핵심 방법이 되었다. 제품의 시장 적합도를 보장하는 최고의 방법은 고객이 제품이 나오기 전부터 기꺼이 돈을 지불할 의지를 갖고 있는지 확인하는 것이다.

14개 비즈니스가 환승
6개는 규모 확대
5개는 기존 사업부로 흡수
2개는 소니 그룹의 새 계열사
1개는 독립 회사로 스핀아웃

A
AB
B
인수

A **A**
환승

A **A**
스핀아웃

유지
34개 비즈니스 인큐베이팅
A

A

발상
750개 아이디어 도출

A10 랩 A10 Lab
소니와 무관한 기업으로 독립
A10 랩은 기업이 게임화gamification를 통해 소비자의 충성도를 구축함으로써 고객의 생애가치lifetime value(한 사용자가 가입해 탈퇴할 때까지 만들어내는 가치 – 옮긴이)를 향상시키도록 돕는다. A10 랩은 2017년 스핀아웃되어 독립 기업이 되었다.

페스워치 FES Watch
기존 사업부로 흡수
페스워치 U는 사용자가 언제라도 디자인을 변경할 수 있는 이페이퍼 패션시계다. 이 프로젝트는 이페이퍼라는 소재가 소니의 고품질 제품과는 어울리지 않는다는 이유로 폐기될 예정이었다. 하지만 CEO는 소니가 새로운 고객 세그먼트인 '젊은 패셔니스타'들에게 접근할 수 있는 방법이라 생각해 이 프로젝트를 보호·유지시켰다.

메시 MESH
기존 사업부로 흡수
메시는 차세대 사물인터넷 블록이다. 각 블록은 사물인터넷을 위한 프로젝트와 시제품 제작을 쉽게 만들어주는 내장 기능을 가진 센서다. 이것은 현재 '소니 비즈니스 솔루션'의 일부분이 되었다.

SRE 홀딩스 SRE Holdings
기존 사업부의 계열사화
SRE 홀딩스는 부동산 중개, 대출금 관리, 주택 리모델링 등의 부동산 서비스를 포괄적으로 제공한다. SRE 홀딩스는 독립 기업으로 2019년 12월 도쿄 증권거래소에 상장되었다.

활용 포트폴리오 관리

성과 평가

파괴 리스크 평가는 포트폴리오 내의 비즈니스 모델이 얼마나 건전한지 혹은 얼마나 리스크에 처했는지 규명하는 데 도움이 된다. 또한 개선과 리스크 경감을 위해 얼마나 많은 주의를 기울여야 하는지 파악하는 데도 유용하다. 평가는 다음 2가지 차원으로 이루어진다.

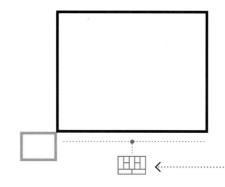

관리

1. 비즈니스 모델 성과
강점과 약점
활용 포트폴리오의 x축에 표시

2. 비즈니스 모델 트렌드
기회와 위협
미래에 위치할 가능성이 높은 위치를 x축에 표시

비즈니스 모델 성과
강점과 약점 평가
이 평가는 현재의 성과에 바탕을 두고 해당 비즈니스 모델이 얼마나 건전한지 혹은 얼마나 리스크에 처했는지를 보여준다. 이것은 모델의 프런트스테이지, 백스테이지, 이익 공식의 강점과 약점을 평가한다. −3(리스크가 큼)에서 +3(리스크가 낮음)까지 점수를 매긴다. 이렇게 하면 활용 포트폴리오의 x축에 각 비즈니스 모델을 위치시킬 수 있다.

점수와 위치
비즈니스 모델 성과 평가에서 얻은 점수는 각 비즈니스 모델의 성과에 기초한 건전성을 가리킨다. 이 평가는 비즈니스 모델의 프런트스테이지, 백스테이지, 이익 공식을 대상으로 한다. 이 평가 점수를 가지고 종말 및 파괴 리스크의 관점으로 활용 포트폴리오의 x축에 각 비즈니스 모델을 위치시킬 수 있다. 성과가 저조하고 리스크에 처한 비즈니스 모델은 활용 포트폴리오의 왼쪽에 위치시킨다. 건전한 비즈니스 모델은 활용 포트폴리오의 오른쪽에 위치시킨다.

프런트스테이지

		부정적 서술	척도	긍정적 서술
	가치 제안 VP	우리의 제품과 서비스의 성과는 경쟁사보다 뒤떨어진다.	(-3) (-2) (-1) (0) (+1) (+2) (+3)	우리의 제품과 서비스는 매우 차별화되어 있고 고객에게 사랑을 받는다.
	고객 세그먼트 CS	우리는 지난 6개월 동안 고객 기반의 20% 이상을 상실했다.	(-3) (-2) (-1) (0) (+1) (+2) (+3)	우리는 지난 6개월 동안 고객 기반을 적어도 50% 이상 확대했다.
	채널 CH	우리는 고객에게 제품과 서비스를 전달하기 위해 중개자에게 100% 의존하고 있는데, 그들이 우리의 시장 접근을 어렵게 만들고 있다.	(-3) (-2) (-1) (0) (+1) (+2) (+3)	우리는 직접적으로 시장에 접근함으로써 고객과의 관계를 독점하고 있다.
	고객 관계 CR	이론적으로 우리의 모든 고객은 즉시 우리를 떠날 수 있다. 이탈해도 고객은 직간접적 전환비용switching cost을 지불하지 않는다.	(-3) (-2) (-1) (0) (+1) (+2) (+3)	우리의 모든 고객은 몇 년 동안 우리에게 록인 상태이며, 이탈할 경우 상당한 직간접적 전환비용을 감수해야 한다.

백스테이지

		부정적 서술	척도	긍정적 서술
	핵심 자원 KR	우리의 핵심 자원은 경쟁사보다 상당히 열위에 있을 뿐 아니라 지난 6개월 이상 악화되었다. 신규 진입자가 새롭고 더 좋은 저렴한 자원을 가지고 경쟁에 뛰어든다.	(-3) (-2) (-1) (0) (+1) (+2) (+3)	우리의 핵심 자원은 앞으로 몇 년 동안은 쉽게 복제되거나 모방될 수 없으며 우리에게 경쟁우위를 제공한다(예: 지식재산, 브랜드 등).
	핵심 활동 KA	핵심 활동의 성과가 경쟁자보다 상당히 열위에 있고 지난 6개월 넘도록 악화되었다. 신규 진입자가 새롭고 더 좋으며 비용이 적게 드는 활동으로 경쟁에 뛰어든다.	(-3) (-2) (-1) (0) (+1) (+2) (+3)	우리의 핵심 활동은 앞으로 몇 년 동안은 쉽게 복제되거나 모방될 수 없으며 우리에게 경쟁우위를 주고 있다(예: 비용 효율성, 규모 등).
	핵심 파트너 KP	지난 6개월 이상 우리는 핵심 파트너를 확보하는 능력을 상실했다.	(-3) (-2) (-1) (0) (+1) (+2) (+3)	우리의 핵심 파트너는 앞으로 몇 년 동안 우리를 떠나지 못한다.

이익 공식

		부정적 서술	척도	긍정적 서술
	수익원 RS	우리는 지난 6개월 동안 매출의 20% 이상을 상실했다.	(-3) (-2) (-1) (0) (+1) (+2) (+3)	우리는 지난 6개월 동안 매출을 2배 신장시켰고 경쟁자에 비해 상당히 빠르게 성장하고 있다.
	비용 구조 CS	우리의 비용은 매출보다 빠르게 증가하고 경쟁자와 비교하면 비용 효율성이 상당히 떨어진다.	(-3) (-2) (-1) (0) (+1) (+2) (+3)	우리의 비용 증가는 매출 성장에 비해 작은 편이며 경쟁사와 비교해서 비용 효율성이 매우 높다.
	이윤 Margin	우리의 이익은 지난 6개월 동안 50% 이상 줄어들었고 경쟁자와 비교해 상당히 적다(예: 50% 이상 적음).	(-3) (-2) (-1) (0) (+1) (+2) (+3)	우리의 이익은 지난 6개월 동안 50% 이상 증가했고 경쟁자에 비해 매우 크다(예: 50% 이상 많음).

트렌드 평가

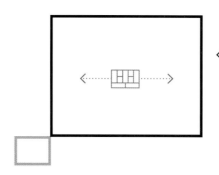

비즈니스 모델 트렌드

기회와 위협 평가

이 평가는 비즈니스 모델이 외부 환경의 리스크 관점에서 어떤 추세를 보일지 알기 위한 것이다. 다시 말해 외부 역학관계가 비즈니스 모델의 프런트스테이지, 백스테이지, 이익 공식에 어떤 기회나 위협을 주는지 평가한다. -3(리스크 축의 왼쪽)에서 +3(리스크 축의 오른쪽)까지 점수를 매기면 된다. 비즈니스 모델이 미래에 얼마나 좋은 성과를 낼 가능성이 있는지를 가리킨다.

점수와 방향

비즈니스 모델 트렌드 평가 점수는 비즈니스 모델이 외부 요소에 따라 어느 방향으로 움직일 가능성이 있는지, 미래의 성과가 어떤 양상으로 나타날 수 있는지 나타낸다. 이 평가를 통해 외부 역학이 비즈니스 모델의 프런트스테이지, 백스테이지, 이익 공식에 얼마나 영향을 미치고 어느 정도 파괴할지 짐작할 수 있다. 평가 점수는 비즈니스 모델이 미래의 활용 포트폴리오 내에서 왼쪽(종말 및 파괴 리스크가 높아짐)에 위치할지 혹은 오른쪽(종말 및 파괴 리스크가 낮아짐)에 위치할지를 보여준다.

가중치 부여

외부 역학이 비즈니스 모델에 얼마나 영향을 미칠지에 대한 정확도를 높이려면 각각의 힘이 발생할 가능성과 그 영향의 심각성에 따라 가중치를 부여하라. 예를 들어 새로운 규제가 얼마나 생겨날 가능성이 있는지, 그것이 비즈니스 모델에 얼마나 심각한 영향을 미칠지 판단하라. 새로운 진입자가 고객의 호응을 얻을 가능성이 얼마이며 그것이 비즈니스 모델에 얼마나 심각하게 영향을 미칠지 예상하라.

트렌드가 프런트스테이지에 미치는 영향

		부정적 설명	-3	-2	-1	0	+1	+2	+3	긍정적 설명
	VP	신규 진입자가 우리 비즈니스 모델을 구식으로 만들어버리는 더 저렴하거나 우수한 대체 제품과 서비스로 고객의 호응을 얻고 있다.	(-3)	(-2)	(-1)	(0)	(+1)	(+2)	(+3)	우리 제품과 서비스에 대한 경쟁이 줄고 있으며 그로 인해 추진력을 받아 이익을 확대할 가능성이 있다.
	CS	우리가 활동하는 시장이 앞으로 몇 년 동안 크게 축소될 것으로 예상된다.	(-3)	(-2)	(-1)	(0)	(+1)	(+2)	(+3)	우리가 활동하는 시장이 앞으로 몇 년 동안 상당히 성장할 것으로 예상된다.
	CR	여러 트렌드(기술적, 문화적, 인구통계학적)로 인해 우리 고객이 우리를 떠나 돌아오지 않아도 크게 불편하지 않게 되고 있다.	(-3)	(-2)	(-1)	(0)	(+1)	(+2)	(+3)	여러 트렌드로 인해 우리 고객이 우리를 버리기가 더 어려워지고 떠날 때 발생하는 불편이 증가하고 있다.
	VP/CS	앞으로 점점 심화될 것으로 예상되는 사회·문화적 트렌드가 고객을 우리에게서 멀리 떠나게 만들고 있다(예: 지속가능성, 유행 등).	(-3)	(-2)	(-1)	(0)	(+1)	(+2)	(+3)	성장이 예상되는 사회·문화적 트렌드가 고객을 우리에게 향하게 하고 있다(예: 지속가능성, 유행 등).

트렌드가 백스테이지에 미치는 영향

		부정적 설명	-3	-2	-1	0	+1	+2	+3	긍정적 설명
	KR	기술 트렌드가 우리의 비즈니스 모델을 크게 약화시키거나 구식으로 만들어버리고 있다.	(-3)	(-2)	(-1)	(0)	(+1)	(+2)	(+3)	우리의 비즈니스 모델을 크게 강화시킬 기술 트렌드가 힘을 얻고 있다.
	KR/KA	새로운 규제가 우리 비즈니스 모델의 비용 구조를 크게 악화시키거나 운영을 힘들게 만들고 경쟁자에게 경쟁우위를 주고 있다.	(-3)	(-2)	(-1)	(0)	(+1)	(+2)	(+3)	새로운 규제가 우리 비즈니스 모델의 비용 구조를 크게 개선시키거나 운영이 용이하도록 해주고 우리에게 압도적 경쟁우위를 주고 있다.
	KR/KA	공급자와 가치사슬의 플레이어들이 우리 비즈니스 모델에 리스크에 가중시키는 방향으로 변화하고 있다.	(-3)	(-2)	(-1)	(0)	(+1)	(+2)	(+3)	공급자와 가치사슬의 플레이어들이 우리 비즈니스 모델을 크게 강화시키는 방향으로 변화하고 있다.

트렌드가 이익 공식에 미치는 영향

	부정적 설명	-3	-2	-1	0	+1	+2	+3	긍정적 설명
경제적	향후 6개월 내에 경기 하락이 발생하면 우리 비즈니스 모델에는 치명적이다(예: 높은 비용 구조, 채무 등).	(-3)	(-2)	(-1)	(0)	(+1)	(+2)	(+3)	우리 비즈니스 모델은 회복탄력성이 크기 때문에 향후 6개월 내 경기 하락이 발생해도 오히려 수익을 거둘 것이다(예: 취약한 경쟁자 등).
지정학적	우리 비즈니스 모델은 지정학적 혹은 다른 역학관계에 영향 받는 핵심 자원 등의 요소에 의존하고 있다(예: 원자재 가격, 무역 전쟁 등).	(-3)	(-2)	(-1)	(0)	(+1)	(+2)	(+3)	우리 비즈니스 모델은 지정학적 혹은 다른 역학관계에 영향 받는 핵심 자원 등의 요소에 의존하지 않는다(예: 원자재 가격, 무역 전쟁 등).
벤처캐피털 펀딩	우리 시장에는 벤처캐피털의 펀딩을 받는 스타트업이 거의 없다.	(-3)	(-2)	(-1)	(0)	(+1)	(+2)	(+3)	우리 시장에는 벤처캐피털의 펀딩을 받은 스타트업이 상당히 많으며 6개월 넘게 증가 추세다.

활용 활동

리스크 평가에서 실행으로

앞에서 활용 포트폴리오 활동(p.50)에 대해 언급했는데 다른 책에서 이 주제에 관해 이미 많이 다룬 바 있다. 그래서 여기서는 기존 비즈니스 포트폴리오를 관리하는 관점으로 모든 실행에 대한 용어를 통일해 제시하고자 한다.

인수

외부 기업이나 비즈니스 부문을 인수하면 기존 내부 비즈니스의 '구멍'을 막거나 튼튼하게 함으로써 기존 포트폴리오를 강화하는 데 도움이 된다. 인수한 비즈니스를 기존 비즈니스와 통합(합병)하거나 독립된 조직으로 운영할 수 있다.

개선

어떤 비즈니스가 쇠퇴 중이라면 비즈니스 모델을 근본적으로 변화시켜 말끔하게 정비하고 싶을 것이다. 이런 개선 조치를 취하려면 기존 비즈니스 모델을 운영하면서 새로운 비즈니스 모델을 테스트해야 한다(p.142). 개선 조치에는 2가지 유형이 있다. 첫 번째 유형은 포트폴리오의 중심이 계속 유지되도록 비즈니스를 개선하는 것이고, 두 번째 유형은 매력적인 가격으로 처분하기 위해 비즈니스를 개선하는 것이다.

처분

시장 적합도나 성과 측면에서 포트폴리오 가이던스와 더 이상 부합되지 않는 비즈니스를 처분하는 조치. 비즈니스를 종료하거나(해체) 타사나 투자자 혹은 현 경영진에 매각(경영진 인수)함으로써 즉시 처분할 수 있다. 잠재 구매자에게 매력적으로 보이기 위해 시간을 투자해 비즈니스를 먼저 개선한 후에 처분할 수도 있다.

투자

외부 비즈니스를 인수할 준비가 되어 있지 않거나 100% 인수할 수 없는 상황이 종종 발생한다. 이럴 경우 투자 지분을 늘려 해당 비즈니스의 성공으로부터 이득을 얻을 수 있다. 조인트 벤처joint venture는 2개 이상의 기업이 별도의 비즈니스를 설립해 공동으로 소유하는 특별한 유형의 투자다.

파트너십

어떤 파트너십 유형은 매우 중요해서 특정 비즈니스 모델 안에 포함되지 않고 포트폴리오 수준에서 언급되는 것만으로도 이득이 된다. 이러한 전략적 파트너십은 포트폴리오 내 여러 비즈니스들에 상당한 영향을 끼친다.

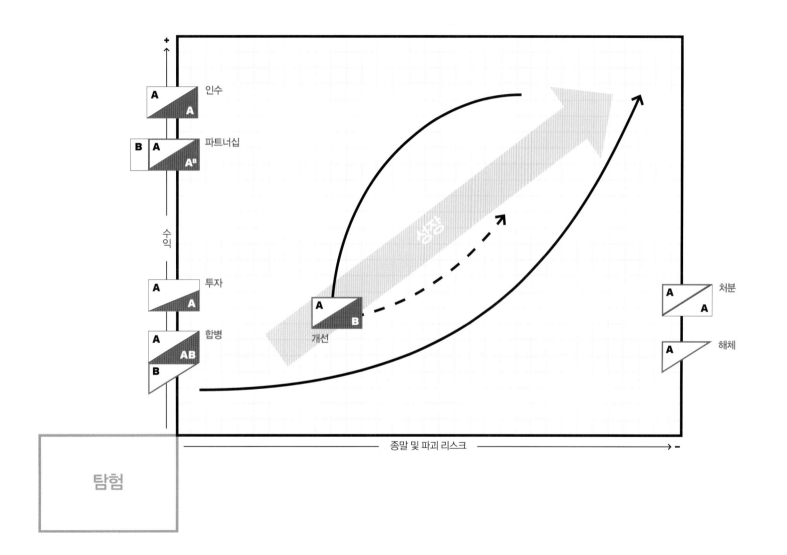

마이크로소프트

Microsoft

사티아 나델라는 2014년 마이크로소프트 CEO로 취임해 기업을 윈도 운영체제 중심에서 기업고객과 클라우드에 집중하도록 리포지셔닝했다. 나델라는 마이크로소프트가 성장의 다음 단계로 나아가려면 열린 마인드, 파트너와의 협업이 필요하다고 믿었다.

마이크로소프트는 1975년 빌 게이츠Bill Gates와 폴 앨런Paul Allen에 의해 설립되었다. 이 회사가 혜성처럼 성장한 비결은 시판되는 PC 대부분에 윈도라는 운영체제를 설치했기 때문이다. 마이크로소프트는 독점적 운영체제를 중심으로 소프트웨어와 하드웨어 분야로 비즈니스를 확장했다.

2014년, 10년 넘게 기업을 이끌며 성장시킨 스티브 발머Steve Ballmer의 뒤를 이어 사티아 나델라가 CEO로 취임했다. 나델라는 미래를 위해 기업을 리포지셔닝할 목적으로 전략을 완전히 변화시켰다. 그는 전통적인 마이크로소프트의 심장이자 기반인 윈도의 역할을 축소시켰다.

나델라는 기업 고객과 클라우드에 기업의 역량을 집중시켰다. 이 변화를 성공시키기 위해 그는 회사가 전통적으로 고수해온 닫힌 자세와 독점 마인드에서 열린 마인드와 협업 마인드로 근본적인 전환이 필요함을 확고하게 밝혔다.

나델라는 마이크로소프트의 기술이 경쟁자들을 따라잡기보다 모든 종류의 플랫폼에서 작동하기를 원했다. 윈도와 연관된 기술이라 해도 꼭 윈도에서만 작동할 필요는 없다고 생각했다.

기업의 전통적 성장 엔진이 식어버리다

2010년에 이르러 스마트폰과 태블릿 PC의 출현으로 PC 시장은 회복 불가능한 수준으로 축소되었다. 윈도는 마이크로소프트 영업이익의 54%를 차지했다. 회사는 탈바꿈해야 했다. 그것도 아주 빠른 시일 내에.

성장 마인드

사티아 나델라
Satya Nadella
마이크로소프트 CEO

전략적 방향
생산성과 플랫폼 기업

A 더 널리 채용되는 플랫폼 애그노스틱platform agnostic(어떤 운영체제나 프로세서 조합에 대한 지식 없이도 기능을 수행할 수 있는 소프트웨어 기술 – 옮긴이)이 되기 위해 제품과 서비스를 해방시키는 노력을 가속화하라.

B 여러 플랫폼 간의 오픈소스 협업을 촉진시키기 위해 클라우드 플랫폼 기술의 리더가 되라.

C 고객이 더 활동하고 더 성취할 수 있도록 도와라.

조직문화
협업과 고객 중심

나델라는 마이크로소프트의 문화를 고정 마인드셋fixed mindset에서 성장 마인드셋growth mindset으로 변화시키고 있다. 해결책을 찾기 위해 리더가 경계를 넘나드는 글로벌 마인드를 갖춰야 한다고 강조한다. 이러한 방향은 '고객에게 진정으로 최상의 제품을 주고 싶다면 그 일은 혼자서는 할 수 없다'는 발상에서 비롯되었다.

브랜드 이미지
오픈 이노베이션

D 마이크로소프트는 소비자에게 더 좋은 제품과 더 나은 연결성connectivity을 제공하기 위해 아마존, 소니 같은 경쟁자들과 파트너십을 맺음으로써 그들의 소프트웨어가 더 많은 플랫폼에서 구동되도록 하고 있다.

또한 2016년 리눅스 재단, 2018년 오픈 이노베이션 네트워크OIN에 가입함으로써 오픈소스 협업에 대한 의지를 피력했다. 이들 네트워크 개발자들은 마이크로소프트의 6만 개 특허를 무료로 사용할 수 있다.[20]

D 깃허브 GitHub **(2018년, 75억 달러)**
깃허브는 개발자들이 어떤 플랫폼의 구축에도 사용할 수 있고 장치와 클라우드, 사물인터넷IoT 시나리오를 배치할 수 있는 크로스 플랫폼cross-platform 프레임워크다. 마이크로소프트는 이 플랫폼의 가장 큰 기여자 중 하나가 되었다.[24]

링크드인Linkedin **(2016년, 262억 달러)**
인재 솔루션, 마케팅, 프리미엄 구독 서비스.[25]

B 클라우드 기업 (2013~2018년)
마이크로소프트는 인텔리전트 클라우드 사업부를 설립하기 위해 23개의 클라우드 관련 기업을 인수했다.[26]

A 윈도/오피스
2013년이 되자 윈도의 매출액은 오피스보다 뒤진 3위로 하락했다.[28] 소비자는 전통적인 PC 대신 스마트폰이나 태블릿 등 좀 더 단순한 기기를 선택했다. 이를 간파한 나델라는 CEO에 취임하자마자 가장 처음으로 오피스를 안드로이드와 iOS용으로 만들어 워드와 엑셀을 포함해 공짜 앱으로 제공했다.[29]

프로젝트 옥스퍼드 Project Oxford **(2015년)**
마이크로소프트의 앞선 머신 러닝 기술을 통합시킴으로써 개발자들이 좀 더 스마트한 얼굴 인식 앱을 제작하도록 돕는다. 마이크로소프트의 클라우드 컴퓨팅 플랫폼인 애저 계정을 통해 개발자들은 베타 버전을 무료로 사용할 수 있다.[23]

B 애저 코그니티브 서비스 Azure Cognitive Services **(2019년)**
프로젝트 옥스퍼드는 2019년에 애저 코그니티브 서비스라는 이름으로 공식 출시됐다. 애저 AI 서비스의 통합 파트는 기업 고객이 비즈니스 문제를 해결하도록 돕는다.

B 애저 Azure
많은 애널리스트가 마이크로소프트의 애저를 아마존의 AWS와 비교하며 비판했다. 마이크로소프트는 애저를 전면 개편해 전년 대비 53%의 매출 성장을 이루는 고도성장 비즈니스로 탈바꿈시켰다. 애저는 이제 세계에서 두 번째로 많이 사용하는 클라우드 인프라 서비스가 되었다.[30]

D 코르타나 Cortana
코르타나 디지털 어시스턴트는 하드웨어 통합상의 문제(윈도 10이 설치된 PC에서만 작동)로 인해 아마존 알렉사나 구글 어시스턴트보다 뒤떨어져 있다. 마이크로소프트는 이 격차를 뛰어넘고 코르타나를 통합하기 위해 2018년부터 아마존과 파트너십을 맺고 있다.[31]

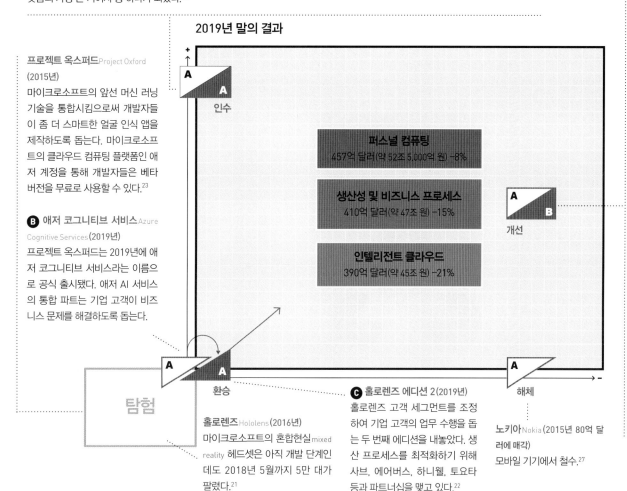

2019년 말의 결과

인수

퍼스널 컴퓨팅
457억 달러(약 52조 5,000억 원) -8%

생산성 및 비즈니스 프로세스
410억 달러(약 47조 원) -15%

인텔리전트 클라우드
390억 달러(약 45조 원) -21%

개선

환승

탐험

해체

C 홀로렌즈 에디션 2 (2019년)
홀로렌즈 고객 세그먼트를 조정하여 기업 고객의 업무 수행을 돕는 두 번째 에디션을 내놓았다. 생산 프로세스를 최적화하기 위해 사브, 에어버스, 하니웰, 토요타 등과 파트너십을 맺고 있다.[22]

홀로렌즈Hololens **(2016년)**
마이크로소프트의 혼합현실mixed reality 헤드셋은 아직 개발 단계인데도 2018년 5월까지 5만 대가 팔렸다.[21]

노키아Nokia **(2015년 80억 달러에 매각)**
모바일 기기에서 철수.[27]

유니레버 Unilever

폴 폴먼은 2010년 유니레버의 CEO로 취임하여 '목적 지향'의 기업으로 리포지셔닝했다. 그는 소비자가 대부분 지속가능한 삶을 지지하는 브랜드로 구매처를 기꺼이 바꿀 것이라 믿었다. 그래서 그는 기업이 '좋은 일'을 하면 '좋은 성과'를 낼 수 있다고 확신했다.

136
관리

유니레버는 1929년 설립된 영국과 네덜란드 합작회사로 식음료, 홈 케어, 개인 생활용품 등을 생산한다. 유니레버는 현재 400개 이상의 브랜드를 보유 중이며 2018년 510억 유로(약 70조 원)의 매출을 올렸다. 이 회사는 세계에서 가장 인지도 높은 브랜드 중 하나로 성장했다.

2000년대가 되자 유니레버는 폭등하는 원자재 가격과 2008년 금융위기를 극복하느라 애를 써야 했다. 2010년 유니레버는 시장과의 소통과 투명성 강화의 일환으로 외부에서 CEO를 영입했다.

폴 폴먼은 장기적 관점을 가지고 유니레버의 지속가능성 목표를 야심차게 설정했다. 그러면서도 비즈니스를 2배로 성장시킬 수 있다고 믿었다. 그는 환경에 부정적인 영향을 끼치지 않으면서도 기업을 성장시킬 수 있다고 확신했다. 목적을 추구하는 제품은 소비자의 수요를 더 끌어올릴 수 있으며 공급

사슬을 더 잘 구축하면 장기적으로 볼 때 더욱 지속가능할 거라고 생각했던 것이다.

2019년 폴 폴먼은 CEO에서 물러났고 앨런 조프 Alan Jope가 그 자리를 이어받았다. 조프는 모든 브랜드를 목적 지향적으로 만듦으로써 유니레버의 지속가능성 목표를 더욱 추진할 것을 약속했다.

지속가능성을 받아들이다

유니레버는 2000년대 폭등하는 원자재 가격과 2008년 금융위기를 극복하기 위해 악전고투했다. 폴 폴먼은 CEO에 오르면서 '지속가능한 삶의 계획'을 제시하며 "책임감 있는 자본주의의 새로운 시대"를 천명했다.

지속가능한 삶

폴 폴먼
Paul Polman
유니레버 전 CEO

전략적 방향
어디서든 지속가능한 삶을 영위한다

유니레버는 환경에 대한 부정적 발자취를 줄이고 사회적으로 긍정적인 영향을 끼침으로써 400개 이상의 브랜드를 목적 지향적으로 만들 것이다.

지속가능성과 이익

유니레버는 환경에 대한 영향을 절반으로 줄이면서도 저마진의 제품에서 고마진의 제품으로 전환함으로써 매출을 2배로 끌어올리고자 한다. 이 야심찬 목표는 '좋은 일을 하는 것'과 '잘하는 것'이 양립될 수 있음을 보여준다.

장기적 계획

분기별 결산을 폐지하고 헤지펀드 지분을 축소함으로써 주가 변동을 지양한다. 단기적 수익이 아닌 장기적 성장 계획을 수립하기에 안정적인 환경을 조성한다.

조직문화
목적의식과 원칙

유니레버에서 '성공'은 '함께 일하는 모든 사람들, 함께 부비며 살아가는 공동체, 우리가 영향을 미치는 환경을 위해 기업 실행의 최고 기준에 도달하는 것'으로 정의된다. 모든 직원은 비즈니스와 연관된 모든 사람, 조직, 환경을 향해 진정성과 경외감을 갖고 일할 것을 요구받는다.

브랜드 이미지
이익 지향이 아닌 목적 지향

"밀레니얼 세대의 90% 이상은 대의를 추구하는 브랜드로 전환할 거라고 말한다." 유니레버는 책임감 있게 실행하려는 열망으로 움직이는 기업으로 인식되기를 원한다. 또한 지속가능성이 비즈니스에도 좋은 것임을 증명하려 한다.

2018년 유니레버의 '목적이 이끄는 지속가능한' 리빙 브랜드는 다른 비즈니스에 비해 69%나 빨리 성장했고 회사 성장의 75%를 기여했다.[32]

슈미츠 내추럴 Schmidt's Natural
(2017년, 지속가능성)
화학 성분이 없는 천연 냄새제거제

리빙프루프Living Proof (2016년, 프리미엄)
프리미엄 헤어 제품

매 테라 Mae terra (2016년, 지속가능성)
천연 유기농 식품 비즈니스

그라제GRAZE (2019년, 지속가능성)
'구독' 방식의 건강 스낵

세븐스 제너레이션 Seventh Generation
(2016년, 지속가능성)
친환경 생활용품

더 런드레스 The Laundress (2019년, 프리미엄)
최고급 친환경 세제, 개인위생 용품

2019년 말의 결과

A / A 인수[34]	**뷰티 & 생활용품** 219억 유로(약 30조 원) +2.6%	A / B 개선
A / A 인수	**식품 & 간식** 193억 유로(약 26조 원) +1.5%	A / B 개선
A / A 인수	**홈케어** 108억 유로(약 14조 6,000억 원) +6.1%	A / B 개선

A / A 처분

탐험

컴포트 원 린스 Comfort One Rinse
이 섬유유연제는 이전 제품보다 물을 20% 절약해주는데, 이는 연간 올림픽 규격 풀장 1,000만 개에 소요되는 물에 해당한다.

라이프보이Lifebuoy
이 비누와 손세정제 브랜드는 호흡기 전염과 설사병으로 매년 60만 명의 아이들이 사망하는 일을 줄이기 위해 손씻기 캠페인을 개시했다.

도브Dove
다음 세대가 스스로에 대해 자신감을 느끼며 성장할 수 있도록 즉 자신의 잠재력을 최대한 발휘하도록 '자부심self-esteem 프로젝트'를 진행했다. 2005년 이래 이 프로젝트는 3,500만 명 이상 젊은이의 자부심을 끌어올렸다.

TG 팁스TG Tips
2018년 완전히 생분해되는 식물성 재료의 티백을 내놓음으로써 환경에 상당히 긍정적 영향을 끼쳤다.

도메스토스Domestos
2017년에 플러시 레스Flush Less 스프레이를 남아프리카에 출시함으로써 그 지역의 고질적 물 부족 문제에 대응했다.

유니레버는 재무적으로 영향을 받더라도 세상에 의미 있는 기여를 하지 못하는 브랜드는 버릴 것이라고 천명했다. 여기에는 마마이트Marmite, 매그넘Magnum, 팟누들Pot Noodle 등 널리 사랑받는 브랜드도 포함되었다.[35]

목적 지향
2014년 셰이크, 스낵 등 다이어트와 체중 감량 계획을 돕는 다이어트 보조식품을 생산하는 슬림패스트SlimFast를 카이오스 그룹Kaios Group에 매각했다.[33]

이익 지향
유니레버는 고마진의 포트폴리오로 전환하기 위해 2013년 위시본Wish-Bone 샐러드드레싱을 5억 8,000만 달러, 스키피Skippy 땅콩버터를 7억 달러에 매각했다. 2014년에는 파스타 소스 브랜드 라구Ragu를 12억 6,000만 파운드에 팔았다.

로지텍 Logitech

2013년 브래큰 대럴은 로지텍이라는 배의 방향타를 잡았다. 그는 쇠퇴하는 PC 시장에서 기업을 탈출시킴으로써 성장의 돌파구를 열었다. 로지텍은 디자인에 초점을 맞춘 소비자 및 기업용 액세서리 제품 포트폴리오를 구축함으로써 클라우드 성장으로부터 이익을 얻었다.

로지텍은 1981년 스위스에서 설립되었다. 이 회사는 PC용 고급형 마우스 등 혁신적인 컴퓨터 주변기기를 기반으로 빠르게 성장했다. 로지텍은 PC 시장의 쇠퇴와 2012년 1억 달러 규모의 구글 TV 실패로 엄청난 압박을 받았다.[36] 브래큰 대럴은 기업 포트폴리오를 클라우드와 연결기기 시장의 성장으로부터 수혜를 입을 수 있도록 개인 및 기업용 주변기기로 다시 역량을 집중시켰다. 로지텍은 포트폴리오를 확장하기 위해 특히 음악과 게임 분야의 여러 브랜드를 사들였다.

전통적으로 엔지니어링에 집중하던 로지텍은 포트폴리오의 중심을 디자인으로 바꾸었다. 2013년 로지텍은 디자인 지향의 조직을 구축하기 위해 노키아의 디자인 책임자였던 알리스테어 커티스Allistair Curtis를 영입했다.

기업가정신의 부활

2012년 PC 시장은 회복 불가능한 침체에 빠져들기 시작했고 고객은 모바일, 태블릿, 클라우드로 이동했다. 전통적으로 PC 산업의 성장에 의존했던 로지텍은 극적인 변화를 꾀해야 했다.

디자인
중심

멀티 카테고리
멀티 브랜드

디자인 / 엔지니어링 / 시장진입 / 마케팅

운영

로지텍 프레젠테이션 자료 인용

전략적 방향
앞서가는 클라우드 관련 플레이어

Ⓐ 여러 개의 작은 연못 속에 사는 '큰 물고기'가 되어 애플, 구글, 아마존 등의 거인은 피하자.
Ⓑ 성장을 위해 이익을 재투자하고 주요 카테고리에서 확실한 성장을 기하며 이익률을 최고로 끌어올린다. '디자인 회사'가 된다!

조직문화
기업가적 마인드와 디자인 지향

기꺼이 새로운 것을 시도하고 인수의 위험으로부터 기업의 독립성을 유지시키는 기업가적 문화를 부활시킨다.
핵심 스킬을 확대한다. 특히 자체 디자인 스킬과 '고객 집착' 마인드를 극대화한다.
운영 효율을 향상시키기 위해 프로세스 초기부터 비용을 염두에 두고 디자인한다.

브랜드 이미지
하이엔드 디자인

Ⓐ 음악, 게이밍, 비디오, 컴퓨팅 등을 망라한 멀티 브랜드 회사.
고객이 원하는 것을 하이엔드 디자인으로 제공하는 기업이자 고객을 위해 혁신을 추구하는 기업.

2013년 대비 2019년에 이룬 로지텍의 성과 [37]

■ 2013년   ■ 2019년

소매 순매출 증가 +10%	매출에서 전략적 성장 비율 60%	비공식 영업이익 3억 5,200만 달러
-7% / 10%	20% / 60%	$67M / $352M

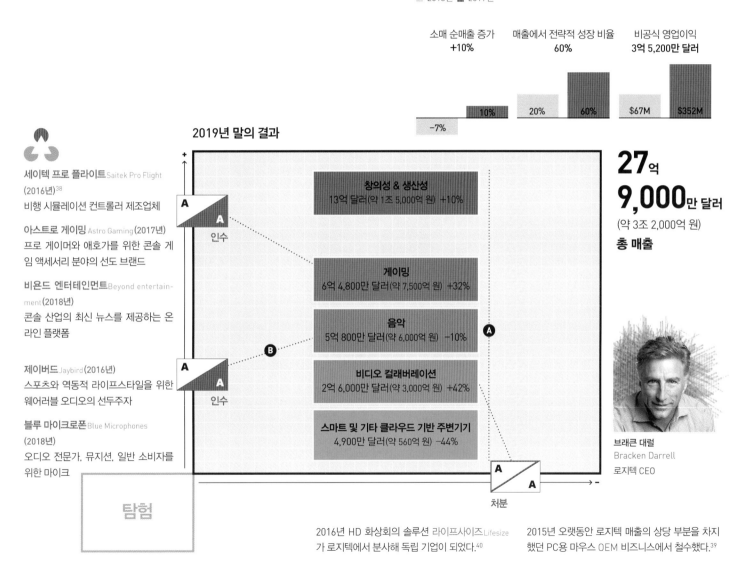

2019년 말의 결과

A 인수

창의성 & 생산성
13억 달러(약 1조 5,000억 원) +10%

게이밍
6억 4,800만 달러(약 7,500억 원) +32%

음악
5억 800만 달러(약 6,000억 원) −10%

비디오 컬래버레이션
2억 6,000만 달러(약 3,000억 원) +42%

스마트 및 기타 클라우드 기반 주변기기
4,900만 달러(약 560억 원) −44%

A 인수

B

A 처분

탐험

세이텍 프로 플라이트 Saitek Pro Flight
(2016년)[38]
비행 시뮬레이션 컨트롤러 제조업체

아스트로 게이밍 Astro Gaming (2017년)
프로 게이머와 애호가를 위한 콘솔 게임 액세서리 분야의 선도 브랜드

비욘드 엔터테인먼트 Beyond entertainment (2018년)
콘솔 산업의 최신 뉴스를 제공하는 온라인 플랫폼

제이버드 Jaybird (2016년)
스포츠와 역동적 라이프스타일을 위한 웨어러블 오디오의 선두주자

블루 마이크로폰 Blue Microphones
(2018년)
오디오 전문가, 뮤지션, 일반 소비자를 위한 마이크

27억 9,000만 달러

(약 3조 2,000억 원)
총 매출

브래큰 대럴
Bracken Darrell
로지텍 CEO

2016년 HD 화상회의 솔루션 라이프사이즈 Lifesize 가 로지텍에서 분사해 독립 기업이 되었다.[40]

2015년 오랫동안 로지텍 매출의 상당 부분을 차지했던 PC용 마우스 OEM 비즈니스에서 철수했다.[39]

후지필름
FUJIFILM

2003년 후지필름 CEO로 임명된 고모리 시게타카는 디지털화로 인한 아날로그 필름의 붕괴로부터 살아남으려면 기업을 완전히 재구축해 기술 기업으로 탈바꿈해야 한다고 생각했다.

1934년에서 설립된 후지필름은 일본 최초의 필름 제조업체였다. 1980년대 중반까지 후지필름은 코닥과 함께 필름 산업을 양분했다. 하지만 2000년대 초반 필름의 디지털화로 인해 필름 산업은 사실상 회복 불가능 상태에 빠졌다.

2004년 고모리 시게타카는 "후지필름을 재앙으로부터 구하고 리딩 기업으로서 생존 가능성을 보장하기 위한" 5개년 중기 경영계획을 제시했다. 고모리는 필름 비즈니스를 축소하고 5,000명을 감원했다. 동시에 신규 시장 개척을 위해 4억 달러(약 4,000억 원)를 투자해 연구시설을 구축하기로 결정했다.[41] 이런 조치를 취하기 전 후지필름은 필름 비즈니스에서 다져진 역량의 새로운 진가를 발견하기 위해 기술 재고를 1년 6개월 동안 낱낱이 조사했다. 새로운 비즈니스 부문인 헬스케어와 재료 솔루션은 현재 총매출액의 43%를 차지하고 있다. 반면 필름 부문은 총매출액의 1%에도 미치지 못한다.[42]

붕괴에 맞서다

2000년대 중반이 되자 사진 디지털화로 인해 아날로그 필름은 사실상 회복불능 상태에 이르렀다. 고모리는 생존을 보장받으려면 기업의 방향을 근본적으로 변화시키는 계획이 필요하다고 생각했다.

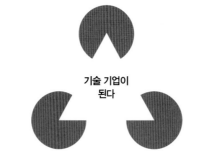

기술 기업이 된다

"그때 후지필름은 사진 제품 산업의 리딩 기업이었고 계속해서 엄청난 이익을 내고 있었다. 나는 다음 세기에도 후지필름이 생존하기를 바랐다. 그 방법을 찾는 것이 CEO로서 나의 임무였다."

고모리 시게타카
古森重隆
후지필름 홀딩스 회장 겸 CEO

전략적 방향

고모리가 제시한 5개년 계획의 전략적 방향은 크게 3가지로 요약된다.

- 비용 절감을 위해 구조조정을 단행한다.
- 포트폴리오 다변화로 새로운 성장 전략을 구축한다.
- 신속한 의사결정을 위해 '통합 경영'을 강화한다.

조직문화

고모리는 후지필름이 확실하고 신속한 탈바꿈을 이루려면 올바른 조직 구조를 만들어야 한다고 생각했다.

- 주도적으로 실행하고 기업가적 마인드를 발휘할 수 있도록 구성원에게 좀 더 큰 자율권과 역할의 유연성을 보장한다.
- 신속한 의사결정 프로세스를 따르는 슬림하고 결단력 있는 경영진을 구축한다.[43]

브랜드 이미지

후지필름은 최고 품질의 제품을 생산하는 첨단기술 기업으로 세계에 알려져 있다. 우리는 타 산업으로 뛰어들 때에도 필름으로 구축한 브랜드 이미지와 신뢰가 계속 이어지길 원한다.

후지필름은 디오신스 RTP와 MSD 바이오로직스를 인수해 후지필름 디오신스 바이오테크놀로지Fujifilm Diosynth Biotechnologies로 이름을 바꿨다. 두 기업을 인수한 이유는 바이오 제약의 계약 개발 분야와 헬스케어 및 재료 솔루션 비즈니스로 진출하기 위함이었다.

2006년이 되자 사진의 디지털화는 거스를 수 없는 대세로 자리 잡았고 후지필름은 아날로그 필름 비즈니스를 축소시킴으로써 필름 생태계를 근본적으로 구조조정해야 한다는 사실을 깨달았다. 이로써 그들은 다양화 계획을 수행하는 데 필요한 자원을 확보할 수 있었다. 2019년에 사진 필름의 연매출은 전체의 1%에도 미치지 못했다.

포트폴리오 다각화(2004~2019년)

2008년 도야마 케미칼Toyama Chemical을 인수한 것은 제약 비즈니스에 전면적으로 진출한다는 신호였다.

A A
인수

헬스케어&재료 솔루션
1조 390억 엔(약 10조 8,000억 원) +43%

도큐먼트 솔루션
1조 60억 엔(약 10조 5,000억 원) +41%

2001년 후지필름은 후지 제록스의 지분 25%를 추가로 매입해 계열사로 편입시켰다. 현재 도큐먼트 솔루션 사업부의 연매출은 전체의 41%를 차지한다.

A A
투자

이미징 솔루션
3,870억 엔(약 4조 300억 원) +16%

A B
개선

2001
54% 46%

2019
16% 41%
43%

141

관리

■ 헬스케어 및 재료 솔루션
헬스케어 및 재료, 고기능성 재료, 기록 미디어, 그래픽 시스템/잉크젯 디스플레이 재료

■ 도큐먼트 솔루션
오피스 제품 및 프린터, 제본 서비스, 솔루션 및 서비스

■ 이미징 솔루션
포토 이미징, 전자 이미징, 광학 기기

탐험

후지필름은 LCD 스크린 붐을 예상해 LCD 필름에 투자를 단행했다. TV, 컴퓨터, 스마트폰의 LCD 패널을 제조하는 데 필수적인 고성능 필름 후지택Fujitac을 생산하기 위해 1500억 엔(약 1조 5,000억 원)을 투자해 신규 공장을 설립했다.

시간이 지나면서 사진이 어떻게 바래고 산화하는지 잘 아는 후지필름은 인간의 피부도 비슷한 방식으로 노화된다는 것을 깨닫고 기능성 화장품 사업에 뛰어들 수 있었다. 2007년 스킨케어 사업부 아스타리프트Astalift가 설립되었다.

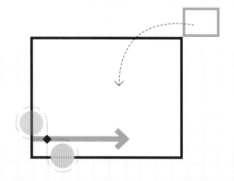

전환 테스트

비즈니스 모델 전환

새로운 비즈니스 모델로 전환하기 위해 시효가 다 된 비즈니스 모델 중 하나를 쇄신하기로 결정하면, 탐험 포트폴리오의 프로세스와 지표를 적용할 필요가 있다. 정확히 말해 새로운 비즈니스 모델로 전환을 탐험하고 테스트하는 동안에도 시효가 다된 비즈니스 모델을 계속 운영할 필요가 있다. 그러려면 꽤 많은 노력이 요구되지만 잠재력 있는 새로운 비즈니스 모델을 테스트하는 데는 실행 마인드셋보다 탐험 마인드셋을 적용해야 성공할 수 있다. 또한 그렇게 해야 효과가 없는 비즈니스 모델로 전환하는 리스크를 줄일 수 있을 것이다.

전환에 대한 테스트

새로운 비즈니스 모델로 전환하는 리스크는 매우 크다. 효과가 있을지 없을지 불확실성이 크기 때문이다. 하지만 탐험 포트폴리오의 테스트 프로세스와 원칙을 적용하면, 효과가 없는 것으로 전환할 리스크를 상당히 줄일 수 있다. 큰 차이가 있다면 기존 비즈니스 위에 구축한다는 점이다. 이 방법은 장단점이 모두 있다.

장점은 고객, 시장, 기술을 잘 파악할 수 있다는 것이고, 단점은 비즈니스 모델 전환을 전제로 한 가설을 테스트하지 않은 채 기존 비즈니스의 운영을 우선시할 수 있다는 것이다.

가치 제안 전환

제품에서 반복적 서비스로,
로테크에서 하이테크로,
판매에서 플랫폼으로 전환

프런트스테이지 중심의 전환

틈새시장에서 대중시장으로,
B2B에서 B2(B2)C로,
로터치에서 하이터치로 전환

백스테이지 중심의 전환

전용 자원에서 다용도 자원으로,
거대 자산에서 소규모 자산으로,
폐쇄형 혁신에서 개방형 혁신으로 전환

비즈니스 모델 패턴 모음

우리는 기존 비즈니스 모델에서 새로운 것으로 전환하는 방법을 탐험하는 데 도움이 되도록 12가지 '비즈니스 모델 전환 패턴'을 모아놓았다. 발명 패턴과 마찬가지로 기존 비즈니스 모델 위에 새로운 비즈니스 모델을 구축하는 데 전환 패턴을 참고하거나 영감을 얻을 수 있을 것이다.

이익 공식 중심의 전환

고비용에서 저비용으로,
일회성 매출에서 반복적 매출로,
전통적인 것에서 역발상적인 것으로 전환

패턴

Patterns

비즈니스 모델 패턴

조직의 전반적 비즈니스 모델을 강화하기 위해
비즈니스 모델의 구성요소를
차별적으로 배치함으로써
누구나 참고할 수 있게 한 것.

신규 벤처가 제품, 서비스, 가격을 뛰어넘는 경쟁 우위를 개발하도록 돕는다.

기존 기업이 구식의 비즈니스 모델에서 좀 더 경쟁력 있는 비즈니스 모델로 전환하도록 돕는다.

하나의 비즈니스 모델은 여러 개의 패턴을 포함할 수 있다.

패턴 모음

다음 페이지부터 2개 카테고리로 나누어 패턴 모음을 소개해놓았다.

'발명 패턴'은 신규 벤처의 강화를 위한 것이고

'전환 패턴'은 악화된 기존 비즈니스 모델을 근본적으로 개선하여 경쟁력을 회복하기 위한 것이다.

발명 패턴

우수한 비즈니스 모델의 단면을 도식화했다. 각 패턴을 통해 기술, 제품, 서비스, 가격에 바탕을 둔 전통적 경쟁 도구가 아니라 '우수한 비즈니스 모델'로 경쟁하는 방법을 숙고할 수 있다. 최고의 비즈니스 모델은 다른 것보다 우수한 몇 가지 패턴을 하나의 틀에 담아낸다.

활용

탐험

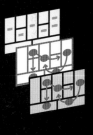

전환 패턴

하나의 비즈니스 모델 유형에서 다른 유형으로 전환하는 패턴을 도식화했다. 각 패턴을 통해 경쟁력이 떨어지는 것에서 경쟁력이 높은 것으로 전환함으로써 현재의 비즈니스 모델을 근본적으로 개선하는 방법을 숙고할 수 있다.

패턴 적용하기

이어질 비즈니스 모델 활동을 보다 잘 수행하려면
비즈니스 모델 패턴을 잘 이해해야 한다.

디자인과 평가

시장의 기회, 기술 혁신, 새로운 제품과 서비스를 둘러싼 더 나은 비즈니스 모델을 디자인하는 데 패턴을 사용하라. 패턴을 사용함으로써 기존 비즈니스 모델의 경쟁력을 평가하라(pp.230~231).

파괴와 탈바꿈

시장을 탈바꿈시킬 영감을 얻는 데 패턴을 사용하라. 다음 페이지부터 산업 전체를 파괴시킨 기업의 이름이 나온다. 각각의 기업은 자신의 영역에서 새로운 비즈니스 모델을 최초로 소개했다.

질문과 개선

전통적인 제품, 서비스 가격, 시장 관련 질문에서 벗어나 비즈니스 모델에 관해 좀 더 나은 질문을 던지는 데 패턴을 사용하라. 고위 경영자, 혁신 리더, 기업가, 발명가, 학계 연구자 누구든지 좀 더 나은 질문에 근거해서 뛰어난 비즈니스 모델을 개발할 수 있다.

기성 기업에게 가장 큰 위협이 되는 것은…

건방진 놈들 upstarts 이다!

3

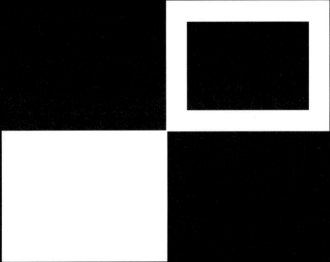

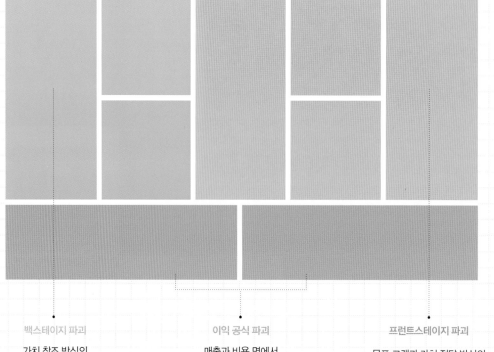

파괴의 진원지

비즈니스 모델 패턴은 비즈니스 모델의 프런트스테이지(고객 중심), 백스테이지(자원 중심) 혹은 이익 공식(재무 중심)에서 나올 수 있다.

백스테이지 파괴

가치 창조 방식의
근본적인 변화

이익 공식 파괴

매출과 비용 면에서
이익 창출 방식의 근본적인 변화

프런트스테이지 파괴

목표 고객과 가치 전달 방식의
근본적인 변화

발명 패턴 모음

157

백지 상태

패턴

사례 예시

발명 패턴

백지 상태

이 섹션에 나오는 모든 기업은 백지에서 시작했다. 그들은 기술, 시장 기회, 트렌드를 중심으로 처음부터 비즈니스 모델을 구축했다. 그들은 모두 해당 산업에서 이제껏 들어보지 못했던 강력한 비즈니스 모델을 적용함으로써 산업을 파괴했다.

패턴

신규 벤처와 기존 기업이 좀 더 경쟁력 있는 우수한 비즈니스 모델을 구축하는 데 적용할 수 있는 '27가지 맛'의 발명 패턴 9가지가 소개되어 있다. 참고용으로 활용할 수 있도록 각 패턴을 설명해놓았다.

사례 예시

각 사례는 패턴이 실제로 사용된 모습을 보여준다. 해당 기업의 전체 비즈니스 모델을 개괄하는 대신 그들이 좀 더 경쟁력 있는 비즈니스 모델을 구축하기 위해 특정 패턴을 적용한 것만을 설명해놓았다. 실제로 하나의 비즈니스 모델은 몇몇 패턴을 조합해 만들어지곤 한다.

맛
각 패턴은 두 가지 이상의 서로 다른 '맛 flavor'을 가진다. 여기서 '맛'이란 특정 패턴의 변형을 말한다.

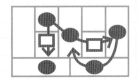

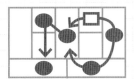

범례

• 백지 상태

• 비즈니스 모델 패턴

• 사례 예시

• 패턴의 구성요소

• 패턴의 구성요소 중 선택 사항

• 기존의 비즈니스 모델 블록   ═

• 다른 비즈니스 모델 블록

프런트스테이지 파괴

목표 고객과 가치 전달 방식의 근본적인 변화.

시장 탐험가

Market Explorers

시장을 열다

전적으로 새롭거나 아무도 손대지 않았거나 거대한 잠재력이 있지만 별로 신경 쓰지 않던 시장을 창조하고 촉발시키고 드러내는 혁신적 가치 제안을 개발한다. 시장 탐험을 통해 새로운 수익 잠재력을 발굴하는 개척자가 된다.

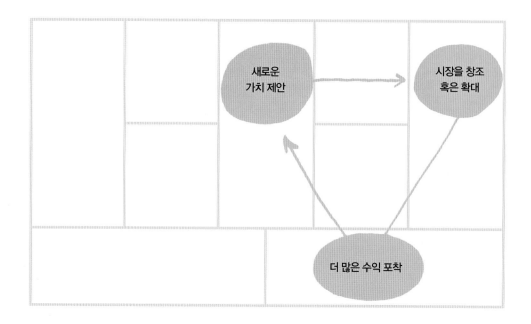

새로운 가치 제안

시장을 창조 혹은 확대

더 많은 수익 포착

방아쇠 질문
어떻게 새롭거나 아무도 손대지 않았거나 거대한 잠재력이 있지만 별로 신경 쓰지 않던 시장에 다가갈 수 있을까?

평가 질문
우리가 추구하는 미개척 시장의 잠재력은 얼마나 크고 매력적인가?

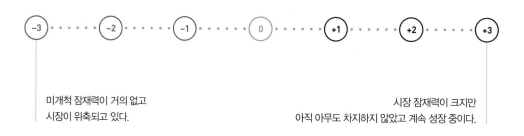

미개척 잠재력이 거의 없고
시장이 위축되고 있다.

시장 잠재력이 크지만
아직 아무도 차지하지 않았고 계속 성장 중이다.

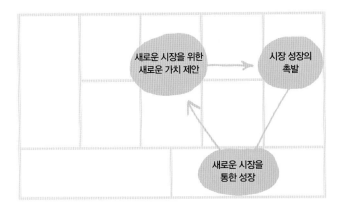

선지자Visionaries – 다른 사람들에게는 보이지 않는 거대한 시장 잠재력을 발견하기 위해 상상력을 발휘한다. 아직 증명되지 않은 니즈를 탐험함으로써 성장을 촉발시킨다. 그 니즈를 새로운 가치 제안으로 충족시키고자 한다.

사례
테슬라, 애플 아이폰iPhone, 닌텐도 위Wii

방아쇠 질문
거대한 시장의 아직 검증되지 않은 니즈들 중 탐험할 가치가 있는 것은 무엇인가?

목적 재설정자 Repurposers – 이전에 다른 분야에 제공됐던 기존 기술과 인프라의 목적을 재설정함으로써 '검증된 시장 수요'에 다가가기 위한 혁신적 방법을 찾는다.

사례
엠페사, 아마존 웹 서비스AWS

방아쇠 질문
검증되었으나 지금까지는 접근할 수 없었던 고객의 니즈를 충족시키기 위해 기존 기술이나 인프라의 목적을 어떻게 재설정할 수 있을까?

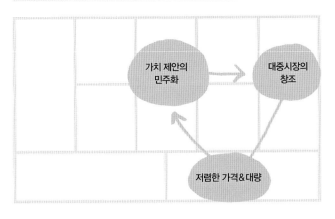

민주화 운동가 Democratizers – 기존에는 소수의 하이엔드 고객에게만 접근 가능했던 제품, 서비스, 기술에 누구나 쉽게 접근할 수 있는 혁신적 민주화 방법을 찾는다.

사례
시어스, 아주리Azuri, 엠페사, AWS

방아쇠 질문
틈새시장에 한정되어 있던 제품, 서비스, 기술을 어떻게 대중시장에서 널리 범용화할 수 있을까?

테슬라
Tesla

2012년 테슬라는 아무도 거들떠보지 않던 거대한 미지의 시장(하이엔드 전기자동차)을 상상했다. 그들은 모델 S 출시로 정확한 가치 제안을 제시함으로써 새로운 기회를 열었다.

전기자동차 상용화를 목표로 2003년 설립된 테슬라는 럭셔리 스포츠카로 시작해 적정 가격의 대중 자동차 시장으로 영역을 확대했다. 2008년 테슬라는 로드스터를 판매하기 시작했다. 2012년 모델 S를 출시하면서 1차 약진이 이루어졌다. 테슬라 최초의 '대중차'인 모델 3는 2015년 발표되어 2017년부터 양산되었다.

테슬라 이전에 전기자동차 시장은 상대적으로 중요도가 떨어졌고 시장에는 실용적이고 평범한 모델들만 나와 있었다. 테슬라는 전기자동차 시장을 남들과 다르게 바라본 최초의 자동차 제조업체다. 테슬라는 자동차 성능과 시장의 고급화 지향에 집중함으로써 커다란 기회를 발견했다.

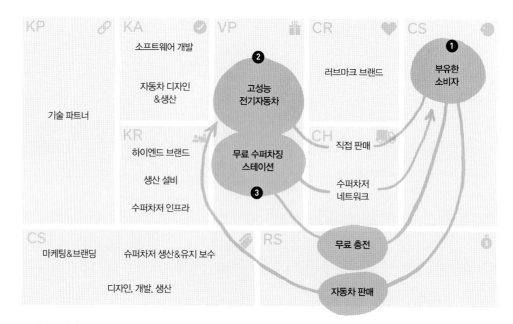

1 아무도 바라보지 않은 미지의 거대 시장에 주목

테슬라는 전기자동차에 관심을 가지고 있지만 편안함과 성능과 디자인을 포기하고 싶지 않으며 환경 보호에 민감하고 부유한 소비자가 존재하는 잠재적 시장을 발견했다.

2 새로운 방식으로 고객 혜택 창조

모델 S를 출시함으로써 테슬라는 최초에 설정한 고객 세그먼트의 열망을 충족시켰다. 모델 S는 2013년 '테스트 자동차 중 최고'로 칭송받았고 미국에서 가장 부유한 6개 지역에서 가장 잘 팔리는 자동차가 되었다.[1]

3 새로운 방식의 고객 불만 해소

테슬라는 배터리 용량에 대한 고객의 우려를 잘 알고 있었다. 테슬라는 충전 속도를 획기적으로 개선했고 교통 밀집 지역에 무료로 충전할 수 있는 수퍼차저 네트워크를 구축했다.

✛ 러브마크 lovemark 브랜드

테슬라는 기록적으로 빠른 시간 내에 러브마크, 즉 고객의 열렬한 사랑을 받는 브랜드를 구축했다. 지구를 구한다는 이미지, 고품질 자동차, 개인화된 고객 서비스로 테슬라는 의미 있는 브랜드 충성도를 고취시켰다. 2014년 모델 S는 '미국에서 가장 사랑받는 자동차'에 선정됐다.

✛ 직접 유통

처음부터 테슬라는 고객에게 자동차 기능을 교육시키기 위해 (인터넷, 도심 쇼핑몰 내 갤러리 같은 매장, 오너 로열티 프로그램 등으로) 직접 자동차를 판매했다.

하드웨어에서 소프트웨어와 데이터로

테슬라는 단순히 자동차 제조업체라기보다 소프트웨어 기업에 가깝다. 테슬라의 자동차는 무선으로 업데이트되는 정교한 소프트웨어에 따라 운행한다. 2014년 회사가 운영하는 운전자 커뮤니티를 통해 지속적으로 데이터를 수집하고 학습하는 자율주행 소프트웨어가 발표되었다. 소프트웨어는 테슬라 자동차를 소유함으로써 얻을 수 있는 모든 사용자 경험을 이끌고 있다.

시장 파괴를 위한 백스테이지 구축

전기자동차 시장을 촉발시키겠다는 비전을 현실화하기 위해 테슬라는 기술 파트너 토요타, 메르세데스, 파나소닉과 함께 핵심 자원과 핵심 활동의 포트폴리오를 강화했다. 또한 테슬라의 첫 번째 양산차인 모델 3의 생산 차질을 극복하는 데 온 힘을 기울였다.

14,000
슈퍼차저

2019년 9월 현재 전 세계에 1,261개의 충전소가 설치되어 있다.[3]

27만
6,000대

사전 판매 2일 만에 모델 3 판매가 100억 달러를 넘어섰다(2016년 4월 2일).[4]

테슬라 전략 캔버스[2]
타사 전기자동차와 비교

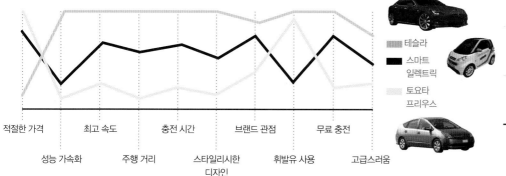

적절한 가격 · 성능 가속화 · 최고 속도 · 주행 거리 · 충전 시간 · 스타일리시한 디자인 · 브랜드 관점 · 휘발유 사용 · 무료 충전 · 고급스러움

테슬라
스마트 일렉트릭
토요타 프리우스

2019년 세계 전기자동차 판매[5]

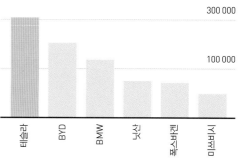

300 000
100 000

테슬라 · BYD · BMW · 닛산 · 폭스바겐 · 미쓰비시

엠페사

M-Pesa

2007년 사파리콤 Safaricom 은 대중을 위한 믿음직한 송금 솔루션 엠페사를 구축함으로써 텔레콤 기업의 목적을 재설정했다.

사파리콤은 케냐 최대의 텔레콤 기업이다. 2007년 이들은 기존 텔레콤 인프라를 활용해 간편한 모바일 송금 시스템인 엠페사를 구축하기로 했다. 모바일폰을 소유한 수백만 케냐인의 모바일 송금에 대한 '검증된 수요'에 다가가기로 했던 것이다.

기존 금융 서비스는 사용료가 비쌌고 소액 거래에는 적절하지 않았다. 인구가 3,900만 명임에도 불구하고 2009년 기준으로 전국에 ATM이 고작 352대, 은행 지점은 491개에 불과했다. 대부분의 송금은 현금으로 이루어졌고 수수료는 비쌌다. 게다가 종종 송금 사고가 일어나서 신뢰하기 어려웠다.

엠페사는 이 상황을 바꾸었다. 엠페사가 출시된 지 2년 만에 매일 1만 건의 신규 가입이 이루어졌다.[6] 2010년 케냐의 모든 모바일 송금 거래 건의 90% 이상, 이용객 기준으로는 70%를 차지했다.[7] 여러 연구 결과로 볼 때, 엠페사는 케냐 전체 가구의 약 2%를 절대 빈곤으로부터 탈출시키는 데 기여할 만큼 국가 전체에 긍정적인 영향을 미쳤다.[8]

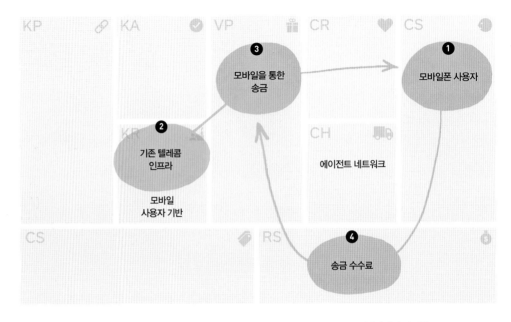

1. 기존의 자원을 기반으로 다가갈 수 있는 '검증된 수요'를 규명

사파리콤은 시장 수요가 존재한다는 증거를 갖고 있었다. 몇몇 모바일 고객이 모바일 사용 시간을 나눠 쓰기 위해 일종의 전자화폐 e-currency 처럼 엉성한 문자 메시지로 자체 디지털 결제 솔루션을 만들어 사용하고 있었다.

2. 새로운 가치 제안을 현실화하기 위해 핵심 자원의 목적을 재설정

2007년 사파리콤은 엠페사라는 믿음직한 송금 솔루션을 구축하기 위해 자사의 텔레콤 네트워크의 목적을 어떻게 재설정할지 고민했다. 케냐의 대표 텔레콤 기업인 사파리콤은 수백만 케냐인과 이미 고객 관계를 형성하고 있었다.

3. 경쟁자와의 차별화

2000년대 중반 금융 서비스 수수료가 비쌌고 비정기적 소액 거래에는 적합하지 않았다. 소수의 케냐인만 뱅킹 시스템을 사용 중이었다. 사파리콤은 엠페사라는 저렴한 송금 시스템을 통해 뱅킹 시스템을 이용한 적이 없는 사람에게 새로운 기회를 제공했다.

4. 새로운 매출 흐름 창출

엠페사는 사파리콤 총매출액 28%에 해당하는 629억 실링(약 7,000억 원)의 새로운 매출 흐름을 창출했다(2018년 기준).[9] 수익은 소액 송금 수수료와 기타 금융 서비스를 통해 생겨난다.

✦ 에이전트 네트워크

엠페사는 2018년에만 11만 개의 에이전트 네트워크를 구축함으로써 케냐인이 쉽게 현금과 가상화폐를 교환할 수 있도록 했다.[10] 이는 케냐 전역에 설치된 ATM 수의 40배에 달한다. 에이전트에는 소형 상점, 주유소, 우체국뿐 아니라 심지어 기존 은행 지점도 포함되었다.

2,300만 명 케냐인

2013년에 엠페사 시스템을 사용한 고객 숫자로 이는 다음 비중을 의미한다.

전체 성인 인구의

74%[11]

엠페사 활성 고객수[12]

2019년 기준

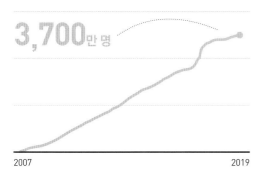

3,700만 명

2007   2019

43%

2013년 매월 엠페사를 통해 이체된 금액이 케냐 GDP에서 차지하는 비중. 2009년에는 10%에 불과했다.[13]

민주화 운동가

1888~1993

시어스 Sears

1880년대 후반 시어스 로벅 앤드 컴퍼니 Sears, Roebuck and Co.(이하 시어스)는 우편 주문 카탈로그를 통해 소비자의 시장 접근 기회를 '민주화'했다. 미국 우편 및 택배 서비스의 성장을 발판 삼아 시어스는 자신의 제품을 미국 방방곡곡에 유통시킬 수 있었다.

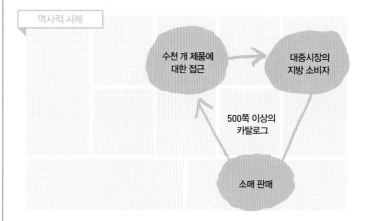

역사적 사례

수천 개 제품에 대한 접근 → 대중시장의 지방 소비자

500쪽 이상의 카탈로그

소매 판매

시어스의 우편 주문 카탈로그는 고립된 미국 서부 주민에게 예전에는 접근할 수 없던 저렴한 가격의 수많은 상품을 접할 기회를 선사했다. 1895년 카탈로그의 두께는 500쪽을 넘어섰고 연간 75만 달러(현재 가치로 약 260억 원)의 매출액을 달성했다. 시어스의 첫 소매점은 1925년 시카고에서 문을 열었고 이들은 1991년까지 미국 제일의 유통업체로 이름을 떨쳤다. 카탈로그는 1세기 넘게 사용되다가 1993년 사라졌다.

2,300만 달러

1895년 시어스가 카탈로그 주문 방식을 통해 달성한 매출액을 현재 금액으로 추산한 것.[14]

채널의 제왕

Channel Kings

고객에게
접근하다

다수의 고객에게 접근하여 우리 고객으로
확보하는 방법을 근본적으로 변화시킨다.
해당 산업에서 예전에는 사용하지 않았던
새롭고 혁신적인 채널을 개척한다.

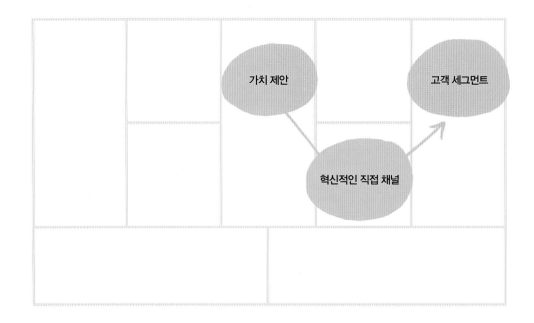

방아쇠 질문
어떻게 시장 접근market access을 향상시켜 우리의 최종 고객에게 다가갈 수 있는 강력하고 직접적인 채널을 구축
할 수 있을까?

평가 질문
우리는 최종 고객에게 접근할 수 있고 규모가 큰 '직접 채널'을 보유하고 있는가?

우리의 시장 접근은 제한적이고 제품과 서비스를
고객에게 전달하고 그들과 상호작용하는 것을
중개자에게 의존하고 있다.

우리의 시장 접근은 매우 막강하고
최종 사용자와 직접적으로 상호작용할 수 있는
채널을 보유하고 있다.

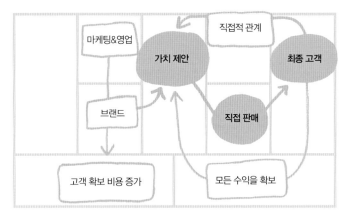

탈중개자Disintermediators – 중개자가 장악하던 고객 접근 통로에 고객과의 직접 채널을 구축한다. 창의적인 마케팅, 고객 확보 활동, 강력한 브랜드를 통해 중개자의 힘을 무력화시킨다. 시장에 대한 이해 수준을 높이고 강력한 고객 관계를 구축하며 예전에는 중개자와 나눠 가졌던 수익을 모두 확보한다.

사례
달러 셰이브 클럽, 네스프레소, 고어텍스

방아쇠 질문
어떻게 중개자를 제거하고 최종 고객에게 직접 다가가는 채널을 구축할 수 있을까?

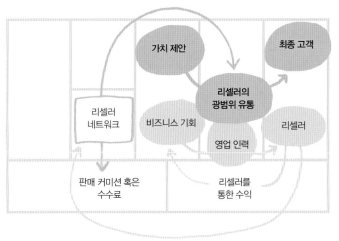

기회 개발자 Opportunity Builders – 제품과 서비스를 판매하기 위해 타 업체에게 비즈니스 기회를 제공한다. 타 업체에게 돈을 벌고 위상을 높일 기회를 줌으로써 그들을 우리의 시장 접근성을 높일 강력한 유인책으로 삼는다.

사례
타파웨어, 그라민폰, J. 힐번

방아쇠 질문
타 업체 혹은 다수의 사람들이 우리의 제품과 서비스를 판매하도록 유인하려면 어떤 매력적인 제안을 해야 할까?

달러 셰이브 클럽
Dollar Shave Club

2012년 달러 셰이브 클럽DSC은 바이럴 마케팅 캠페인을 론칭했고 소비자에게 직접 남성 면도 제품을 판매함으로써 시장을 파괴했다.

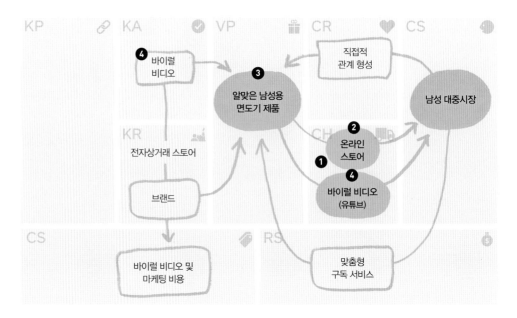

DSC는 과한 기능을 가진 제품에 오히려 소비자가 불편을 느낀다는 것을 감지했다. 면도할 때 남자들은 최첨단 면도기 혹은 저가·저성능 면도기 중 양자택일을 해야 했다. DSC는 알맞은 가격과 성능의 제품을 제공함으로써 고객 경험이 극단적으로 나뉜 시장을 변화시키고자 했다.

2012년에 DSC는 온라인 스토어를 오픈해 지나치게 비싼 가격대로 형성된 남성용 면도기와 면도날 시장을 빠르게 파괴했다. DSC는 기존 소매 채널을 배제하고 도매업자로부터 제품을 사들여 온라인을 통해 저가에 판매했다. 또한 중간 판매상의 영향력을 배제하기 위해 온라인 마케팅에 주력했다.

창업자 마이클 더빈Michael Dubin이 직접 출연한 출시 동영상은 유머러스하게 브랜드를 선보이면서 입소문을 탔다. 제품 택배 상자에는 위트 섞인 반전이 포함된 설명서가 동봉되었다.

2016년 유니레버에 약 10억 달러(약 1조 1,000억 원) 가격에 인수되었다.[15]

1 중간판매상을 제거 혹은 우회

DSC는 직접 판매를 위해 소매상을 제거했다. 긍정적으로 보면 이 조치는 소매업자가 차지했던 이익을 가져올 수 있다는 의미지만 부정적으로 보면 소매업자가 지닌 시장 접근을 잃는다는 뜻이기도 했다.

3 가치 제안의 차별화

DSC는 고객의 구매 경험이 극단적으로 나뉜 시장에 알맞은 가격에 알맞은 성능을 지닌 제품으로 경쟁한다. 탄력적인 '구독' 방식을 제공함으로써 가입자는 단 1달러로 첫 제품을 구매할 수 있고 제품 종류와 배송 간격을 설정할 수 있다.

2 최적의 직접 채널 구축

회사는 2012년 온라인 스토어를 개설해 고객 경험, 관계, 데이터를 통합해 관리할 수 있게 되었다. DSC는 이 채널을 자사 제품을 지속적으로 테스트하고 가치 제안을 최적화하는 데 사용한다.

4 전통적으로 중간상이 장악했던 시장을 혁신적 마케팅으로 극복

DSC는 소매업자의 영향력에 의존할 수 없었기에 바이럴 비디오를 통해 브랜드 인지도를 끌어올렸다. DSC는 독특한 브랜드 언어로 교육용 동영상과 설명서를 전달함으로써 소비자의 지속적인 재구매를 유도한다.

DollarShaveClub.com – 저희 면도날은 '끝내주게' 좋습니다 Our Blades Are F***ing Great

Published on Mar 6, 2012　　　　👍 133K　👎 2.6K　↗ SHARE　≡+ SAVE　•••

69% 유지율

첫 구매 후 1개월 내에 재구매하는 고객 비율.[17]

2019년 11월 현재
달러 셰이브 클럽 첫 동영상 클립 조회 수

26,525,768회[16]

파괴적인 소비자 직접 판매 브랜드

단일 제품으로 고객 경험을 끌어올리는 기업이 최근 들어 소비자 직접 판매 direct-to-consumer, D2C 브랜드의 성장을 이끌었다.

D2C 기업은
(1) 고객과의 관계 구축
(2) 온라인이나 직영점을 통한 제품 소개
(3) 고객 데이터 수집
(4) 신상품 출시 속도

등을 통제하기 위해 탈중개화 전략을 구사해 성공을 거뒀다. D2C는 점차 온라인에만 머물지 않고 물리적 매장으로도 이동하고 있으며 와비 파커 Warby Parker, 보노보스 Bonobos, 글로시어 Glossier 등이 이에 해당한다. 물리적 매장은 브랜드 관계를 더욱 돈독히 하고 브랜드가 고객의 물리적 경험을 설계하는 데도 도움이 된다.

기존 업체	제품과 세계 시장 규모	D2C 브랜드
나이키 Nike	운동화 625억 달러 (약 72조 원)	올버즈 Allbirds
콜게이트 Colgate	구강 케어 280억 달러 (약 32조 원)	큅 Quip
룩소티카 Luxottica	안경 1,235억 8,000만 달러 (약 142조 원)	와비 파커 Warby Parker

타파웨어

Tupperware

1948년 타파웨어는 '타파웨어 홈파티'를 통한 판매를 시작함으로써 크게 성장했다. 홈파티는 주부들이 자기가 알고 지내는 다른 주부들에게 제품을 판매할 수 있는 사교의 장이 되었다.

1946년 얼 타파Earl Tupper는 현재 널리 쓰이는 원더 리어 보울Wonderlier Bowl을 발명했지만 이 혁신적인 종 모양의 플라스틱 용기가 날개 돋친 듯 팔린 것은 동업자인 브라우니 와이즈Brownie Wise가 '타파웨어 홈파티'라는 마케팅 프로그램을 선보인 후였다. 브라우니 와이즈는 파티 주최자 시연 프로그램, 일명 타파웨어 파티 프로그램을 추진함으로써 주부들이 집안에서 다른 주부들에게 제품을 설명하도록 하는 등 주부 인맥을 판매에 적극 활용했다.

타파웨어는 최초로 가정에 플라스틱 보관용기를 판매하는 초기 도전과제를 주부들의 경제 독립의 기회로 바꿔놓았다. 이 판매 방식이 너무 큰 성공을 거둬 1951년에 결국 매장 판매 방식을 중단했다.

타파웨어는 주부들이 다른 주부들에게 제품을 판매하는 주부 중심의 비즈니스였으며 시장 영향력을 확대하고 신뢰를 구축하는 수단으로 주부의 인맥을 적극 활용한 비즈니스였다.

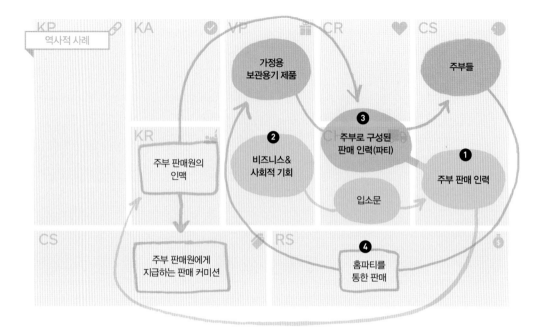

1 기회를 제공할 대상을 규명

남자들 대신 일하며 제2차 세계대전 승리에 기여했지만 주부들은 주방으로 되돌아갈 것을 요구받았다. 와이즈는 주부들에게 독립적인 '타파웨어 딜러'가 될 기회를 제공할 수 있다는 것을 간파했다.

2 기회의 디자인

와이즈는 타파웨어 홈파티 프로그램을 통해 주부들이 지인들을 집에 초청하면 타파웨어 딜러가 제품을 시연하고 설명하는 장을 제공했다. 집주인인 주부는 파티 개최에 대한 보상으로 제품을 받고 딜러들은 판매액의 일부를 커미션으로 받았다.

3 채널의 개발

1954년 딜러 네트워크에는 2만 명이 소속되어 있었지만 타파웨어의 정직원은 아니었다. 그들은 회사와 소비자 간의 채널 역할을 하며 선택적으로 활동하는 독립 계약직이었다.[18]

4 타인을 돕고 수익도 창출

주부들은 직접 제품을 보고 친구로부터 설득력 있는 추천 이유를 듣고 제품의 활용성을 확신했다. 이 채널은 매우 큰 성공을 거둬서 타파웨어는 1951년 매장 판매 방식을 중단하기로 결정했다.

70%

1950년대 남편이 직장을 다니고 아내가 전업주부 인 미국 가정 비율.[19]

판매 인력의 성장 [20]

1954년 한 해 동안 타파웨어 딜러 성장세

20,000명

7,000명

1월   12월

2억 3,300만 달러

가정용 보관용기 판매는 크게 상승하 여 1954년에 2,500만 달러(현재 가치 로 약 2,700억 원)에 달했고 전부 타파 웨어 딜러의 판매로 이루어졌다.[21]

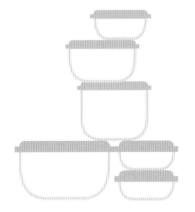

1990년대 미국 가구 중 타 파웨어 제품을 하나라도 가 지고 있는 가구 비율.[22]

90%

내츄라 Natura

타파웨어의 방식을 현대에 재현한 기업은 남미에서 가장 큰 화장품 회사인 내츄라다. 내츄라는 1974년부터 '관계를 통한 판 매'selling through relationship라는 직접 판매 모 델을 사용하고 있다.

170만 명

내츄라 네트워크 내 판매 컨설턴트 수[23]

수많은 여성 기업가들이 '브랜드 홍보 대 사'와 '뷰티 어드바이저'로 활동하면서 내츄 라 제품을 판매한다. 2005년 내츄라는 프 랑스 파리에 첫 번째 부티크 매장을 열었 다. 2012년에는 전 세계 판매 컨설턴트를 위한 디지털 플랫폼을 구축해 온라인 교육 과정과 각종 지원 서비스를 제공한다. 2019년 5월에 내츄라는 주식 교환을 통해 가장 큰 직접 판매 경쟁자인 에이번Avon의 지분을 사들였다.

중력 창조자

Gravity Creators

고객을
붙잡아두다

고객이 떠나거나 경쟁자에게 돌아서기 어렵게 만든다. 이전에는 아무것도 없던 곳에 전환비용switching cost이라는 장벽을 만듦으로써, 단기적 거래 기반의 산업을 장기적 관계의 산업으로 변화시킨다.

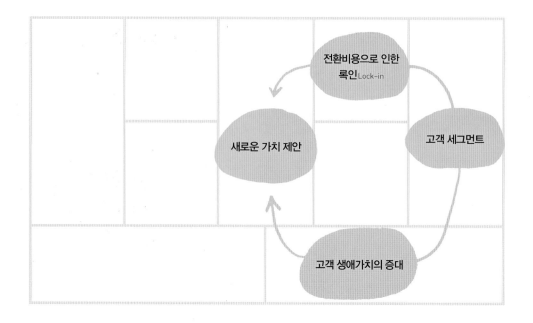

방아쇠 질문
어떻게 하면 고객이 떠나기 어려워지게 만들고 긍정적인 방법으로 전환비용을 증가시킬 수 있을까?

평가 질문
고객이 우리를 떠나거나 다른 회사로 돌아서기가 얼마나 쉽거나 어려운가?

이론적으로 모든 고객이 아무런 직간접적 전환비용 없이도 즉시 우리를 떠날 수 있다.

고객은 몇 년 동안 우리에게 록인되어 떠나려면 상당한 직간접적 전환비용을 지불해야 한다.

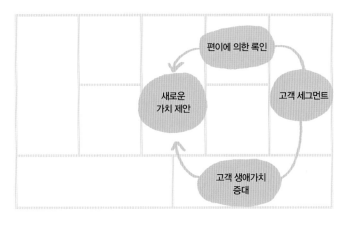

고착도 확대자 Stickiness Scalers — 고객이 떠나는 것을 불편하게 만듦으로써 고착도를 높인다. 불편함이란 고객이 떠나려 할 때 데이터 이전의 어려움, 새로운 학습에 대한 부담, 성가신 탈퇴 과정 등과 관련된다.

사례
마이크로소프트 윈도

방아쇠 질문
어떻게 고객의 고착도를 증대시킬까?

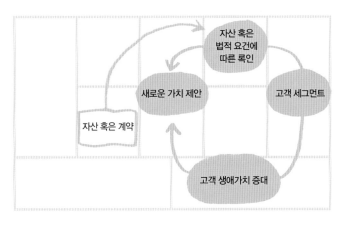

강력접착제 메이커 Superglue Makers — 고객을 억지로 잡아둠으로써 고객이 떠나기 어렵게 만든다. 장기 계약, 이미 치른 매몰 비용 sunk cost, 취소 수수료, 대안 제거 등으로 고객을 잡아둘 수 있다.

사례
마이크로소프트 엑스박스, 네스프레소

방아쇠 질문
어떻게 고객을 잡아둘 수 있을까?

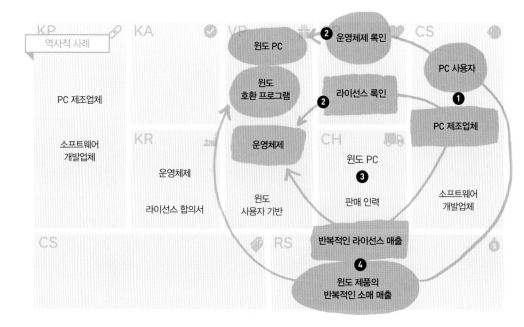

마이크로소프트
윈도 MS Windows

1990년 마이크로소프트는 30개의 PC 제조업체가 윈도 3.0을 설치한 PC를 판매하도록 했다. 이 조치로 수백만의 사용자가 마이크로소프트 생태계에 효과적으로 록인되었고 이후 20년 넘게 반복적 매출을 만들어주었다.

원래 마이크로소프트는 1985년 PC 운영체제인 MS-DOS의 부가 프로그램으로 윈도를 출시했다. 그러나 1990년 윈도 3.0을 출시했을 때는 PC 제조업체와의 돈독한 관계를 활용해 운영체제를 미리 설치해 판매하도록 영향력을 발휘했다. 30개 이상의 제조업체와 모든 PC에 공짜로 윈도를 탑재하기로 합의했다. 그 결과 윈도는 출시 후 2개월 만에 100만 카피 이상 출하됐다.[24]

소비자가 윈도와 호환 프로그램에 익숙해지고 나자 새로운 운영체제와 새로운 프로그램을 배우는 데 시간과 비용과 노력을 쏟길 주저했다. PC 사용자는 생애 첫 '윈도 탑재 PC'를 구매하자마자 마이크로소프트 생태계에 곧바로 록인된 것이었다.

1 고객 전환비용이 낮은 시장을 발견

초기 컴퓨터 시장은 분열되어 있었고 각 컴퓨터 제조업체는 자체의 독특한 운영체제를 사용했다. 이 시기 고객은 한 시스템에서 다른 시스템으로 전환하기가 비교적 용이했다.

2 고객을 록인하는 가치 제안의 창조

윈도 3.0은 3가지 방법으로 전환비용을 증가시켰다. (1) PC 제조업체가 윈도를 탑재해 판매했고 (2) 그래픽 인터페이스와 새로운 기능으로 학습 속도를 획기적으로 높였으며 (3) 호환 프로그램 생태계를 구축함으로써 '상호 운용성'을 통해 고객을 록인했다.

3 생애 최초로 PC를 구매하는 고객을 확보하는 데 집중

1990년 마이크로소프트는 생애 최초 구매 고객을 확보하는 데 집중했다. 그를 위해 30개 주요 PC 제조업체에게 윈도 3.0을 탑재하도록 장기 라이선스 계약을 맺었다. 이로써 수백만 사용자에게 윈도가 확산되며 록인 효과가 일어났다.

4 록인의 수혜를 만끽

빠른 학습 속도와 소프트웨어 호환성 덕에 소비자는 계속해서 윈도 PC를 재구매했다. 이러한 록인으로 마이크로소프트는 20년 넘는 기간 동안 PC 제조업체로부터 라이선스 대금을 반복적으로 받을 수 있었고 계속해서 윈도를 고객에게 판매할 수 있었다.

＋ 윈도 호환 소프트웨어의 강화

록인 전략의 핵심은 윈도 생태계에서 돌아가는 응용 소프트웨어의 수를 신속하게 늘리도록 개발업체 인수에 힘을 쏟은 것이다. 윈도 호환 소프트웨어는 윈도 3.0 출시 전에는 700여 개였으나 1년 후 1,200여 개, 1992년에는 5,000여 개로 늘었다.[25]

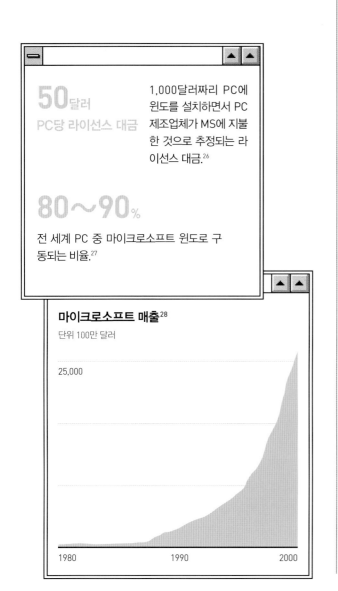

50달러
PC당 라이선스 대금

1,000달러짜리 PC에 윈도를 설치하면서 PC 제조업체가 MS에 지불한 것으로 추정되는 라이선스 대금.[26]

80~90%

전 세계 PC 중 마이크로소프트 윈도로 구동되는 비율.[27]

마이크로소프트 매출[28]

단위 100만 달러

마이크로소프트 엑스박스 MS Xbox

2001년 마이크로소프트는 가정의 거실로 침투하려는 첫 번째 시도로 엑스박스 게임 콘솔을 출시했다. 보조금이 지급된 콘솔로 게이머를 록인해 게임 판매로 인한 매출과 서드파티 third-party 게임 개발업체로부터 거둬들이는 로열티 수익을 통해 고객 생애가치를 증대했다.

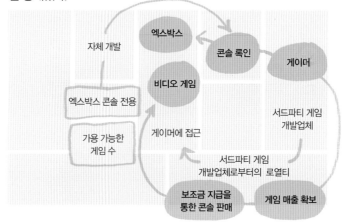

마이크로소프트는 2001년 폐쇄형 시스템 게임 콘솔 엑스박스를 개발했다. 그들은 보조금 지급을 통해 콘솔을 판매함으로써 수많은 게이머를 유혹해 록인했다. 마이크로소프트는 할로 Halo 같은 배타적 자체 게임을 판매하고 서드파티 게임 개발업체가 판매하는 모든 게임에 로열티를 부과함으로써 수익을 창출했다. 게이머들은 콘솔에 이미 돈을 투자했고 구매한 게임이 엑스박스에서만 구동되었기 때문에 경쟁사 게임기로 전환하기 어려웠다. 마이크로소프트는 소니 플레이스테이션 2와의 경쟁에서도 비즈니스 모델을 성공적으로 정착시켰다.

50억 달러

2020년 할로 게임과 하드웨어 판매로 거둔 매출액(약 5조 7,000억 원).[29]

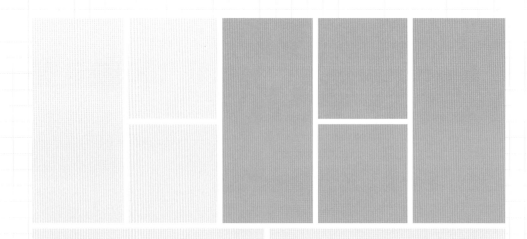

프런트스테이지 파괴

리더를 위한
평가 질문

발명 패턴

시장 탐험가

방아쇠 질문
어떻게 새롭거나 아무도 손대지 않았거나 거대한 잠재력이 있지만 별로 신경 쓰지 않던 시장에 다가갈 수 있을까?

평가 질문
우리가 추구하는 미개척 시장의 잠재력은 얼마나 크고 매력적인가?

미개척 잠재력이 거의 없고
시장이 위축되고 있다.

시장 잠재력이 크지만
아직 아무도 차지하지 않았고 계속 성장 중이다.

채널의 제왕

방아쇠 질문
어떻게 시장 접근을 향상시켜 우리의 최종 고객에게 다가갈 수 있는 강력하고 직접적인 채널을 구축할 수 있을까?

평가 질문
우리는 최종 고객에게 접근할 수 있고 규모가 큰 '직접 채널'을 보유하고 있는가?

우리의 시장 접근은 제한적이고 제품과 서비스를
고객에게 전달하고 그들과 상호작용하는 것을
중개자에게 의존하고 있다.

우리의 시장 접근은 매우 막강하고
최종 사용자와 직접적으로 상호작용할 수 있는
채널을 보유하고 있다.

중력 창조자

방아쇠 질문
어떻게 하면 고객이 떠나기 어려워지게 만들고 긍정적인 방법으로 전환비용을 증가시킬 수 있을까?

평가 질문
고객이 우리를 떠나거나 다른 회사로 돌아서기가 얼마나 쉽거나 어려운가?

이론적으로 모든 고객이 아무런 직간접적
전환비용 없이도 즉시 우리를 떠날 수 있다.

고객은 몇 년 동안 우리에게 록인되어
떠나려면 상당한 직간접적 전환비용을 지불해야 한다.

백스테이지 파괴

자원의 성

활동 차별자

규모 확대자

가치 창조 방식의 근본적인 변화.

자원의 성

Resource Castles

해자를
구축하다

경쟁자가 복제하기 어렵거나 불가능한 핵심 자원으로 경쟁우위를 구축한다.

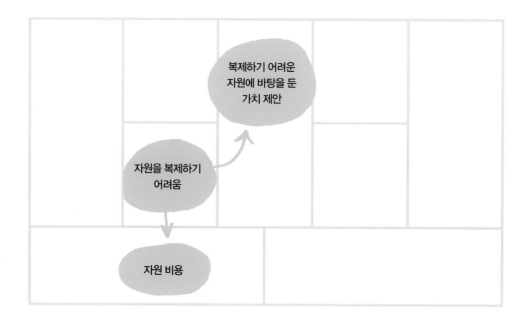

방아쇠 질문
어떻게 하면 복제가 어려운 자원을 우리 비즈니스 모델의 핵심 기초로 삼을 수 있을까?

평가 질문
우리는 복제가 어렵거나 불가능하며 우리에게 상당한 경쟁우위를 가져다주는 핵심 자원을 보유하고 있는가?

우리의 핵심 자원은 경쟁자에 비해 매우 열등하다.

우리의 핵심 자원은 향후 2년간 쉽게 복제 혹은 모방할 수 없고 우리에게 상당한 경쟁우위를 가져다준다(예: 지식재산, 브랜드 등).

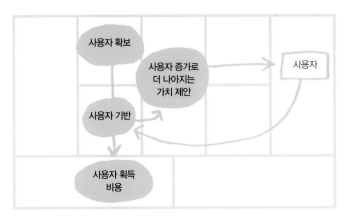

사용자 기반의 성 User Base Castles — 각자 기여하는 가치가 동일한 수많은 사용자가 '네트워크 효과'를 일으킬 수 있도록 비즈니스 모델을 구축한다. 거대한 사용자 기반을 확보해서 누구도 쉽게 따라잡지 못할 경쟁우위를 구축한다.

방아쇠 질문
어떻게 하면 우리의 가치 제안에서 거대한 사용자 기반의 네트워크 효과로 경쟁우위를 구축할 수 있을까?

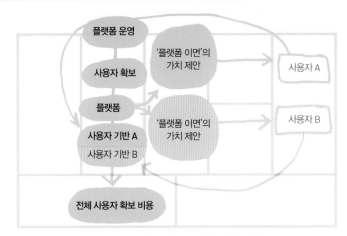

플랫폼의 성 Platform Castles — 수많은 사용자가 하나 혹은 이상의 개별 사용자에게 가치를 서로 알리며 '네트워크 효과'를 일으키는 비즈니스 모델을 창조한다. 적은 사용자를 보유한 조직은 이 비즈니스 모델을 따라잡기 어렵다.

방아쇠 질문
어떻게 하면 2개 혹은 그 이상의 거대한 사용자 기반을 확보한 다면적multi-side 플랫폼을 창조할 수 있을까?

183

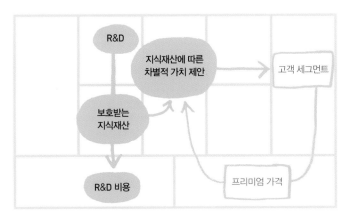

지식재산의 성 IP Castles — 보호받는 지식재산intellectual property, IP으로 경쟁자를 압도한다. 지식재산을 소유하지 않았다면 복제가 어렵거나 불가능한 차별적 가치 제안을 제공한다.

방아쇠 질문
어떻게 하면 보호받는 지식재산을 경쟁우위로 활용할 수 있을까(이전에는 중요시하지 않던 영역에서)?

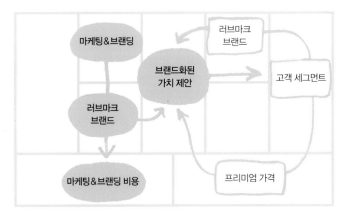

브랜드의 성 Brand Castles — 강력한 브랜드로 경쟁자를 압도한다. 강력한 브랜드를 필수요소로 하는 가치 제안에 집중한다.

방아쇠 질문
어떻게 하면 브랜드가 의미있는 경쟁우위가 될 수 있을까(지금껏 활동한 적 없는 분야에서)?

웨이즈

Waze

2008년 웨이즈는 사용자가 늘어날수록 개선되는 교통 내비게이션 시스템을 개발했다. 사용자로부터 들어오는 실시간 정보는 출퇴근 시간을 단축시키고 교통 체증을 줄이는 데 도움이 되었다.

에후드 샤브타이Ehud Shabtai, 아미르 쉬나르Amir Shinar, 유리 레빈Uri Levine은 2008년에 웨이즈를 설립했다. 비즈니스 아이디어는 에후드 샤브타이가 2006년에 개발한 크라우드 소스crowd source 프로젝트에서 나왔다. 프로젝트의 목표는 무료로 업데이트되고 배포되는 이스라엘의 디지털 지도를 만드는 것이었다.

웨이즈는 사용자의 이동 시간을 줄이고 교통 체증을 전반적으로 줄이기 위해 소셜네트워크와 GPS를 결합한 교통 내비게이션 앱으로 진화했다. 웨이즈는 사용자 수가 늘어날수록 서비스의 가치가 높아지는 네트워크 효과의 대표적인 사례다.

2013년 구글이 지도 서비스를 개선하기 위해 9억 6,600만 달러(약 1조 1,000억 원)에 인수했을 때 웨이즈의 전 세계 사용자는 5,000만 명 이상이었다.[30]

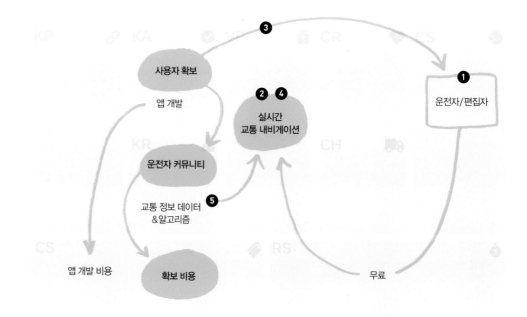

1 경쟁우위를 위한 사용자 기반 규명

웨이즈는 사용자가 디지털 지도를 개선하는 데 중요한 자원이라는 점을 간파했다. 그들은 사용자가 산출하는 데이터를 수집했고 지도 개선에 적극적으로 협력할 수 있는지 허락을 구하는 등 사용자를 적극 활용했다.

2 사용자 불만 해결, 사용자 혜택 창조

웨이즈는 단순한 음성 내비게이션 시스템이 아니다. 웨이즈의 교통 알고리즘은 사용자가 정체를 피할 수 있도록 경로를 최적화했고 전 세계 운전자가 출퇴근에 오랜 시간을 소모해야 하는 고통을 해결했다.

3 공격적인 사용자 확보

빠른 시간 안에 사용자 기반을 구축하기 위해 웨이즈는 앱을 무료로 배포하는 전략적 선택을 했다. 무료에 매료된 사용자는 앱을 계속 사용하며 가치 제안(예: 알고리즘 효율성)의 지속적 개선에 도움을 주었다.

4 가치 제안에 사용자를 활용

사용자는 3가지 방식으로 웨이즈에 기여한다. (1) 웨이즈가 사용자로부터 운전 시간과 GPS 데이터를 수집하고 (2) 적극적 사용자가 최신 교통 정보를 게시하며 (3) 자원봉사 편집자가 지도를 업데이트하고 다른 언어로 번역한다.

5 경쟁우위 획득

새로운 사용자가 생길 때마다 웨이즈의 알고리즘은 더 스마트해져 기존 사용자와 신규 사용자 모두에게 더욱 매력적인 가치 제안을 창조한다. 이 거대하고 적극적인 웨이즈의 전 세계 사용자 기반은 경쟁자가 복제하기 어렵다.

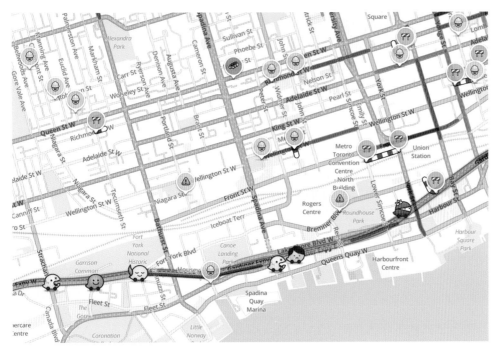

토론토의 실시간 웨이즈 맵 예시, 사용자에 의해 정보가 취합되어 반영된다.

웨이즈 사용자 기반 [31]

단위 100만 명

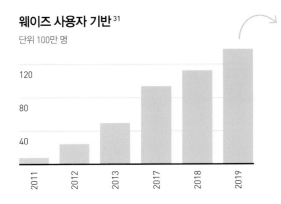

2011	
2012	
2013	
2017	
2018	
2019	

1억
3,000만 명

2019년 월간 활성 사용자. 2011년에는 700만 명 수준. [32]

2016년 웨이즈가 파악한 자원봉사 편집자 규모.

42만 명 [33]

네트워크 효과 Network Effects

더 많은 사람이 제품이나 서비스를 사용할수록 사용자에게 더욱 가치가 있을 때 네트워크 효과가 발생한다. 사용자 기반이 증가함으로써 사용자 간 직접 연결이 빈도가 증가하고 그에 따라 더 많은 가치가 창출되는 것을 '직접 네트워크 효과'라고 한다. 전화, 왓츠앱, 스카이프, 페이스북이 대표적인 예다.

활성 사용자 2명=1개의 연결

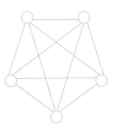

활성 사용자 5명=10개의 연결

활성 사용자 12명=66개의 연결

Adapted from Andreessen Horowitz

디디

DiDi

2012년 디디추싱滴滴出行(이하 디디)은 차량 호출 서비스를 론칭해서 거대한 규모의 운전자와 이용자를 빠르게 확보함으로써 누구도 그 영역에서 디디와 경쟁하기 어렵도록 만들었다.

중국판 '우버'라 할 수 있는 디디는 베이징의 엄청난 교통 체증과 운송 문제를 해결하려는 열망에서 생겨났다. 차량 호출 서비스가 생겨나기 전에 중국에선 승객이 택시를 잡으려고 서로 아우성이었고 바가지요금을 씌우는 불법 택시들이 도심 한가운데서 버젓이 활개치고 있었다. 이미 모바일로 연결되어 있는 거대한 규모의 사람들이 혼잡한 교통 문제 해결을 절실하게 필요로 한다는 것, 이것이 중국이 직면한 고질적 과제였다.

디디는 경적소리를 뜻하며 끝없는 교통 체증을 상징한다. 디디는 택시 호출 서비스로 시작했지만 이후 차량 호출 서비스로 재빠르게 전환했다.

디디의 높은 시장지배력은 공격적인 인수 전략의 결과다. 디디는 2개의 핵심 라이벌 회사(우버 차이나, 쿠아이디 다체Kuaidi Dache)를 인수함으로써 가장 큰 이용자 기반과 운전자 풀을 연결시키는 서비스로 자리 잡았다.

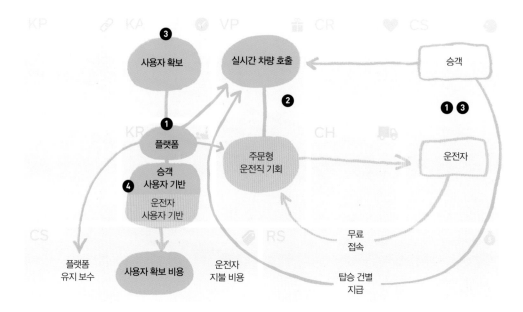

1 플랫폼으로 두 집단을 연결할 방법을 규명

디디는 승객과 운전자를 매칭하면 개인의 이동 경험을 향상시킬 수 있다는 기회를 발견했다. 디디는 택시 호출 서비스로 시작했지만 활용할 수 있는 자동차 규모를 늘리기 위해 차량 호출 서비스로 빠르게 확장했다.

3 공격적으로 라이벌 인수

디디는 승객과 운전자 기반을 성장시키기 위해 매우 공격적인 전략을 추진했다. 두 라이벌 회사(우버 차이나, 쿠아이디 다체)를 인수한 것이 대표적이다. 2019년 1월 현재 디디는 3,100만 명 이상의 운전자와 5억 5,000만 명 이상의 등록 승객을 보유하고 있다.

2 각 집단을 위한 가치 제안의 창조

디디는 거대한 운전자 기반, 일관된 가격 정책, 짧은 대기 시간, 위챗WeChat 및 알리페이Alipay와의 통합으로 인한 편리성으로 승객을 유인했다. 또한 거대한 사용자 기반, 짧은 유휴 시간, 연료나 보험 할인 같은 요소로 운전자를 유인했다.

4 경쟁우위의 확보

서로 의존하는 두 고객 집단(승객과 운전자)의 거대한 규모는 디디에게 경쟁우위를 선사함으로써 중국의 운송 분야에서는 그 누구도 경쟁에 뛰어들기 어렵게 만들었다.

발명 패턴

5억
5,000만 명

등록 승객[35]

👤 = 1,375만 이용자

110억 건

2018년 기준 추산 이용 건수로 2017년
74억 건에서 증가했다.[34]

1일 이용 건수
3,000만 건

분당 1만 7,000건에 달하는 호출 빈도[35]

488억 km

디디 이용자가 2018년
한 해 동안 달린 거리.

네트워크 효과

한쪽 사용자 집단의 이용으로 다른쪽 사용자
집단이 경험하는 상호보완적 제품의 가치가
증가할 때 양방향의 네트워크 효과가 발생한
다. 대표적인 예로 디디, 우버, 오픈 테이블, 에
어비앤비, 이베이, 크레이그스리스트가 있다.

2,300만 명
자가용 자동차

300만 명
카풀 이용자

300만 명
택시

34만 명
전용 운전기사

3,100만 명

등록 운전자[36]

8억 km

2018년 디디 이용자의 카풀 이용 거리로 4,300만
리터의 연료를 절약하고 9만 7,000톤의 CO_2 배출
을 줄이는 효과를 냈다.[36]

다이슨

Dyson

1993년 진공청소기를 시작으로 다이슨은 독창적인 접근법으로 광범위한 제품을 생산하겠다는 도전을 감행했다. 다이슨은 특허로 보호받는 업계 최고의 혁신적인 프리미엄 제품을 생산하기 위해 R&D에 엄청난 투자를 했다.

1980년대 제임스 다이슨James Dyson은 먼지봉투가 없는 혁신적인 사이클론 진공청소기를 개발했다. 그는 진공청소기 업체에 라이선스를 팔려고 했으나 모두 거절당했다. 기술은 좋았지만 먼지봉투와 필터 판매에서 얻는 수익을 포기해야 했기 때문이다. 1993년 다이슨은 스스로 진공청소기를 생산했다. 그 과정에서 몇 번의 특허 위반 소송을 치러야 했다. 결과적으로 다이슨의 비즈니스 포트폴리오는 특허로 보호받는 지식재산을 통해 뛰어난 제품을 생산함으로써 성장을 지속하는 것이 되었다. 회사는 핸드 드라이어, 선풍기, 공기청정기, 헤어드라이어, 로봇 청소기 분야로 확장했고 전기자동차에까지 관심을 기울였다. 각 제품은 모두 기술(특허를 가진 지식재산) 도약의 결과였다.

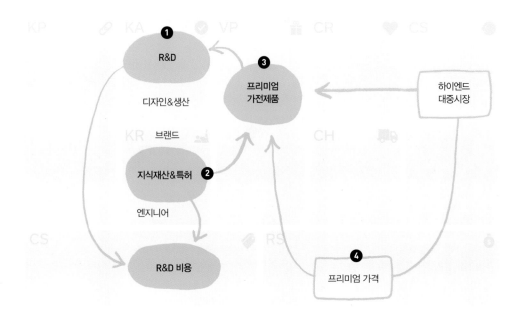

1 R&D에 집중 투자

다이슨의 야심은 업계 최고 혹은 해당 분야에 입성한 최고의 제품을 생산하는 것이었다. 회사는 매출의 약 20%를 R&D에 재투자했다.

2 공격적으로 특허를 취득

다이슨은 대량의 특허로 제품의 혁신을 보호했다. 슈퍼소닉 헤어드라이어를 개발하기 위해 다이슨은 7,100만 달러(약 800억 원)를 들여 100개의 특허를 취득했다. 전하는 바에 따르면 이 회사는 매년 특허 소송에만 650만 달러(약 75억 원)를 지출한다.[37]

3 최고의 제품과 서비스로 차별화

다이슨은 지식재산을 활용하여 경쟁하는 카테고리에서 최고의 제품을 만든다. 일례로 다이슨의 진공청소기는 경쟁 제품에는 사용된 적 없는 기술을 보유하고 있다.

4 프리미엄 가격으로 판매

다이슨은 가전제품을 프리미엄 가격으로 판매한다. 가장 싼 진공청소기가 40달러에 팔리는 시장에서 다이슨은 700달러 가격표가 달린 가장 비싼 진공청소기다.

+ 브랜드

다이슨은 침체된 가전제품 시장을 최첨단 기술과 날렵한 인더스트리얼 디자인이 가득한 시장으로 변모시켜 강력한 브랜드를 구축했다. 다이슨은 "가전제품의 애플"이라고 불릴 만큼 제품을 출시할 때마다 완벽을 추구한다.

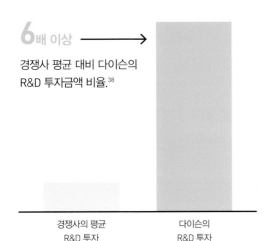

6배 이상 ───→

경쟁사 평균 대비 다이슨의
R&D 투자금액 비율.[38]

경쟁사의 평균   다이슨의
R&D 투자   R&D 투자

1억 대

2017년 현재 다이슨이 생산
한 가전제품 숫자. 하루 평
균 8만 대꼴이다.[39]

브랜드의 성
1765 ~ 2019

웨지우드 Wedgwood

1765년 조시아 웨지우드 Josiah Wedgwood 는 왕실 도자기 경연에서 우승해 '여왕 폐하의 도
자기'라는 칭호를 얻었다. 그는 이러한 명성을 기반으로 강력하고 튼튼한 브랜드를 구
축하고 자신의 작품을 퀸즈웨어 Queensware 라고 마케팅함으로써 현재 가치로 34억 달
러(약 4조 원)에 상당하는 부를 얻었다.

역사적 사례

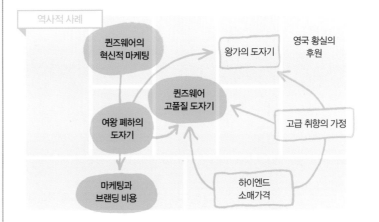

웨지우드는 왕실의 인정을 바탕으로 상류층처럼 차
를 마시고 싶지만 값비싼 도자기를 살 여유는 없는
고급 취향의 소비자를 대상으로 삼았다. 그는 아무
도 없던 분야에서 브랜드를 창조했다. 웨지우드는
실용 목적이 아니라 장식용으로 도자기를 구매하라
고 소비자를 설득했고 브랜드 파워를 이용해 수십
년간 경쟁으로부터 비즈니스를 지켜냈다.

245년

웨지우드의 도자기
꽃병은 1774년 이
후 계속 생산됐다.[40]

활동 차별자

Activity Differentiators

더 나은 활동을 설정하다

수행하는 활동을 변화시키고 여러 활동을 결합해 고객에게 가치를 전달하는 방법을 근본적으로 변화시킨다. 활동을 차별화함으로써 혁신적 가치 제안을 창조한다.

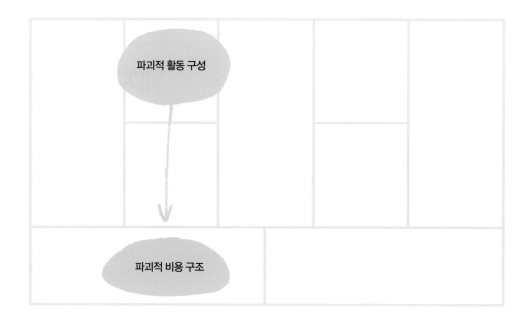

방아쇠 질문
어떻게 새로운 활동이나 혁신적인 활동을 구성해야 고객을 위한 (훨씬 더 큰) 가치를 창조할 수 있을까?

평가 질문
우리는 파괴적일 정도로 혁신적인 방식으로 활동을 수행하고 여러 활동을 구성함으로써 고객에게 의미 있는 가치를 창조하고 있는가?

우리는 비교 대상 조직에 비해 비슷한 수준 혹은 그보다 못한 수준으로 기존의 활동을 수행한다.

우리의 핵심 활동은 앞으로 몇 년 동안 쉽게 복제되거나 모방되지 않는다. 그 핵심 활동은 우리에게 상당한 경쟁우위를 선사한다(예: 비용 효율성, 규모 등).

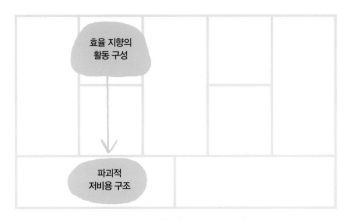

효율 파괴자 Efficiency Disruptors – 철저할 정도로 효율적이기 위해 수행하는 활동과 그 활동을 구성하는 방식을 크게 변화시킨다. 이를 통해 파괴적인 저비용 구조를 구축한다. 비용 절감분을 고객과 나눌 수도 있고 아닐 수도 있다.

방아쇠 질문
어떻게 우리의 활동 구성을 근본적으로 변화시켜야 파괴적인 비용 구조로 경쟁할 수 있을까?

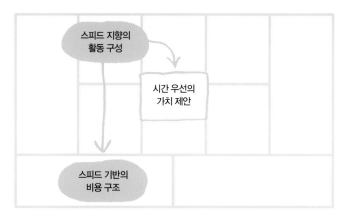

스피드의 달인 Speed Masters – 스피드에 초점을 맞춰 활동을 근본적으로 다시 구성한다. 새로운 스피드 기반의 가치 제안을 창조하고 신제품 출시 속도를 가속한다.

방아쇠 질문
어떻게 우리의 활동 구성을 변화시켜야 스피드 기반의 새로운 가치 제안을 개발할 수 있을까?

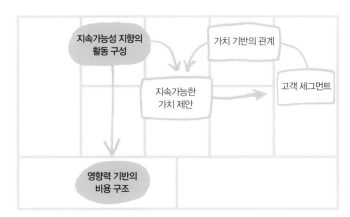

지속가능성의 달인 Sustainability Masters – 비용이 높아지더라도 친환경적이고 사회에 긍정적인 영향력을 발휘하도록 활동을 조정한다. 이익을 높이는 활동을 수행하면서도 지구와 사회를 훼손시키는 활동을 제거한다.

방아쇠 질문
어떻게 우리의 활동을 재구성해야 환경과 사회에 긍정적인 영향을 끼칠 수 있을까?

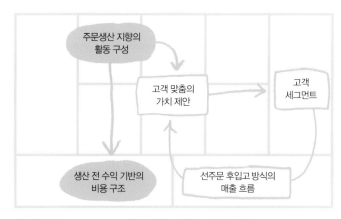

주문생산자 Build-to-Order – 고객이 원하는 사양(스펙)에 정확히 맞추기 위해 제품이나 서비스를 구성한다. 주문이 접수될 때만 움직이도록 활동을 조정한다.

방아쇠 질문
어떻게 우리의 활동을 재구성해야 주문생산, 즉 주문과 대금 지급 후에 생산을 시작할 수 있을까?

효율 파괴자
1913~1927

포드 모델 T

Ford Model T

1913년 헨리 포드Henry Ford는 자동차 생산에 조립 라인을 도입함으로써 생산 비용 절감에 큰 획을 그었고 자동차 산업의 프로세스 측면을 파괴했다.

1900년대 초 자동차는 부자의 장난감으로 여겨졌고 훈련받은 운전기사가 필요할 만큼 전반적으로 복잡한 기계였다. 헨리 포드는 대중을 위해 안전하고 저렴한 자동차를 만들겠다고 결심하고 이를 가능케 하는 생산 효율 향상 방법을 모색했다. 포드는 자동차 산업 밖에서 답을 찾은 끝에 조립라인을 '발명'하게 되었다.

조립라인의 도입으로 자동차 1대를 조립하는 데 걸리던 시간이 12시간에서 약 90분으로 크게 단축되었다. 직원에게는 하나의 조립라인에서 한 가지 일만 훈련시키면 됐기에 미숙련 노동자를 채용할 수 있었고 이는 비용을 더욱 하락시켰다. 모델 T의 생산량은 하루 100대에서 (현재의 자동차 공장과 비슷한) 1,000대 수준으로 뛰어올랐고, 덕분에 판매가를 850달러에서 300만 번째 모델 T가 생산되었다.[42]

조립라인을 도입한 지 10년 만에 1,000만 번째 모델 T가 생산되었다.[42]

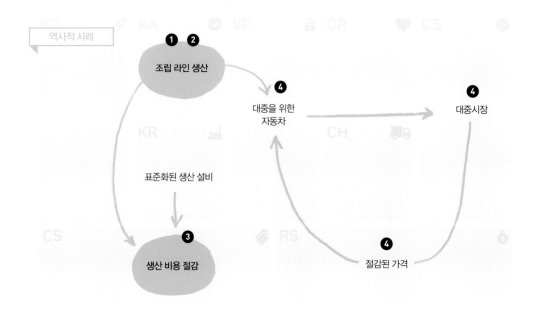

역사적 사례

1 조립 라인 생산 **2**

표준화된 생산 설비

3 생산 비용 절감

4 대중을 위한 자동차 **4** 대중시장

4 절감된 가격

1 효율 지향의 혁신적 활동 구성을 위해 타 산업 관찰

포드는 당시 제분소, 양조장, 통조림 공장, 도축장 등에서 사용하던 '연속 흐름 생산 방법'continuous-flow production method에서 영감을 얻었다. 그는 자동차 산업에 이 방법을 적용해 활동을 재구성할 수 있다고 믿었다.

3 효과 획득

새로운 작업 방식으로 자동차 생산 비용은 크게 떨어졌고 생산성은 크게 향상되었다. 표준화된 생산 설비 덕에 품질이 향상되고 생산 비용도 안정되었다. 직원은 12시간 걸리던 자동차 조립을 약 90분 내에 끝낼 수 있었다.[43]

2 외부의 아이디어를 자동차 산업에 적용

포드는 조립라인을 자동차 생산에 도입했다. 표준화된 자동차 조립 프로세스는 84단계로 세분화되었다.[44] 무빙 워크moving walk 같은 라인을 따라 자동차가 움직였으므로 종업원은 한 자리에 붙박이로 있으면서 하나의 과업에만 집중하면 되었다. 팀을 이루어 자동차를 처음부터 끝까지 조립하던 이전 방식과는 완전히 반대였다.

4 자동차 산업을 파괴

1914년 포드의 1만 3,000명 종업원이 30만 대 가량의 자동차를 생산했다. 이는 300여 개 경쟁사의 6만 6,350명이 생산하던 숫자보다 많다.[45] 생산 비용을 절감함 덕에 포드는 자동차 가격을 850달러에서 300달러 이하로 낮출 수 있었고 이는 자동차 산업의 파괴로 이어졌다.

자라
Zara

1980년대 자라는 공급사슬을 수직적으로 통합함으로써 근본적으로 재구성해 패션 트렌드에 즉각적으로 대응하는 '패스트 패션'fast-fashion 카테고리를 만들어 패션 산업을 파괴했다.

자라는 리드 타임lead time을 단축시키고 트렌드에 거의 즉시 반응하는 능력으로 성공을 이룬 글로벌 패션 유통업체다. 자라는 세계에서 가장 큰 패션 그룹인 인디텍스Inditex가 보유한 브랜드 중 하나다. 기존의 지혜에 반하는 것을 두려워하지 않는 이 회사는 공급사슬을 수직 통합했다. 아시아의 저임금 국가에 생산을 아웃소싱하는 다른 패션 기업과 달리, 생산 시설을 유럽으로 이전시켰다(니어 쇼어링near-shoring, 인근 국가에 아웃소싱—옮긴이).
자라는 디자인 단계에서 시장 유통까지의 기간을 3주 내로 단축시켜 패션 산업을 파괴했다. 자라는 '적절한 가격의 패스트 패션'이라는 새로운 카테고리를 창조했다. 이 비즈니스 모델에 힘입어 초경쟁의 패션 산업에서 영향력 있는 기업으로 성장했다. 2018년 기준으로 자라는 온라인은 물론 96개 국가에 2,238개의 매장을 보유 중이고 189억 유로(약 25조 5,000억 원)의 연매출을 기록했다.[46]

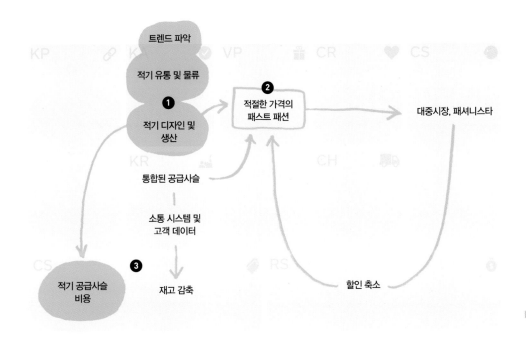

1 스피드를 위해 활동을 근본적으로 재구성

자라는 스피드를 높이기 위해 패션 아이템 수를 절반 이상 줄이고 자체 설비에서 생산하기로 했다. 당시 대부분의 거대 패션 기업은 비용 절감을 이유로 아시아에 생산을 아웃소싱했다. 활동의 차별화 덕에 자라는 패션 트렌드에 번개와 같은 스피드로 반응할 수 있게 되었다.

3 새로운 비용 구조의 수용

유연성, 전면적 관리, 디자인과 생산 프로세스의 스피드 보장을 위해 인건비 상승은 필연적이었다. 자라는 '시즌 중 조정'in-season adjustment에 생산 능력의 85%를 할당한다. 제품의 50% 이상은 시즌 중에 디자인·생산된다.[47]

+ 가격 책정의 힘

각 매장은 수요에 따라 진열대를 보충하고 아이템별 재고량을 제한하며 할인도 거의 하지 않는다.

2 스피드 기반의 가치 제안을 개발

자라의 가치 제안은 급변하는 패션 트렌드를 따라잡는 데 집중되어 있다. 이 가치 제안으로 활동을 재구성함으로써 패션 트렌드를 파악해 3주 이내에 새로운 아이템을 출시할 수 있다. 경쟁자들은 매년 2회의 컬렉션을 선보이고 아이템을 매장에 진열하기까지 9개월 이상 소요된다. 자라는 스타일별로 몇 개의 아이템만 매장에 출하하므로 재고가 없다. 새로운 디자인의 옷이 매장에 오래 걸리지 않기에 '보이면 바로 사도록' 고객을 유도했다.

+ 트렌드, 데이터, 소통

자라는 효과적인 소통 시스템을 통해 판매사원이 고객의 선호와 실시간 판매 데이터를 디자이너에게 전달하도록 교육시킨다. 그에 따라 최신 디자인과 생산 계획이 조정된다. 아이템을 제한된 양만 생산하기 때문에 과도한 재고나 끊임없는 가격 인하를 고민할 필요가 없다.

파타고니아

Patagonia

1973년 이본 쉬나드 Yvon Chouinard 는 환경 보호의 관점으로 모든 활동을 구성한 아웃도어 의류 기업을 설립했다.

이본 쉬나드는 1973년 산악인을 위한 의류 및 장비를 생산하는 파타고니아를 설립했다. 그는 산악 등반이 환경에 최소한의 영향을 끼쳐야 한다고 믿는 열혈 산악인이었다.

파타고니아는 설립부터 창업자 개인의 소신을 반영해 무엇보다 환경 보호에 초점을 맞췄다. 본사 건물에 재생 에너지를 전면 도입한 캘리포니아의 첫 기업이며 재생 종이로 카탈로그를 제작한 선도 기업이다. 1994년부터 100% 유기농 면화만을 사용하기 시작했고 양모 제품에서 염소 성분을 제거했다.

상업적인 성공에 힘입어 파타고니아는 눈에 띄는 '환경 활동가' 기업이 될 수 있었다. 2018년 회사는 "우리는 우리의 고향인 지구를 지키기 위한 비즈니스를 한다."는 미션 선언문을 채택했다. 이에 풀뿌리 단체에게 도구와 자금을 제공하기도 한다.

파타고니아에게 성장은 궁극적 목표가 아니다. 하지만 이들의 차별화와 환경 보호에 대한 의지는 지속가능한 성장에 도움이 되었다.

경영 패턴

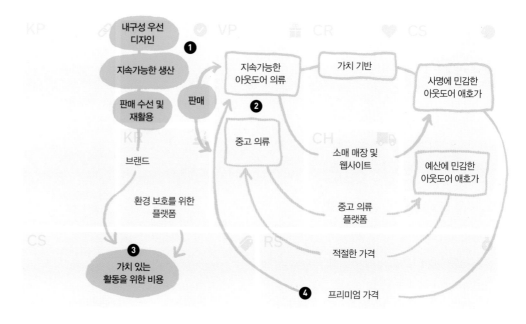

1 환경적 목적을 위해 활동 정렬

파타고니아는 환경적 목적을 달성하기 위해 제품의 내구성을 디자인과 생산의 강력한 전제조건으로 설정해두었다. 목표는 낭비와 폐기를 줄이는 것이다. 더불어 유기농 및 재활용 재료를 최대한 사용하고 손상된 의류를 수선해주며 전체 공급사슬에 걸쳐 강력한 환경 보호 기준을 준수하도록 한다.

2 지속가능한 가치 제안의 개발

파타고니아는 고품질이라는 기능적 가치 제안에 머물지 않고 '지속가능한 가치 제안'을 제시함으로써 아웃도어 의류 구매 고객들이 환경 보호에 기여한다고 느끼게 만든다. 파타고니아의 제품을 구입하는 고객은 최고의 환경 보호 기준을 준수한다고 느낀다. 파타고니아는 환경적 영향을 제한하면서 자신들의 제품을 좀 더 큰 시장에 선보이기 위해 중고 의류 판매 플랫폼을 론칭하기도 했다.

3 가치 있는 활동으로 인한 비용 상승을 수용

높은 지속가능성 기준으로 비용이 상승했다. 비싼 유기농 면을 사용하고 재료를 재활용하기 위한 인프라를 구축하고 대중을 교육하는 일(풋프린트 클로니클 Footprint Chronicle)에 앞장서기 때문이다. 공급업체에게 지속가능한 비즈니스를 교육하는 등 공급사슬 전체가 좀 더 친환경적이 되는 데 비용을 아끼지 않는다.

4 프리미엄 가격 정책의 채택

파타고니아는 프리미엄 가격을 책정할 수 있다. 친환경적 생산을 위해서 비용이 증가할 수밖에 없음을 고객이 이해하기 때문이다. 이 기업의 고객은 가격보다 환경에 더 관심이 많다.

델 컴퓨터
Dell

1984년 델은 주문생산되어 고객에게 직접 판매되는 고품질 저가격의 컴퓨터로 PC 시장을 파괴했다.

1984년 마이클 델Michael Dell은 자신의 기숙사 방에서 회사를 만들었다. 그는 수준 높은 고객이 고품질의 맞춤형 컴퓨터를 적절한 가격에 구입하길 원한다는 점을 인식했다. 당시 시장을 장악하고 있던 IBM에서는 그런 컴퓨터를 구할 수 없었다.

델은 주문생산 방식으로 고객 맞춤 컴퓨터를 공급함으로써 컴퓨터 사용자를 공략했다. 고객은 수신자 부담 전화로 자신에게 맞는 컴퓨터를 주문하고 우편으로 배달될 컴퓨터를 기다리기만 하면 됐다.

델은 주문생산과 직접 판매direct sale로 전통적 PC 판매 모델을 뒤바꿔놓았다. 그는 소매점을 통한 대면 판매를 지양하고 재고 및 재고 감가상각비를 최소화함으로써 고객 맞춤의 고품질 저가격의 PC를 생산할 수 있었고 그 결과 PC 산업을 파괴했다.

기숙사 방에서 PC를 조립하던 델은 5년 만에 3억 달러(약 3,500억 원)의 비즈니스로 성장했다.[48]

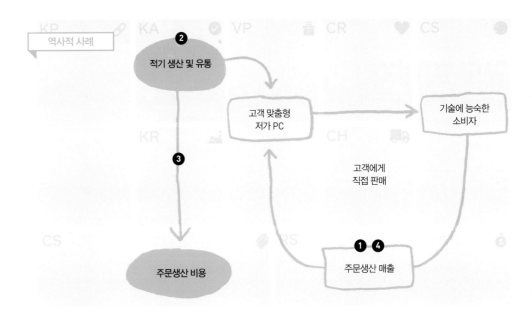

역사적 사례

1 고객 맞춤형 주문과 결제

1984년 델은 전화 주문으로 고객 맞춤형 PC를 발주받았다. 구매자는 원하는 사양을 결정하고 PC에 들어갈 다양한 장치를 직접 골랐다. 1996년 이들은 직접 판매 모델을 웹으로 옮겨 주문생산을 자동화했다.

3 적기 공급사슬의 관리

기존 PC 제조업체들과 달리 델은 큰 비용이 드는 재고관리, 소매 유통, 물류와 거리가 먼 주문생산 방식으로 제품을 생산했다. 이를 위해 델은 새로운 활동, 즉 적기 공급과 적기 생산을 중심으로 역량을 키웠다.

2 제품의 조립

델은 PC 장비 도매업자에게 장치와 부품을 구입해 고객의 주문에 따라 고객 맞춤형 PC를 조립했다(적기 생산). 그 덕에 델은 원가를 1,000달러 이하로 유지할 수 있었다.

4 비용 감소분을 고객에게 선사하고 시장을 파괴

델의 주문생산 모델 덕에 팔리지 않고 남는 PC가 없었고 가치의 감가상각도 일어날 수 없었다. 게다가 직접 판매 모델과 PC 부품의 도매가 구매로 생산과 유통 비용을 더 줄일 수 있었다. 그 덕에 델은 비용 감소분으로 고품질 PC 가격을 파괴적으로 설정할 수 있었다.

규모 확대자
Scalers

더 빠르게 성장한다

다른 기업이 기존의 확대 불가능한 비즈니스 모델로 옴짝달싹 못하는 곳에서 규모를 확대할 수 있는 완전히 새로운 방법을 찾는다.

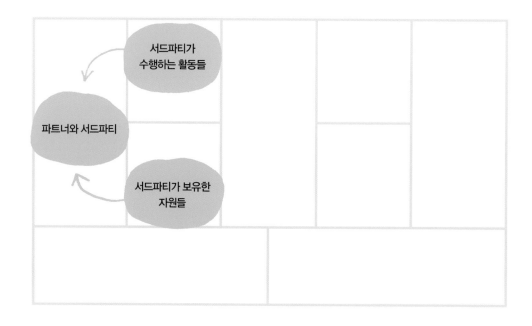

방아쇠 질문
무엇을 차별적으로 실행해야 우리의 비즈니스 모델을 확대 가능하도록 만들 수 있을까(예: 자원과 활동의 병목현상 제거)?

평가 질문
근본적인 자원과 활동을 추가하지 않고도 우리 비즈니스 모델을 빠르고 쉽게 성장시킬 수 있는가(예: 인프라 구축, 인재 발굴)?

우리 비즈니스와 고객을 성장시키는 것은
자원이 엄청나게 만드는 일(더 많은 사람)이고
많은 노력을 요하는 일(확대 불가능한 활동)이다.

추가적인 자원과 활동 없이도 우리의 매출과
고객 기반을 쉽게 성장시키고 규모를 확대할 수 있다.

위임자 Delegators – 예전엔 자체적으로 수행했던 핵심 활동 중 일부를 (돈을 안 주고) 다른 사람에게 맡김으로써 규모 확대 가능성을 높인다.

사례
이케아, 페이스북, 트위터, 인스타그램, 레드햇, 징가

방아쇠 질문
어떤 분야에서 고객이나 서드파티가 우리를 위해 공짜로 가치를 창조하도록 만들 수 있을까?

라이선서 Licensors – 제품 제조 및 상용화 등 여러 가치 창조 활동을 수행하기 위해 라이선스 소유자 licensee를 확보함으로써 규모 확대 가능성을 높인다.

사례
ARM, 디즈니

방아쇠 질문
어떻게 라이선스를 활용해서 우리 비즈니스 모델의 규모 확대 가능성을 높이고 지식재산(예: 브랜드, 특허 등)으로 수익을 창출할 수 있을까?

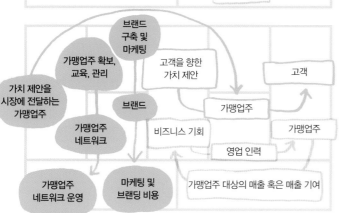

프랜차이저 Franchisors – 비즈니스 콘셉트, 트레이드마크, 제품, 서비스 등의 라이선스를 가맹업주 franchisee에게 제공함으로써 규모 확대 가능성을 만들어낸다.

사례
하퍼, 리츠 칼튼, 맥도날드

방아쇠 질문
어떻게 프랜차이즈를 활용하면 우리 비즈니스 모델의 규모 확대 가능성을 높이고 시장 침투력을 강화할 수 있을까?

이케아

IKEA

1956년 이케아는 '플랫패킹'flatpacking을 도입함으로써 고객을 가구 제조 가치사슬에 참여하는 '공짜 일꾼'으로 간주했다. 고객은 매장에서 납작한 상자에 담긴 가구 부품을 구입한 다음 집에서 DIY 방식으로 조립한다.

이케아는 1943년 "좋은 디자인의 기능적인 홈 퍼니싱 제품을 가능한 한 많은 사람이 접근하도록 아주 저렴한 가격에 판매한다."는 비전을 가지고 설립되었다.

1956년 이케아는 '플랫패킹' 방식으로 가구를 판매하기 시작했다. 즉 조립되지 않은 가구를 판매하고 고객이 집에서 가구를 조립하도록 한 것이다. 운송, 조립, 재고 관리 비용을 줄임으로써 이케아는 열렬한 고객이 있는 곳이라면 어디든지 공격적으로 규모를 확대할 수 있었다.

고객을 가치사슬의 일원으로 끌어당기는 능력 덕에 이케아는 49개국 433개 매장으로 확장하고 9억 5,700만 명 이상의 고객을 대상으로 2019년 413억 유로(약 56조 원)의 매출을 기록했다.[49, 50]

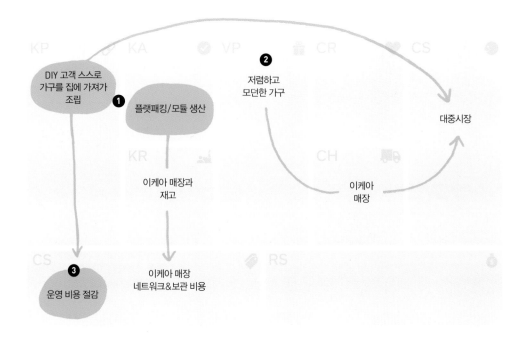

1 타인이 공짜로 가치를 창조해줄 수 있는 방법을 규명

1956년 이케아는 공장에서 유통 매장으로 쉽고 저렴하게 운송할 수 있도록 플랫패킹과 '조립만 하면 되는 가구'ready-to-assemble라는 개념을 도입했다. 회사는 고객을 가치사슬의 일원으로 끌어들일 수 있는 기회를 발견했다.

+ 모듈식 디자인과 제조

플랫패킹과 가격 차별화, 고객 스스로 조립하는 방식을 도입함으로써 이케아는 이제 전 세계적으로 알려진 단순하고 깔끔하며 미니멀 모듈 디자인을 수용하게 되었고 제조 또한 단순화시킬 수 있었다.

2 가치 제안의 개발

플랫패킹 덕에 이케아는 더 많은 가구를 매장에 보관할 수 있게 되었고 경쟁자보다 저렴한 가격에 판매할 수 있다. 고객은 이케아의 개방식 스토어룸에서 자신이 원하는 '조립 전 가구'를 찾아 구매한 다음 집에 가져가 조립한다.

3 고객을 끌어들여 운영 비용 절감

이케아는 고객에게 운송과 조립을 대신 맡김으로써 운영 비용을 상당히 줄일 수 있었다. 창고처럼 생긴 스토어룸에서 고객은 플랫팩을 골라 집으로 가져간 다음 자기 스스로 가구를 조립한다.

+ 플랫패킹으로 인한 전반적인 비용 절감

플랫패킹은 고객에게 운반과 조립을 위임함으로써 비용 절감의 효과만 가져오는 게 아니다. 플랫패킹으로 제조, 보관, 공장에서 매장까지의 대규모 가구 운송 전반에서 비용을 절감할 수 있다.

500달러

미국 내 소파 배송비는 사이즈와 배송 거리에 따라 천차만별이다.

20달러

최저 수준으로 책정한 이케아 소파 트럭 배송비.[51]

레드햇 Red Hat

레드햇은 1993년 소프트웨어 회사로 시작했다. 이 기업의 핵심 가치 제안은 오픈소스 운영체제인 리눅스를 누구나 무료로 사용할 수 있게 하는 것이다. 오픈소스 소프트웨어는 개발자 커뮤니티에서 만들어지며 누구나 공짜로 이용 가능하다는 특징을 지녔다.

레드햇은 운영체제가 점점 복잡해지는 현상을 발견하고 리눅스 기반의 비즈니스 모델을 구축할 방법을 모색했다. 이들은 기업 고객이 리눅스를 도입할 때 상당한 장벽을 느낀다는 점을 알아차렸다.

따라서 이들은 기업 고객이 리눅스를 친숙하게 여기도록 '구독' 방식의 테스트, 인증, 지원 서비스를 제공했다. 레드햇은 리눅스 개발자 커뮤니티가 만들어놓은 성과물을 효과적으로 수익으로 전환하는 방법을 발견했다. 레드햇과 개발자 커뮤니티 모두에게 이익이 되는 방식으로 말이다. IBM은 2019년 340억 달러(약 40조 원)를 들여 레드햇을 완전히 인수했다.[54]

에크토르프 소파의 디자인을 변경함으로써 플랫팩 사이즈를

50%

까지 줄였으며 소매가도 14% 인하했다.[52]

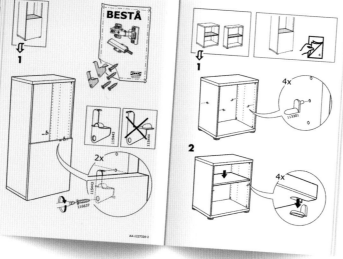

16% 설문조사에 참여한 미국 주택 소유주 비중.

¼ 설문조사 집계 결과 지난 10년간 전체 가구 중 이케아에서 구입한 비중.[53]

ARM

1990년 ARM은 실리콘 칩 디자인과 지식재산에 대한 라이선싱을 목적으로 설립되었다. 오늘날 전 세계 스마트폰과 태블릿 PC은 거의 대부분 ARM의 설계를 담고 있다.

ARM 홀딩스는 실리콘 칩에 사용되는 지식재산을 개발한다. 이 회사는 1990년 영국의 컴퓨터 제조업체 아콘 컴퓨터 Acorn Computers에서 분사해 설립됐다. ARM의 설계가 휴대폰에 처음 적용된 것은 1994년 노키아 6110 모델이었다.
반도체 제조업체들은 완벽한 칩 설계를 위해 ARM과 자신들의 지식재산을 결합했다. ARM의 지식재산을 담은 칩은 낮은 전력 소모량 덕에 현재 대다수 모바일 기기에서 작동 중이다. 2014년 세계 인구의 60%가 ARM 칩이 들어간 기기를 매일 사용했다.[55] 2012년 스마트폰과 태블릿 PC에 들어간 칩의 95%가 ARM의 설계를 바탕으로 만들어졌다.[56]
ARM은 1,000개가 넘는 글로벌 파트너(삼성, 애플, 마이크로소프트 등)에게 지식재산 사용권을 라이선스하며, 이들은 인텔이나 AMD처럼 칩을 제조·판매하지 않는다. 소프트뱅크는 2016년 ARM을 243억 파운드(약 38조 4,000억 원)에 인수했으며,[57] 2020년 다시 엔비디아가 400억 달러(약 46조 원)에 인수했다.

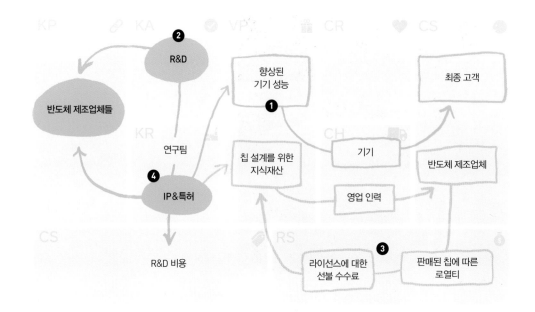

1 어려운 문제를 감지해 해결

ARM은 태블릿 PC, 랩톱 컴퓨터, 스마트폰이 차세대 기술이라는 것을 인식했다. 휴대용 기기를 위한 매력적인 칩과 지식재산을 위해 ARM은 프로세싱 속도 향상, 저전력, 비용 감축에 초점을 맞췄다.

2 R&D에 대한 집중 투자

2018년 ARM은 R&D에 7억 7,300만 달러(2018년 매출의 42%)를 투자했다.[58] ARM은 매출로 이어지기 오래 전(평균 8년)에 R&D 비용을 지출한다고 한다. 2008년 ARM의 R&D 지출액은 8,700만 유로(약 1,200억 원)로 매출의 29%에 달했다. 지출액은 시간이 흐를수록 계속 증가하고 있다.[59]

3 지식재산의 라이선스 판매

ARM은 파트너 기업에게 지식재산 사용권을 주고 고정가의 라이선스 선불 수수료를 받으며 ARM의 지식재산을 사용한 칩의 판매량에 따라 파트너 기업들로부터 로열티를 받는다. 라이선스 수수료는 추산컨대 100만 달러에서 1,000만 달러까지 다양하다. 로열티는 보통 칩 판매가의 1~2% 수준이다.

4 제조하지 않고 규모를 확대

ARM은 라이선싱으로 비즈니스의 규모를 효율적으로 확대할 수 있었다. 칩 설계도는 여러 번 판매할 수 있고 여러 응용기기(예: 모바일 기기, 소비자용 기기, 네트워킹 장비 등)에 걸쳐 반복해 사용될 수 있다. ARM은 제조비용을 들일 필요가 없다.

장기간에 걸친 로열티 창출의 기반 육성

라이선스 수수료와 로열티는 장기간에 걸쳐 매출을 창출한다. 특히 판매량과 연동되는 로열티는 일종의 반복적 매출에 해당한다. 새로운 지식재산에서 나오는 라이선스 수수료와 로열티가 기존 수익 위에 계속 쌓이면서 강력한 장기적 매출의 엔진으로 작용한다.

스마트폰 시장의 성장

ARM 기반의 칩 아키텍처는 저전력 소모 구조라서 특히 모바일 기기에 적합하다. 그 덕에 ARM은 모바일 산업의 기하급수적 성장 파도를 탈 수 있었다.

95%
2012년 스마트폰과 태블릿 PC 중 ARM 설계를 담은 비중.

60%
2014년 세계 인구 중 ARM 칩이 내장된 기기를 사용하는 것으로 추산되는 비중.

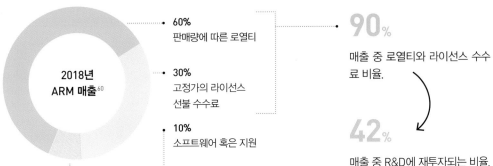

2018년 ARM 매출[60]

- **60%** 판매량에 따른 로열티
- **30%** 고정가의 라이선스 선불 수수료
- **10%** 소프트웨어 혹은 지원

90%
매출 중 로열티와 라이선스 수수료 비율.

42%
매출 중 R&D에 재투자되는 비율.

디즈니 Disney

월트 디즈니Walt Disney는 1928년 미키 마우스를 만들고, 1930년에 이 상징적인 캐릭터를 필기용 테이블 커버에 쓰도록 라이선스했다. 1929년 디즈니는 캐릭터 판매를 스튜디오 프로덕션과 분리할 목적으로 월트 디즈니 엔터프라이즈를 설립했다.

10개 중 6개

2017년 월트 디즈니 컴퍼니가 세계 상위 10위 이내 엔터테인먼트 머천다이징 프랜차이즈 중 소유한 개수.[61]

디즈니는 장난감, 인형, 시계 등에 라이선싱을 시작했다. 1934년 미키 마우스는 최초의 시리얼 상자 라이선스의 캐릭터가 되었다. 월트 디즈니 엔터프라이즈는 이름을 바꿔 디즈니 컨슈머 프로덕트가 되었다. 디즈니 컨슈머 프로덕트는 프린세스 프랜차이즈(1999년 설립) 등을 통해 성장을 이어가고 있다. 현재 라이선싱은 전통적인 아동용 제품, 장난감, 책에 그치지 않는다. 디즈니는 '동심을 지닌 모든 연령대'를 겨냥해 식품, 의류, 가정용품을 판매한다.

하퍼
Harper

1891년 마사 마틸다 하퍼 Martha Matilda Harper 는 여성 기업가들이 하퍼 브랜드 하에서 자기 소유의 미용실을 운영하도록 현대적 의미의 프랜차이즈 시스템을 구축했다.

마사 마틸다 하퍼는 1888년 자신의 첫 미용실을 열었다. 고객 서비스와 세심한 관리에 집중한 덕에 비즈니스는 처음부터 성공을 거뒀다. 하퍼는 여성 기업가들을 돕는 동시에 비즈니스를 확대하기 위해 미용실 네트워크를 구축함으로써 현대적 의미의 프랜차이즈 시스템을 일구어냈다.

여성 참정권 운동가와 사교계 명사가 하퍼의 고객이었고 이들의 입소문 덕에 영향력이 커졌다. 이에 여성들은 전국에 지점을 열어달라고 요구했다.

하퍼는 자신처럼 노동자 계급의 여성들이 소유하고 운영하는 프랜차이즈 네트워크를 구축하기로 결심했다. 1891년 처음으로 2개의 가맹 미용실이 문을 열었다. 1930년대 하퍼는 규모를 확대해 미용 학원 네트워크와 함께 전 세계에 500여 개의 미용실을 열었다.[62]

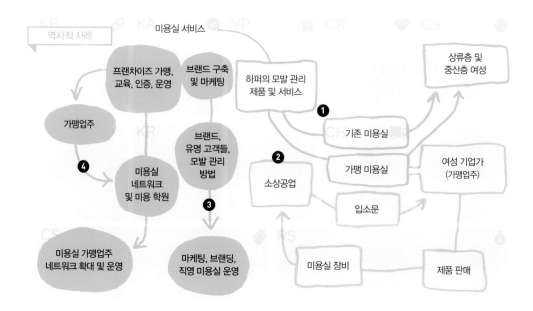

1 성공적인 추천 비즈니스와 가치 제안의 창조

하퍼는 모발 관리 서비스와 제품을 제공하는 미용실 한 곳으로 시작했다. 이 첫 미용실의 성공으로 수요가 확대되자 다른 미용실을 개설할 수 있었다.

2 여성 기업가를 위한 프랜차이즈 기회의 창조

하퍼는 수요를 바탕으로 자신과 같은 노동자 계급의 여성이 운영하는 미용실 네트워크를 성장시켰다. 초기 정착을 위한 자금 융자, 마케팅 지원, 자신이 개발한 미용법 교육 등으로 가맹업주를 도왔다.

3 브랜드에 대한 투자

고위급 정치인, 할리우드 스타, 영국 왕실 등 명망 있는 고객 중심으로 주목을 받은 덕에 하퍼의 브랜드는 유명해졌다. 브랜드의 일관성을 유지하기 위해 하퍼는 미용실을 수시로 점검하고 가맹업주에게 지속적인 재교육을 받을 것을 요구했다.

4 가맹업주 네트워크를 통한 규모 확대

프랜차이즈 비즈니스 모델로 하퍼는 규모를 빠르게 확대할 수 있었다. 매출을 높이기 위해 전 세계 500여 개 미용실에 모발 관리 제품과 미용실 장비를 판매했고 1930년대에 이르러 비즈니스는 최고조에 이른다.

+ 모발 관리의 혁신

하퍼는 모발 관리에 관한 기존 습관과 사회적 규범을 파괴하고 과학적인 접근법을 도입했다. 각도 조절이 되는 미용실 의자를 발명하고 고객 서비스에 집중해 집 밖에서 머리를 손질하는 것에 대한 사람들의 거리낌을 날려버렸다. 이런 노력이 미용실 시장의 성장을 촉발시켰다.[63]

360 달러

저축해둔 돈으로 1888년 첫 미용실을 개점했다.[64]

하퍼는 가난한 하인의 딸이었으며 그녀의 고객 중에 여성 참정권 운동에 앞장선 여성 인사들이 있었다. 처음에는 100개의 미용실을 개점하기로 결심했으며, 자신과 같은 처지의 여성들이 미용실을 운영해야 한다고 생각했다. 그를 위해 초기 정착 자금을 융자해주고 모발 관리 방법과 고객 서비스 방법을 교육시켰다.[65]

하퍼 프랜차이즈의 프로필

고객 활동
- 경제적 독립 달성
- 집이나 공장이 아닌 곳에서 '기술을 요하는 직업' 구직

고객 불만
- 역량과 교육의 부족
- 직업을 얻을 기회의 결여

고객 혜택
- 자율권 보장
- 경제적 독립

하퍼는 모발의 건강함과 제품의 효능을 실례로 보여주기 위해 유명했던 자신의 긴 머리칼을 마케팅 도구로 활용했다.

500 개 전 세계 미용실

하퍼의 성공은 1930년대에 최고조에 달했는데 전 세계에 걸쳐 500개의 미용실을 개점하며 네트워크를 성장시켰다.

프랜차이징 Franchising

프랜차이징은 산업 내에서 영역을 확장하고 지리적으로 규모를 확대할 수 있는 인기 있는 방법이다. 2018년 미국에서만 약 74만 개 가맹점이 760만 명을 고용해 8,000억 달러(약 920조 원)의 경제 효과를 창출했다.[66]
프랜차이즈는 경제 성장과 안정성의 중요한 원천이다. 신규 비즈니스의 50%가 첫 5년 내에 실패하는 것과 달리 프랜차이즈는 5년 후에도 살아남을 가능성이 훨씬 크다.

1900년 이후 미국의 프랜차이즈 수

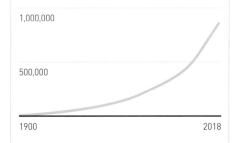

1,000,000

500,000

1900   2018

75만 개
가맹점

760만 개
일자리

8,000억 달러
규모

리더를 위한
평가 질문

발명 패턴

자원의 성

방아쇠 질문
어떻게 하면 복제가 어려운 자원을 우리 비즈니스 모델의 핵심 기초로 삼을 수 있을까?

평가 질문
우리는 복제가 어렵거나 불가능하며 우리에게 상당한 경쟁우위를 가져다주는 핵심 자원을 보유하고 있는가?

우리의 핵심 자원은 경쟁자들에 비해 매우 열등하다.

우리의 핵심 자원은 향후 2년간 쉽게 복제 혹은 모방할 수 없고 우리에게 상당한 경쟁우위를 가져다준다(예: 지식재산, 브랜드 등).

활동 차별자

방아쇠 질문
어떻게 새로운 활동이나 혁신적인 활동을 구성해야 고객을 위한 (훨씬 더 큰) 가치를 창조할 수 있을까?

평가 질문
우리는 파괴적일 정도로 혁신적인 방식으로 활동을 수행하고 여러 활동을 구성함으로써 고객에게 의미 있는 가치를 창조하고 있는가?

우리는 비교 대상 조직들에 비해 비슷한 수준 혹은 그보다 못한 수준으로 기존의 활동을 수행한다.

우리의 핵심 활동은 앞으로 몇 년 동안 쉽게 복제되거나 모방되지 않는다. 그 핵심 활동은 우리에게 상당한 경쟁우위를 선사한다(예: 비용 효율성, 규모 등).

규모 확대자

방아쇠 질문
무엇을 차별적으로 실행해야 우리의 비즈니스 모델을 확대 가능하도록 만들 수 있을까 (예: 자원과 활동의 병목현상 제거)?

평가 질문
근본적인 자원과 활동을 추가하지 않고도 우리 비즈니스 모델을 빠르고 쉽게 성장시킬 수 있는가(예: 인프라 구축, 인재 발굴)?

우리 비즈니스와 고객을 성장시키는 것은 자원이 엄청나게 만드는 일(더 많은 사람)이고 많은 노력을 요하는 일(확대 불가능한 활동)이다.

추가적인 자원과 활동 없이도 우리의 매출과 고객 기반을 쉽게 성장시키고 규모를 확대할 수 있다.

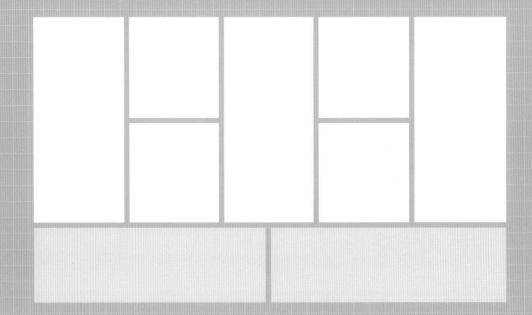

이익 공식 파괴

매출과 비용 면에서
이익 창출 방식의 근본적인 변화.

매출 차별자

Revenue Differentiators

매출을
신장한다

가치를 포착하고 이전에는 시원찮던 시장을 개척하며 매출을 크게 신장시킬 혁신적인 방법을 찾는다.

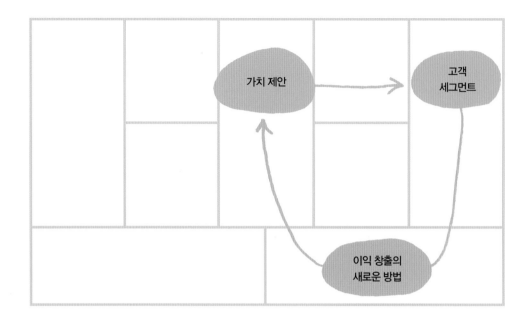

방아쇠 질문
어떻게 새로운 매출 흐름이나 가격 설정 메커니즘을 도입해서 고객에게서 더 많은 가치를 포착하거나 이전에는 시원찮던 시장을 개척할 수 있을까?

평가 질문
우리는 고객을 위한 가치로 수익을 창출할 수 있는 강력한 매출 흐름과 가격 설정 메커니즘을 갖고 있는가?

우리는 주로 지속적인 영업비용이 소요되는 예측 불가능한 일회성 매출을 창출한다.

우리는 한 번의 판매로 수년간의 매출을 보장받는 예측 가능한 반복적 매출을 창출한다.

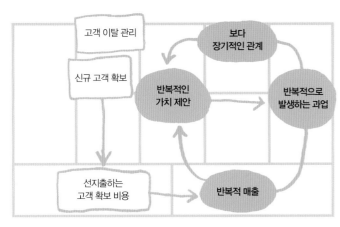

반복적 매출 Recurring Revenue – 한 번의 판매로 반복적인 매출을 창출한다. 매출 성장(기존 매출 위에 쌓이는 신규 매출), 영업비용 절감(한 번 판매로 반복적 수익), 수익성 등에서 강점을 갖는다.

방아쇠 질문
어떻게 하면 한 번의 판매 대신 장기적으로 반복적 매출을 창출할 수 있을까?

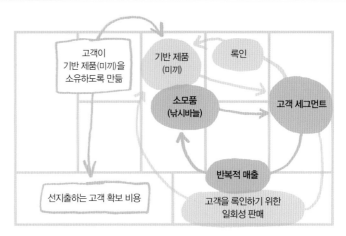

미끼와 낚시바늘 Bait&Hook – 기반 제품(미끼)의 혜택을 계속해서 취하고자 고객이 반복적으로 소모품(낚시바늘)을 구입하게 만들어 고객을 록인한다.

방아쇠 질문
어떻게 하면 기반 제품이나 서비스와 소모품을 가지고 반복적 매출을 창출할 수 있을까?

209

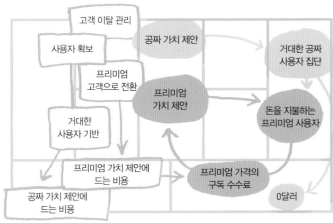

공짜 제공자 Freemium Providers – 기반 제품과 서비스는 공짜로 제공하고 프리미엄 서비스와 고급 제품 기능은 수수료를 받고 제공한다. 최고의 공짜free-mium 모델이 되려면 거대한 고객 기반을 확보하고 고객의 상당수를 유료 고객으로 전환해야 한다.

방아쇠 질문
어떻게 하면 공짜로 제공하는 가치 제안과 돈을 받고 제공하는 프리미엄 가치 제안을 분리할 수 있을까?

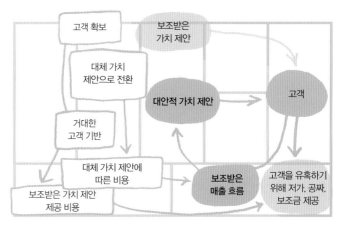

수익 보조자 Subsidizers – 강력한 대체 매출 수단에서 나오는 돈으로 수익을 보조받음으로써 고객에게 가치 제안을 공짜로 혹은 저렴하게 제공한다. 수익 보조자는 기반 제품과 서비스에만 공짜로 접근할 수 있는 공짜 제공자와는 다르다.

방아쇠 질문
어떻게 하면 충분한 대체 매출을 창출해서 우리의 핵심 가치 제안을 공짜로 제공할 수 있을까?

반복적 매출
1959~1976

제록스

Xerox

1959년 제록스는 최초의 일반 종이용 복사기 '제록스 914'를 출시했다. 이로써 복사기만 팔지 않고 장기적이고 반복적인 매출을 창출했다.

1959년 제록스는 제록스 914를 발명하고 상용화함으로써 정보 접근성의 일대 혁신을 이루어냈다. 제록스 914의 성공은 10년 넘는 R&D 기간과 개발 예산을 충당하고도 남았다.

하루 평균 2,000장을 복사할 수 있는 성능은 당시 일반적인 비즈니스용 복사기에 비해 100배나 뛰어난 것이었다.[67] 914가 고가였기에 제록스는 리스 판매를 채택했다. 고객은 15일 동안 써보고 마음에 안 들면 리스를 취소할 수 있었는데, 이 판매 방식은 제품에 대한 자신감을 보여주는 것이었다. 제록스는 '장당 과금제'pay-per-copy를 적용해 최초 2,000장까지는 무료라는 조건으로 장차 '복사 중독자'가 될 사람들을 새로운 수익원으로 만들었다. 이러한 혁신적인 비즈니스 모델로 벌어들인 수입은 복사기 매출을 훨씬 초과했다. 1962년 상용 복사기 비즈니스의 규모는 4억 달러(약 4,500억 원)로 10년 전보다 10배나 커졌다. 그때부터 제록스라는 이름은 복사기와 동의어가 되었다.[68]

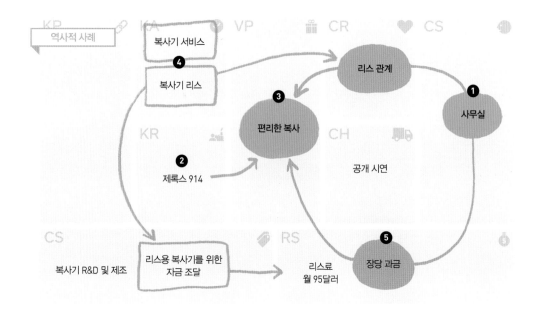

1 반복적으로 행해지는 과업의 규명

체스터 칼슨Chester Carlson은 특허 사무소 직원으로 서류 복사라는 지루한 작업 때문에 골머리를 앓았다. 당시 일반적인 비즈니스용 복사기로는 하루 15~20장밖에 복사하지 못했다.

2 지속적으로 현금을 창출하는 자산의 창조

이 문제를 해결하기 위해 칼슨은 제로그라피xerography라는 새로운 기술을 발명하고 특허를 냈다. 그는 나중에 제록스라고 명명될 최초의 일반 종이용 복사기를 개발했다. 제록스 914는 하루 2,000장을 복사해냈다.

3 가치 제안의 디자인

제록스는 직장인이 한 번 복사기의 성능에 익숙해지면 그 편리함에 매료될 것이고 예전보다 더 많이 복사하리라 믿었다. 제록스는 2,000장까지는 무료로 복사할 수 있고 이후로는 장당 과금하는 요금제를 제시했다.

4 고객 확보

제록스는 복사기가 대중에게 다가가기에는 너무 비싸고 생소한 기계라고 판단했다. 이에 리스 모델을 채택해 사무실에서 부담 없이 복사기를 들여놓을 수 있게 했다. 고객은 29,500달러에 구매하지 않아도 매월 95달러를 내면 복사기를 사용할 수 있었다.[69]

5 반복적 매출의 확보

각 복사기에는 월별 사용량을 기록하는 장치가 달려 있었다. 2,000장까지 무료로 이용한 다음 고객은 장당 4센트를 지불했다. 이 과금제 덕에 제록스는 반복적 매출을 통해 가치 제안으로부터 지속적으로 현금을 창출할 수 있었다.

+ 판매를 신장하기 위한 공개 시연

모델 914는 크고 운반이 어려웠지만 기술력이 믿음직해 보여야 했다. 제록스는 전통적인 판매 방식을 사용하는 대신 (뉴욕 그랜드센트럴역 등지에서) 공개 시연을 벌이기로 했다. 시연 행사로 복사기의 성능을 소개할 수 있었고 판매에 박차를 가할 수 있었다.

10만 장

모델 914의 월평균 복사량. 당초 914는 월평균 1만 장의 복사량을 산정하고 설계되었다.[70]

1,250만 달러

914의 개발비(현재 가치 1,200억 원 상당). 1950년부터 1959년까지의 총매출보다 큰 금액이었다.[71]

300kg

914의 무게. 옆으로 기울여야만 대다수 사무실 문을 겨우 통과할 수 있었다.[71]

제록스의 매출[72]

단위 100만 달러

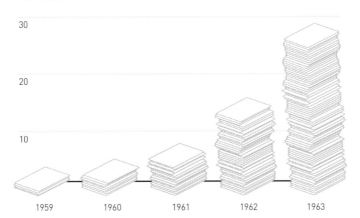

구독을 통한 반복적 매출의 등장

반복적 매출을 창출하기 위한 전통적 방법은 '구독'이다. 신문 구독처럼 역사적으로 인기 있던 이 비즈니스 모델은 수많은 영역으로 확산되었다.

제품 구독률

15%

온라인 쇼핑객 중 반복적으로 제품을 받기 위해 하나 이상의 구독 서비스에 등록한 비율.[73]

특별히 인터넷의 발전으로 구독 모델은 붐을 이루었다. 2018년 인터브랜드Interbrand(세계적 규모의 브랜드 컨설팅 회사 – 옮긴이)는 상위 100개 브랜드의 총가치 중 29%는 구독 기반 비즈니스에서 나온다고 밝혔다. 이는 2009년의 18%보다 크게 상승한 것이다.[74]

고객은 소모품을 보충하는 서비스나 (음식, 의류 등의) 큐레이션 서비스 혹은 소유하지 않고도 이용할 수 있는 서비스(예: 서비스로서의 소프트웨어Software-as-a-Service, SaaS, 의류, 엔터테인먼트 등)를 구독할 수 있다. 구독 모델은 소비자 시장뿐만 아니라 B2B 시장까지도 장악했다.

코닥

Kodak

1900년 코닥은 저렴한 카메라라는 미끼를 소비자에게 던짐으로써 높은 이익률의 필름과 사진 현상 서비스로 상당한 후속 매출을 창출했다.

조지 이스트먼George Eastman은 '연필처럼 편리한 카메라'를 만들겠다는 목표를 가지고 1888년에 코닥을 설립했다. 그는 1900년 저렴한 카메라 모델 '브라우니'Brownie를 시장에 선보여 큰 성공을 거뒀다. 브라우니를 통해 코닥은 카메라가 대중이 다가갈 수 있는 저렴하고 사용하기 편한 기기라 인식되게 만들었다. 코닥은 아마추어 사진 시장을 만들어 20세기 내내 지배적인 위치를 점했다.
하지만 (코닥이 정작 디지털 카메라 발명에 기여했음에도 불구하고) 1999년 시장에 나온 디지털 카메라는 코닥의 지배력에 종언을 전하는 방아쇠가 되었다.

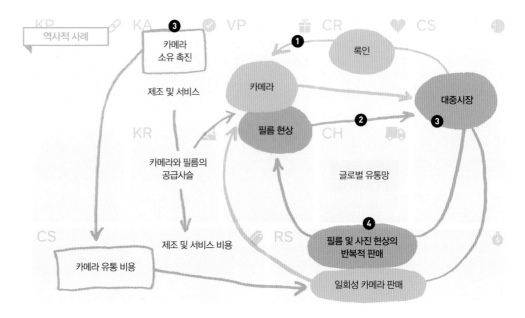

역사적 사례

1 기반 제품으로 미끼를 던져 고객을 록인

1900년 코닥은 최초의 대중적인 카메라인 브라우니를 출시했다. 코닥은 고작 1달러(2019년 가치로 환산하면 약 3만 원)에 브라우니를 판매함으로써 아마추어 사진 촬영의 대중화 시대를 열었다.[75]

3 고객 확보

1900년 무렵 사진은 대중에게 매우 생소했다. 코닥은 고객 확보에 박차를 가하기 위해 브라우니 판매가를 낮게 책정했고 여성과 아동을 포함한 아마추어 사진가들을 대상으로 광범위한 마케팅 캠페인을 벌였다. 첫해 코닥은 25만 대의 카메라를 판매했다.[76]

2 소모품과 서비스로 고객을 낚음

브라우니는 필름이 들어 있는 채로 팔렸다. 필름을 다 사용한 아마추어 사진가는 현상을 위해 코닥으로 필름을 보냈다. '낚시바늘'에 걸려든 아마추어 사진가들이 자신의 취미를 즐기려면 계속 코닥을 이용할 수밖에 없었다.

4 소모품을 통한 반복적 매출의 창출

당시 필름 가격은 15센트 정도였다. 그런데 사용자가 코닥에 필름 현상을 의뢰하면 사진 한 장 현상에 10센트, 우편요금으로 40센트가 추가로 들었다. 필름과 현상 서비스의 반복적 구매는 코닥에 상당한 수준의 반복적 매출을 안겨줬다.

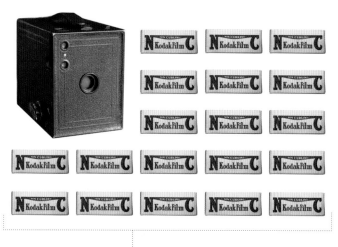

필름과 현상을 위한 백스테이지 구축

코닥은 필름 제조의 복잡한 과정을 지원하기 위해 백스테이지를 구축했다. 코닥은 현상 약품 등 원재료를 포함해 공급사슬의 대부분을 소유함으로써 상당히 높은 진입장벽을 구축했다.

유통과 브랜드

수십 년에 걸쳐 코닥은 딜러들로 구성된 글로벌 유통망을 구축했고 강력한 브랜드와 상당한 마케팅 투자로 딜러들을 지원했다.

혁신 기업의 몰락

디지털 카메라와 스마트폰에 의해 비즈니스 모델이 파괴된 코닥은 2012년 파산 신청을 했다. 디지털 카메라와 스마트폰은 코닥의 주요 수익 엔진(아날로그 필름)을 쓸모없게 만들었다. 아이러니하게도 코닥의 엔지니어였던 스티븐 새슨Steven Sasson은 1975년 최초의 디지털 카메라를 발명했다.

코닥은 새슨의 카메라를 받아들이지 못했고 필름 기반의 비즈니스 모델을 디지털 세계에 적응시키지도 못했다. 2001년 코닥은 오포토Ofoto라는 사진 공유 사이트를 인수했다. (페이스북처럼) 광고 기반의 비즈니스 모델을 도입하는 대신 코닥은 디지털 이미지를 프린트하도록 사람들을 유인하는 데 오포토를 위치시켰다. 하지만 이미 사진 프린팅 시장 역시 경쟁이 치열하고 쇠퇴기에 접어든 후였다.

5번째

1996년 당시 세계 브랜드 가치 순위.[79]

1980년대 코닥이 필름으로 얻은 이익률.[77]

1976년 미국 내 필름 판매액 중 코닥이 차지한 비중.[78]

연도별 사진 촬영 빈도

■ 사진 전체 ■ 아날로그 사진

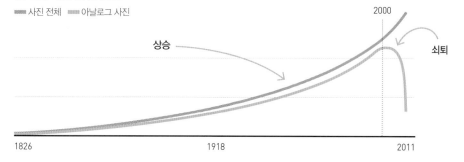

상승

쇠퇴

2000

1826   1918   2011

미국 소비자의 사진 현상 빈도

■ 디지털 프린트 ■ 필름 현상

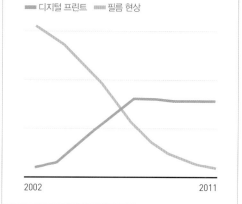

2002   2011

213

이익 공식 파괴

스포티파이

Spotify

2006년 스포티파이는 무료 온라인 음악 서비스를 개설함으로써 누구나 쉽게 구할 수 있는 해적판 음악과 경쟁을 벌였다. 스포티파이의 주수익은 프리미엄 구독 사용자로부터 나온다.

스포티파이는 사용자에게 거대한 음악 카탈로그를 제공하는 음악 스트리밍 플랫폼이다. 스포티파이는 제한적인 무료 서비스로 광고를 봐야 이용할 수 있으나 구독료를 내면 프리미엄premium 서비스를 이용할 수 있는 '프리미엄Freemium 매출 모델'을 택했다. 이에 유료 사용자가 프리미엄 서비스를 계속 즐기도록 자체 음악 알고리즘과 사용자 및 아티스트 커뮤니티에 크게 의존한다. 프리미엄 구독자 규모는 2011년 10%에서 2018년 46%로 성장했다.[80] 스포티파이는 해적판 음악과 애플 아이튠즈에서 구입하는 유료 음악 사이의 합법적 대안으로 포지셔닝했다. 그 결과 음악 다운로드에서 스트리밍으로 전환을 가속화하는 과정에서 애플의 아이튠즈를 크게 위협했다. 스포티파이는 매출의 상당 부분을 로열티 형태로 음반 회사에 지불한다. 2019년까지 100억 달러(약 11조 5,000억 원) 가까운 로열티가 지급되었으며[81] 같은 해 처음으로 흑자를 냈다.[82]

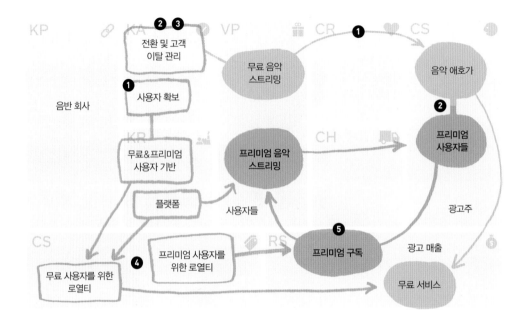

1 무료 서비스로 거대한 사용자 집단을 유인

스포티파이의 무료 음악 스트리밍 서비스 덕에 사용자는 수백만 곡의 음악에 접근할 수 있다. 무료 서비스는 기본적인 기능만 갖고 있으며 이용하려면 광고를 들어야만 한다.

2 무료 사용자를 유료 사용자로 전환

스포티파이는 무료 사용자를 유료 사용자로 성공적으로 전환시켰다. 프리미엄 서비스는 추가적인 기능이 있으며 광고를 들을 필요가 없다. 2018년 스포티파이 사용자의 46%가 프리미엄 사용자였으며, 이들이 매출의 90%를 창출했다.

3 고객 유지와 고객 이탈을 관리

여느 구독 모델처럼 사용자 생애가치는 사용자를 오래 유지할수록 증가한다. 이를 고객 이탈 관리라 부른다. 2019년 상반기 스포티파이 프리미엄 구독자의 이탈률은 4.6%라는 기록적인 수치로 감소했다.[83]

4 무료 서비스 비용과 프리미엄 서비스 비용 간의 균형

스포티파이는 음반사에 스트리밍 매출의 약 52%를 지불하는데 음악의 85% 이상이 4개 음반사(소니, 유니버설, 워너, 멀린) 소유다. 2018년 스포티파이는 프리미엄 사용자를 위한 로열티로 35억 유로(약 4조 7,000억 원), 무료 사용자를 위한 로열티로 5억 유로(약 7,000억 원)를 지불했으며, 이는 전체 비용의 74%에 달한다.[84]

5 모든 사용자 비용을 프리미엄 사용자의 구독료로 충당

공짜 모델의 특성상 무료 사용자와 유료 사용자 모두의 비용을 충당할 수 있어야 한다. 로열티 지급이 필요한 스포티파이의 사용자 집단은 2019년 2억 4,800만 명 이상으로 성장했다. 이들 중 54%가 무료로 음악을 즐긴다.[85]

1위

음악 스트리밍 앱 중 다운로드 순위

2018년 미국 앱 스토어 기준.[86]

미국의 온디맨드 오디오 스트리밍 빈도[87]

단위 10억 회

2017   2019

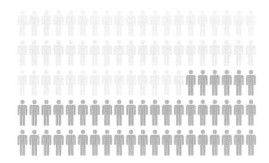

46%

유료 서비스 전환 비율

슬랙 30%, 에버노트 4%, 드롭박스와 구글 드라이브의 0.5%와 비교하면 놀라운 수치.[88]

수익 보조자
2017 ~ 2019

포트나이트 Fortnite

2017년 에픽 게임즈 Epic Games 는 '포트나이트: 배틀 로얄'을 완전히 무료로 출시했다. 포트나이트는 여러 플랫폼에서 구동되는 온라인 비디오 게임으로 디지털 기기 인앱 결제 in-app purchase 를 통해 수익을 얻는다.

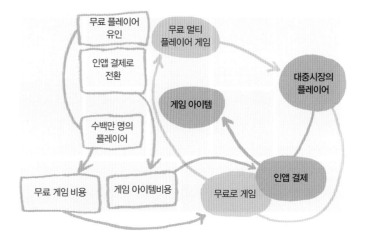

'포트나이트: 배틀 로얄'은 출시 이후 문화적 현상이 되었다. 이 게임은 수백 명이 섬에서 목숨을 걸고 싸우는 멀티 플레이어 비디오 게임이다.

에픽 게임즈는 인앱 결제를 통해 수익을 창출한다. 즉 플레이어들에게 독특한 복장이나 댄스 동작 같은 (전략적 강점은 제공하지 않는) 아이템을 유료로 구입하도록 유도한다. 원래 포트나이트는 인앱 결제 방식을 끼워 넣은 무료 버전으로 전환되기 전에 2017년 7월 40달러 유료 버전으로 출시된 바 있다.[89]

페스티벌

페스티벌은 종종 수익 보조 패턴을 사용한다. 몇몇 축제는 음식과 음료 등을 유료로 판매하고 입장은 무료로 한다. 이 방식을 적용하면 스위스의 몽트뢰 재즈 페스티벌 Montreux Jazz Festival 처럼 유료 축제가 할인 혹은 무료 페스티벌로 전환할 수 있다.

비용 차별자
Cost Differentiators

비용을
없앤다

활동과 자원의 효율화가 아니라 파괴적이고 새로운 방식으로 일을 수행하는 획기적인 비용 구조로 비즈니스 모델을 구축한다.

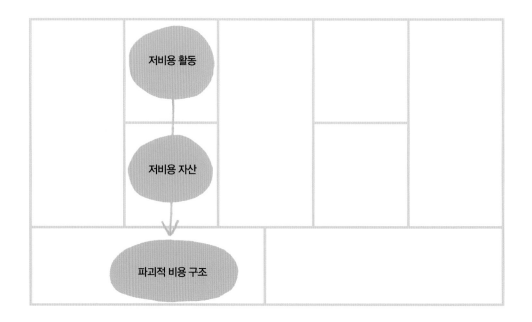

방아쇠 질문
어떻게 하면 차별적 자원과 활동으로 가치를 창조하고 전달함으로써 우리의 비용 구조를 근본적으로 바꿀 수 있을까?

평가 질문
우리의 비용 구조는 관행적인가 혹은 파괴적인가?

우리는 비교 대상 조직보다 나쁘거나(예: 2배) 비슷한 수준으로 작동하는 관행적인 비용 구조를 갖고 있다.

우리는 비교 대상 조직보다 좋고(예: 2배) 차별적으로 작동하는 획기적인 파괴적 비용 구조를 가지고 있다.

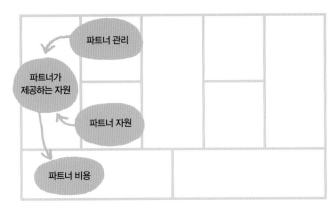

자원 공유자 Resource Dodgers – 가장 비용이 많이 드는 자본집약적 자원을 비즈니스 모델에서 제거함으로써 획기적인 비용 구조를 창조한다.

사례
에어비앤비, 우버, 바르티 에어텔

방아쇠 질문
어떻게 하면 가장 비용이 많이 드는 자본집약적 자원을 배제한 저자원 비즈니스 모델을 창조할 수 있을까?

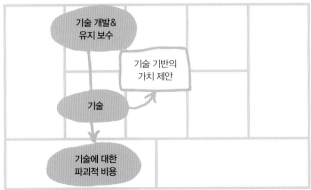

최신기술전문가 Technologists – 근본적으로 새로운 방식으로 기술을 사용하여 획기적인 비용 구조를 창조한다.

사례
왓츠앱, 스카이프

방아쇠 질문
어떻게 하면 활동과 자원을 대체하는 기술을 사용해 획기적인 비용 구조를 창조할 수 있을까?

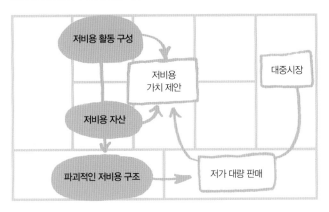

저비용 Low Cost – 활동, 자원, 파트너를 근본적으로 새로운 방식으로 결합하여 파괴적일 정도의 저가를 가능케 하는 획기적 비용 구조를 창조한다.

사례
이지젯, 라이언에어, 트레이더조스

방아쇠 질문
어떻게 활동, 자원, 파트너를 근본적으로 재결합시켜 비용과 가격을 획기적으로 낮출 수 있을까?

에어비앤비

Airbnb

2008년 에어비앤비는 호텔 체인처럼 보이지만 자산을 소유하지 않은 플랫폼을 론칭했다. 여행 자를 '유휴 자산'의 소유자와 연결시킨다.

2008년에 에어비앤비는 믿을 수 있고 독특한 장소를 찾는 여행자와 임대할 여유 공간을 가진 호스트를 연결하는 온라인 마켓플레이스로 설립되었다. 에어비앤비는 뚜렷이 구분되는 2개의 고객 세그먼트를 이어주는 중개인과 같은 형태로 운영된다.
이 회사는 경쟁 상대라 할 만한 호텔 체인에 비해 매우 가벼운 비용 구조를 갖고 있다. 웹 사이트에 올라온 어떤 집이나 방도 소유하지 않을 뿐 아니라 대규모 접객 직원을 채용하지도 않는다. 이들의 주된 지출은 플랫폼 관리와 마케팅 비용뿐이다. 에어비앤비가 그토록 빠르게 규모를 확대한 비결은 저자원 비용 구조 비즈니스 모델에 있다. 이 회사는 유휴 자산(빈 방)을 가진 소유자와 파트너 관계를 맺고 중개 플랫폼을 통해 그들의 자산에서 현금이 창출되도록 돕는 혁신적 방법을 찾아냈다. 이는 여행자가 사이트에 등록된 집이나 방을 기존 호텔 체인처럼 에어비앤비의 브랜드로 인식한다는 점에서 일반 중개 사이트와 다르다.

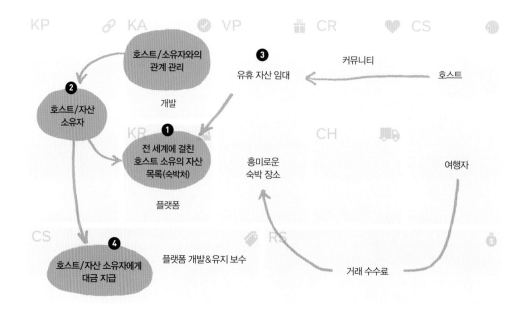

1 비즈니스 모델·산업에서 가장 비용이 많이 드는 자원을 규명

호텔 산업에서 가장 비용이 많이 드는 요소는 자산(부동산), 유지관리, 인력, 서비스다. 또한 공실이 생기면 곧 매몰비용을 발생시킨다. 호텔 산업은 매우 자본집약적이다.

2 필요한 자원을 제공할 자산 소유자 파악

에어비앤비는 상당수 자산 소유자가 유휴 자산(사용하지 않는 침실, 아파트, 해변 별장 등)을 갖고 있지만 개인으로 지속적인 단기 임대를 하기 어렵다는 사실을 발견했다.

3 파트너로부터 자원을 확보하기 위한 혁신적인 가치 제안 개발

에어비앤비는 자산 소유자에게 추가 수입(2017년 기준 월평균 924달러)을 창출할 기회를 제공한다.[90] 에어비앤비는 플랫폼을 통해 호스트에게 수많은 여행자를 연결함으로써 자산 소유자의 가장 큰 불만 중 하나를 해소시켜준다.

4 새로운 비용 구조로 경쟁

에어비앤비는 자산을 소유하지 않으며 객실 관리와 서비스 인력을 보유하지도 않기 때문에 호텔보다 매우 가벼운 비용 구조를 토대로 경쟁한다. 에어비앤비의 운영비는 대부분 플랫폼 관리, 마케팅 및 홍보, 호스트와 여행자 지원 활동에 쓰인다.

+ 양방향 플랫폼

에어비앤비가 호스트에게 매력적이려면 상당수의 여행자 풀pool을 가져야 한다. 이렇듯 '플랫폼의 다른 방향'을 개발하는 것이 호스트를 위한 가치 제안의 핵심 성공 요소다.

+ 러브마크 브랜드

에어비앤비는 특별한 여행 경험을 위해 매우 강력한 브랜드를 구축했고 사회적 규범과 통념을 크게 바꾸어놓았다. 지금은 익숙해졌지만 2008년만 해도 낯선 사람 집에서 스스럼없이 숙박한다는 것은 생소한 일이었다.

+ 커뮤니티의 중요성과 공유경제

에어비앤비는 세계적 커뮤니티를 구축하기 위해 호텔에서 경험했던 것보다는 훨씬 개인적인 수준으로 호스트와 여행자를 연결시켰다. 이런 유형의 연결성은 '협력적 소비'collaborative consumption 라고 불리는 공유경제를 낳았다.

전 세계

700만 개 숙소

에어비앤비는 2019년 초 전 세계 700만 개의 숙소를 사이트에 올려두었는데 이는 상위 5개 호텔 체인 객실을 모두 합친 것보다 많다.[91]

200만 명 이상

2019년 기준 일평균 에어비앤비 숙소에서 숙박하는 여행자 숫자.[91]

0

에어비앤비가 소유한 자산 수.

에어비앤비를 이용하는 여행자 비율[92]

미국과 유럽 내 레저 및 비즈니스 목적의 여행자 비율

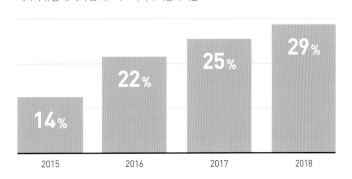

2015	2016	2017	2018
14%	22%	25%	29%

20%

2018년 미국 소비자가 지불한 전체 숙박비 중 에어비앤비 비중.[93]

왓츠앱
WhatsApp

2009년 왓츠앱은 기기와 장소에 상관없이 인터넷에 연결된 스마트폰만 있다면 무제한 이용 가능한 무료 메시징 서비스와 플랫폼을 출시해 SMS(문자 메시지)와 데스크탑 PC용 무료 메시징 프로그램을 파괴했다.

왓츠앱은 본래 '상태 업데이트' 앱이었다. 왓츠앱이 출시되자 매우 경쟁이 치열했던 메시징 시장이 파괴되었다. 문자 메시지는 이동통신사의 유료 SMS가 장악중이었고, 데스크탑 PC용 무료 메시징 프로그램은 야후 메신저, MSN 메신저, 스카이프가 지배하고 있었다.

왓츠앱은 소프트웨어와 인터넷을 활용해 이동통신사가 SMS를 제공하는데 들인 인프라 비용을 외부화externalize했다. 그 덕에 왓츠앱은 스마트폰 사용자의 세계적인 증가로 이득을 얻었고 획기적인 저비용 구조로 인한 비용 절감액을 사용자에게 무료 서비스의 형태로 돌려줄 수 있었다. 2013년 2월 왓츠앱은 단 50명의 인력으로 2억 명의 활성 사용자에게 서비스했다. 그해 12월에 사용자 수는 4억 명이 되었다.[94, 95] 2014년 페이스북은 왓츠앱을 190억 달러(약 22조 원) 이상에 인수했다. [96]

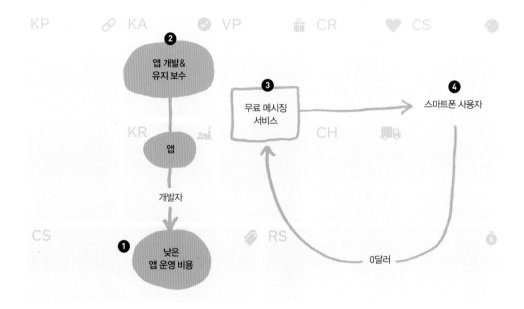

1 기술로 파괴할 수 있는 산업의 비용 및 매출 구조 규명

추정컨대 이동통신사는 문자 메시지 서비스 운영에 실제 소요되는 비용의 60배를 요금으로 부과했다. 왓츠앱은 공짜 서비스로 이 매출 흐름을 파괴했다.[97]

2 기술의 구축

2009년 초 잔 코움Jan Koum은 새로운 인터넷 기반 아이폰 메시징 앱 개발을 시작했다. 이동통신사의 네트워크 인프라를 사용하는 문자 메시지와 달리 왓츠앱은 사용자의 스마트폰 연결에 편승해 메시지를 무료로 전송했다.

3 엄청나게 차별적인 비용 구조로 시장을 파괴

왓츠앱은 사용자가 메시지를 보내도 비용이 발생하지 않는다. 주된 비용은 소프트웨어 개발에 들어갈 뿐 인프라에는 필요하지 않는다. 왓츠앱은 고작 몇 명의 개발자만으로 이동통신사가 문자 메시지로 짭짤하게 벌어들였던 수십억 달러의 매출을 무너뜨렸다.

4 이익의 향유

왓츠앱은 비용을 크게 늘리지 않고도 순식간에 성장했다. 2013년 왓츠앱은 겨우 35명의 엔지니어만으로 4억 명의 활성 사용자를 관리한다고 밝혔다.

+ 스마트폰의 성장

왓츠앱은 처음부터 모바일에 집중했고 스마트폰 시장의 급격한 성장으로부터 수혜를 받았다. 경쟁자인 데스크탑 PC용 메신저들(야후 메신저, MSN 메신저, 스카이프)과 달리 왓츠앱의 집중 분야는 언제나 모바일이었다.

월간 활성 사용자 수

단위 100만 명

150억 명

2019년 기준 전 세계 사용자 수.[98]

650억 개

2018년 기준 하루 평균 메시지 전송 수.[98]

미국 내 모바일 메시징 빈도[99]

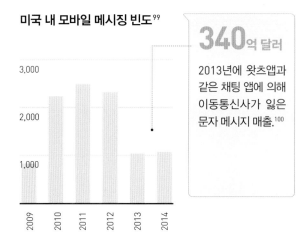

340억 달러

2013년에 왓츠앱과 같은 채팅 앱에 의해 이동통신사가 잃은 문자 메시지 매출.[100]

190억 달러

출시된 지 5년 후인 2014년 2월에 페이스북이 왓츠앱 인수 대가로 지불한 금액.

저비용

1995 ~ 2002

이지젯 easyJet

1995년에 이지젯은 부수적인 서비스를 제거한 저가 항공 운행으로 유럽 항공 시장을 파괴했다.

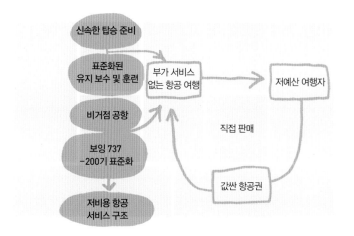

1995년 출범한 이지젯은 유럽 시장에 저가 항공 모델을 확산시켰다. 이지젯의 비즈니스 모델은 2002년 사업을 다각화하기 전까지 다음 같은 저비용 방안을 담고 있었다.

- 저가 여행을 원하는 이용객을 위해 무료 식사 등 부가 서비스 배제.
- **비거점 공항:** 공항 이용 수수료가 저렴한 비거점 공항 secondary airport 에 취항.
- **항공기 표준화:** 유지 보수와 훈련비를 줄이기 위해 단순한 객실 구성을 가진 단일 모델 항공기 사용.
- **신속한 탑승 준비:** 비행기가 공항에 머무는 시간(매출을 창출하지 않는 시간) 최소화.
- **직접 판매:** 여행사 수수료를 지불하지 않기 위해 고객에게 직접 항공권 판매.

이익률의 달인
Margin Masters

이익률을
신장하다

비용 구조를 억제함과 동시에 고객이 기꺼이 지불하고자 하는 것에 집중함으로써 경쟁자보다 상당히 높은 이익률을 달성한다. 시장점유율보다 수익성에 우선순위를 둔다.

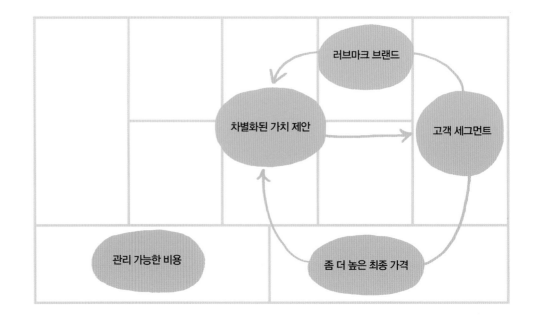

방아쇠 질문
어떻게 하면 고객에게 가장 중요한 가치, 즉 고객이 높은 가격을 기꺼이 지불할 가치에 집중함과 동시에 우리 비즈니스 모델에서 가장 비용이 많이 드는 측면을 제거할 혁신적인 방법을 찾을 수 있을까?

평가 질문
우리는 저비용과 고가격을 통해 강력한 이익률을 올리고 있는가?

비용 구조와 약한 가격 결정력으로 인해 우리의 이익률은 아주 낮다(예: 비교 대상 조직보다 최소 50% 이상).

우리는 최적화된 비용 관리와 강력한 가격 결정 능력을 통해 높은 이익률을 올리고 있다 (예: 비교 대상 조직보다 적어도 50% 이상).

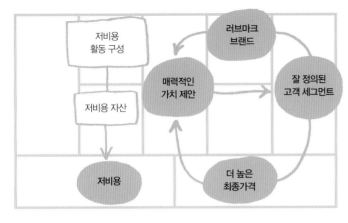

역발상가Contrarians – 비용을 크게 줄이고 동시에 가치를 향상시킨다. 가치 제안을 제한하더라도 비즈니스 모델에서 가장 비용이 많이 드는 자원, 활동, 파트너를 제거한다. 잘 정의된 고객 세그먼트가 사랑하고 기꺼이 지불하고자 하는 가치 제안, 하지만 제공 비용이 비교적 저렴한 가치 제안에 집중함으로써 그런 제한을 이겨낸다.

사례
시티즌M, 태양의 서커스, 닌텐도 위

방아쇠 질문
비즈니스 모델과 가치 제안에서 비용이 많이 드는 요소는 무엇이고 어떻게 하면 그것을 매우 가치가 높으면서도 저렴한 요소로 대체할 수 있을까?

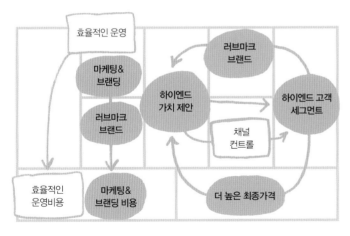

하이엔더High Enders – 폭넓은 하이엔드 고객을 위해 하이엔드 시장을 지향하는 제품과 서비스를 만든다. 이런 제품과 서비스로 이익률을 극대화함으로써 사치품 틈새시장의 작은 규모와 극단적인 비용 구조를 극복한다.

사례
애플 아이폰

방아쇠 질문
어떻게 하면 비용 구조를 크게 확대하지 않으면서 고객 가치와 가격을 크게 올리기 위해 우리의 비즈니스 모델을 수정할 수 있을까?

시티즌M

citizenM

2005년 시티즌M은 가격은 저렴하지만 '모바일 시티즌'에게 가치가 높은 호텔 콘셉트를 제시했다.

2005년 시티즌M 창업자는 전 세계 여행객의 취향과 습관이 변했는데도 현대의 호텔 산업은 수십 년간 변화하지 않았다는 사실을 깨달았다.

시티즌M은 '모바일 시티즌', 즉 자주 여행하면서 모바일 기술에 의존하는 이들에게 집중했다. 이들은 전 세계 여행객이 몇 가지 편리성과 호화로운 서비스에는 기꺼이 돈을 지불하지만 그 외의 전통적 편의는 그다지 필요로 하지 않는다는 것을 발견했다.

이러한 통찰을 기초로 이들은 모바일 시티즌을 위해 싸구려라는 느낌을 주지 않으면서도 가격을 최소화하고 가치를 최대화한 호텔을 암스테르담 스히폴 공항에 열었다. 시티즌M은 적은 비용으로 더 많은 것을 만들고 객실당 이익률을 높게 유지할 방법을 찾아냈다.

2019년 현재 사기업인 시티즌M은 3개 대륙 13개 도시에서 20곳의 호텔을 운영 중이고 추가로 10곳의 호텔을 더 열 계획이다.

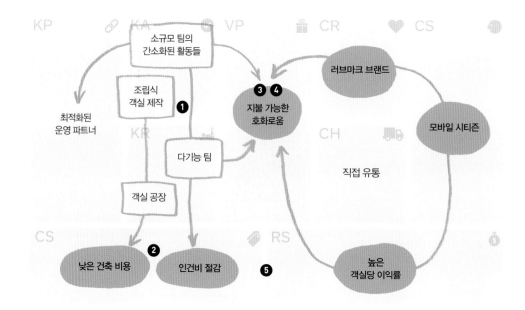

1 호화롭지만 비용이 많이 들고 고객에게 필수적이지 않은 요소 제거

시티즌M은 2008년 암스테르담에 첫선을 보였다. 시티즌M은 자신의 타깃인 모바일 시티즌에게 필수적이지 않은 요소, 즉 하이엔드 호텔이 제공하는 고비용 요소(고급 식당, 스파, 세련된 헬스장, 미니바, 룸서비스 등)를 제거했다.

2 싸구려라는 느낌을 주지 않으면서 비용을 절감

시티즌M은 매우 표준화된 14㎡ 객실을 '객실 공장'에서 제작해 마치 화물 컨테이너처럼 쌓아 호텔을 세움으로써 건설 비용과 유지 보수 비용을 과감하게 줄였다.[101] 또한 소규모 '다기능 팀'crossfunctional team을 운영해 인건비를 절감했다.

3 저비용으로 고객이 관심을 갖는 가치를 향상

커다란 매트리스와 베개, 방음이 잘 되는 객실 등 모바일 시티즌에게 정말 중요한 것에 집중한다. 소규모 팀의 유일한 과업은 고객을 행복하게 하는 것이다. 디자이너 가구로 인테리어를 했고 24시간 식음료를 제공하는 로비는 생기가 넘친다.

4 저비용으로 가치를 신장시키는 새로운 요소를 창조

시티즌M은 자체 객실 공장을 건립해 암스테르담에서 뉴욕이나 타이페이까지 저비용으로 확장을 가속했다.[102] 또한 운영 파트너를 두고 청소 및 침구 서비스를 간소화했다. 객실에서는 무료 와이파이와 유료 영화가 제공된다.

5 더 적은 비용으로 더 많은 가치를 창조함으로써 이익 향유

시티즌M의 ㎡당 수익성은 비교 대상 고급 호텔의 2배에 달한다.[103] 호텔 비즈니스에서 가장 비용이 많이 드는 요소를 제거하면서도 자신의 고객인 모바일 시티즌이 싸구려라는 인상을 갖지 않도록 하기 때문이다.

모바일 시티즌에 최적화

시티즌M은 문화, 쇼핑, 유흥, 업무 등을 목적으로 도시에 1~3일간 머무는 모바일 시티즌을 타깃으로 호텔 이용 경험을 최적화했다. 모바일 시티즌은 객실에 짐을 풀어놓고 도시를 돌아다니기 위한 용도로 이 호텔을 이용하며 다른 호텔에서 제공되는 서비스의 상당수를 필요로 하지 않는다.

재량권 있는 직원, 강력한 고객 관계, 러브마크 브랜드

시티즌M은 고객 지향적인 직원을 채용해 고객에게 최상의 경험을 전달할 재량권을 주었다. 시티즌M은 업계에서 이직률이 가장 낮은 곳 중 하나다. 또한 러브마크 브랜드를 각인시키기 위해 강력한 고객 관계를 구축하도록 직원을 독려한다.

A. 제작

99%

객실 제작 공정 중 공장에서 마무리되는 비율.[104]

2배 수익성

비교 대상의 고급 호텔과 비교한 시티즌M의 ㎡당 수익성.

B. 조립

C. 이용

7,000개 객실　**30개** 호텔　**3개** 대륙[105]

아이폰

iPhone

2007년 애플은 인터넷 브라우저, 음악 플레이어, 휴대폰을 결합한 키보드 없는 하이엔드 멀티 터치 기기인 아이폰을 출시했다. 아이폰은 스마트폰 시대를 열었다.

2007년 맥월드 행사에서 애플 창업자 스티브 잡스는 '모든 것을 바꿔놓을' 혁신적 기기라면서 아이폰을 소개했다. 아이폰의 초기 판매가는 499달러였지만 첫 주말에만 27만 대가 팔렸고 출시 첫해 600만 대가 팔려나갔다.[106, 107]
애플의 아이폰은 일상의 경험을 지배하고 뒤바꾸는 모바일 기술의 길을 이끌며 스마트폰 시대를 열었고 모바일 우선 시대이자 안정적 연결의 세계를 가능케 했다. 아이폰은 경쟁사 기기보다 일관되게 높은 가격대를 형성하고 있다. 하지만 애플은 제품이 일상품처럼 보이지 않도록 하기 위해 끊임없이 새로운 기능과 기술을 아이폰에 집약시킨다.
높은 가격에도 불구하고 애플은 공급사슬 내 생산 비용을 매우 강하게 통제한다. 비용 통제, 하이엔드 포지셔닝, 지속적인 기술 혁신이라는 3박자가 조화를 이룸으로써 지난 10년 동안 아이폰의 매출총이익률은 60~70% 수준에 달했다.[108]

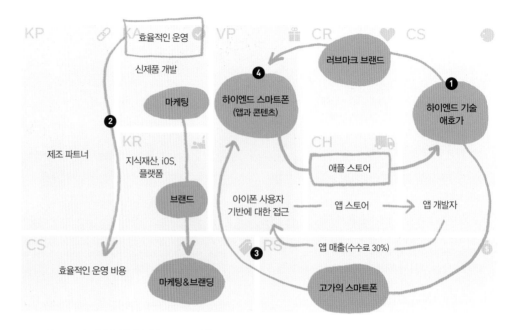

1 고가(하이엔드) 시장에 즐거움과 놀라움을 선사

애플은 대다수가 높은 제품 가격을 수용하지 못할 것을 알면서도 아이폰을 하이엔드 영역에 위치시켰다. 아이폰은 디자인에 대한 열망, 기술, 단순성을 하나로 결합시켰고 고객에게 열렬히 사랑받는 브랜드를 활용했다.

2 비용의 통제

애플은 아이폰을 제조하지 않지만 공급사슬 통제로 생산 비용을 낮게 유지한다. 애플은 높은 가격에 적합하도록 기기의 프라이버시와 보안을 강화하는 한편 공급자로 하여금 비용을 낮게 유지하도록 통제한다.

3 하이엔드 시장점유율로 이익과 이익률을 극대화

아이폰의 매출총이익률은 10년 동안 줄곧 60~70%를 유지했다. 최고조에 이르렀을 때 애플은 스마트폰 전체 시장의 매출액 중 겨우 14.5%를 차지하면서도 매출총이익 중 94%를 점하기도 했다.[109]

4 시장의 하이엔드를 꾸준히 재발명하며 놀라움을 선사

2007년 이래 애플은 12세대의 아이폰을 출시했다. 아이폰의 기술 혁신 중 다수를 개발한 첫째 기업이 아님에도 이들은 멀티터치 화면, 듀얼 카메라, 애플페이, 시리, 아이메시지, 페이스타임, 안면 인식 등 최고의 것을 시장에 내놓곤 했다.

+ 앱 스토어

아이폰 출시 1년 후인 2008년에야 500개 어플리케이션이 갖춰진 앱 스토어가 개설됐다. 2019년 현재 앱 스토어에는 180만 개 앱이 올라가 있다. 풍부한 어플리케이션과 막대한 개발자 수는 '자원의 성'(p.182)에서 설명한 것처럼 애플에게 추가적인 경쟁우위를 가져다주었다.[110]

22억 대

2018년까지 판매된 아이폰 수량.[111]

60~70%

과거 10년간 아이폰의 매출총이익률.

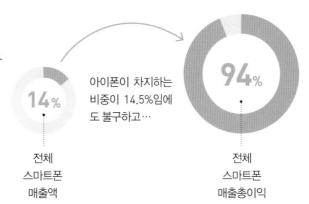

14%

아이폰이 차지하는 비중이 14.5%임에도 불구하고…

전체 스마트폰 매출액

94%

전체 스마트폰 매출총이익

…2015년 최고조에 이르렀을 때 애플이 스마트폰 산업 전체 매출총이익 중 차지한 비중.

아이폰의 비용[108]

— 재료비   ▓▓ 소매 비용

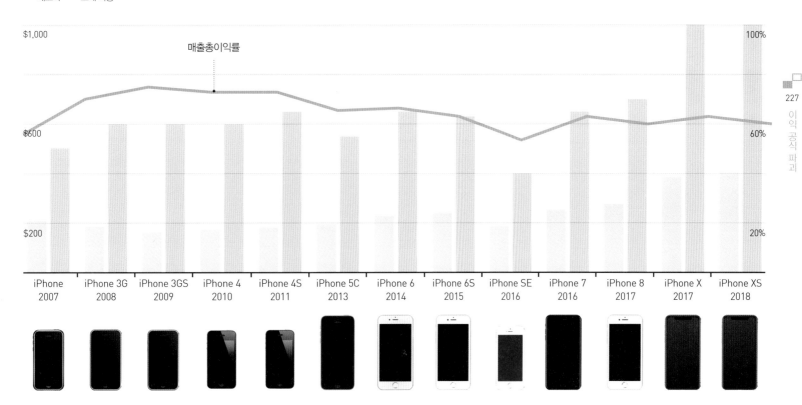

매출총이익률

iPhone 2007	iPhone 3G 2008	iPhone 3GS 2009	iPhone 4 2010	iPhone 4S 2011	iPhone 5C 2013	iPhone 6 2014	iPhone 6S 2015	iPhone SE 2016	iPhone 7 2016	iPhone 8 2017	iPhone X 2017	iPhone XS 2018	

227

이익 공식 파괴

리더를 위한
평가 질문

매출 차별자

방아쇠 질문
어떻게 새로운 매출 흐름이나 가격 설정 메커니즘을 도입해서 고객에게서 더 많은 가치를 포착하거나 이전에는 시원찮던 시장을 개척할 수 있을까?

평가 질문
우리는 고객을 위한 가치로 수익을 창출할 수 있는 강력한 매출 흐름과 가격 설정 메커니즘을 갖고 있는가?

우리는 주로 지속적인 영업 비용이 소요되는 예측 불가능한 일회성 매출을 창출한다.

우리는 한 번의 판매로 수년간의 매출을 보장받는 예측 가능한 반복적 매출을 창출한다.

비용 차별자

방아쇠 질문
어떻게 하면 차별적 자원과 활동으로 가치를 창조하고 전달함으로써 우리의 비용 구조를 근본적으로 바꿀 수 있을까?

평가 질문
우리의 비용 구조는 관행적인가 혹은 파괴적인가?

우리는 비교 대상 조직보다 나쁘거나(예: 2배) 비슷한 수준으로 작동하는 관행적인 비용 구조를 갖고 있다.

우리는 비교 대상 조직보다 좋고(예: 2배) 차별적으로 작동하는 획기적인 파괴적 비용 구조를 가지고 있다.

이익률의 달인

방아쇠 질문
어떻게 하면 고객에게 가장 중요한 가치, 즉 고객이 높은 가격을 기꺼이 지불할 가치에 집중함과 동시에 우리 비즈니스 모델에서 가장 비용이 많이 드는 측면을 제거할 혁신적인 방법을 찾을 수 있을까?

평가 질문
우리는 저비용과 고가격을 통해 강력한 이익률을 올리고 있는가?

비용 구조와 약한 가격 결정력으로 인해 우리의 이익률은 아주 낮다(예: 비교 대상 조직보다 최소 50% 이상).

우리는 최적화된 비용 관리와 강력한 가격 결정 능력을 통해 높은 이익률을 올리고 있다 (예: 비교 대상 조직보다 적어도 50% 이상).

리더를 위한 평가 질문

'리더를 위한 평가 질문'으로 기존 및 신규 비즈니스 모델을 평가하라. 강점과 약점을 시각화하고 결과값으로 기회를 규명하라. 어떤 비즈니스 모델도 만점을 받지는 못한다. 그저 어디에서 점수가 잘 나오는지 또 어디에서 점수가 잘 나오지 않는지 파악하라. 그리고 방아쇠 질문을 써서 개선을 위한 아이디어를 지속적으로 촉발시켜라.

리더를 위한 평가 질문

프런트스테이지

시장 탐험가 어떻게 새롭거나 아무도 손대지 않았거나 거대한 잠재력이 있지만 별로 신경 쓰지 않던 시장에 다가갈 수 있을까?
(−3) (−2) (−1) (0) (+1) (+2) (+3)

채널의 제왕 어떻게 시장 접근을 향상시켜 우리의 최종 고객에게 다가갈 수 있는 강력하고 직접적인 채널을 구축할 수 있을까?
(−3) (−2) (−1) (0) (+1) (+2) (+3)

중력 창조자 어떻게 하면 고객이 떠나기 어려워지게 만들고 긍정적인 방법으로 전환비용을 증가시킬 수 있을까?
(−3) (−2) (−1) (0) (+1) (+2) (+3)

백스테이지

자원의 성 어떻게 하면 복제가 어려운 자원을 우리 비즈니스 모델의 핵심 기초로 삼을 수 있을까?
(−3) (−2) (−1) (0) (+1) (+2) (+3)

활동 차별자 어떻게 새로운 활동이나 혁신적인 활동을 구성해야 고객을 위한 (훨씬 더 큰) 가치를 창조할 수 있을까?
(−3) (−2) (−1) (0) (+1) (+2) (+3)

규모 확대자 무엇을 차별적으로 실행해야 우리의 비즈니스 모델을 확대 가능하도록 만들 수 있을까(예: 자원과 활동의 병목현상 제거)?
(−3) (−2) (−1) (0) (+1) (+2) (+3)

이익 공식

매출 차별자 어떻게 새로운 매출 흐름이나 가격 설정 메커니즘을 도입해서 고객에게서 더 많은 가치를 포착하거나 이전에는 시원찮던 시장을 개척할 수 있을까?
(−3) (−2) (−1) (0) (+1) (+2) (+3)

비용 차별자 어떻게 하면 차별적 자원과 활동으로 가치를 창조하고 전달함으로써 우리의 비용 구조를 근본적으로 바꿀 수 있을까?
(−3) (−2) (−1) (0) (+1) (+2) (+3)

이익률의 달인 어떻게 하면 고객에게 가장 중요한 가치, 즉 고객이 높은 가격을 기꺼이 지불할 가치에 집중함과 동시에 우리 비즈니스 모델에서 가장 비용이 많이 드는 측면을 제거할 혁신적인 방법을 찾을 수 있을까?
(−3) (−2) (−1) (0) (+1) (+2) (+3)

시티즌M

시티즌M은 호텔 이용 경험을 간소화해서 모바일 시티즌(단기 출장자나 파티, 문화, 쇼핑을 즐기려고 도시를 방문한 여행객)에 집중했다. 이들은 비용을 크게 절감하는 동시에 고객 만족도를 높이는 데 괄목할 만한 능력을 발휘했다.

평가

시티즌M의 비즈니스 모델은 비용 차별성 측면에서 매우 우수하고 매출 차별성 측면에서는 우수해서, 전반적으로 이익률이 높은 비즈니스 모델이라 평가할 수 있다. 약점이라면 고객의 전환비용이 낮다는 것과 거대 자본과 건설 요건이 필요하여 규모 확대 속도가 느리다는 점이다. 낮은 전환비용과 과중한 자본 요건 때문에 시티즌M은 비즈니스 모델을 유지하기 위해 고객 만족도를 면밀하게 모니터링해야 한다.

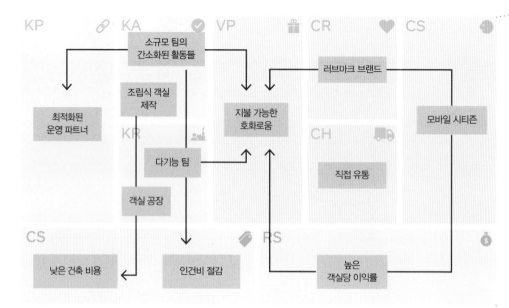

시티즌M의 비즈니스 모델

4가지 실행 프레임워크

《블루오션 전략》Blue Ocean Strategy에서 인용

제거 (−)
- 미니바와 룸서비스
- 테이블이 완비된 고급 레스토랑
- 기존의 '별' 등급 중시
- 헬스장, 수영장, 스파

증가 (↗)
- 객실 이용률과 객실당 매출
- 효과적인 공간 활용
- 작은 고객 세그먼트에 집중
- 이익률
- 고객 만족도와 서비스 평가 점수
- 표준화 수준
- 무료 와이파이와 주문형 비디오 시스템

감소 (↘)
- 건설 비용
- 유지 보수 비용
- 인건비 및 운영 비용

창조 (+)
- 재량권을 가진 다기능 팀
- 새로운 세그먼트: 모바일 시티즌
- 객실 공장과 조립식 객실 건축

리더를 위한 평가 질문

프런트스테이지

시장 탐험가 어떻게 새롭거나 아무도 손대지 않았거나 거대한 잠재력이 있지만 별로 신경 쓰지 않던 시장에 다가갈 수 있을까?
(−3) (−2) (❌) (0) (+1) (+2) (+3)

채널의 제왕 어떻게 시장 접근을 향상시켜 우리의 최종 고객에게 다가갈 수 있는 강력하고 직접적인 채널을 구축할 수 있을까?
(−3) (−2) (−1) (0) (+1) (❌) (+3)

중력 창조자 어떻게 하면 고객이 떠나기 어려워지고 긍정적인 방법으로 전환비용을 증가시킬 수 있을까?
(−3) (❌) (−1) (0) (+1) (+2) (+3)

백스테이지

자원의 성 어떻게 하면 복제가 어려운 자원을 우리 비즈니스 모델의 핵심 기초로 삼을 수 있을까?
(−3) (−2) (−1) (0) (❌) (+2) (+3)

활동 차별자 어떻게 새로운 활동이나 혁신적인 활동을 구성해야 고객을 위한 (훨씬 더 큰) 가치를 창조할 수 있을까?
(−3) (−2) (−1) (0) (+1) (❌) (+3)

규모 확대자 무엇을 차별적으로 실행해야 우리의 비즈니스 모델을 확대 가능하도록 만들 수 있을까(예: 자원과 활동의 병목현상 제거)?
(−3) (−2) (❌) (0) (+1) (+2) (+3)

이익 공식

매출 차별자 어떻게 새로운 매출 흐름이나 가격 설정 메커니즘을 도입해서 고객에게서 더 많은 가치를 포착하거나 이전에는 시원찮던 시장을 개척할 수 있을까?
(−3) (−2) (−1) (0) (+1) (❌) (+3)

비용 차별자 어떻게 하면 차별적 자원과 활동으로 가치를 창조하고 전달함으로써 우리의 비용 구조를 근본적으로 바꿀 수 있을까?
(−3) (−2) (−1) (0) (+1) (+2) (❌)

이익률의 달인 어떻게 하면 고객에게 가장 중요한 가치, 즉 고객이 높은 가격을 기꺼이 지불할 가치에 집중함과 동시에 우리 비즈니스 모델에서 가장 비용이 많이 드는 측면을 제거할 혁신적인 방법을 찾을 수 있을까?
(−3) (−2) (−1) (0) (+1) (+2) (❌)

시티즌M은 고객을 록인하는 데 부족한 모습을 보인다. 고객이 다른 호텔로 이탈하는 것을 막기 힘들다. 호텔 부지에 대한 투자와 건설비용 때문에 비즈니스 모델을 확대하기가 비교적 어렵다.

시티즌M의 높은 객실 이용률과 효과적인 공간 활용은 경쟁자보다 큰 객실당 매출액, ㎡당 매출액을 가져다준다.[112]

혁신적 활동 구성과 극도의 표준화 수준 덕에 시티즌M은 건설 비용과 유지보수 비용을 매우 낮게 유지할 수 있다.[113] 재량권을 충분히 가진 소규모 다기능 팀을 운영해 높은 고객 서비스 평가를 받으면서도 인건비를 놀랍도록 낮게 유지한다.[114]

낮은 비용과 높은 객실당 매출로 인해 호텔 산업에서는 들어본 적 없는 이익률 수준을 달성하고 있다.

원커넥트

OneConnect

2015년 거대 금융 서비스 기업 핑안은 자신들이 내부적으로 사용하는 기술을 다른 금융기관들에게 판매하기 위해 원커넥트를 선보였다.

원커넥트는 중국 최대의 은행·보험회사의 자회사다. 원커넥트는 중소 규모의 금융기관에 최첨단의 금융 기술 솔루션을 판매하기 위한 '사내 스타트업'으로 시작되었다. 2019년 6월 30일 현재 원커넥트는 중국에서 600개 넘는 은행과 80개 넘는 보험 회사를 고객으로 보유하고 있다.[115]

원커넥트가 고객에게 판매하는 기술과 플랫폼은 본래 핑안의 내부 용도로 개발되었다. 원커넥트는 금융 부문에서 일어나는 디지털 변혁을 고객이 준비하게 하는 데 초점을 맞춤으로써 기술적 스킬 측면에서 산업의 리더가 됐다고 자부한다. 그들이 제공하는 솔루션은 신용 평가와 은행 간 거래, 생체 인식 서비스, 상품 판매, 개인용 모바일 뱅킹 어플리케이션 등 다양하다. 중국에서 성공적으로 자리 잡은 원커넥트는 2018년 홍콩, 싱가포르, 인도네시아로 진출해 해당 국가 금융기관을 대상으로 서비스를 확대했다. 원커넥트는 또한 타 금융기관과 파트너십을 맺고 자신들의 서비스로서 소프트웨어SaaS를 세계 시장에 제공하고 있다.[116, 117]

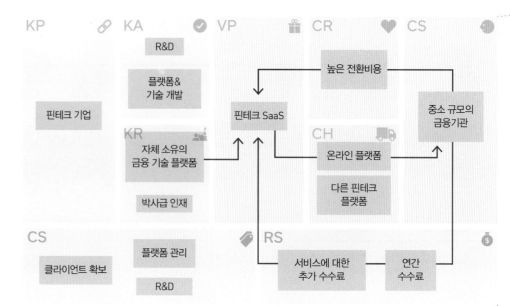

원커넥트의 비즈니스 모델

평가

원커넥트는 여러 차원에서 잘 작동하는 강력한 SaaS 비즈니스 모델을 구축했다. 최고 수준의 개발자 확보, 핀테크 R&D, 플랫폼 구축 및 유지 보수 등에 들어가는 상당한 투자금은 고객 록인, 서비스 규모 확대 가능성, 반복적 매출, 강력한 비즈니스 모델 보호 능력 등으로 보상받는다.

리더를 위한 평가 질문

프런트스테이지

시장 탐험가 어떻게 새롭거나 아무도 손대지 않았거나 거대한 잠재력이 있지만 별로 신경 쓰지 않던 시장에 다가갈 수 있을까?
(-3) (-2) (-1) ✗ (+1) (+2) (+3)

채널의 제왕 어떻게 시장 접근을 향상시켜 우리의 최종 고객에게 다가갈 수 있는 강력하고 직접적인 채널을 구축할 수 있을까?
(-3) (-2) (-1) (0) (+1) ✗ (+3)

중력 창조자 어떻게 하면 고객이 떠나기 어려워지고 긍정적인 방법으로 전환비용을 증가시킬 수 있을까?
(-3) (-2) (-1) (0) (+1) (+2) ✗

백스테이지

자원의 성 어떻게 하면 복제가 어려운 자원을 우리 비즈니스 모델의 핵심 기초로 삼을 수 있을까?
(-3) (-2) (-1) (0) (+1) (+2) ✗

활동 차별자 어떻게 새로운 활동이나 혁신적인 활동을 구성해야 고객을 위한 (훨씬 더 큰) 가치를 창조할 수 있을까?
(-3) (-2) (-1) (0) (+1) ✗ (+3)

규모 확대자 무엇을 차별적으로 실행해야 우리의 비즈니스 모델을 확대 가능하도록 만들 수 있을까(예: 자원과 활동의 병목현상 제거)?
(-3) (-2) (-1) (0) (+1) (+2) ✗

이익 공식

매출 차별자 어떻게 새로운 매출 흐름이나 가격 설정 메커니즘을 도입해서 고객에게서 더 많은 가치를 포착하거나 이전에는 시원찮던 시장을 개척할 수 있을까?
(-3) (-2) (-1) (0) (+1) ✗ (+3)

비용 차별자 어떻게 하면 차별적 자원과 활동으로 가치를 창조하고 전달함으로써 우리의 비용 구조를 근본적으로 바꿀 수 있을까?
(-3) (-2) (-1) ✗ (+1) (+2) (+3)

이익률의 달인 어떻게 하면 고객에게 가장 중요한 가치, 즉 고객이 높은 가격을 기꺼이 지불할 가치에 집중함과 동시에 우리 비즈니스 모델에서 가장 비용이 많이 드는 측면을 제거할 혁신적인 방법을 찾을 수 있을까?
(-3) (-2) (-1) ✗ (+1) (+2) (+3)

원커넥트 기술 플랫폼을 수용한 금융기관들이 이들에게서 이탈하려면 커다란 전환비용을 감수해야 한다. 다른 플랫폼으로 가려면 상당 시간 시스템이 멈추고 재교육 비용도 소요된다.[118] 여느 SaaS와 마찬가지로 서비스 제공자에 대한 록인 효과가 상당히 크다. 금융 산업은 특히 보안 이슈, 데이터 신뢰도, 규제 때문에 록인 강도가 훨씬 더 크다.

원커넥트가 보유한 기술은 복제하기가 매우 어려운데 이들이 지속적으로 혁신해가기에 더욱 그렇다. 외부 고객에게 서비스를 확대하기로 결정하기 전 원커넥트는 핑안을 위한 초기 플랫폼으로 구축되었다. 외부 고객으로 확대한 덕에 원커넥트는 선진적인 지식재산과 인프라에 투자할 수 있었고, 투자는 다시 소유주인 핑안을 포함해 수백 개의 금융기관에게 서비스하는 데 기여했다.

회사는 수많은 데이터 과학자와 수천 개의 특허를 보유하고 있다. 원커넥트는 변화에 앞서나가기 위해 지속적으로 기술과 플랫폼을 개발하고 업데이트한다. 99.8%의 정확도를 보이는 원커넥트는 세계에서 가장 정밀한 생체인식 시스템 중 하나다.[119]

SaaS 비즈니스 모델을 운영하려면 플랫폼이 자리를 잡을 때까지는 상당한 선행 투자가 필요하다. 하지만 초기 투자 단계를 넘기면 상대적으로 적은 투자로 새로운 지역으로 쉽게 확장할 수 있다. 원커넥트의 수백 가지 상품은 세계 어디든 바로 투입될 수 있다.[120]

세일즈포스

Salesforce

1999년 세일즈포스닷컴은 인터넷을 통해 고객 관계 관리CRM 서비스를 제공함으로써 기존 시장을 파괴했다. 세일즈포스는 새로운 시장의 문을 열었고 혁신을 통해 자신들의 비즈니스 모델을 지속적으로 강화했다.

세일즈포스는 아마존처럼 누구나 쉽게 이용할 수 있는 기업용 소프트웨어를 만들겠다는 목표를 가지고 1999년 설립되었다. 세일즈포스는 CRM 분야의 SaaS를 개척했다. 이들은 여기 멈추지 않고 지속적으로 서비스와 비즈니스 모델을 개선했다. 세일즈포스의 초기 비즈니스 모델은 2005년에 이르러 확장된 모습으로 변모했다.

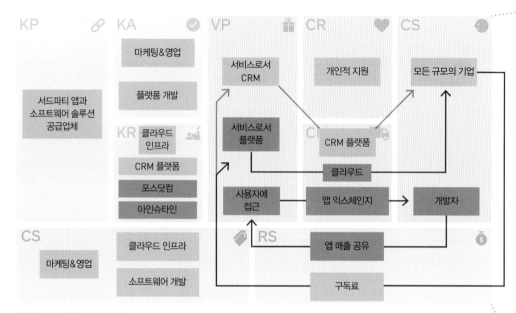

세일즈포스의 비즈니스 모델

평가

세일즈포스는 몇 가지 단점을 크게 상쇄할 만큼 여러 비즈니스 모델에서 잘 작동하는 SaaS 모델을 개척했다. 플랫폼이 자리를 잡자마자 세일즈포스는 서비스 범위와 규모를 쉽게 확대할 수 있었고 고객과 지속적이고 직접적인 관계를 유지할 수 있었다. '구독 모델'은 예상 가능하고 반복적인 매출과 높은 고객 생애가치라는 이득을 가져다주었다. 이는 인프라 비용으로 인한 낮은 이익률을 어느 정도 벌충해주었다.

세일즈포스는 2005년 비즈니스 모델을 확대했다. 전환비용이 상대적으로 낮고 비즈니스 모델의 보호 가능성이 부족한 초기 몇 가지 약점을 해결하기 위한 조치였다.

■ 초기 비즈니스 모델(1999년) – 소프트웨어 없음

세일즈포스 플랫폼은 인프라 투자 없이도 서비스를 신속하게 배치할 수 있다는 점에서 CRM 세계의 독보적 존재였다. 고객은 하드웨어를 투자할 필요가 없고 다른 CRM 공급업체처럼 소프트웨어를 설치할 필요도 없었다. 세일즈포스 고객은 클라우드를 통해 CRM 서비스에 접근할 수 있고 그에 따른 구독료를 정기적으로 지불했다.

■ 비즈니스 모델 확대 – 앱 익스체인지AppExchange, 포스닷컴Force.com, 아인슈타인Einstein

세일즈포스는 SaaS 모델을 개척하는 데서 멈추지 않았다. 시간이 지나면서 이들은 지속적으로 비즈니스 모델을 개선하고 강화했다.

리더를 위한 평가 질문

✗ = 초기 비즈니스 모델
✗ = 비즈니스 모델 확대

프런트스테이지

시장 탐험가 어떻게 새롭거나 아무도 손대지 않았거나 거대한 잠재력이 있지만 별로 신경 쓰지 않던 시장에 다가갈 수 있을까?
(-3) (-2) (-1) (0) (+1) (+2) ✗[초기, +3]

채널의 제왕 어떻게 시장 접근을 향상시켜 우리의 최종 고객에게 다가갈 수 있는 강력하고 직접적인 채널을 구축할 수 있을까?
(-3) (-2) (-1) (0) (+1) ✗[초기, +2] (+3)

중력 창조자 어떻게 하면 고객이 떠나기 어려워지고 긍정적인 방법으로 전환비용을 증가시킬 수 있을까?
(-3) (-2) (-1) ✗[초기, 0] (+1) (+2) ✗[확대, +3]

백스테이지

자원의 성 어떻게 하면 복제가 어려운 자원을 우리 비즈니스 모델의 핵심 기초로 삼을 수 있을까?
(-3) (-2) (-1) ✗[초기, 0] (+1) (+2) ✗[확대, +3]

활동 차별자 어떻게 새로운 활동이나 혁신적인 활동을 구성해야 고객을 위한 (훨씬 더 큰) 가치를 창조할 수 있을까?
(-3) (-2) (-1) (0) (+1) ✗[초기, +2] ✗[확대, +3]

규모 확대자 무엇을 차별적으로 실행해야 우리의 비즈니스 모델을 확대 가능하도록 만들 수 있을까(예: 자원과 활동의 병목현상 제거)?
(-3) (-2) (-1) (0) (+1) (+2) ✗[확대, +3]

이익 공식

매출 차별자 어떻게 새로운 매출 흐름이나 가격 설정 메커니즘을 도입해서 고객에게서 더 많은 가치를 포착하거나 이전에는 시원찮던 시장을 개척할 수 있을까?
(-3) (-2) (-1) (0) (+1) ✗[초기, +2] (+3)

비용 차별자 어떻게 하면 차별적 자원과 활동으로 가치를 창조하고 전달함으로써 우리의 비용 구조를 근본적으로 바꿀 수 있을까?
(-3) (-2) (-1) ✗[초기, 0] (+1) (+2) (+3)

이익률의 달인 어떻게 하면 고객에게 가장 중요한 가치, 즉 고객이 높은 가격을 기꺼이 지불할 가치에 집중함과 동시에 우리 비즈니스 모델에서 가장 비용이 많이 드는 측면을 제거할 혁신적인 방법을 찾을 수 있을까?
(-3) (-2) ✗[초기, -1] (0) ✗[확대, +1] (+2) (+3)

세일즈포스는 클라우드의 잠재성을 예측한 선구자다. SaaS의 개척자인 세일즈포스는 〈포춘〉 500대 기업부터 모든 규모의 조직에 이르는 넓은 시장에 CRM 서비스를 제안했다.

고객이 클라우드를 통해 직접 접근할 수 있기에 세일즈포스는 영속적인 고객 관계를 유지할 수 있다.

세일즈포스는 클라우드로 서비스를 제공하기 때문에 최소의 비용으로 쉽게 규모를 확대할 수 있다.

세일즈포스는 라이선스 판매 방식에서 서비스 구독을 통한 반복적 매출 창출 방식으로 전환했다. 그 결과 고객의 생애가치를 증가시켰다.

세일즈포스의 순이익률은 다른 경쟁자에 비해 매우 낮다. SaaS 모델로 CRM을 제공하려면 호스팅, 모니터링, 고객 지원, 계정 관리 등에 투자가 필요하다. 하지만 다른 영역에서의 강점이 이런 약점을 크게 상쇄시킨다.

2005년 세일즈포스는 자신의 CRM에 통합 가능한 서드파티 소프트웨어 플랫폼인 앱익스체인지를 선보였다. 복제하기 어려운 서드파티 소프트웨어 다수를 확보함으로써 단순한 서비스 제공자에서 '플랫폼의 성'으로 탈바꿈했다.

2008년 세일즈포스는 포스닷컴(현 라이트닝 플랫폼Lightning Platform)을 개설해 고객이 플랫폼에 자기들 입맛에 맞는 어플리케이션을 구축할 수 있게 했다. 이는 고객 록인을 높이는 동시에 전환비용을 크게 증가시켰다. 또한 세일즈포스는 인공지능 기능을 제공하고 개발자가 앱을 구축할 수 있도록 허용하는 아인슈타인Einstein 서비스를 출시함으로써 록인을 더욱 높였다.

산업	파괴자
메시징	왓츠앱, 위챗
자동차	테슬라
유통	아마존, 알리바바
호텔	에어비앤비
택시	우버, 디디
TV&영화	넷플릭스
휴대폰	애플, 샤오미
음악	스포티파이
전화	스카이프
채용	링크드인
여행 예약	익스피디아
벤처캐피털	안드레센 호로비츠

… 그리고 파괴될지 모를 또 다른 시장

은행

제약

법률 서비스

교육

제조

건강관리

보험

부동산

건설

에너지 생산 및 유통

운송 및 배송

당신이 속한 산업은 어떠한가?

개선 패턴

비즈니스 모델 전환

비즈니스 모델 전환은 쇠퇴하는 비즈니스 모델에서 좀 더 경쟁력 있는 비즈니스 모델로 조직을 변모시킨다는 뜻이다. 제품에서 서비스로의 전환이 하나의 예다. 하지만 경우에 따라 반대의 전환, 즉 서비스에서 제품으로의 전환이 훨씬 의미 있을 수도 있다.

전환 패턴 모음

가치 제안 전환

프런트스테이지 중심의 전환

백스테이지 중심의 전환

이익 공식 중심의 전환

246

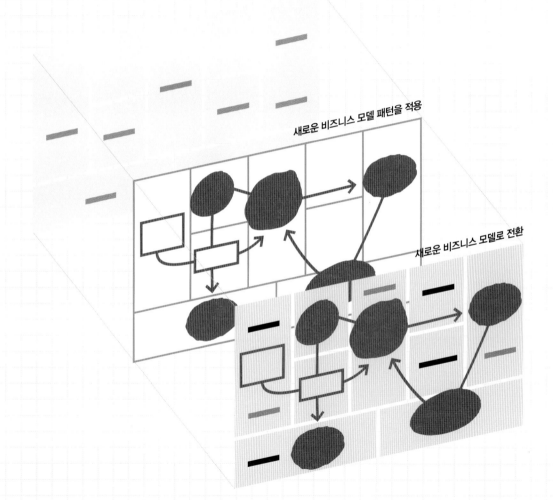

기존 비즈니스 모델에

새로운 비즈니스 모델 패턴을 적용

새로운 비즈니스 모델로 전환

전환 패턴

기존 비즈니스 모델에

이 섹션에서 살펴볼 기업은 모두 기존 비즈니스 모델에서 시작했다. 구식이 되어 쇠퇴 기로에 있는 기존 비즈니스 모델에는 전반적인 점검이 필요하다.

새로운 비즈니스 모델 패턴을 적용

기업이 기존 비즈니스 모델을 크게 개선하고 신장하는 데 적용할 수 있는 12개의 전환 패턴을 강조해놓았다. 우리가 설명할 각 패턴을 참고용으로 사용할 수 있을 것이다.

새로운 비즈니스 모델로 전환

각 사례는 패턴이 실제로 적용된 모습을 보여주기 위한 것이다. 다만 기업의 비즈니스 모델 전체를 개괄하지는 않았다. 우리는 낡은 비즈니스 모델을 새롭고 좀 더 경쟁력 있는 비즈니스 모델로 전환하기 위해 특정 패턴을 적용하는 방법을 보여줄 것이다. 실제로 하나의 비즈니스 모델에는 전환 과정에서 별로 중요하게 다루지 않는 구성요소가 많다.

범례

- 기존 비즈니스 모델에

- 새로운 비즈니스 모델 패턴을 적용

- 새로운 비즈니스 모델로 전환

- 패턴의 구성요소

- 선택적 패턴의 구성요소

- 기존 비즈니스 모델 블록

- 다른 비즈니스 모델 블록

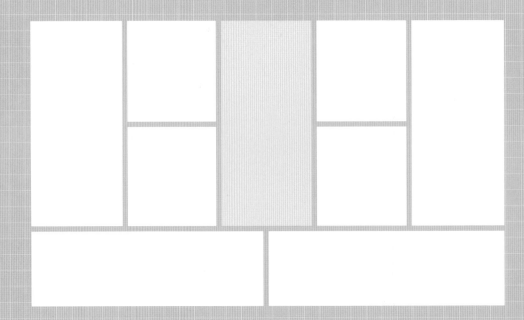

가치 제안 전환

고객을 위해 창조된 가치의 근본적인 전환.

제품에서 반복적 서비스로

From Product to Recurring Service

이것은 제품 제조(혹은 구매) 및 판매에서 반복적 서비스를 제공하는 방향으로 전환하는 것을 말한다. 일회성 거래 기반으로 제품을 판매하려면 지속적인 노력을 판매에 기울여야 한다. 하지만 애석하게도 판매는 예측불가능하다. 반복적 서비스를 수행하려면 반복적 매출을 일으키는 고객을 확보하는 데 드는 비용을 선불로 지불해야 한다. 매출은 좀 더 예측가능해지고 기하급수적으로 성장한다. 계속해서 성장하는 고객 기반 위에 비즈니스를 구축하기 때문이다.

전략적 성찰
어떻게 하면 제품을 판매하기보다 반복적 서비스를 제공함으로써 지속적이고 예측 가능한 매출을 올릴 수 있을까?

고객 1명당 선지출해야 할 확보 비용은 올라가겠지만 매출은 예전보다 예측 가능해지고 고객 생애가치가 증가할 수 있다. 제품과 기술 혁신은 종종 새로운 서비스의 기초를 제공한다.

사례
힐티

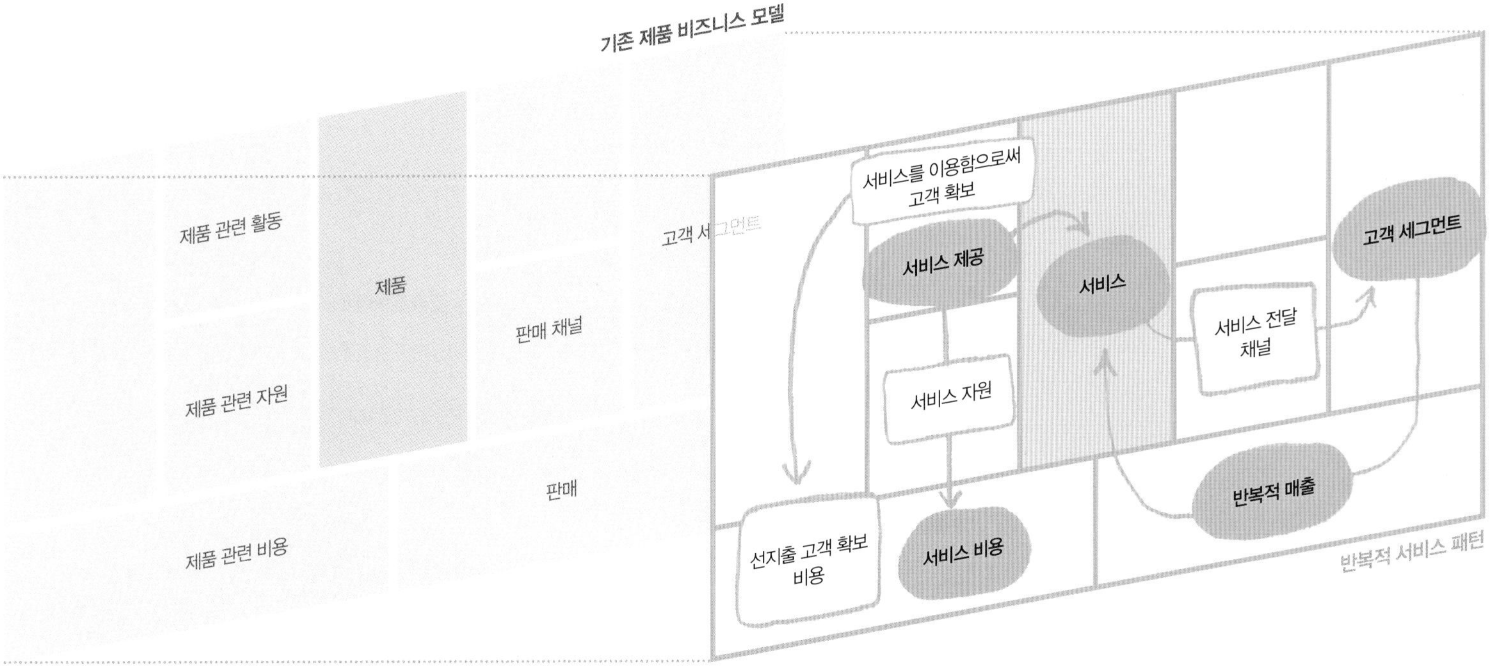

기존 제품 비즈니스 모델

제품 관련 활동

제품

고객 세그먼트

판매 채널

제품 관련 자원

서비스를 이용함으로써
고객 확보

서비스 제공

서비스

고객 세그먼트

서비스 전달
채널

서비스 자원

반복적 매출

선지출 고객 확보
비용

서비스 비용

판매

제품 관련 비용

반복적 서비스 패턴

힐티

Hilti

힐티는 핵심 고객이 생산성 증진을 위해 통합적인 공구 관리 시스템을 요구한 것에 착안해 고품질 공구를 판매하는 모델에서 건설회사에 공구 관리 서비스를 판매하는 모델로 전환했다.

2000년 힐티의 고객 중 하나가 통합적인 공구 관리 시스템을 요구했다. 힐티는 이를 계기로 고객이 공구 자체를 소유하기보다 인부를 생산적으로 활용하기를 원한다는 사실을 깨달았다. 힐티는 먼저 스위스에서 공구 통합 관리를 위한 파일럿 프로그램을 시작한 다음 2003년 전 세계로 확대했다.

공구 통합 관리 시스템으로 인부의 비생산적 시간을 줄여주고 고객이 해야 할 일(예: 공구 수리)을 대신해주는 혜택을 제공함으로써 건설회사와 더욱 밀접한 관계를 형성했다. 힐티는 또한 고객이 공구를 직접 구입하기보다 리스하길 원한다는 사실을 발견했다. 몇몇 고객은 고장 난 공구 때문에 허비하는 비생산적 시간을 완전히 없앨 목적으로 힐티 제품이 아닌 공구까지 서비스해달라고 요청했다.

2008년 금융위기로 많은 고객이 새로운 장비 구입을 중단했지만 제품에서 반복적 서비스로 비즈니스 모델을 전환한 힐티는 성장을 이어갈 수 있었다.

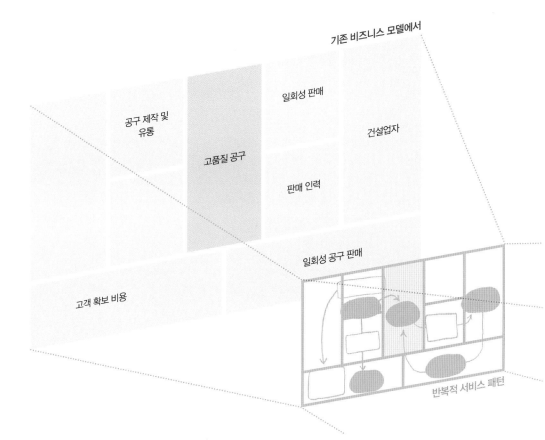

1 제품에서 반복적 서비스·반복적 매출로

건설회사 관리자에겐 공구 구입보다 더 큰 걱정거리가 있었다. 이를 알게 된 힐티는 2000년 고객을 위해 전체 공구를 추적, 수리, 교체, 업그레이드하는 통합 서비스를 제공하기 시작했다. 이 서비스 덕에 고객은 항상 잘 정비된 믿을 수 있는 공구를 사용할 수 있게 됐고 생산성이 증대되었다. 힐티는 고객이 공구를 한꺼번에 구입하기보다 월 구독료 개념으로 리스할 수 있도록 했다. 덕분에 건설회사 관리자는 비용을 쉽게 예측하고, 힐티는 반복적 매출을 일으킬 수 있었다.

2 제품 관련 활동에서 서비스 제공으로

힐티는 핵심 활동을 제조와 판매 중심에서 공구를 추적하고 수리하고 교체하고 업그레이드하는 통합 공구 관리 서비스로 진화시켰다.

3 판매 채널에서 서비스 전달 채널로

힐티는 영업사원이 임원을 상대할 수 있는 수준으로, 공구 자체보다 공구 공급과 효율성 제고로 고객에게 어 필할 수 있도록 재교육했다. 이들은 기존 판매 채널에 새로운 온라인 서비스 채널을 추가함으로써 서비스에 관한 고객 인지도를 높였고 고객들이 자신의 공구 현황 을 온라인으로 파악하도록 했으며 문제가 생길 때 쉽게 연락할 수 있도록 했다.

4 제품에서 서비스 비용 구조로

힐티의 비용 구조는 통합 관리 비용이 새로 도입되면서 서비스 지향의 구조로 변화했다. 이러한 전환은 지금까 지 10억 스위스프랑(약 1조 3,000억 원)이 넘는 매출채 권 가치를 힐티의 대차대조표에 더해주었다. 건설회사 관리자와 장기적인 판매 및 계약 프로세스를 거쳐야 했 기에 고객 확보 비용이 증가했다. 하지만 처음 한 번만 이를 지출하면 이후에는 장기적 관계에 바탕을 둔 반복 적 매출을 일으킬 수 있고 추가적인 매출 기회도 얻을 수 있었다.

150만 개 공구

2015년 힐티가 공구 통합 관리 시스템에 등록 중인 공구 수량.[1]

20억 스위스프랑

2018년 공구 통합 관리 시스템이 보유한 계약 가치(약 2조 5,000억 원).[2]

"반복적 서비스 매출로 얻은 커다란 이득으로 세계적 금융위기 속에서도 우리의 비즈니스를 안정화시킬 수 있었습니다. 대다수 고객이 새로 운 장비를 구입하려 하지 않던 바로 그 시기에 말이죠."

크리스토프 루스 박사
Dr. Christoph Loos
힐티 CEO

공구 제작 및 유통

서비스 중심의 세일즈&마케팅

❷ 통합 관리 시스템

공구 재고

공구 통합 관리 시스템 인프라

❹ 고객 확보 비용

공구 통합 관리 시스템 비용

고품질 공구

❶ 공구 통합 관리 시스템

월 서비스 매출

일회성 판매

장기 계약

판매 인력

❸ 온라인

건설업자

건설회사 임원

일회성 공구 판매

새로운 반복적 서비스 모델로

로테크에서 하이테크로

From Low Tech to High Tech

기초적이고 노동 집약적인 로테크의 가치 제안을 기술 기반의 가치 제안으로 전환하는 것을 말한다. 이러한 전환을 꾀하면 고객 접근 범위를 확대할 수 있고 가격을 올릴 수 있기 때문에 매출 신장으로 이어질 수 있다. 가격과 매출의 증가로 새로 발생하는 기술 관련 비용을 벌충할 수 있고 때때로 더 높은 이익률을 실현할 수도 있다.

전략적 성찰

어떻게 하면 로테크의 가치 제안을 하이테크의 가치 제안으로 탈바꿈시켜서 고객 접근 범위를 확대하고 가치를 향상시키며 매출을 신장할 수 있을까? 그러한 전환을 이루려면 어떤 새로운 기술 활동, 역량, 자원이 필요할까? 어떤 기술 비용이 새로이 발생할까? 그 결과 이익률은 얼마나 매력적일까?

사례
플릭스

252

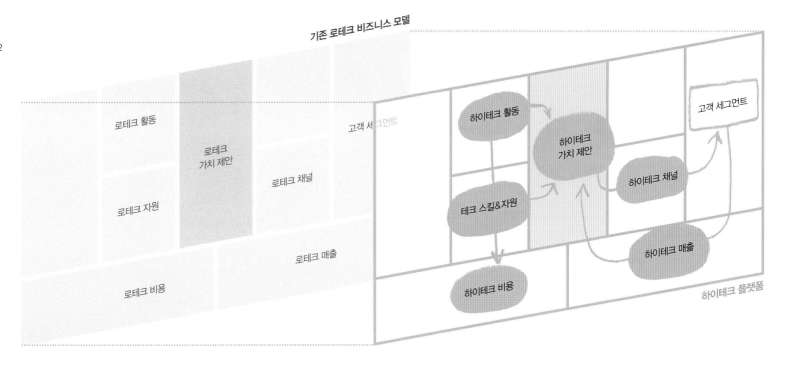

판매에서 플랫폼으로
From Sales to Platform

가치사슬 활동과 제품 판매에서 '서드파티 제품이나 부가가치 서비스를 위한 플랫폼'으로 전환하는 것을 말한다. 고객은 단지 제품을 구입하는 데 그치지 않고 플랫폼 생태계의 일원으로 참여하기 때문에 고객 가치는 증대된다. 고객 기반에 접근할 수 있다는 점은 서드파티 제품과 서비스 공급업체가 얻는 가치다. 플랫폼은 '자원의 성'이라는 네트워크 효과(p.182)를 일으키기 때문에 단순 제품보다 파괴되기 어렵다.

전략적 성찰
어떻게 하면 서드파티 제품이나 서비스 공급업체와 고객을 연결시키는 플랫폼으로 우리의 정체성을 정립하고 경쟁우위를 확보할 수 있을 것인가?

플랫폼을 통해 우리는 고객 가치를 향상시키고 서드파티 제품 및 서비스 공급업체의 생태계를 구축할 수 있을 것이다. 플랫폼 생태계는 제품을 모방하는 것보다 따라 하기가 더 어렵다.

사례
애플 아이폰과 앱 스토어

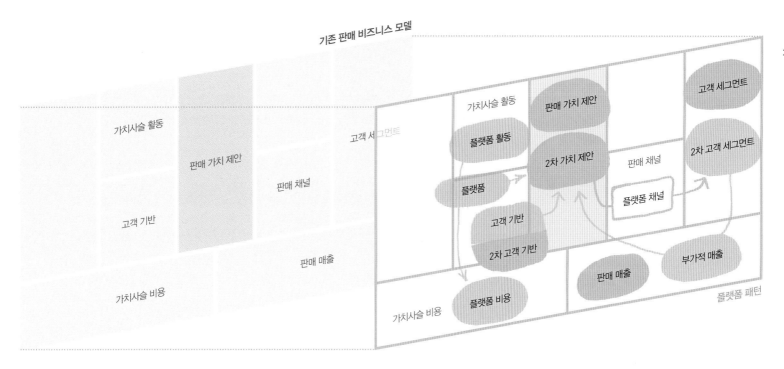

기존 판매 비즈니스 모델

가치사슬 활동 / 판매 가치 제안 / 고객 세그먼트 / 판매 채널 / 고객 기반 / 판매 매출 / 가치사슬 비용

가치사슬 활동 / 판매 가치 제안 / 고객 세그먼트 / 플랫폼 활동 / 2차 가치 제안 / 판매 채널 / 2차 고객 세그먼트 / 플랫폼 / 플랫폼 채널 / 고객 기반 / 2차 고객 기반 / 부가적 매출 / 판매 매출 / 가치사슬 비용 / 플랫폼 비용 / 플랫폼 패턴

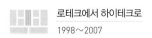

로테크에서 하이테크로
1998~2007

넷플릭스

Netflix

넷플릭스는 1998년 우편 주문 DVD 대여 회사로 설립되었으나 '인터넷에서 영화를'이라는 리드 헤이스팅스의 비전과 인터넷 속도와 소비자용 온라인 기기의 발전이 맞아 떨어진 2007년 온라인 스트리밍 플랫폼으로 전환했다.

리드 헤이스팅스와 마크 랜돌프Marc Randolph는 온라인으로 DVD 렌털 서비스를 하는 넷플릭스를 공동 창업했다. 하지만 이들은 초기부터 비디오 스트리밍 플랫폼이라는 비전을 품고 있었다. 넷플릭스는 매출의 1~2%를 꾸준히 다운로드 서비스에 투자하며 스트리밍으로 비즈니스 모델을 전환 가능한 만큼 인터넷 대역폭이 증가하길 끈기 있게 기다렸다.[3] 2007년 넷플릭스는 주요 매출원을 물리적 DVD 대여(로테크)에서 온라인 스트리밍(하이테크)으로 대체하는 데 성공했다.

10년 후 매출은 10배 성장했고 물리적 DVD 대여 사업은 확장되지 않았다. 2018년 매출의 96%가 스트리밍에서 발생했다. 2013년 비즈니스 모델을 재수정해 오리지널 콘텐츠 제작을 시작한 넷플릭스는 2019에만 콘텐츠 제작 비용이 150억 달러(약 17조 3,000억 원)였던 것으로 추산된다.[4]

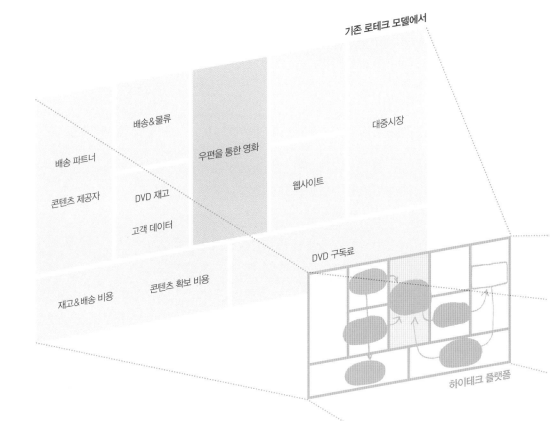

기존 로테크 모델에서

배송&물류

대중시장

배송 파트너

우편을 통한 영화

콘텐츠 제공자

DVD 재고

웹사이트

고객 데이터

DVD 구독료

재고&배송 비용

콘텐츠 확보 비용

하이테크 플랫폼

1 로테크에서 하이테크 가치 제안으로

넷플릭스는 1998년 온라인 DVD 렌털 비즈니스를 론칭했지만 인터넷 속도가 일정 수준에 올라오면 즉시 스트리밍으로 이동하겠다는 비전을 갖고 있었다. 2007년 넷플릭스는 이 비전을 실현시키기 위해 온라인 스트리밍으로 전환했다.

2 로테크에서 하이테크 활동으로

스트리밍 서비스를 제공하기 위해 넷플릭스는 핵심 활동의 커다란 변화를 시도했다. 그들은 배송과 물류 같은 노동집약적 활동에서 스트리밍 플랫폼 개발과 유지 보수 등 기술적 활동으로 이동했다. 넷플릭스는 또한 콘텐츠의 라이선싱과 자체 제작 쪽으로 확장했다.

3 로테크에서 하이테크 스킬셋과 자원으로

스트리밍은 'DVD 재고'를 스트리밍 플랫폼으로 대체하는 등 핵심 자원상의 커다란 변화를 가져왔다. 소프트웨어와 네트워크 엔지니어링 스킬셋이 핵심 자원의 중심이 되었다. 스트리밍으로 전환되면서 고객의 시청 데이터와 추천 알고리즘은 더욱 중요해졌다. 시청 데이터는 콘텐츠에 대한 투자 의사결정에도 적용되었다.

4 로테크에서 하이테크 비용으로

물류 회사에서 소프트웨어 및 플랫폼 기업으로 전환하면서 활동과 자원상의 커다란 변화뿐만 아니라 넷플릭스의 비용 구조도 진화되었다. 현재 대부분의 비용은 플랫폼 개발과 유지 보수에 쓰인다. 앞으로 넷플릭스는 콘텐츠 라이선싱과 자체 콘텐츠 제작에 투자를 늘려갈 것이다.

5 로테크에서 하이테크 매출로

넷플릭스는 몇 가지의 '구독' 요금제를 실험했다. 규모 성장을 위해 넷플릭스는 2007년 스트리밍 요금을 월 9.99달러로 인하했다(2004년 DVD 구독료는 월 19.95달러). 고객 1명당 매출은 감소했지만 부담 없이 접근할 수 있고 세계적으로 확대할 수 있었기에 고객(가입자) 기반은 크게 커졌으며 스트리밍이라는 하이테크 가치 제안으로부터 훨씬 더 큰 매출을 창출할 수 있었다.

10%

미국 TV 시청 시간 중 넷플릭스가 차지하는 비율. 넷플릭스에 의하면 하루 1억 시간 분량의 콘텐츠가 미국 TV 화면으로 스트리밍된다.[5]

1억 5,800만 명

2019년 9월 현재 전 세계 가입자 수.[6]

"DVD는 가까운 미래까지 계속해서 큰 이익을 벌어들일 겁니다. 넷플릭스는 적어도 앞으로 10년은 그 시장을 지배하겠죠. 하지만 인터넷으로 영화를 보는 시대가 다가오고 있고 어느 순간 그것은 커다란 비즈니스가 될 것입니다."

리드 헤이스팅스
Reed Hastings
넷플릭스 창업자, 2005년

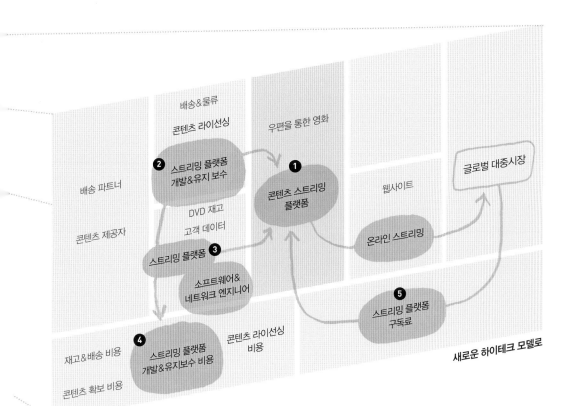

배송&물류
콘텐츠 라이선싱
우편을 통한 영화
배송 파트너
콘텐츠 제공자

❷ 스트리밍 플랫폼 개발&유지 보수
DVD 재고
고객 데이터
스트리밍 플랫폼 ❸
소프트웨어& 네트워크 엔지니어

❶ 콘텐츠 스트리밍 플랫폼

웹사이트
온라인 스트리밍
글로벌 대중시장

재고&배송 비용
❹ 스트리밍 플랫폼 개발&유지보수 비용
콘텐츠 라이선싱 비용
콘텐츠 확보 비용
❺ 스트리밍 플랫폼 구독료

새로운 하이테크 모델로

앱 스토어
The App Store

2008년 앱 스토어 개설로 애플은 비즈니스 모델을 하드웨어와 음악 판매에서 수많은 앱 개발자와 아이폰 사용자를 연결하는 플랫폼 비즈니스로 전환했다. 이러한 전환은 고객 가치를 크게 높였고 고객을 록인했으며 강력한 네트워크 효과를 창출했다.

256

개선 패턴

애플은 2007년에 아이폰을, 2008년에 스마트폰 앱 플랫폼인 앱 스토어를 출시했다.

스티브 잡스는 원래 앱 스토어에 서드파티 개발업체를 들이는 것을 주저했지만, 아이폰의 부가가치를 높인다는 본인의 생각과 궁극적으로 부합했기에 마음을 바꿨다. 앱 스토어는 아이폰을 위한 강력하고 보완적인 가치 제안이 되었다. 둘은 마치 하나인 것처럼 "그것을 위한 앱이 있다"There's an App for That 라는 기억하기 쉬운 슬로건으로 동반 홍보되었다.

앱 스토어 덕에 애플은 비즈니스 모델을 휴대폰 판매에서 플랫폼 관리로 전환할 수 있었다. 이 플랫폼은 워낙 강력해져서 2019년에 미 대법원은 애플을 상대로 한 독점 금지 소송을 허용할 정도였다(애플이 앱 스토어에 유효 독점effective monopoly을 하고 있다는 전제를 바탕으로).

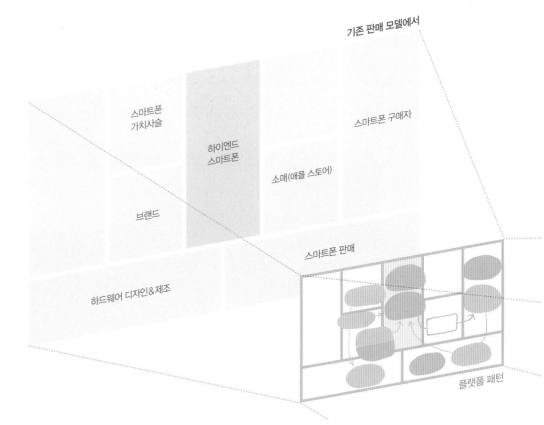

기존 판매 모델에서

스마트폰 가치사슬

하이엔드 스마트폰

스마트폰 구매자

소매(애플 스토어)

브랜드

스마트폰 판매

하드웨어 디자인&제조

플랫폼 패턴

1 1차 세그먼트를 위한 '제품' 가치 제안에서 2차 세그먼트를 위한 '플랫폼' 가치 제안으로

애플이 앱 스토어를 개설해 스마트폰 판매에서 플랫폼 비즈니스로 전환한 효과는 다음과 같다.

1. 게임, 유틸리티, 엔터테인먼트 앱이 앱스토어에 합류하면서 아이폰의 매력이 커졌다.
2. 기꺼이 앱에 돈을 지불하려는 아이폰 사용자 집단은 앱 개발자를 유혹하는 매혹적인 가치 제안이 되었다.

애플은 플랫폼으로 전환한 첫 모바일폰 제조업체로 세계적 규모로 소비자와 앱 개발자를 연결시켰다.

2 판매 채널에서 플랫폼으로

애플은 또한 판매에서 플랫폼으로 전환함으로써 채널을 확장했다. 앱 스토어는 아이폰 소유자를 앱 개발자와 연결시키는 지속적인 플랫폼 채널이 되었다. 반면 구매자가 스마트폰을 살 수 있는 애플 스토어 역시 빈번한 거래 기반의 판매 채널로 자리를 잡았다.

3 가치사슬 활동에서 플랫폼 활동으로

애플은 플랫폼 비즈니스 구현을 위해 앱 스토어 개발 및 유지 보수 같은 핵심 활동을 추가했다. 물론 스마트폰의 가치사슬 활동도 계속하고 있다.

4 무에서 강력한 네트워크 효과를 창출

앱 스토어는 애플 비즈니스 모델의 상당한 부분을 차지하며 강력한 네트워크 효과를 창출한다. 아이폰 사용자가 많아질수록 앱 개발자를 위한 가치 제안은 매력적이 된다. 앱 개발자가 많아질수록 플랫폼은 더 많은 앱을 보유하게 되고 아이폰 사용자를 위한 가치 제안도 더욱 매력적이 된다.

5 스마트폰 판매에서 추가적인 매출 흐름으로

앱 스토어에서 이루어진 모든 앱의 판매 및 구독에 대해 15~30%의 커미션을 부과함으로써 앱 스토어는 애플의 새로운 매출원이 되었다. 애플의 역사에서 비교적 최근에 생긴 이러한 반복적 매출에 힘입어 애플은 순수한 거래 기반의 하드웨어 판매 모델에서 서비스 중심으로 비즈니스를 다각화했다.

200만 개

앱 스토어는 처음 552개의 앱을 보유한 상태로 개설됐지만 점차 증가해 200만 개로 늘었고 지난 10년 동안 1,800억 개의 앱이 다운로드됐다.[7]

1,200억 달러

앱 스토어 출시부터 애플이 앱 개발자에게 지불해온 금액(약 130조 원).[8]

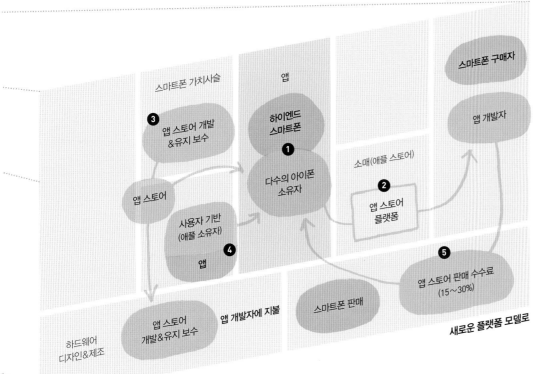

앱 스토어가 보유한 앱 개수[9]

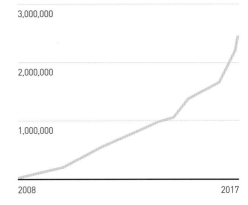

닌텐도 위

Nintendo Wii

2000년 초 닌텐도는 하이테크 게임 콘솔에서 경쟁할 수단을 갖고 있지 못했다. 2006년 닌텐도는 이 약점을 기회로 전환해 Wii를 출시했다. Wii에 쓰인 기술은 열등한 것이었지만 나오자마자 캐주얼 게이머에게 사랑을 받았다.

2003년 게임 및 콘솔 개발업체 닌텐도의 이익은 38% 하락했다. 몇몇 주요 게임 개발업체들은 닌텐도의 주력 콘솔이었던 게임큐브GameCube에 대한 지원을 철회했다. 회사는 위기에 빠졌다. 닌텐도는 이를 타개하기 위해 차별적인 접근법을 모색했다. 닌텐도는 게임의 핵심 미션에 다시 초점을 맞추었다. 최저가로 최고 성능의 그래픽을 지닌 최강의 콘솔을 만드는 경쟁에 더 이상 참여할 수 없음을 인정한 것이다. 닌텐도는 그 경쟁에서 빠져나와 2006년 Wii를 출시했다. Wii는 캐주얼 게이머들의 대중시장을 목표로 단순화된 제품이었다.

닌텐도는 Wii를 게임큐브보다 5배나 더 많이 판매했다. 하이테크에서 로테크 콘솔로 전환하고 나서 몇 년 만에 닌텐도는 시장 리더십을 되찾았다.[10]

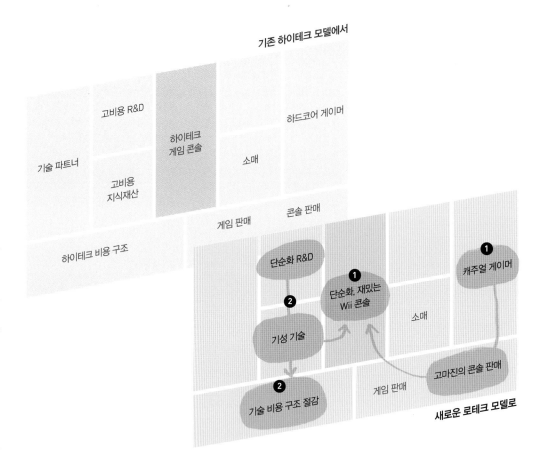

1 기존 고객 세그먼트를 위한 하이테크에서 미개척 고객 세그먼트를 위한 로테크로

닌텐도는 Wii를 통해 게임 콘솔 시장의 경쟁 규칙을 깨기로 결정했다. 하드코어 게이머를 위한 기술 경쟁에서, 저렴한 기성 기술로 모두 구현되는 캐주얼 게이머 대상의 재미난 게임과 동작 컨트롤로 전환했다. 당시 Wii의 주요 경쟁자인 마이크로소프트 엑스박스360과 소니 PS3는 20배나 강력한 그래픽 프로세싱 능력과 4배가 넘는 컴퓨팅 파워를 자랑했다. 그러나 Wii는 캐주얼 게이머 시장에 반향을 불러일으켰다.

2 하이테크 비용 구조에서 로테크 비용 구조로

닌텐도는 Wii의 프로세싱 능력과 그래픽 품질이 상대적으로 떨어지기에 비용이 많이 드는 하이테크 활동 및 자원으로부터 저비용의 활동 및 자원으로 전환했다. Wii의 제조는 기성 요소를 사용하기 때문에 매우 단순하고 저렴하다. 비용 구조의 상당한 변화로 닌텐도는 콘솔 제조 비용을 다른 곳에서 충당해야 했던 소니나 마이크로소프트와 달리 Wii 판매만으로도 이익을 창출했다.

역전환

플랫폼에서 판매로
2007~2009

아마존 PL

Amazon Private Label

2009년 아마존은 '아마존 프라이빗 라벨'을 출시함으로써 플랫폼에서 판매로 확장했다. 이는 아마존 플랫폼에 없는 제품을 공급해 비즈니스를 성공시킨 서드파티 판매업체를 모방한 것이었다. 아마존은 이를 자신들 고유의 제품 라인을 갖출 수 있는 기회라고 봤다.

1999년 아마존은 서드파티 판매업체를 위한 마켓 플레이스를 론칭해 유통업체를 위한 성공적 전자상거래 플랫폼이라는 정체성을 확립했다. 2007년 아마존은 자신의 플랫폼을 활용해 자체 전자기기인 킨들 이리더 Kindle e-reader 를 판매했고 '아마존 베이직스'AmazonBasics 브랜드를 단 자체 브랜드PL 상품 판매로 확장했다.
많은 기업이 판매에서 플랫폼으로 전환을 꾀하는 것과 달리 아마존은 플랫폼에서 판매로의 '역전환'을 감행했다. 자체 브랜드 비즈니스를 통해 아마존은 자신의 고객인 서드파티 판매업체들과 경쟁을 시작했다.
아마존은 지속적으로 (전자제품에서 의류와 잡화에 이르는) 저가의 자체 브랜드 상품 목록을 확대했다.

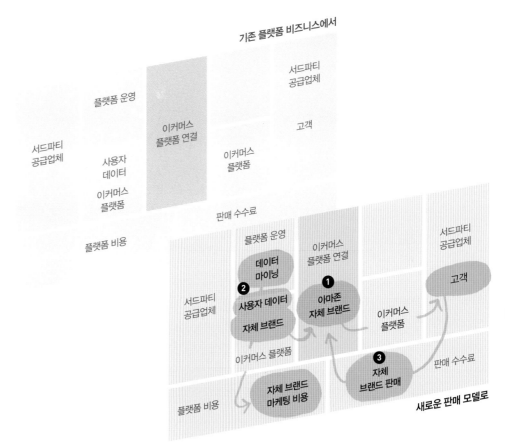

1 플랫폼에서 판매 가치 제안으로

마켓 플레이스를 통해 서드파티 제품을 위한 전자 상거래 플랫폼을 구축했으나 2007년 자체 브랜드 제품 판매로 전환을 결정했다. 킨들 이리더가 최초였다. 2009년 '아마존 베이직스'라는 자체 브랜드 비즈니스를 시작했고 충전 케이블과 배터리부터 수천 가지 일상용품으로 확대했다.

2 플랫폼에서 판매 지향 활동으로

아마존은 플랫폼 비즈니스에서 확보한 소비자 데이터를 활용해 자체 브랜드 비즈니스를 위한 제품 후보를 찾았다. 아마존 베이직스 브랜드로 잘 팔릴 만한 제품 후보를 마케팅한 후 이미 거래하던 판매업체로부터 제품을 대량 구매해 자체 브랜드로 바꾼 다음 '추천 상품'으로 플랫폼에서 판매했다.

3 플랫폼에서 판매 매출로

아마존은 플랫폼에서 판매로 전환함으로써 매출 흐름을 거래 기반 커미션에서 자체 브랜드 제품 판매로 확대했다. 자체 브랜드 제품 판매로 얻은 매출은 순수한 커미션 기반 모델에 매력적인 추가적 이득이었다.

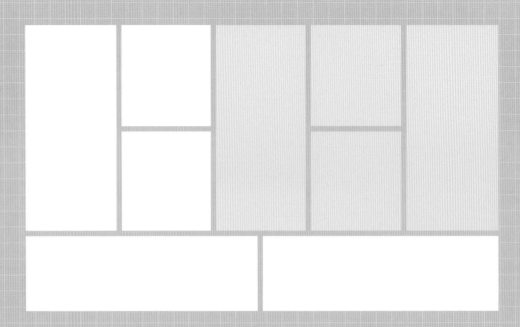

프런트스테이지 중심의 전환

누구를 타깃으로 할지, 어떻게 제품과
서비스를 전달할지에 관한 근본적인 전환.

틈새시장에서 대중시장으로

From Niche Market to Mass Market

틈새시장 플레이어에서 대중시장 플레이어로의 전환을 말한다. 이 전환을 이루려면 종종 대중시장을 충족시키기 위해 가치 제안을 단순화할 필요가 있다. 단순화된 가치 제안 때문에 가격을 낮춰야 하지만 대중시장에서의 매출 증대로 벌충이 가능하다. 이 전환에는 대중시장에 맞춘 마케팅 활동, 채널, 브랜드가 동반되어야 한다.

전략적 성찰

어떻게 하면 틈새시장에서 탈피해서 대중시장에 맞출 수 있도록 우리의 제안을 단순화할 수 있을까? 어떻게 마케팅과 브랜드를 변화시켜야 대중시장에 접근할 수 있을까? 어떻게 하면 가격 하락과 마케팅 비용 상승이라는 불리함을 대중시장에서 창출되는 매출의 증대로 보상받을 수 있을까?

사례

테드

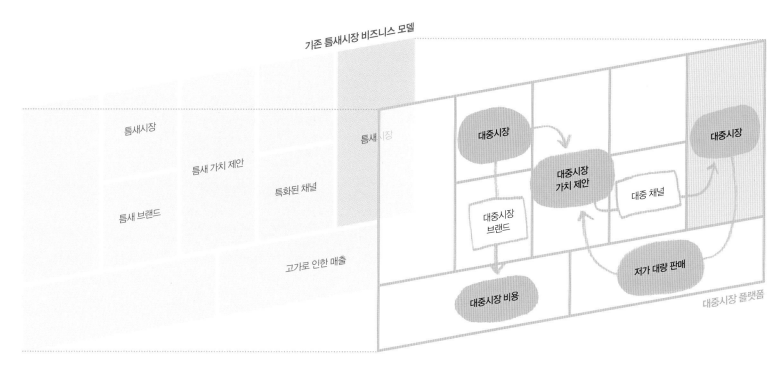

기존 **틈새시장 비즈니스 모델**

틈새시장 · 틈새 가치 제안 · 특화된 채널 · 틈새 브랜드 · 고가로 인한 매출

틈새시장 · 대중시장 · 대중시장 가치 제안 · 대중 채널 · 대중시장 브랜드 · 대중시장 · 저가 대량 판매 · 대중시장 비용 · 대중시장 플랫폼

테드
TED

2006년 단 6개의 테드 강의TED Talks가 온라인에 올라왔고 놀랄 만한 성공을 거뒀다.

1984년 테드는 지적 호기심이 많은 사람들을 위한 기술, 오락, 디자인 등의 주제를 다루는 콘퍼런스에서 시작되었다. 캘리포니아에서 열린 1차 콘퍼런스는 손실을 보았고 1990년이 되어서야 행사는 재개되었다. 이후부터 연례행사가 되었다.

2001년 한 비영리단체가 테드를 인수해 새로운 미션을 제시했다. "지구상에서 가장 흥미로운 사람들을 찾아 그들이 가진 열정을 소통하게 한다." 이 미션이 현실화된 것은 2006년 6개의 테드 강의를 온라인에 무료로 게시하면서부터다. 테드는 대중시장에서 엄청난 입소문을 불러일으켰다.

3개월 만에 100만 조회 수를 달성하자 테드는 웹사이트를 재개했고 2012년이 되자 테드 강의는 총 10억 조회 수를 기록했다.[11] 테드는 콘퍼런스에서 나온 이익과 지원 보조금을 온라인 플랫폼, 콘텐츠 개발, 대중 마케팅 활동 등에 계속 재투자한다. 이런 방식으로 지역별 테드 콘퍼런스에서 제안된 수많은 아이디어가 녹화된 테드 강의 형태로 전 세계 대중에게 계속 제공되고 있다.

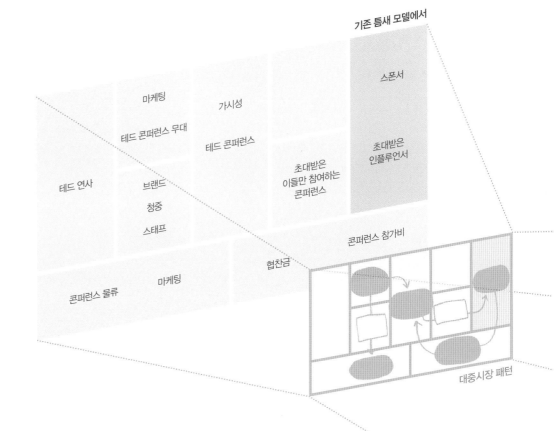

1 틈새시장에서 대중시장으로

몇 개의 강의가 온라인에서 성공을 거두자 테드는 캘리포니아에서 연 1회 개최되던 기존의 배타적인 콘퍼런스를 '온라인에 모든 동영상 강의를 제공'하는 것으로 전환하기로 했다. 과거 테드는 연간 국지적인 800여 명에게 영향력을 미쳤지만 지금은 매일 수백만 명에게 영감을 주고 있다.

2 특화된 채널에서 대중 채널로

본래 테드는 초대장(티켓) 판매를 위해 지역 채널을 사용했다. 그러나 테드 강의로 인해 거둔 성공으로 이들은 대중에게 도달할 효과적인 디지털 인프라를 개발했다. 테드 강의는 자체 웹사이트를 통해 전 세계로 퍼져나간다.

3 틈새 활동에서 대중 마케팅으로

이전에 테드 활동은 연례 콘퍼런스 조직과 티켓 판매에 집중되어 있었다. 그러나 이들은 '퍼뜨릴 만한 가치가 있는 아이디어'ideas worth spreading 라는 슬로건하에 더 많은 시청자가 찾아볼 수 있도록 활동을 진화시켰다. 테드는 세계적 수준의 콘텐츠를 확보하고 송출하기 위해 적합한 기술력을 갖춘 비디오 프로덕션 분야로 활동을 확장했다.

4 틈새 브랜드에서 대중 브랜드로

2018년 테드 강의는 일평균 조회 수가 900만 회를 넘었다. 테드 브랜드는 지적 호기심이 많은 개인에게 인기를 끌었고 이들의 성장에 투자하려는 스폰서에게 매력적인 대중시장 브랜드로 성장했다.

100만 회

최초로 온라인에 게재된 6개 테드 강의 동영상이 3개월 만에 달성한 조회 수.[12]

3,200개 이상

2019년 12월 현재 온라인에 무료로 게재되어 있는 테드 강의 동영상 수.[13]

6,000회

1분당 신규 조회 수.[14]

"처음 몇 개의 강의 동영상을 실험 삼아 온라인에 올리자 사람들은 열정적인 반응을 보였고 우리는 조직의 방향을 바꾸기로 결정했습니다. 즉 콘퍼런스를 위한 콘퍼런스가 아니라 '퍼뜨릴 만한 가치가 있는 아이디어'라는 정체성을 재정립하고 그것을 중심으로 웹사이트를 다시 만들기로 했죠. 콘퍼런스는 여전히 '엔진' 역할을 하지만 웹 사이트는 아이디어를 세계에 퍼뜨리는 증폭기입니다."

크리스 앤더슨
Chris Anderson
테드 큐레이터, 2012년 3월

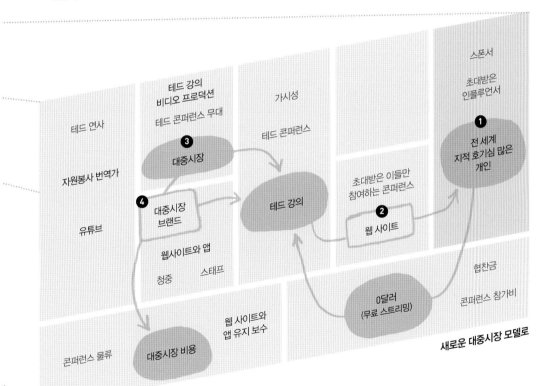

새로운 대중시장 모델로

B2B에서 B2(B2)C로

From B2B to B2(B2)C

소비자의 눈에 띄지 않던 B2B 공급자가 소비자에게 의미 있는 브랜드로 전환하는 것을 말한다. 이 전환을 이루려고 중개인을 배제하고 단독으로 나아갈 필요는 없다. 이 전환은 보통 소비자에게 좀 더 연관이 있는 브랜드가 되는 것을 뜻하는데 이를 위해서는 소비자 마케팅과 B2C 브랜드 개발 및 확장이 필요하다.

전략적 성찰

어떻게 하면 숨은 B2B 공급업체인 우리가 좀 더 소비자와 연관이 큰 회사가 되어 매출을 높일 수 있을까? 소비자를 위한 가치를 창조하도록 어떻게 우리 스스로를 포지셔닝 할까? 그 포지셔닝은 과연 우리를 B2B 고객에게도 좀 더 매력적으로 만들 수 있을까? 또한 그들(B2B 고객)의 제품이나 서비스에서 우리 브랜드가 부각되도록 하려면 어떤 인센티브를 주어야 할까?

사례

인텔 인사이드

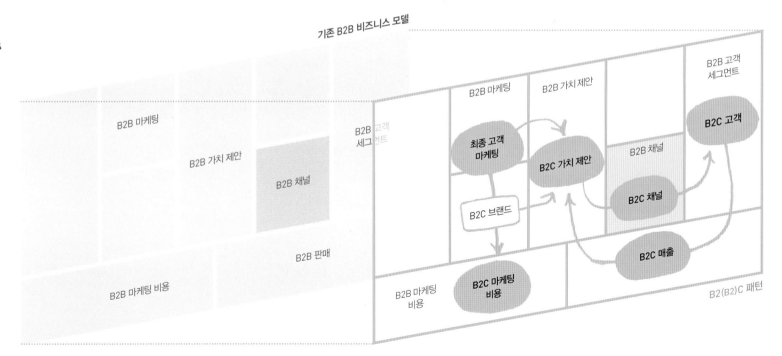

기존 B2B 비즈니스 모델

B2B 마케팅 · B2B 가치 제안 · B2B 채널 · B2B 판매 · B2B 마케팅 비용

B2B 고객 세그먼트 · B2B 마케팅 · B2B 가치 제안 · B2B 채널 · B2B 고객 세그먼트

최종 고객 마케팅 · B2C 가치 제안 · B2C 고객 · B2C 채널 · B2C 매출 · B2C 브랜드 · B2B 마케팅 비용 · B2C 마케팅 비용

B2(B2)C 패턴

로터치에서 하이터치로

From Low Touch to High Touch

표준화된 로터치 가치 제안에서 고객 맞춤형 하이터치 가치 제안으로 전환하는 것을 말한다. 이런 전환을 이루려면 보통 인건비 상승을 동반하는 새로운 인적 기반 활동이 필요하다. 하지만 하이터치 가치 제안은 프리미엄 가격을 받을 수 있기에 매출 증가로 이어진다.

전략적 성찰
어떻게 하면 표준화된 로터치 가치 제안을 하이터치 가치 제안으로 바꿔 가격 인상과 매출 증대를 꾀할 것인가? 어떻게 하면 하이터치 접근법으로 얻을 수 있는 규모 확장의 혜택을 최대한으로 유지하면서도 기존 표준화 접근법의 규모도 유지할 수 있을까?

사례
애플 지니어스 바

265

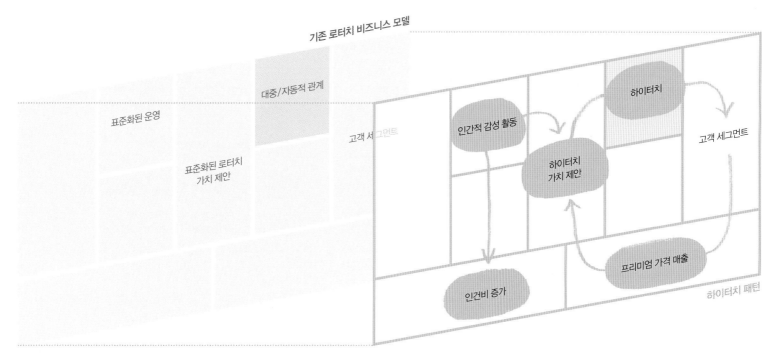

기존 로터치 비즈니스 모델

표준화된 운영

표준화된 로터치 가치 제안

대중/자동적 관계

고객 세그먼트

인간적 감성 활동

하이터치

하이터치 가치 제안

고객 세그먼트

인건비 증가

프리미엄 가격 매출

하이터치 패턴

인텔 인사이드

Intel Inside

1990년대 PC와 부품은 빠르게 일용품이 되었다. 이러한 위협에 대응하기 위해 인텔은 '인텔 인사이드' 캠페인을 시작했고 무대 뒤에서만 활동하던 B2B 마이크로 칩 공급업체에서 믿을 수 있는 B2C 브랜드로 전환했다.

1991년 인텔은 자신들의 마이크로프로세서(혹은 그것을 탑재한 PC)를 저품질 PC와 차별화하는 수단으로 '인텔 인사이드' 마케팅 캠페인을 시작했다. 이전에는 PC 소비자와 직접적인 관계를 맺지 않았다. 마이크로프로세서는 PC에 필수적이었지만 인텔은 오직 PC 제조업체만 상대하는 여러 부품 공급업체 중 하나였다.

인텔은 PC 제조업체가 '인텔 인사이드' 로고와 스티커를 PC와 포장박스에 부착해주면 그들이 집행하는 광고비를 분담해주기로 결정했다.

인텔 인사이드 스티커는 일종의 '공식 승인'이 되었다. 소비자는 프로세서가 어떤 역할을 하는지 잘 몰랐지만 그 스티커가 품질과 신뢰와 성능을 의미한다는 것을 알았다. 인텔은 매우 효과적으로 컴퓨터 부품을 만드는 엔지니어링 기업에서 성능이 보장되는 소비자 제품 기업으로 탈바꿈했다.

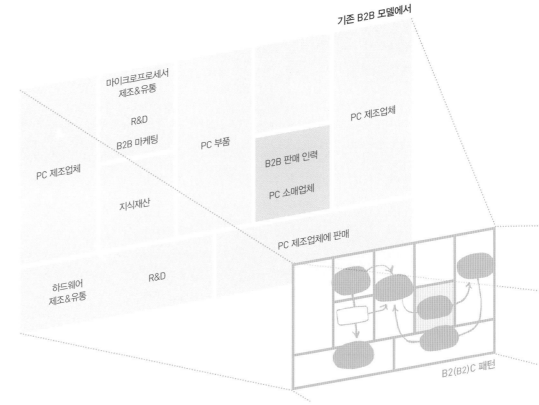

기존 B2B 모델에서

마이크로프로세서 제조&유통

R&D

B2B 마케팅

PC 제조업체

PC 부품

PC 제조업체

B2B 판매 인력

PC 소매업체

지식재산

하드웨어 제조&유통

R&D

PC 제조업체에 판매

B2(B2)C 패턴

1 B2B 채널에서 B2C 채널로

1991년 인텔은 B2C 채널로 '인텔 인사이드' 광고 캠페인을 시작했다. 이 캠페인은 인텔의 인지도를 급격히 상승시켰다. PC 제조업체를 설득해 '인텔 인사이드' 로고를 PC와 포장박스에 부착했다. 광고비를 절감할 수 있게 해주겠다는 것이 설득 포인트였다. 인텔은 무대 뒤에서 활약하는 B2B 마이크로 칩 공급업체에서 소비자와 만나는 B2C 브랜드로 전환했다.

2 B2B 마케팅에서 최종 소비자 마케팅으로

인텔이 엔지니어링 기반의 B2B 업체일 때는 마케팅이 별로 중요하지 않았다. 그러나 소비자에게 전환하면서 새로운 최종 소비자 마케팅 스킬셋과 강력한 B2C 브랜드를 개발해야 했다. 인텔은 품질과 신뢰와 성능을 겸비한 소비자 상품을 구현하는 데 성공했다.

3 매출 승수multiplier인 B2C 브랜드 덕에 B2B 판매 확충

새롭게 얻은 B2C 대중시장 브랜드 파워로 인텔은 이름 없는 마이크로 칩 공급업체와 차별화했다. PC 제조업체는 최종 소비자에게 더 많은 프리미엄을 부과할 차별적 요인으로 인텔이라는 믿음직한 브랜드에 의존하기 시작했다. 그 결과 PC 제조업체의 판매량과 매출이 증가했고 인텔의 마이크로프로세서 매출 역시 크게 늘었다.

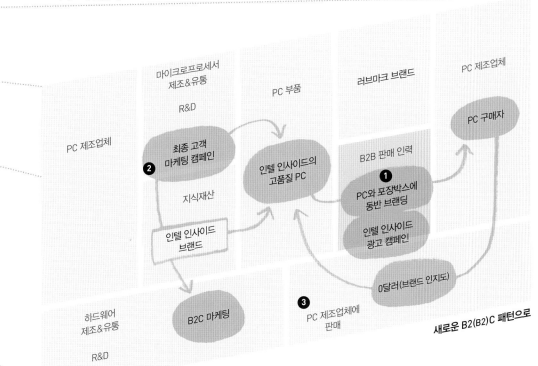

새로운 B2(B2)C 패턴으로

1억 1,000만 달러
첫 3년간 인텔 인사이드에 들인 광고 캠페인 비용(약 1,200억 원).[15]

1위
1992~2016년간 10~15%의 시장점유율을 기록하며 매출액 기준 반도체 시장의 리더 지위 유지.[16]

3,000회
1991년 고객사(PC 제조업체) 광고에서 '인텔 인사이드' 로고가 표시된 빈도.[17]

13만 3,000개
1993년까지 '인텔 인사이드' 로고가 사용되어 1,400개 PC 제조업체가 등록한 캠페인 횟수.[15]

10억 달러
'인텔 인사이드' 캠페인을 시작한 이듬해인 1992년 인텔의 순이익(약 1조 1,000억 원).[18]

애플 지니어스 바

Apple Genius Bar

2001년 애플은 애플 스토어의 핵심 요소로 지니어스 바를 출시했다. 이를 통해 고객이 어려워하는 PC 구입과 서비스 경험을 하이터치와 높은 가치의 차별적 컨시어지 스타일의 서비스 경험으로 전환시켰다.

애플 스토어를 열기 전 애플은 판매와 기술지원을 위해 서드파티 업체를 활용했다. 따라서 고객은 구매할 때뿐만 아니라 구매 이후에도 불편을 경험할 수밖에 없었다.

2001년 애플은 유통 전략의 핵심 요소로 '지니어스 바'를 갖춘 애플 스토어를 개설했다.

지니어스 바는 제품 시연, 교육 워크숍을 비롯한 개인화된 친절한 기술지원 서비스를 제공했다. 고객을 지원하는 스태프인 '지니어스'는 하이터치의 인간적인 접근법으로 고객이 구입한 기기의 진정한 주인으로 느끼게 해주었다. 지니어스 바 덕에 고객은 이전보다 덜 두려운 마음으로 애플 스토어에 들어가서 필요한 도움을 요구할 수 있게 되었다.

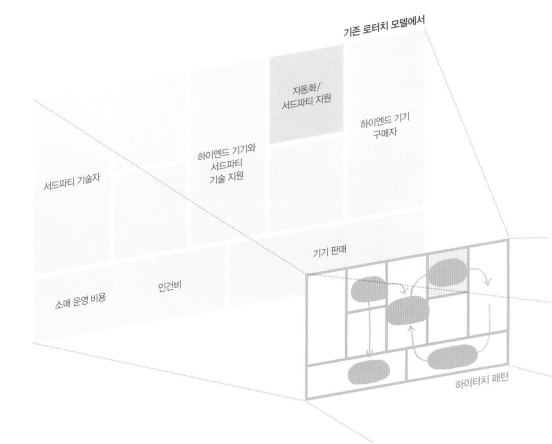

기존 로터치 모델에서

자동화/
서드파티 지원

하이엔드 기기
구매자

하이엔드 기기와
서드파티
기술 지원

서드파티 기술자

기기 판매

인건비

소매 운영 비용

하이터치 패턴

1 대중과의 자동화된 로터치 관계에서 하이터치 관계로

고객은 기기에 문제가 있을 때 어떻게 할까? 보통 서드파티 콜센터에 전화하거나 기술지원 파트너사를 통해 짜증스러운 수리 과정을 거쳐야 한다(불특정다수를 대상으로 한 비차별적 접근법). 2001년 애플은 신규 애플 스토어 내에 지니어스 바를 운영함으로써 제품의 수명이 다할 때까지 고객 경험 전체를 관리하도록 했다. 기기에 문제가 생기거나 문의사항이 있으면 고객은 가까운 애플 스토어 내 지니어스 바에 가서 지원을 받을 수 있게 되었다.

2 표준화된 운영에서 '인간 집중'의 활동으로

애플은 통상 서드파티를 개입시키는 표준화된 '백오피스' 서비스 지원 구조에서 고객을 직접 상대하는 활동으로 전환했다. 지니어스 바는 대면 기술 지원, 방문 수리, 소프트웨어 교육 및 워크숍 서비스를 제공했다. 이 전환을 위해 애플은 '지니어스'라 명명한 새로운 직원 그룹을 교육해 자격을 부여했다. 지니어스는 개인화된 서비스를 제공하는 호텔 컨시어지를 본뜬 것이다. 지니어스는 제품 판촉이 아니라 관계 구축에 집중했다.

3 인건비 증가

애플은 하이터치 접근법으로 인한 인건비 증가와 지니어스 바 운영에 따른 유통비 증가를 감수했다. 애플은 추가적으로 창조될 가치가 유통비 증가보다 더 중요하다고 생각했다.

4 프리미엄 가격으로 인한 매출 증대

차별성이 적고 이익률도 낮은 디지털 기기 시장에서 애플은 고객에게 전문가적 대면 서비스를 제공함으로써 두각을 나타냈다. 개인화된 서비스는 애플 제품과 브랜드가 주는 혜택에 대한 인지도를 강화시켰다. 그 결과 애플은 자신들의 프리미엄 가격과 이윤을 정당화할 수 있었다.

"저는 고객과 제품이 가능한 한 최상의 관계를 맺도록 돕기 위해서 일합니다."

팰로앨토 애플 스토어의 지니어스팀 리더,
2014년

5만 건

2014년 기준 하루 평균 지니어스 바 예약 건수[19]

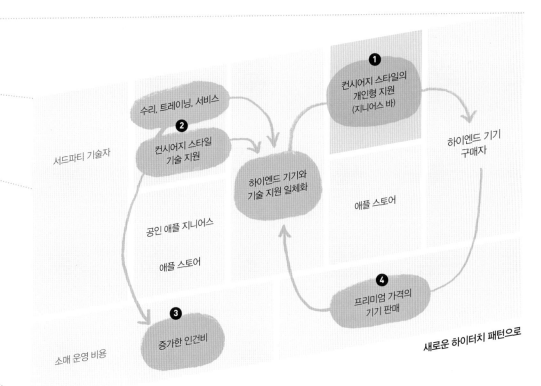

서드파티 기술자

① 컨시어지 스타일의 개인형 지원 (지니어스 바)

수리, 트레이닝, 서비스

② 컨시어지 스타일 기술 지원

하이엔드 기기 구매자

하이엔드 기기와 기술 지원 일체화

공인 애플 지니어스

애플 스토어

애플 스토어

④ 프리미엄 가격의 기기 판매

③ 증가한 인건비

소매 운영 비용

새로운 하이터치 패턴으로

프런트 스테이지 중심의 전환

'소비자에게 다가가기' Direct to Consumer 트렌드

개선 패턴

애플 스토어

애플은 전체적인 고객 경험을 관리하기 위해 2001년 자체 유통 매장을 개설했다. 이전에는 자체 오프라인 매장에서 소비자에게 직접 제품을 판 적이 없었다. 항상 서드파티 유통망을 활용했던 것이다. 애플 스토어는 기존 컴퓨터 유통업체와는 다른 매우 독특한 경험을 제공함으로써 열자마자 히트를 쳤다. 애플 스토어는 밝고 개방적인 공간을 갖추고 있다. 고객은 기꺼이 안으로 들어가 여러 기기를 접하고 지니어스 바에서 소통한다. 애플 스토어는 교육 워크숍과 행사를 통해 단순한 매장 이상의 공간으로 변모했다.

네스프레소 부티크 Boutique

캡슐 커피로 알려진 하이엔드 커피 브랜드 네스프레소는 2000년 파리에 콘셉트스토어로 첫 부티크 매장을 열었다. 당시 네스프레소는 이미 성공적인 전자 상거래 비즈니스를 운영하고 있었지만 자신들을 하이엔드 브랜드로 각인시키기 위해 물리적 실재를 보여줄 필요가 있었다. 네스프레소는 꾸준히 부티크를 늘려가며 고객에게 '궁극적인 커피 경험'을 소개하고 자신들의 '브랜드 약속'을 알렸다. 2017년 말까지 전 세계 대도시 주요 지역에 700개 이상의 네스프레소 부티크가 문을 열었다.

오데마피게 Audemars Piguet

2013년 스위스 시계 제조업체 오데마피게AP의 CEO 프랑수아 앙리 베나미아스 Francois-Henry Bennahmias는 서드파티 유통 방식을 철회하기로 결정했다. 2024년까지 멀티브랜드 유통 파트너를 배제하기로 한 것이다. 이 급진적인 전환으로 AP는 고객 경험, 고객 데이터, 브랜드와 고객과의 관계에 대한 통제권을 되찾았다. 고객의 구매 경험은 매우 개인화된 방향으로 바뀌었고 상점이 아니라 주요 도시의 최고급 아파트 등 좀 더 사적인 장소에서 이루어졌다. 또한 중간 유통업자를 배제시킨 덕에 소매 판매의 이윤을 모두 가져올 수 있었다.

틈새의 부상

크래프트 맥주Craft Beer

크래프트 맥주 운동은 지난 20년 동안 증가 추세에 있고 심지어 기존 맥주 회사가 크래프트 맥주 회사를 매입하거나 유통하게 만들었다. 일례로 1980년대까지 미국 내에서 생산, 판매되는 맥주는 특징이나 전통과 문화가 거의 없는 대량 생산되는 일용품이었다.

소비자는 지역의 작은 맥주 공장이 제조하는 풍미 가득한 맥주로 하나둘 옮겨가기 시작했다. 그러자 업계 거물이 이 시장에 뛰어들었다. 버드와이저 제조업체인 AB 인베브AB Inbev는 2011년부터 2017년 사이 크래프트 맥주 공장 10곳을 매입했다.

공동 브랜드 혹은 어피니티Affinity 신용카드

신용카드 하면 보통 비자, 마스터카드, 아메리칸 익스프레스 등을 떠올린다. 현재 은행이나 대부업체는 카드 멤버십과 사용 금액에 따라 혜택을 제공하는 유통업체보다 부가적인 지위에 놓여 있다. 1980년대부터 여러 유통업체가 자체 카드를 발행해왔고 이들은 공동 브랜딩으로 새로운 극단의 틈새들을 공략했다. 스타벅스, 우버, 아마존 프라임은 모두 비자 리워드 카드를 제공한다. 공동 브랜드 신용카드는 미국 소비자 및 소기업 신용카드 구매액의 41%를 차지했고(2017년), 구매 금액은 9,900억 달러(약 1,100조 원)를 넘었다(2018년).

익스클루시브Exclusive 운동화의 출시 러시

나이키와 아디다스는 완전히 새로운 틈새를 공략했다. 즉 특정 시기에 특정 유통업체에만 주간 단위로 제한적인 수량을 배타적으로 출시하는 전략을 구사한 것이다. 생산량이 수백에서 수십만 켤레까지 다양하고 독특한 디자인의 운동화. 이들을 온라인 등에서 되팔 목적으로 수집하는 운동화 수집광을 목표로 삼는 것이다. 소비자가격 120달러의 신발이 희소성과 인기에 따라 개인 간에는 4,000달러 이상에 거래되기도 한다.

백스테이지 중심의 전환

어떻게 가치를 창조할지에 관한 근본적인 전환.

전용 자원에서 다용도 자원으로

From Dedicated Resources to Multi-Usage Resources

하나의 가치 제안을 위해 하나의 자원을 사용하던 것에서 동일한 자원을 완전히 다른 가치 제안을 위해 사용하는 쪽으로 전환하는 것을 말한다. 이 전환은 완전히 새로운 매출 흐름을 가능케 하면서 상당한 시너지를 일으킨다.

전략적 성찰
어떻게 우리의 가장 중요한 핵심 자원 중 하나를 활용하면 새로운 고객 세그먼트를 위한 새로운 가치 제안을 제공할 수 있을까? 어떻게 하면 기존 비즈니스와의 시너지를 유지하면서 우리가 목표로 하는 새로운 시장을 파괴할 수 있을까?

사례
후지필름

273

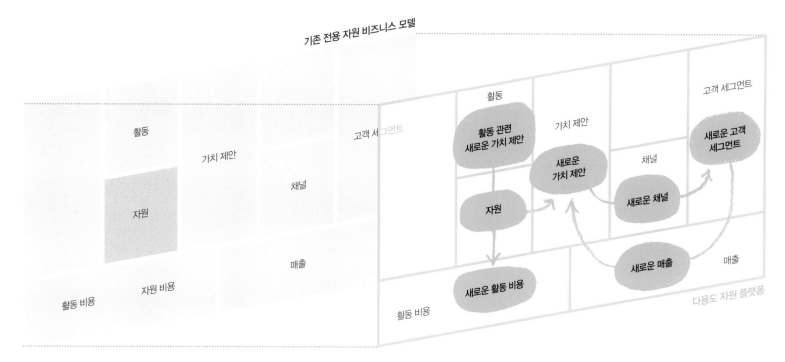

기존 전용 자원 비즈니스 모델

다용도 자원 플랫폼

후지필름

Fujifilm

2000년대 사진의 디지털화로 후지필름은 더 이상 아날로그 필름으로는 지속적인 매출을 기대하기 어렵다는 것을 깨달았다. 회장 고모리 시게타카는 '비전 75' Vision 75 를 통해 후지필름의 변모를 이끌었다. 2006년 후지필름은 필름 부문의 전문 기술을 화장품에 새로 적용해 아스타리프트라는 스킨케어 제품을 출시했다.

274

개선 패턴

후지필름은 비전 75의 일환으로 2006년 자신의 기술을 혁신적으로 활용할 방법을 모색하기 위해 고등 연구소 Advanced Research Laboratories 를 설립했다. 곧이어 이들은 아스타리프트 스킨케어 제품을 개발했고 브랜드 인지도를 활용해 새로운 화장품 라인을 마케팅했다. 기존 핵심 자원을 중심으로 새로운 비즈니스를 성공적으로 구축함으로써 후지필름은 과거 경쟁자였던 코닥과 달리 급격한 쇠퇴에서 회복할 수 있었다. 이 성공은 다른 비즈니스를 탐험하기 위한 발판이 되었고(예: 기능성 재료, 의료 기기 등) 후지필름은 다각화된 기술 대기업으로 탈바꿈했다. 후지필름의 사진 인화 부문을 담당하는 사업부는 2001년에 회사 매출의 54%를 차지했지만 2017년에는 15%로 급감했다.

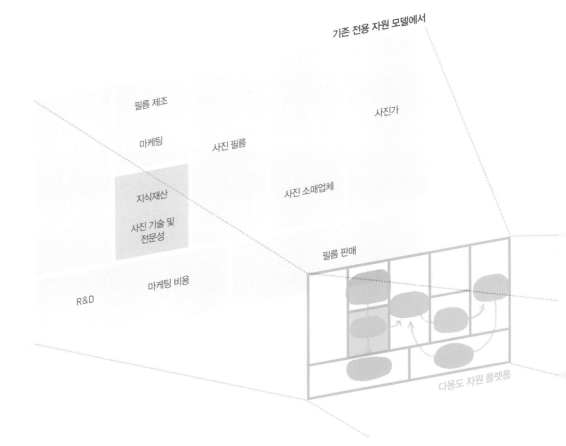

1 전용 자원에서 다용도 자원으로

후지필름은 필름의 주요 성분인 콜라켄이 피부를 구성하는 데도 중요하며 그에 따라 사진 기술과 필름 제조 전문성을 스킨케어 제품 생산에도 적용할 수 있다는 것을 깨달았다. 수년 동안 후지필름은 자체 화학 연구소에서 2만여 종의 화합물을 개발했다. 본래 사진 필름에 사용하기 위한 것이었지만 약품과 스킨케어 제품 생산에도 적용할 수 있었다.

2 하나의 가치 제안에서 새로운 고객을 위한 새로운 가치 제안으로

후지필름은 전 세계 사진가를 위한 기존 가치 제안(사진 필름)에서 근본적인 전환을 시도했다. 이제 후지필름은 아스타리프트라는 최고급 스킨케어 제품으로 아시아 여성을 타깃으로 삼고 있다.

3 기존 채널에서 새로운 채널로

사진 필름과 최고급 스킨케어 제품은 동일한 유통 채널을 사용할 수 없다. 따라서 후지필름은 아스타리프트 비즈니스를 위해 새로운 화장품 전용 유통 채널을 개설했다.

4 기존 활동에서 새 가치 제안과 관련된 새로운 활동과 비용으로

후지필름은 고등 연구소를 설립해 사진 기술을 혁신적으로 사용할 방법을 탐색했다. 이들은 스킨케어 비즈니스에 투자하기로 결정했고 화장품에는 강력한 브랜드가 필요하기에 특별한 마케팅 캠페인으로 아스타리프트를 지원했다. 새로운 가치 제안을 위해 후지필름은 곧바로 스킨케어 제품의 생산과 유통 인프라를 구축했다.

5 기존 매출에서 새로운 매출로

2001년 정점에 다다른 사진 필름 수요는 급격하게 하락해 이후 10년이 지나기도 전에 거의 사라졌다. 필름 매출 급락을 만회하기 위해 후지필름은 최고급 스킨케어 제품과 건강 보조제로 새로운 매출 흐름을 창조했다. 스킨케어 제품과 건강 보조제는 2006년부터 헬스 케어 사업부 성장에 기여했다.

2배

아스타리프트는 후지필름의 헬스 케어 비즈니스 매출을 2008년 2,880억 엔(약 3조 원)에서 2018년 4,840억 엔(약 5조 500억 원)으로 성장시키는 데 기여했다. 아스타리프트의 매출도 여기 포함된다.[20, 21]

2만 종의 화합물

후지필름 자체 연구소에서 개발한 화합물 종류. 본래 사진 필름 용도였지만 이제는 의약품과 화장품에 사용된다.[22]

필름 제조

사진가

마케팅

사진 필름

스킨케어 제조&마케팅

①

지식재산

② 스킨케어 제품 (아스타리프트)

③ 화장품 소매업체

아시아 화장품 구매자

화장품 브랜드

④

사진 소매업체

① 사진 기술&전문성

⑤ 스킨케어 제품 판매

필름 판매

마케팅 비용

화장품 제조& 마케팅 비용

R&D

새로운 다용도 자원 모델로

후지필름 vs. 코닥 매출 추이[23]

■ 후지필름　　코닥
단위 100만 달러

30,000

20,000

10,000

2000　2001　2002　2003　2004　2005　2006　2007

거대 자산에서 소규모 자산으로

From Asset Heavy to Asset Light

높은 고정비용과 높은 설비 투자Capital expenditure, CAPEX에 바탕을 둔 비즈니스 모델에서 변동비 형태의 소규모 자산 비즈니스로 전환하는 것을 말한다. 이 전환을 통해 자산 구축과 유지에서 벗어나 서비스 제공과 고객 확보에 집중할 수 있다. 자산 구축과 유지에 들던 에너지를 규모 성장과 매출 증가에 투자할 수 있다. 또한 때때로 서드파티에게 고객사의 자산 구축 및 유지 비용을 분담하게 만들 수도 있다. 이렇게 되면 회사가 자체적으로 자산을 구축하고 유지할 때보다 단위 원가를 줄일 수 있다.

전략적 성찰
어떻게 하면 자산을 구축하고 유지하는 것에서 서비스 제공과 고객 확보로 자본과 에너지를 집중시킬 수 있을까? 어떻게 하면 이러한 전환이 고객 기반을 확대하고 매출을 증가시키는 데 도움이 될 수 있을까?

사례
바르티 에어텔

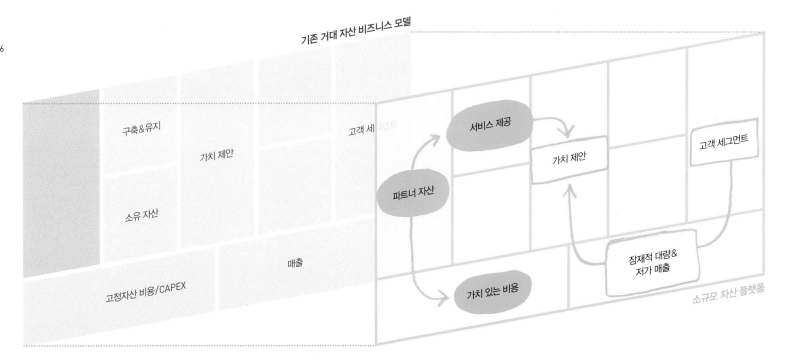

기존 거대 자산 비즈니스 모델

구축&유지

가치 제안

고객 세그먼트

소유 자산

고정자산 비용/CAPEX

매출

파트너 자산

서비스 제공

가치 제안

고객 세그먼트

가치 있는 비용

잠재적 대량&
저가 매출

소규모 자산 플랫폼

폐쇄형 혁신에서 개방형 혁신으로

From Closed to Open (Innovation)

새로운 가치 제안을 개발하기 위해 폐쇄적인 접근에서 개방적인 접근으로 전환하는 것이다. 이 혁신을 위한 '외부 도입'outside-in 접근 방식은 외부의 R&D와 IP를 기초로 한다. 유사한 전환으로는 내부 R&D와 IP를 철저하게 보호하는 것에서 R&D와 IP를 외부 파트너와 공유하는 '내부 공유'inside-out 접근 방식도 있다.

전략적 성찰
어떻게 하면 외부의 R&D와 지식재산을 더 많이 사용하는 방식(외부 도입)이나 내부의 R&D와 지식재산을 외부 파트너와 공유하는 방식(내부 공유)을 도입할 수 있을까? 특히 어떻게 하면 이 2가지 방법을 통해 새로운 매출을 발생시켜 R&D 투자이익률을 높일 수 있을 것인가?

사례
마이크로소프트

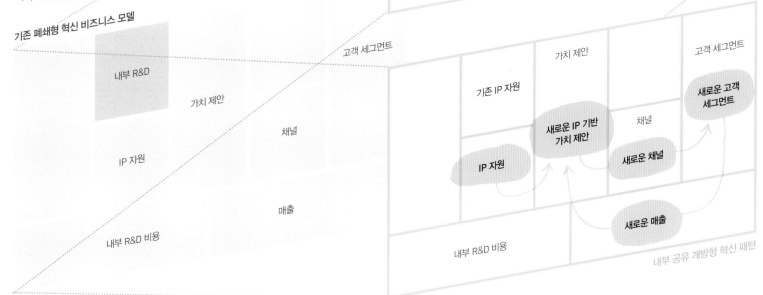

바르티 에어텔

Bharti Airtel

2000년대 초 에어텔은 자체 텔레콤 인프라를 성장시킬 자본력이 부족했다. 이들은 텔레콤 산업에서 전례 없는 전략을 탐색하기로 결정했다. 인프라를 개발하는 대신 서비스 제공으로 경쟁하기 위해 네트워크 인프라 구축과 운영 전반을 아웃소싱한 것이다.

278

개선 패턴

2000년대 초 바르티 에어텔은 인도 텔레콤 시장 성장의 수혜를 차지하길 원했다. 하지만 인프라에 투자할 자본은 없었다.

이들은 다른 업체처럼 비용이 많이 소요되는 인프라로 경쟁하지 않고 서비스로 승부를 보기로 했다.

2003년 에어텔은 자사의 인프라와 비즈니스 운영 대부분을 파트너 기업에게 아웃소싱한 최초의 대형 텔레콤 기업이 되었다. 비즈니스 모델에서 막대한 자본 비용이 사라진 것이다. 이 전환으로 설비 투자는 고객의 사용량에 따른 변동 운영비로 바뀌었다. 에어텔은 전환에 따른 비용 절감분을 가격 인하로 돌렸다. 가격 인하는 '구독자 기반'의 빠른 성장을 지속시키는 새로운 가치 제안이 되었다.

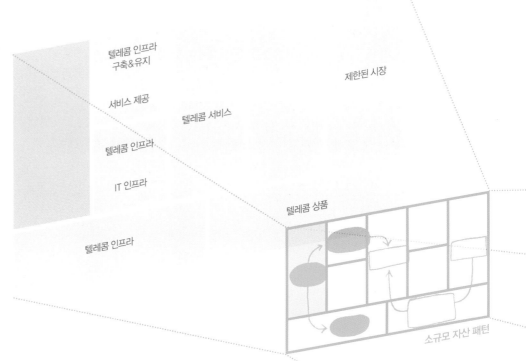

기존 거대 자산 모델에서

텔레콤 인프라 구축&유지

서비스 제공

제한된 시장

텔레콤 서비스

텔레콤 인프라

IT 인프라

텔레콤 상품

텔레콤 인프라

소규모 자산 패턴

1 자체 핵심 자산에서 파트너 자산으로

2003～2004년 에어텔은 물리적인 텔레콤 인프라의 운영 및 유지와 IT 시스템 대부분을 4개의 글로벌 공급업자와 다년 계약으로 아웃소싱하는 급진적인 결정을 내렸다. 이는 자체 네트워크를 주요 경쟁우위로 간주하는 텔레콤 기업으로서는 전례 없는 결정이었다.

2 구축 및 유지 실행에서 서비스 제공 실행으로

에어텔은 잉여 자금을 재할당해 영업, 마케팅, 고객 서비스를 확장했다. 이러한 활동은 좀 더 빠른 고객 성장과 더 나은 서비스 제공을 가능케 했다.

3 고정비용에서 변동비용 구조로

에어텔은 더 이상 통신 설비와 자체 인프라(고정비용)에 돈을 지출할 필요가 없었다. 에어텔은 사용량과 서비스 품질(변동비용)에 기초해 파트너 기업과 아웃소싱 비용을 협상했다.

4 기본 매출에서 '저가 대량 판매' 매출로

에어텔은 인프라 아웃소싱으로 인한 비용 절감분을 통신 요금 인하의 형태로 고객에게 돌려주기로 결정했다. 에어텔은 저렴한 통신 요금으로 더 많은 고객을 확보할 수 있었고 인도 텔레콤 시장의 빠른 성장을 충분히 자신들 것으로 활용했다. 성장이 더 이상 인프라에 제약을 받지 않았기 때문에 모델 전환 이후 더욱 신속히 고객 기반을 확장할 수 있었다.

인도 내 3위

2019년 인도에서의 모바일 텔레콤 기업 순위.[24]

3억 2,500만 명

2019년 인도 내 가입자 수.[24]

27.5%

2019년 인도의 모바일 가입자 기준 시장점유율.[24]

120%

2003~2010년까지 매출 연평균 성장률. 순이익은 매년 282% 성장.[25]

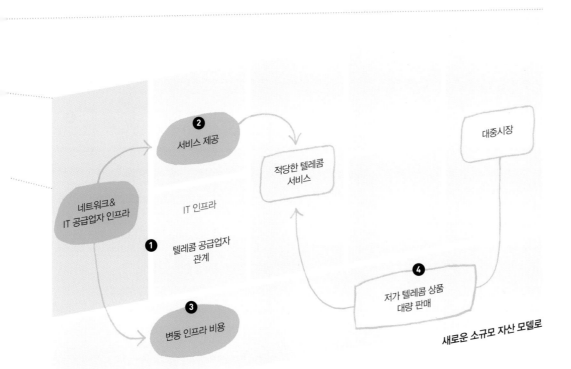

네트워크&
IT 공급업자 인프라

IT 인프라

1 텔레콤 공급업자 관계

2 서비스 제공

3 변동 인프라 비용

적당한 텔레콤 서비스

대중시장

4 저가 텔레콤 상품 대량 판매

새로운 소규모 자산 모델로

마이크로소프트

Microsoft

기업 사용자와 개발자는 더 이상 운영체제에 종속되길 원치 않았다. 이 문제를 해소하기 위해 마이크로소프트는 오픈소스를 수용하기로 했다. 2001년 오픈소스를 '암적 존재'라고 칭했던 마이크로소프트는 2014년 오픈소스 커뮤니티에 합류했다.

스티브 발머가 CEO이던 시절, 마이크로소프트는 오픈소스를 노골적으로 비난했다. IP를 훔치는 행위에 대한 특허 소송도 빈번했다. 그러나 2012년 MS 오픈 테크놀로지스Open Technologies를 설립해 처음으로 오픈소스를 시도했다.

2014년 신임 CEO 사티아 나델라는 오픈소스로의 전환 속도를 급격히 높였다. 그는 기업 사용자와 개발자를 만족시키기 위해 자사의 주된 관심을 윈도에서 클라우드 솔루션으로 과감히 이동시켰다.

기업 고객의 니즈를 충족시키기 위해 마이크로소프트는 폐쇄형 혁신에서 개방형 혁신으로 전환했다. 더 이상 독점적 소프트웨어 개발에 의존하지 않고 오픈소스 커뮤니티에 기업을 개방하겠다는 뜻이다. 이에 외부 개발자가 MS의 소프트웨어나 클라우드 서비스인 애저의 기능을 개선하고 쉽게 고칠 수 있도록 개방했다.

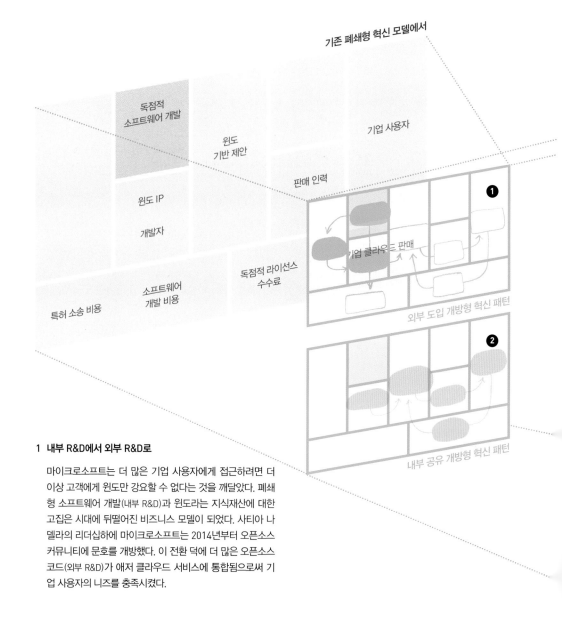

기존 폐쇄형 혁신 모델에서

독점적
소프트웨어 개발

윈도
기반 제안

기업 사용자

윈도 IP

개발자

판매 인력

기업 클라우드 판매

❶

특허 소송 비용

소프트웨어
개발 비용

독점적 라이선스
수수료

외부 도입 개방형 혁신 패턴

❷

내부 공유 개방형 혁신 패턴

1 내부 R&D에서 외부 R&D로

마이크로소프트는 더 많은 기업 사용자에게 접근하려면 더 이상 고객에게 윈도만 강요할 수 없다는 것을 깨달았다. 폐쇄형 소프트웨어 개발(내부 R&D)과 윈도라는 지식재산에 대한 고집은 시대에 뒤떨어진 비즈니스 모델이 되었다. 사티아 나델라의 리더십하에 마이크로소프트는 2014년부터 오픈소스 커뮤니티에 문호를 개방했다. 이 전환 덕에 더 많은 오픈소스 코드(외부 R&D)가 애저 클라우드 서비스에 통합됨으로써 기업 사용자의 니즈를 충족시켰다.

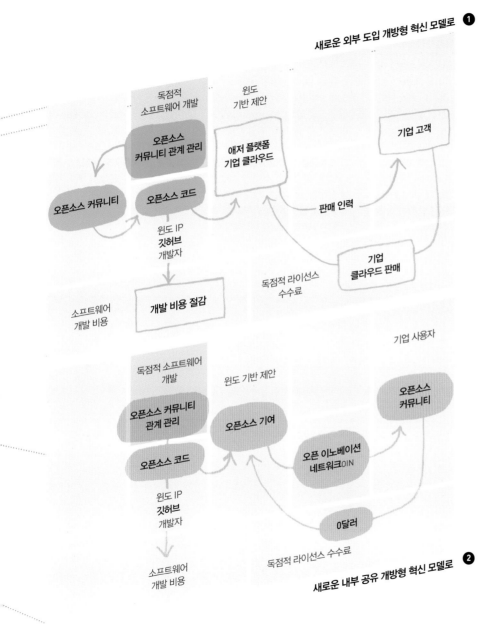

새로운 외부 도입 개방형 혁신 모델로 ❶

독점적
소프트웨어 개발

윈도
기반 제안

오픈소스
커뮤니티 관계 관리

애저 플랫폼
기업 클라우드

기업 고객

오픈소스 커뮤니티

오픈소스 코드

판매 인력

윈도 IP
깃허브
개발자

기업
클라우드 판매

개발 비용 절감

독점적 라이선스
수수료

소프트웨어
개발 비용

기업 사용자

독점적 소프트웨어
개발

윈도 기반 제안

오픈소스
커뮤니티

오픈소스 커뮤니티
관계 관리

오픈소스 기여

오픈소스 코드

오픈 이노베이션
네트워크OIN

윈도 IP
깃허브
개발자

0달러

소프트웨어
개발 비용

독점적 라이선스 수수료

새로운 내부 공유 개방형 혁신 모델로 ❷

6만 개

2018년 마이크로소프트가 오픈 이노베이션 네트워크OIN에 합류하면서 공개한 특허 규모.[26]

75억 달러

마이크로소프트가 2018년 오픈 소프트웨어 개발 플랫폼의 선두주자 깃허브를 인수하기 위해 지불한 비용.[27]

1위

2018년 4,550명 이상의 직원을 참여시킨 마이크로 소프트의 깃허브 기여도.[28]

2 독점적 IP에서 새로운 IP 기반의 가치 제안으로

MS는 2016년 오픈소스 개발을 촉진하는 오픈 기술 컨소시엄인 리눅스 재단에 합류했다. 2018년에는 특허 컨소시엄인 오픈 이노베이션 네트워크OIN에 합류했다. 가입과 동시에 이들은 6만 개 넘는 특허(독점적 지식재산)를 커뮤니티에 공개했다.
또한 2018년 MS는 오픈소스 커뮤니티를 위한 소프트웨어 버전 관리 및 협업 플랫폼인 깃허브를 인수한다. 곧이어 이 플랫폼의 최대 공헌 기업 중 하나가 됐다(새로운 지식재산 기반의 가치 제안).

빅데이터 트렌드: 23앤드미

23andMe

거대한 데이터 집합을 분석하는 빅데이터는 '전용 자원에서 다용도 자원으로'의 전환을 통해 새로운 성장 기회를 많이 열어주었다. 23앤드미가 대표적인 사례다.

1 전용 자원에서: 유전자 테스트

23앤드미는 2006년 소비자에게 직접 DNA 테스트 키트를 판매하기 시작했고 가족력 리포트와 건강 분석 자료를 모두 제공했다. 23앤드미는 소비자에게 키트를 팔면서 "더 큰 무언가의 일부"가 되려면 연구에 참여해달라고 요청했다. 80%의 사용자가 이에 동의했다. 키트가 판매될 때마다 23앤드미의 사용자 데이터베이스, DNA 정보, 자가 기록 실행 데이터 규모가 증가했다.

2 다용도 자원으로: 데이터베이스에 대한 접근

23앤드미는 자신들의 데이터베이스가 과학 연구를 위한 핵심 자원이 될 것임을 잘 알고 있었다. 23앤드미는 연구자들(의료기관, 정부기관, 교육기관 등)이 익명화된 데이터베이스에 접근할 수 있는 권한을 판매했다. 2018년 23앤드미 고객 400만 명 이상이 자신의 DNA를 연구에 사용하는 데 동의했다. 23앤드미의 고객들은 230개 이상의 연구에 기여했다.

3 다용도 자원으로: 약품 개발

데이터가 풍부해지자 23앤드미는 약품 개발 분야에 뛰어들 수 있었다. 그들은 자체적으로 혹은 선도 제약업체들과의 파트너십을 통해 새로운 분야를 탐험했다. 23앤드미는 2020년부터 최초로 고객 데이터로 개발한 신약에 대한 권리를 판매했다. 이는 상당히 큰 신규 매출 흐름을 촉진시켰다.

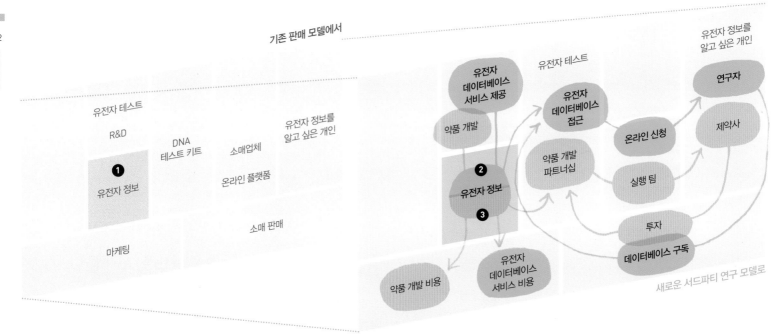

소규모 자산에서 거대 자산으로
1928~1965

역전환

디즈니 파크 앤드 리조트

Disney Parks & Resorts

1930년대 디즈니 창업자 월트 디즈니는 가족에게 스크린이나 실생활에서 마술 같은 경험을 안겨주고 싶었다. 영화의 성공(소규모 자산)에 힘입어 그는 1995년 테마파크와 리조트(거대 자산)로 꿈을 확장했다.

1928년 월트 디즈니는 첫 장편 만화영화 〈미키 마우스〉를 선보였다. 4년 후 그는 가족 친화적인 놀이공원에 대한 아이디어를 그리기 시작했다. 1955년 캘리포니아에 디즈니랜드가 문을 열었고 개장 후 첫 10주 동안 100만 명의 방문자를 끌어 모았다. 디즈니 월드Disney World는 1971년 개장했는데 관광객을 위해 호텔도 포함되었다. 1983년 디즈니는 도쿄에 최초의 해외 테마파크를 개장했고 1996년 디즈니 크루즈Disney Cruise를 선보였다. 고자산에 대한 디즈니의 투자는 계속되는 성장으로 충분히 만회할 수 있었다. 디즈니의 접객hospitality 사업은 미디어 사업 다음으로 수익성이 좋았다. 2023년까지 테마파크에 240억 달러(약 26조 원) 투자가 예상된다.[29]

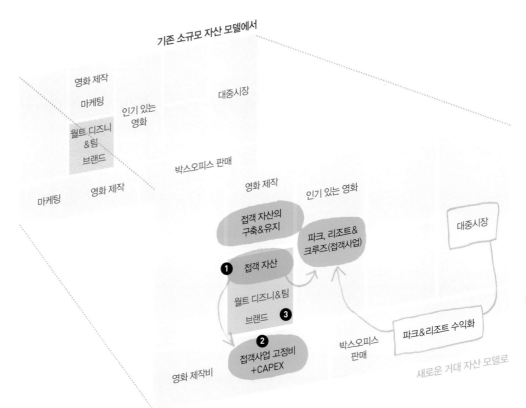

1 소규모 자산에서 거대 자산으로

영화 사업에는 월트 디즈니와 크리에이터팀 외에 다른 자산이 거의 필요치 않았다. 그러나 실제 생활 경험을 창조하기 위해 비즈니스 모델을 전환하려면 '막대한 자산'이 드는 접객 사업에 투자해야 했다. 디즈니는 1955년 첫 테마파크인 디즈니랜드를 필두로 테마파크 11개, 리조트 51개, 크루즈선 4척, 섬 1곳을 핵심 자원으로 만들었다.

2 소규모 자산에서 거대 자산의 비용 구조로

영화	테마파크
〈레이디와 트램프〉 3,810만 달러	디즈니랜드 1억 6,200만 달러
〈정글북〉 3,060만 달러	디즈니 월드 20억 200만 달러
〈인어공주〉 8,200만 달러	디즈니 할리우드 스튜디오 8억 2,400만 달러

3 소규모 자산과 거대 자산의 상호 강화 효과

디즈니는 자신들의 영화 상품과 브랜드를 테마파크와 리조트 등 접객 사업 마케팅에 활용했다. 동시에 테마파크와 리조트는 고객과 디즈니 브랜드의 연결을 강화하는 채널이 되었다.

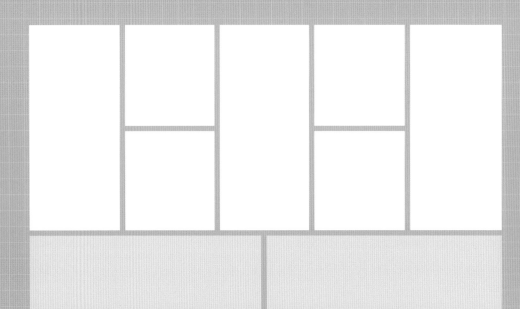

이익 공식 중심의 전환

매출과 비용 면에서 어떻게
이익을 창출할지에 관한 근본적인 변화.

고비용에서 저비용으로
From High Cost to Low Cost

비용 구조를 근본적으로 개선하고 가격에 민감한 고객에게 낮은 가격이라는 가치 제안을 제공하기 위해 좀 더 효율적인 활동과 자원 구성으로 전환하는 것을 말한다. 이 전환을 통해 기존 가치 제안으로는 접근하지 못했던 새로운 고객 세그먼트를 장악할 수 있다.

전략적 성찰
어떻게 가격에 민감한 새로운 고객 세그먼트를 저가격이라는 가치 제안으로 장악할 수 있을까? 어떻게 활동과 자원을 재구성해야 기존 비용 구조를 파괴하고 저가격을 가능하게 할 수 있을까?

사례
다우코닝 자이어미터

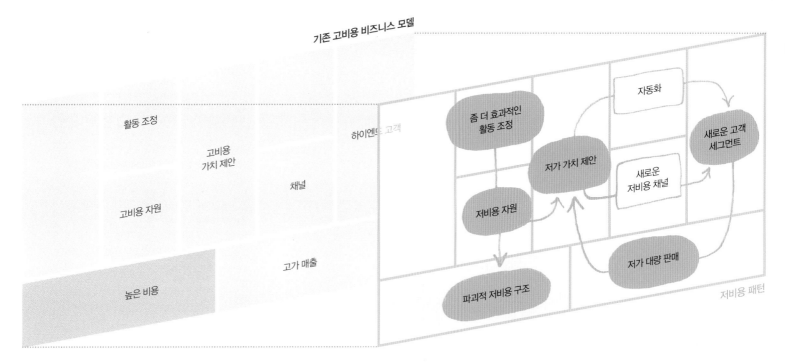

다우코닝
자이어미터

Dow Corning Xiameter

1990년대 말 실리콘은 일상품이 되었고 다우코닝의 특수 실리콘 비즈니스는 위협에 직면했다. 이에 대응하기 위해 이들은 2002년 자이어미터라는 플랫폼을 론칭해 가격에 민감한 제조업체에게 꼭 필요한 기능만 갖춘 표준 실리콘을 온라인으로 판매했다.

실리콘이 일상품이 된 후 다우코닝은 실리콘 시장의 로엔드Low end를 포기하기로 했다. 그리고 15% 저렴하게 실리콘을 공급할 수 있는 비즈니스를 설계하는 모험을 감행했다. 그 결과 2002년 표준 실리콘 제품을 위한 온라인 전용 유통 플랫폼 자이어미터를 론칭했다.

다우코닝은 고비용 특수 실리콘 비즈니스와 저비용 자이어미터 표준 실리콘 비즈니스를 병행했다. 두 비즈니스 모델은 성공적으로 공존하면서 실리콘이 일용품이 되는 위협을 극복하도록 도왔다.

다우코닝은 2016년 다우케미컬에 인수되었다.

개선패턴

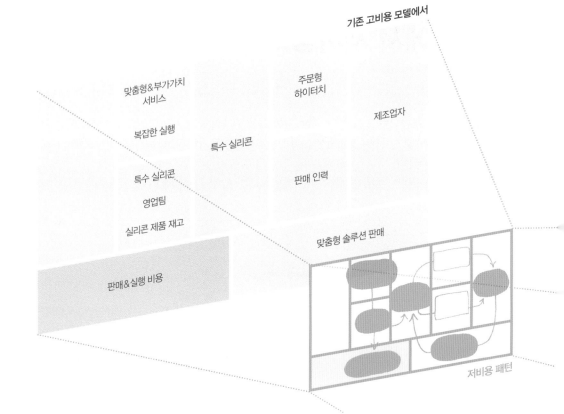

기존 고비용 모델에서

맞춤형&부가가치
서비스

주문형
하이터치

복잡한 실행

제조업자

특수 실리콘

특수 실리콘

판매 인력

영업팀

실리콘 제품 재고

맞춤형 솔루션 판매

판매&실행 비용

저비용 패턴

1 고비용에서 파괴적인 저비용 구조로

자이어미터는 다우코닝의 기존 비즈니스와 달리 비용 구조를 급진적으로 변화시켰다. 자이어미터는 비용이 덜 드는 자원, 덜 복잡한 활동, 표준화된 판매 덕에 파괴적인 저비용 구조를 구축할 수 있었다.

2 고비용 자원과 활동에서 저비용 자원과 활동으로

자이어미터는 다우코닝의 기존 비즈니스 모델에서 가장 비용이 많이 드는 자원을 없앴다. 재고를 줄이기 위해 특수 실리콘 재료를 제거했고 전담 영업팀도 없앴다. 또한 고객 맞춤화 실리콘 제품, 부가 서비스, 약정 조건 같은 복잡한 활동도 줄였다. 새로운 비즈니스 모델은 표준화된 판매와 온라인 유통을 중심으로 디자인됐다.

3 전문적 가치 제안에서 저가격 가치 제안으로

비용이 덜 드는 자원과 효율적인 활동 구성을 통해 자이어미터는 저가격이라는 가치 제안을 제공할 수 있었다. 이들은 표준 실리콘을 온라인으로 기존 제품보다 낮은 가격에 판매했다. 이러한 가치 제안은 전문성의 하이터치 판매 활동에 비해 속도, 편리함, 가격을 중시하는 새로운 고객 세그먼트를 끌어들였다.

4 기존(오프라인) 채널에서 새로운(온라인) 채널로

원래 다우코닝의 비즈니스는 전담 영업팀에 전적으로 의존했고 온라인 채널은 전혀 없었다. 자이어미터는 전자 상거래 플랫폼을 만들어 고객에게 다가가기 위한 새로운 온라인 채널을 선보였다.

5 고가 제품 매출에서 저가 대량 매출로

다우코닝은 특수 실리콘 제품을 고가에 판매했다. 동시에 자이어미터는 15% 낮은 가격을 목표로 삼았다. 대신 대량 구매를 해야 하고 표준 신용 조건과 리드타임에 동의해야 했다. 자이어미터의 매출은 10년도 안 되어 다우코닝 전체 매출의 30%까지 성장했다.

20% 저렴

다우코닝 기존 제품과 자이어미터 제품의 가격 차이.[30]

"우리의 '두 브랜드 전략'은 문제 해결과 기회 포착을 원하는 고객에게 선택과 해결책을 제공합니다."

도널드 시츠
Donald Sheets
다우코닝 CFO 겸 미주 지역 사장

0%에서 30%

선보인 지 10년도 안 된 2011년 다우코닝 매출 중 온라인 매출 비중 추이. 자이어미터 론칭 전에는 0%.[31]

13% 매출 성장률

2002년에 론칭한 이래 매년 2자리 성장률을 달성했으며 2006년 매출은 정점에 달함.[32]

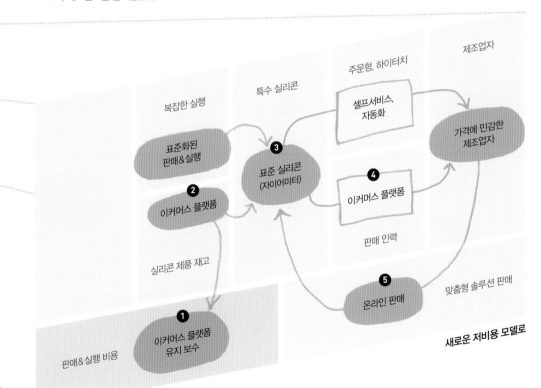

복잡한 실행 / 특수 실리콘 / 주문형, 하이터치 / 제조업자

표준화된 판매&실행

셀프서비스, 자동화

가격에 민감한 제조업자

② 이커머스 플랫폼

③ 표준 실리콘 (자이어미터)

④ 이커머스 플랫폼

실리콘 제품 재고

판매 인력

① 이커머스 플랫폼 유지 보수

⑤ 온라인 판매

맞춤형 솔루션 판매

판매&실행 비용

새로운 저비용 모델로

Adapted from *Seizing the White Space*, by Mark W. Johnson

일회성 매출에서 반복적 매출로
From Transactional to Recurring Revenue

전략적 성찰
어떻게 하면 장기적 관계와 반복적 매출을
가능케 할 반복적 가치 제안을 창조해 고객
의 반복적 활동(문제)을 해결할 수 있을까?

사례
어도비

판매할 때마다 영업 비용이 계속 들어가는 모델에서 처음 한 번만 고객(사용자)을 확보하면 반복적 매출이 일어나는 모델로 전환하는 것을 말한다. 이 전환이 가능하려면 반복적 가치 제안을 제공함으로써 고객의 반복적 활동(문제)을 해결해줄 수 있을지 판단해야 한다. 반복적 매출로 고객 생애가치가 증가하기 때문에 기존 모델보다 고객 확보를 위한 사전 비용이 더 많이 소요되지만 충분히 감당할 수 있다. 매출 성장률이 증가하고 매출 예측 가능성이 높아지는 것도 반복적 매출의 장점이다.

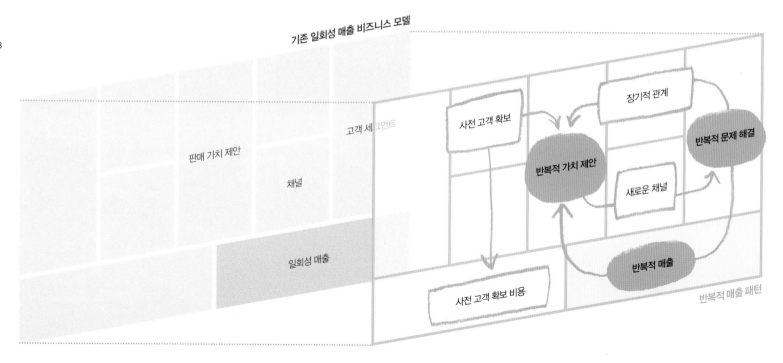

전통적인 것에서 역발상적인 것으로

From Conventional to Contrarian

비용을 상당히 줄이는 동시에 가치를 증가시키는 전환을 말한다. 역발상적인 기업은 설사 가치 제안을 제한하더라도 가장 비용이 많이 드는 자원과 활동과 파트너를 비즈니스 모델에서 제거한다. 그들은 고객 세그먼트를 잘 정의해 그들이 좋아하고 기꺼이 지불하고자 하는 가치 제안의 특성과 그것을 상대적으로 저렴한 비용에 제공할 수 있는 특성에 집중함으로써 불리함을 극복한다.

전략적 성찰

어떤 자원과 활동이 비록 고객을 위해 가치를 창조하긴 하지만 제거하거나 줄일 수 있는 많은 비용을 차지하는가? 고객에게 더 중요하면서도 비용이 적게 드는 가치 제안을 높여서, 제거할 (비용이 많이 드는) 가치를 대체할 수 있을까?

사례

애플 아이맥

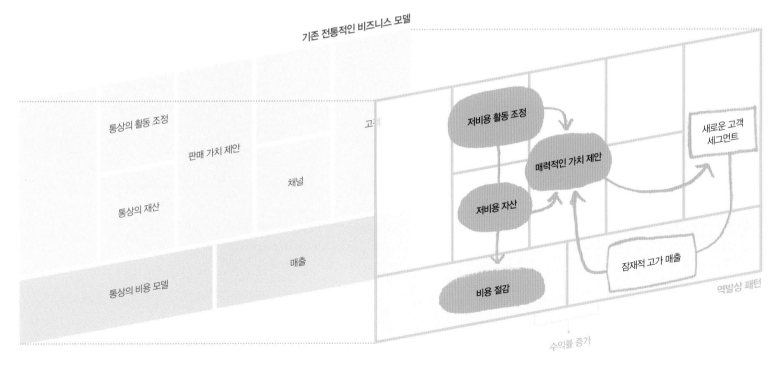

기존 전통적인 비즈니스 모델

어도비

Adobe

2010년대 인터넷을 통한 유통이 가능해지면서 졌고 소프트웨어 산업은 서비스로서 소프트웨어 SaaS로 전환하기 시작했다. 어도비는 기회를 재빨리 포착해 2012년 소프트웨어 일회성 판매를 클라우드 구독 서비스로 전환했다.

어도비는 소프트웨어 사용 라이선스를 판매함으로써 매출을 벌어들였다. 몇 년마다 어도비는 새로운 버전으로 업그레이드하도록 고객을 설득해야 했다. 2012년 어도비는 크리에이티브 클라우드 Creative Cloud를 론칭해 SaaS를 판매하는 소프트웨어 기업 대열에 합류했다. 고객은 클라우드를 통해 꾸준히 업그레이드와 기능 지원이 되는 제품 전체에 접근할 수 있었다.

2013년 어도비는 개별 소프트웨어인 크리에이티브 스위트 판매를 종료했다. 일회성 매출에서 반복적 매출 모델로 전환할 때 매출은 일시적으로 하락했다. 하지만 대중이 크리에이티브 클라우드를 받아들이면서 반복적 매출은 크게 성장하기 시작했다.

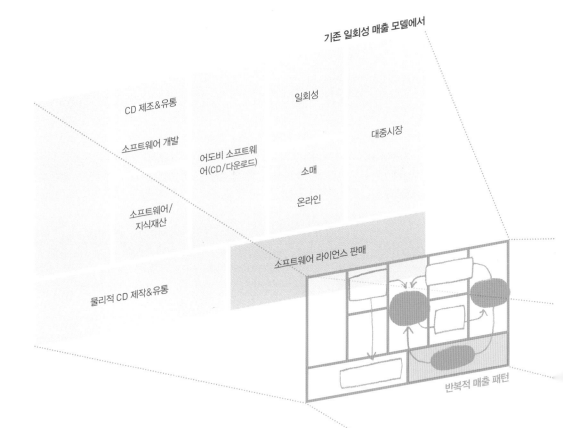

1 일회성 매출에서 반복적 매출로

어도비는 2012년 소프트웨어 라이선스를 제공하는 방식에서 월 단위 구독 서비스로 전환하기로 결정했다. 당시 어도비 '마스터 컬렉션' 전체를 구입하려면 2,500달러가 들었지만 크리에이티브 클라우드 전체에 접근하는 데는 월 50달러면 충분했다.

2 판매에서 반복적 가치 제안으로

2012년 이전 어도비 고객은 최신 소프트웨어를 이용하려면 몇 년마다 업그레이드된 라이선스를 구매해야 했다. 고객은 항상 최신 소프트웨어와 개선된 기능을 이용하고 싶어 했다. 이에 크리에이티브 클라우드로 전환함으로써 자동 업데이트, 기술 지원, 온라인 저장소, 출판 기능, 파일 공유 등 반복적 니즈를 충족시켰다.

3 일회성 관계에서 장기적 관계로

크리에이티브 클라우드로 전환한다는 것은 고객과의 일회성 관계를 장기적 관계로 탈바꿈한다는 뜻이었다. 어도비는 온라인 사용자 커뮤니티 조성에 많은 비용을 투자했다. 이 투자로 새로운 구독 모델의 가치와 혜택에 대해 공개적인 토론이 가능해졌다.

4 몇 년 단위 신규 고객 확보에서 최초 1회 고객 확보로

2012년 이전 어도비는 매번 신규 소프트웨어를 판매하고 업그레이드할 때마다 고객 확보 활동과 비용을 감수해야 했다. 일회성 매출에서 반복적 매출로 전환함으로써 어도비는 최초 1회 고객 확보에 투자하면 고객의 전 생애에 거쳐 구독으로 인한 매출을 벌어들일 수 있다.

어도비의 순이익률 추이[33]

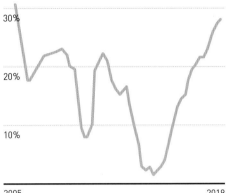

2005 ——— 2019

제품 세그먼트별 어도비 매출

전체 매출에서 차지하는 비율

▪ 제품 ▪ 구독

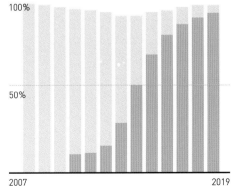

2007 ——— 2019

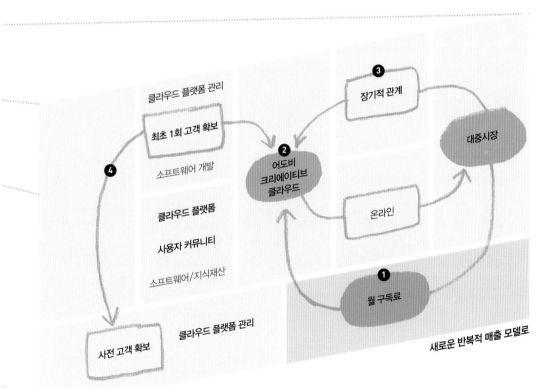

애플 아이맥

Apple iMac

1997년 스티브 잡스는 심각한 재정난을 겪던 애플로 복귀했다. 잡스는 디자인에 민감한 소비자가 원하는 것에 애플의 새로운 데스크탑 컴퓨터의 가치 제안을 정확히 집중시켰고 동시에 운영 비용을 크게 절감했다.

애플은 1996년 말 창업자 스티브 잡스가 애플을 떠나 설립한 넥스트NeXT를 인수했다. 파산 직전까지 몰렸던 애플은 잡스에게 기업 개선의 책임을 부여했다. 잡스는 바로 제품군 조정에 착수해 극소수 프로젝트에만 집중하기 위해 하드웨어 및 소프트웨어 포트폴리오의 70% 이상을 퇴출시켰다. 이 결정으로 3,000명 이상이 해고됐지만 그 덕에 애플은 가정용 컴퓨터를 '재발명'하는 데 집중할 수 있었다. 디자인 책임자로 새로이 임명된 조나단 아이브 Jonathan Ive가 재발명의 책무를 맡았다. 그는 반투명 푸른색 케이스의 아이맥을 디자인했다. 1년이 지나자 애플은 흑자로 돌아섰고 아이맥의 성공은 이후 출시되는 획기적인 제품들(아이팟, 아이폰, 아이패드)로 이어졌다. 2001년 출시된 새로운 운영체제 Mac OS의 뿌리는 넥스트다.

1 전통적인 활동과 자원에서 저비용 활동 조정과 낮은 자산 비용으로

애플은 불필요할 정도로 많은 제품군 탓에 비용이 많이 들고 다양한 활동과 자원을 감수해야 했다. 그러나 잡스의 주도로 불필요한 요소를 제거한 집중된 비용 구조로 전환했다. 잡스는 여러 리셀러들에 맞춘 잡다한 제품군을 없애고 하드웨어 및 소프트웨어 개발품의 70%를 폐기함으로써 운영 비용을 감축했다. 팀 쿡Tim Cook 역시 공급사슬 개편을 주도해 재고 비용의 상당 부분을 절감할 수 있었다.

2 전통적인 것에서 디자인에 민감한 고객과 팬에게 매력적인 가치 제안으로

애플은 아이맥을 출시함으로써 베이지나 회색 일변도의 컴퓨터가 지배하는 PC 시장의 규칙을 깨뜨렸다. 아이맥은 이전의 컴퓨터와는 극단적으로 달랐다. 애플은 성능이나 인터넷 접속 같은 사용 편의성을 높였고 곡선과 컬러풀한 디자인으로 완전히 새로운 미학을 창조했다. 1,299달러라는 합리적인 가격표를 달고 나온 아이맥은 '디자인에 민감한 소비자'라는 새로운 세그먼트에 신속하게 퍼져나갔다.

3 적자 비즈니스에서 고수익 비즈니스로

애플은 제품 포트폴리오를 단순화했고 공급사슬 관리의 관행을 뒤집었으며 새로운 아이맥의 고객 세그먼트를 위해 디자인에 역량을 집중했다. 1년 내에 애플은 흑자로 전환했다.

이익 **3**억 **900**만 달러

약 3,000억 원, 1998년 기준.

vs.

손실 **10**억 **4,500**만 달러

약 1조 원, 1997년 기준.[35]

80만 대

아이맥 출시 후 140일 만에 거둔 판매 실적으로 15초마다 1대 꼴로 팔렸다.[36]

31일에서 **6**일로

재고로 묶여 있는 기간 감축

1997년도에 4억 3,700만 달러(약 5,000억 원)가 재고로 묶여 있었다(평균 1개월). 하지만 1998년 말이 되자 애플은 재고량을 80% 감축하고 재고로 묶이는 기간을 6일로 대폭 낮췄다.[37]

세일즈&마케팅

제품 디자인

공급사슬 최적화

② 아이맥 데스크톱

디자인에 민감한 고객

공급사슬 & 제조 파트너

애플 브랜드 ①

리셀러

애플닷컴

제품 포트폴리오 축소

③ 고수익 컴퓨터 판매

제품 관리 비용 절감

새로운 역발상 모델로

외르스테드

Ørsted

2012년 신임 CEO 헨리크 폴센 Henrik Poulsen은 화석연료 에너지 생산 및 유통 기업에서 녹색 에너지만을 위한 생산 기업으로 외르스테드의 탈바꿈을 이끌었다. 천연가스 가격 급락이 부채 위기를 촉발시키자 이루어진 전환이었다.

1970년대 동 에너지 DONG Energy라는 이름으로 설립된 외르스테드는 덴마크 국영 기업으로 유럽을 중심으로 석탄 플랜트와 해양 석유 시추 설비 건립 등을 해왔다. 2009년 녹색 에너지 쪽으로 급격히 전환하기로 결정했다. 2040년까지 화석 연료 사용 비율을 85%에서 15%로 줄이겠다는 목표를 발표했는데 이는 재생 에너지에 지원을 시작한 덴마크 정부의 도움으로 가능했다.

2012년 천연가스 가격 하락으로 부채 위기에 처하자 헨리크 폴센이 CEO에 임명되었다. 그의 리더십하에 동 에너지는 녹색 에너지로의 전환을 가속해 2019년 세계 최대 해양 풍력 발전 기업이 되었다. 2016년 150억 달러(약 17조 원) 가치를 인정받으며 상장했고, 2017년 석유 및 천연가스 비즈니스를 매각해 공식적으로 화석 연료와 결별하며 회사명을 외르스테드로 변경했다.[38]

외르스테드가 행한 지속가능한 비즈니스로의 탈바꿈에는 다양한 전환 패턴이 섞여 있다.

1 전용 자원에서 다용도 자원으로

외르스테드는 탈바꿈을 시작하면서 수년 동안 북해에서 시추선을 구축하고 운영했던 해양 설비 노하우를 해양 풍력 발전 개발에 적용했다. 이 노력은 화석 연료 에너지에서 재생 에너지로 전환하는 속도를 크게 향상시켰다.

2 로테크에서 하이테크로

외르스테드는 시추선 운영을 새로운 하이테크 녹색 에너지 설비로 전환하기 위해 상당한 투자 비용을 감수했다. 정부 보조금이 전환을 용이하게 해주었다. 그 사이 북해의 석유 및 천연가스 시추 비용은 설비의 노후화로 인해 상대적으로 상승했다. 이는 외르스테드가 풍력 기술과 풍력 발전소 운영으로 전환하는 데 매우 적합한 상황을 제공했다.

3 불안정한 일회성 매출에서 예상 가능한 반복적 매출로

화석 연료로 벌어들이던 외르스테드의 기존 매출은 매우 불안정했고 에너지 가격은 지정학적 요소와 변동성이 심한 원자재 가격에 따라 달라졌다. 하지만 외르스테드의 풍력 기반 에너지 가격은 정부 보조금(과 재생에너지 인증) 덕에 장기 고정가로 설정되었다. 2007년에 에너지 생산량의 13%만 고정가로 판매됐지만 2018년에는 그 비율이 81%로 크게 향상되었다.

	에너지 유통		가치 기반 관계 (지속가능성)		에너지 소비자 (가정용과 상업용)
정부	풍력 발전 제조와 운영	❷ 재생가능 에너지 (풍력)			에너지 유통업체
풍력 터빈 제조	해양 노하우		판매 인력		
	❶ 풍력 발전소				
정부 보조금으로 인한 비용 절감	풍력 발전 운영		재생가능 에너지 고정가	❸ 고가 (그린에너지 프리미엄)	
	CAPEX				

새로운 비즈니스 모델로

75%

재생 에너지원 생산 비율

2018년 그린에너지가 차지하는 비율이 기존 64%에서 75%로 증가.[39]

81%의 CO₂ 감축

탄소 배출량이 1,800만 톤(2006년)에서 340만 톤(2018년)으로 감축.[39]

87%

2018년 재생 에너지원에 투자한 자본 비율. 2007년에는 총자본의 16%가 재생 에너지원에 투자됐다.[39]

롤스로이스
Rolls-Royce

롤스로이스는 1990년대 말 토털케어 TotalCare© 서비스를 론칭했다. 롤스로이스는 엔진(제품) 판매 패턴에서 제품 수명의 모든 단계에 대한 케어(서비스)를 판매하는 패턴으로 전환한 첫 제트엔진 제조업체였다.

롤스로이스의 민간 항공우주 비즈니스 사업부는 1990년대 자신들의 비즈니스 모델이 항공사 및 비즈니스 항공기 구매 고객의 필요와 어긋나 있음을 인식했다. 새로운 매출이 발생하려면 롤스로이스 엔진이 망가지거나 기능 이상을 보여야 했던 것이다.

1999년 아메리칸 항공은 롤스로이스에 엔진 판매뿐 아니라 수리, 유지 보수, 운송, 주변장치 공급 등 일련의 애프터서비스 일체를 제공해달라고 요청했다. 토털 케어 서비스는 이러한 요구에 의해 탄생했다.

토털 케어는 수명이 다할 때까지 제트엔진 관리 리스크를 고객에게서 롤스로이스로 넘기는 방식이다. 제트엔진의 운행 시간에 따라 대금을 받는 반복적 매출 모델 기반의 토털 케어는 롤스로이스의 관심과 고객의 관심을 다시 일치시켰다.

토털 케어를 통해 롤스로이스는 제품 기반 모델에서 반복적 서비스 모델로 전환했다. 이 회사는 손실을 보고 제트엔진을 팔았지만 그 손실을 장기간의 서비스 계약으로 만회했다.

1,430만 시간
2018년 제트엔진이 총 운용되는 시간, 즉 청구 가능 시간.[40]

전체 판매 엔진의 90%
2018년 롤스로이스가 판매한 엔진 중 토털케어 서비스 계약을 맺은 비중.[40]

워싱턴 포스트
The Washington Post

제프 베조스는 판매 지역이 좁은 지역신문을 전국 단위의 디지털 매스미디어 강자로 변모시키기 위해 2013년 워싱턴 포스트를 인수했다.

2013년 제프 베조스는 워싱턴 포스트를 2억 5,000만 달러(약 2,700억 원)에 인수했다. 더 포스트는 워싱턴 정가에 과도하게 집중하며 종이 신문으로 살아남기 위해 고군분투하던 중이었다. 베조스는 자신의 인터넷 전문성을 활용해 이 신문을 대중시장에 초점을 맞춘 글로벌 디지털 미디어 기업으로 변모시켰다.

워싱턴 포스트는 새로운 독자층을 광범위하게 파고들면서도 편집 및 탐사 저널리즘이라는 정통성을 유지했다. 이들은 구독 매출을 늘리기 위해 유료 웹페이지를 추가했고 다양한 뉴스 수집하는 플랫폼을 구축해 더 많은 저널리스트와 독자에게 접근했다.

디지털 구독자 170만 명
2012년에는 종이 신문 구독자 48만 4,000명, 디지털 구독자 2만 8,000명이었는데 2019년에 이르러 디지털 구독자가 170만 명을 넘어섰다.[41, 42]

순방문자 8,700만 명
2019년 순방문자는 3년 동안 84%가 증가했다(2010년 2,800만 명, 2012년 4,100만 명).[43]

B2B에서 B2(B2)C로

1976〜1989

고어텍스
GORE-TEX

1989년에 W. L. 고어는 고어텍스 섬유 제품에 '당신의 쾌적함을 늘 지켜줍니다'Guaranteed to keep you dry라는 약속이 적힌 로고를 선보였다. 이를 통해 고어는 무대 뒤에서 활동하던 B2B 섬유 제조업체에서 믿음직한 B2C 브랜드로 전환할 수 있었다.

고어텍스는 세계 최초의 방수 및 통기성 섬유로 1969년 W. L. 고어가 개발했다. 이들은 1976년 처음으로 아웃도어 기업의 우비 및 텐트 개발을 위한 고어텍스 주문을 받았다.

1989년 고어텍스는 자신들의 방수 제품에 '당신의 쾌적함을 늘 지켜줍니다'라는 슬로건이 담긴 로고를 도입했는데 여기에는 '평생 품질 보증'이 포함되었다. 자신의 섬유가 사용된 옷 위에 보증을 태그로 달아 표시함으로써 의류 및 아웃도어 브랜드에 대한 확신을 주었다. 이 조치는 소비자에게 품질에 대한 신뢰와 마음의 평안을 심어주었고 고어텍스를 기존 의류 제조업체가 만드는 제품 어디서나 접할 수 있는 브랜드로 만들었다.

비록 최종 제품을 제조하지는 않지만 자신의 약속을 소비자에게 확대할 수 있었다. 소비자가 자기 옷에 '완벽하게 만족하지' 못한다면 고어가 좌시하지 않겠다는 의미였다. 고어는 로고와 고어텍스 라벨로 최종 소비자에게 제조업체와 상관없이 자신의 옷감을 신뢰해도 좋다는 것을 보여준다.

> "자신이 만든 것을 보증하는 것과 다른 업체가 만든 것을 보증하는 것은 완전히 별개다. 후자가 바로 우리다."
>
> 고어텍스의 약속

전용 자원에서 다용도 자원으로

1981〜1996

델타 항공
Delta Airlines

1996년 델타 항공은 마일리지 프로그램 스카이마일즈SkyMiles에 새로운 용도를 부여했다. 로열티 프로그램을 위해 아메리칸 익스프레스(아멕스)에 재판매한 것이다.

델타 항공은 1981년 마일리지 프로그램인 스카이마일즈를 만들었다. 스카이마일즈는 충성 고객에게 보상하는 수단으로 델타의 항공 여행 비즈니스 모델의 핵심 자원이었다.

1996년 델타 항공은 이 핵심 자원을 또 하나의 가치 제안을 위해 재사용할 수 있다는 것을 깨달았다. 그들은 스카이마일즈를 새로운 고객인 아멕스에 판매하기 시작했다. 아멕스는 이 스카이마일즈를 자신의 고객인 아멕스 카드 소유자에게 유통시켰다.

이 파트너십 덕에 아멕스는 카드 사용액에 따라 스카이마일즈를 얻고자 하는 하이엔드 여행객을 공략할 수 있었고, 델타 항공은 스카이마일즈의 또 다른 사용법을 발견할 수 있었다.

35%

2018년 델타 항공 총수입 34억 달러(약 3조 7,000억 원) 중 아멕스에 마일리지를 판매한 비중.[44]

2배

2018년 대비 2023년 델타 항공이 이 파트너십을 통해 얻을 추산 이익(약 70억 달러) 비율.[45]

리더를 위한 평가 질문

가치 제안 전환

전환	어떻게 하면 우리는
에서 ▶ 으로 제품 ◀▶ 반복적 서비스 으로 ◀ 에서	제품을 판매하기보다 반복적 서비스를 제공함으로써 지속적이고 예측 가능한 매출을 올릴 수 있을까? 고객 점유율 및 고객 생애가치를 높이고 전체적인 매출을 신장하기 위해 기존 서비스에 확장 가능한 제품을 추가할 수 있을까?
에서 ▶ 으로 로테크 ◀▶ 하이테크 으로 ◀ 에서	우리의 가치 제안을 변화시키거나 비용 구조를 급진적으로 개선하거나 도달 범위를 크게 확장하기 위해서 기술적 활동이나 기술 자원의 힘을 발휘할 수 있을까? 고객이 정말로 좋아하지만 많은 비용이 들지 않거나 기술로는 제공할 수 없는 가치를 고객에게 제공하기 위해 로테크 활동이나 자원을 활용할 수 있을까?
에서 ▶ 으로 판매 ◀▶ 플랫폼 으로 ◀ 에서	사용자와 서드파티 제품과 서비스 공급업체를 서로 연결시키는 가치 있는 플랫폼으로 제품이나 서비스를 전환할 수 있을까? 각 고객의 생애가치와 전체적인 매출을 신장하기 위해 확장 가능한 제품과 서비스를 우리의 플랫폼에 추가할 수 있을까?

프런트스테이지 중심의 전환

전환	어떻게 하면 우리는
에서 ▶ 으로 틈새시장 ◀▶ 대중시장 으로 ◀ 에서	틈새시장에서 대중시장으로 전환하려면 어떻게 가치 제안을 변경하고 마케팅과 브랜딩을 조정하며 도달 범위를 확장할 수 있을까? 특정 니즈를 가진 틈새 세그먼트를 위해 틈새 가치 제안을 창조할 수 있을까? 그것은 우리의 마케팅과 브랜드 전략, 유통 전략에 어떻게 영향을 끼칠까?
에서 ▶ 으로 B2B ◀▶ B2C 으로 ◀ 에서	최종 고객에게 우리를 어떻게 연관시키고 인지시킬까? 그렇게 하려면 우리의 직접 고객(B2B)과 소비자(B2C)를 위한 가치 제안을 어떻게 수정해야 할까? B2B 고객 혹은 심지어 경쟁자를 위해 가치를 창조하려면 우리의 B2C 경험과 관계, 인프라, 자원, 활동, 전문성을 어떻게 활용할 수 있을까?
에서 ▶ 으로 로터치 ◀▶ 하이터치 으로 ◀ 에서	표준화 및 규모의 이점을 유지하면서도 하이터치 경험을 창조하고 가치 제안을 개선하며 가격과 매출을 높일 수 있을까? 하이터치에서 로터치 경험으로 전환하면서도 고객 가치를 창조하거나 유지할 수 있을까? 하이터치의 어떤 측면이 고객에게 (제품이나 서비스의) 가격만큼의 가치를 주지 못할까?

백스테이지 중심의 전환

전환	어떻게 하면 우리는
에서 ➡ 으로 전용 자원 ⬅➡ 다용도 자원 으로 ⬅ 에서	가장 중요한 핵심 자원 중 하나를 활용해 새로운 고객 세그먼트를 위한 새로운 가치 제안을 제공할 수 있을까? 우리의 핵심 자원으로 경쟁자보다 더 나은 가치 제안을 제공할 수 있을까? 여러 개의 가치 제안에 사용되는 자원을 오직 하나의 가치 제안에만 사용되도록 비즈니스 모델을 재조정할 수 있을까? 이런 조치가 이익 공식 개선에 어떻게 도움이 될까?
에서 ➡ 으로 거대 자산 ⬅➡ 소규모 자산 으로 ⬅ 에서	자산을 구축하고 유지하는 것에서 고객 관련 활동으로 자본과 에너지를 집중할 수 있을까? 이렇게 확보된 자본을 이익 공식을 개선하는 데 활용할 수 있을까? 거대 자산에 투자하기 위해 지식재산, 브랜드 같은 소규모 자산을 활용할 수 있을까? 그런 조치가 경쟁우위를 창조하고 복제를 막아 진입장벽을 높일 수 있을까?
에서 ➡ 으로 폐쇄형 혁신 ⬅➡ 개방형 혁신 으로 ⬅ 에서	외부의 R&D, IP, 자원을 사용하거나(외부 도입), 내부의 R&D, IP, 자원을 외부 파트너들과 공유(내부 공유)하기 위해 비즈니스 모델을 활용할 수 있을까? 그런 조치가 R&D 수익률이나 자본수익률을 높일 수 있을까? R&D, IP, 자원, 활동을 내부화해서 경쟁우위를 창출할 수 있을까? 그런 조치가 비용, 지식, 이익 차원의 효율을 창출할 수 있을까? 외부 파트너들과 R&D, IP, 자원, 활동을 공유하는 것을 중단할 수 있을까?

이익 공식 중심의 전환

전환	어떻게 하면 우리는
에서 ➡ 으로 고비용 ⬅➡ 저비용 으로 ⬅ 에서	가격에 민감한 고객 세그먼트를 위해 가치를 창출할까? 비용 구조를 파괴하고 저가격을 가능하게 하려면 어떻게 우리의 활동과 자원을 재구성할 수 있을까? 가격에 둔감한 고객 세그먼트를 위해 가치를 창출할까? 높은 가치와 높은 가격의 가치 제안을 창조하기 위해 우리의 활동과 자원을 활용할 수 있을까?
에서 ➡ 으로 일회성 매출 ⬅➡ 반복적 매출 으로 ⬅ 에서	장기적 관계를 유지시키고 반복적 매출을 일으키는 반복적 가치 제안을 창조하기 위해 고객의 반복적 과업jobs-to-be-done에 집중할 수 있을까? 고객 점유율을 향상시키고 전체적인 매출을 신장하기 위해 우리의 반복적 매출에 일회성 매출을 추가할 수 있을까?
에서 ➡ 으로 전통적인 것 ⬅➡ 역발상적인 것 으로 ⬅ 에서	비록 고객에게 가치를 제공한다 해도 비용이 많이 드는 활동과 자원을 제거하거나 줄일 수 있을까? 그런 조치로 없어지는 가치를 고객에게 정말로 중요하면서도 비용이 적게 드는 가치로 대체할 수 있을까? 가치, 가격, 명품 이미지를 지속적으로 높이기 위해 비용이 많이 드는 자원과 활동을 비즈니스 모델에 추가할 수 있을까? 반대로 순수한 저비용 모델로 전환하기 위해 비즈니스 모델을 가볍게 만들 수 있을까?

최강의 기업은
산업의 경계를 초월한다

텐센트 소셜 네트워크, 온라인 게임, 온라인 광고,
콘텐츠 제작, 금융 서비스, 소프트웨어, 음악…

애플 스마트폰, 퍼스널 컴퓨터, 태블릿, 웨어러블 컴퓨터, 소프트웨어,
음악, 영화, 건강, 사진, 개인 생산성, 신용카드, 모바일 결제…

핑안 보험, 헬스 케어, 자동차 서비스, 부동산, 스마트 시티…

아마존 유통, 물류, 전자, 스트리밍, IT 인프라, 출판,
전자상거래 인프라, 온라인 광고, 중소기업 대출…

당신의 기업은…

5

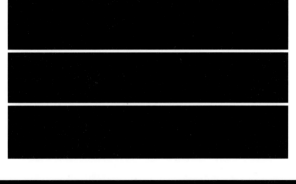

문화

기업문화를 디자인하라

최강의 기업을 만들려면 하나의 지붕 아래 2개의
정반대 문화를 창조하고 관리하고 조화시켜야 한다.
이 2가지 문화 모두 중요한 역할을 수행한다.
당신은 탐험하면서 동시에 활용해야 한다.

탐험

탐험 문화는 조직이 이질적이고 완전히 새로운 아이디어를
창조하고 발견하고 검증하고 가속하게 만든다.

활용

활용 문화는 기존 비즈니스를 원활히 관리하고
체계적으로 개선하며 성장하게 만든다.

한 지붕 아래
탐험과 활용의 문화 육성하기

최강 기업은 강력한 탐험 문화와 활용 문화를 모두 디자인하고 관리하고 유지한다. 그들은 현재를 관리하기 위해 탁월한 운영, 계획, 지속적 개선을 소중히여긴다. 동시에 미래를 대비하기 위해서 비용을 아끼지 말아야 한다는 것을 잘알고 있다. 다가올 수년, 수십 년 후를 대비할 아이디어를 탐험하기 위해 리스크, 실험, 실패, 적응을 모두 감수한다. 지금 큰 성공을 거뒀다 해도 그 영광에 안주하지 않는다. 그들은 이미 내일을 위해 달려가고 있다.

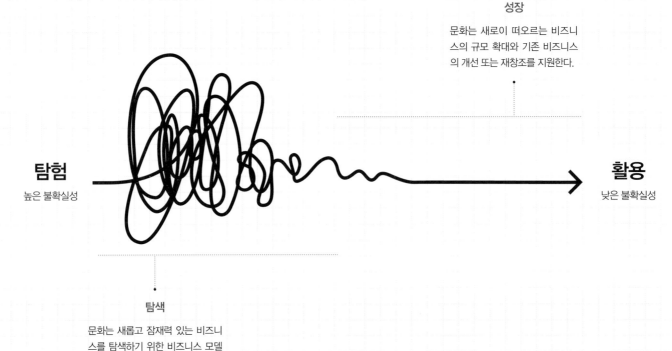

성장

문화는 새로이 떠오르는 비즈니스의 규모 확대와 기존 비즈니스의 개선 또는 재창조를 지원한다.

탐험

높은 불확실성

활용

낮은 불확실성

탐색

문화는 새롭고 잠재력 있는 비즈니스를 탐색하기 위한 비즈니스 모델디자인과 테스트를 지원한다.

탐험	← →	활용
우리는 모른다는 것을 인정하며 초심자의 마인드셋을 갖고 있다. 해결책을 찾아야 하고 모든 프로젝트가 성공할 순 없다는 것을 받아들인다.	가져야 할 마인드셋은?	우리는 경험을 신뢰하고 전문가의 마인드셋을 갖고 있다. 계획하고 실행하며 실패는 선택이 아님을 믿는다.
우리는 리스크와 불확실성을 인정한다. 실험과 학습과 조정을 통해 리스크와 불확실성을 관리한다. 성공할 만한 것을 찾기까지 여러 번의 스몰벳을 시도한다.	리스크과 불확실성에 어떻게 대처하는가?	우리는 리스크와 불확실성을 회피한다. 계획, 실행, 관리를 통해 리스크와 불확실성을 최소화한다. 우리는 성공한 것에 작은 규모의 '잘 계산된' 베팅을 한다.
우리는 대강의 프로토타입을 만들어 반복적으로 시도한다.	어떻게 일하는가?	우리는 매우 성실하게 순차적으로 일한다.
실패는 탐험을 위해 불가피한 부산물이다. 우리는 실패를 수용하고 관리하며 실패로부터 배운다. 스몰벳을 여러 번 시도함으로써 실패 비용을 최소화한다.	실패에 대해 어떤 태도를 갖는가?	실패는 수용할 수 없다. 실패를 회피하고 실패를 벌한다. 세심하고 완벽하게 실행하면 실패를 피할 수 있다.
우리는 가설을 정의할 때 리스크를 명확히 표현한다. 그런 다음 새로운 아이디어의 리스크가 얼마나 감소됐는지 측정한다.	진척도와 성공을 어떻게 측정하는가?	우리는 진척 단계를 명확히 하기 위해 마일스톤을 설정한다. 일정과 예산을 잘 준수하는지 측정한다.
우리는 시도하고 학습하며 새로운 아이디어의 리스크를 줄이는 구성원에게 보상한다.	구성원의 무엇에 대해 보상하는가?	우리는 계획하고 실행하며 일정과 예산을 준수한 구성원에게 보상한다.
우리는 '가역적 결정'을 신속하게 내리고 실재적인 증거를 찾기 위해 가능한 한 빨리 저렴한 비용을 들여 테스트한다.	의사결정 속도에 어떤 태도를 보이는가?	우리는 막대한 매몰비용을 부담해야 하는 '비가역적 결정'을 조심스럽게 분석하고 충분히 사고하며 계획하기 위해 시간을 들인다.
우리는 리스크와 불확실성이 클 때 여러 번의 스몰벳을 시도한다. 우리는 증거의 강도에 바탕을 두고 투자 규모를 확대한다.	어떻게 투자하는가?	우리는 시간을 들여 프로젝트를 계획하고 마일스톤 도달 여부에 근거해 자금을 투자한다.
우리는 모호함을 대처하는 능력, 신속히 움직이고 적응하는 능력, 아이디어를 테스트하고 리스크를 경감시키는 능력에 가치를 둔다.	무엇에 가치를 두는가?	우리는 엄격함, 계획과 실행 능력, 프로세스 디자인 역량, 믿음직한 전달 능력에 가치를 둔다.

어떻게
2가지 문화를
잘 조화시킬까?

당신의 조직이 '무엇이 되고 싶은지' 정의했고
나머지 제반조건을 갖췄다면 포트폴리오 전체
를 구축할 지침을 구체화할 수 있다. 당신의 포
트폴리오는 소유한 비즈니스(활용)의 관점으로
'나는 누구인가?'를 보여주며, 당신이 탐험하는
비즈니스(탐험)의 관점으로 '나는 무엇이 되고자
하는가?'를 드러낸다.

이 2가지 포트폴리오를 원활히 관리하려면 탐
험과 활용 모두에서 세계적 경지에 도달한 이른
바 '양손잡이 문화'를 구축할 필요가 있다. 이 장
에서는 어떻게 방해꾼을 제거하고 문화적 변신
을 촉진시킬 조력자를 양성할 것인지 설명할 것
이다.

기업 정체성
우리는 누구인가?

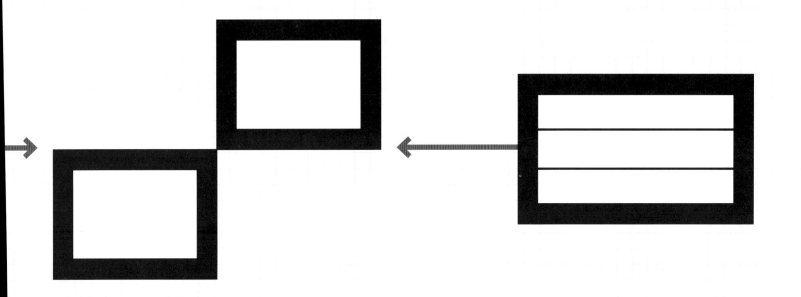

포트폴리오 맵

우리는 무엇을 하는가?

문화 맵

우리는 어떻게 하는가?

모든 기업에는 기업문화가 있다.

그러나 너무나 많은 기업이 문화를 방치해두고 있다.

최강의 기업은 문화를 적극적으로 파악하고 디자인하고 관리한다.

그들은 서로 잘 어울리는 세계적 수준의 혁신 문화와 실행 문화를 창조한다.

이 섹션에서 우리는 기업문화를 어떻게 구축할 수 있는지

그리고 세계적 수준의 혁신 문화를 창조하기 위해

무엇이 필요한지를 알아본다.

우리가 간절히 원하는
결과는 무엇인가?

어떤 활동을 해야 우리가 원하는
결과를 달성할 수 있는가?

우리가 목표를 달성하는 데
조력자와 방해꾼은 무엇인가?

문화 맵

스트래티저는 데이브 그레이와 함께 성과 향상의 기업을 디자인하기 위한 도구인 '문화 맵'을 개발했다. 문화 맵은 당신의 조직에서 실현하고자 하는 기업문화를 이해하고 디자인하고 테스트하고 관리하기 위한 실용적이고 단순하며 시각적인 도구다. 이 책에서 우리는 혁신 문화를 계획하고 디자인하는 도구로 문화 맵을 사용한다.

데이브 그레이
Dave Gray
저술가이자 기업가

"문화를 이해하고 싶다면 맵으로 그려보아야 한다."

결과

구성원의 활동으로 발생하는 구체적인 긍정적 혹은 부정적 결과.

활동

개인과 팀은 회사 내에서 어떻게 활동하는가?
그들이 행하거나 말하는 것은 무엇인가?
그들은 어떻게 상호작용하는가?
어떤 패턴이 발견되는가?

조력자/방해꾼

회사 내에서 긍정적 혹은 부정적 활동을 일으키는 원인들. 공식적인 정책, 프로세스, 보상 시스템일 수도 있고 비공식적인 절차와 활동일 수도 있다. 그 모든 것은 구성원의 활동에 영향을 미쳐 결과적으로 기업의 성과로 연결된다.

문화 맵 The Culture Map Beta
변화 관리 도구

대상 조직: 작성자: 일자: 버전:

결과 Outcomes

활동 Behaviors

조력자 Enablers/**방해꾼** Blockers

⊙Strategyzer
strategyzer.com

리더는 성장을 창조할 수 없다.

리더는 오직 성장을 위한 조건을 창조할 뿐이다.

정원을 가꾸듯 기업문화를 육성하라.

기업문화는 자동차를 디자인하듯 공학적으로 디자인할 수 없다. 조직은 자동차보다 엄청나게 복잡한 사회 시스템이다. 그렇다고 당신의 통제 하에 둘 조직의 제반 사항을 디자인하면 안 된다는 뜻은 아니다. 데이브 그레이의 비유처럼 문화를 디자인하는 것은 정원을 설계하고 가꾸는 것과 같다.

문화의 결과는 과일과 같다. 결과는 문화가 도달해야 할 것을 가리킨다. 정원에서 수확하고자 하는 것을 뜻한다.

문화의 핵심은 활동에 있다. 활동은 사람들이 매일 하는 긍정적 혹은 부정적 행위를 말하며 그 결과는 풍작이나 흉작으로 나타난다.

당신의 정원이 잘 가꾸어질지 아닐지 조력자와 방해꾼이 영향을 미친다. 물이나 비료처럼 어떤 것은 통제하에 둘 수 있다. 정원이 풍성해지려면 흙과 씨앗, 묘목 관리를 잘 해야 한다. 날씨 같은 요소는 통제가 되지 않으므로 피해를 최소화하고 긍정적 효과를 최대화하기 위해 대비를 잘하는 수밖에 없다.

문화 맵

결과
활동
조력자/방해꾼

아마존의
혁신 문화

아마존의 괄목할 만한 성장과 지속적 재창조는 마법의 산물이 아니라 기업문화에서 유래한 것이다. 아마존이 새로운 우주를 끊임없이 개척하는 기업문화를 어떻게 구축했는지 이해하려면 제프 베조스의 주주서한을 읽어보기 바란다.

"우리는 그저 크기만 한 기업이 아니라 실행의 속도, 민첩함, 리스크 수용의 사고방식 등에서 스타트업의 기업가정신을 유지하는 '발명 기계' invention machine 가 되고자 합니다."

제프 베조스
Jeff Bezos
아마존 창업자

amazon.com

1997년 주주서한
(1997년 애뉴얼 리포트에서 발췌)

주주 여러분께

1997년 아마존닷컴은 획기적인 성과를 많이 달성했습니다. 연말 기준으로 고객 수는 150만 명을 넘어섰고 매출은 838% 증가한 1억 4,780만 달러를 달성했으며, 경쟁자들의 공격적인 시장 진입에도 불구하고 시장지배력을 확대했습니다.

그러나 이런 성과는 인터넷의 1일차(Day 1)에 불과하며, 우리가 잘하고 있다면 아마존에게도 아직 1일차일 뿐입니다. 현재 온라인 상거래는 고객의 돈과 귀중한 시간을 절약하게 해줍니다. 나중에는 개인화를 통해 온라인 상거래는 '발견의 프로세스'를 가속시킬 것입니다. 아마존닷컴은 고객에게 진정한 가치를 창출하기 위해 온라인시장에서도 오래 지속되는 판매망을 만들고자 합니다. 그리고 인터넷을 활용함으로써 이미 자리를 잡기 위해 자원을 집중하고, 온라인 구매에 기회가 있습니다. 많은 대기업들이 믿어감에 따라 우리에게 기회의 창이 열리고 있습니다. 경쟁의 역학은 빠르게 진화하는 듯합니다. 온라인으로 이동하면서, 인지도, 트래픽, 매출을 올리기 위해 엄청난 에너지와 자원을 쏟아 음직한 상품을 가지고 온라인으로 기회를 발굴하는 것 붓고 있습니다.

우리의 목표는 현재의 지위를 강화하고 확대함과 동시에 다른 영역에서 서둘러 온라인 상거래 기회를 내다보고 있습니다. 물론 이런 전략에 리스크가 없는 것은 아닙니다. 우리는 목표 시장에서 엄청난 기회를 내다보고 있습니다.

기존의 경쟁자들을 상대하기 위해서는 대규모 투자와 재빠른 실행이 필요합니다.

장기적 관점이란

우리는 성공의 근본적 척도가 장기적인 주주가치라고 생각합니다. 이 가치는 우리의 시장 선도자 지위를 확장하고 제고할 수 있는 능력과 곧바로 연결됩니다. 시장지배력이 강할수록 우리의 비즈니스 모델도 더욱 강력해집니다. 시장지배력이란 지금보다 더 큰 매출, 더 높은 수익성, 더 빠른 자본 속도, 더 높은 투자대비수익률(ROI)을 가리킵니다.

우리의 의사결정은 일관되게 이런 장기적 관점에 집중되어 있습니다. 우리는 시장지배력을 가장 잘 가리키는 척도인 고객과 매출성장률, 고객의 반복 구매율과 브랜드 파워를 우선적으로 측정합니다. 우리는 오래 지속되는 사업을 구축하기 위해 고객 기반, 브랜드, 인프라를 확장하는 데 투자했고 앞으로도 공격적으로 투자할 계획입니다. 우리가 장기 전략에 중점을 두고 있기 때문에 몇몇 기업과 다른 의사결정을 내릴지도 모릅니다. 그렇기에 우리는 기본 경영 방식과 의사결정 과정을 다음과 같이 공유합니다. 주주 여러분은 여러분의 투자 철학과 일치하는지 확인하기 바랍니다.

- 우리는 가차 없을 정도로 고객에게 집중할 것입니다.
- 우리는 단기적 수익성이나 월가의 단기적 반응보다 장기적 시장 리더십을 고려해 투자 결정을 내릴 것입니다.
- 우리는 우리의 프로그램과 투자 효과를 분석하고 수용 가능한 수익을 주지 못하는 사업을 포기하며, 수익이 뛰어난 사업에 투자를 강화할 것입니다. 우리는 성공과 실패로부터 끊임없이 배울 것입니다.
- 우리는 시장 리더십의 이점을 충분히 확보할 수 있는 사업에는 과감한 결정을 내릴 것입니다. 몇몇 투자 결정은 성과를 거두겠지만 어떤 투자는 그렇지 못할 것입니다. 하지만 우리는 어떤 경우든 가치 있는 교훈을 얻을 것입니다.

- GAAP 회계를 최적화하는 것과 미래 현금흐름의 현재 가치를 극대화하는 것 중에서 하나를 선택하라고 한다면, 우리는 무조건 현금흐름을 택할 것입니다.
- 우리가 과감한 결정을 내릴 때의 전략적 사고 과정을 여러분과 공유할 것입니다. 그래서 여러분은 우리가 합리적이고 장기적인 시장 리더십에 투자하고 있는지를 평가할 수 있을 겁니다.
- 우리는 현명하게 지출하고 우리의 민첩한 문화를 유지하기 위해 열심히 노력할 것입니다. 우리는 비용에 민감한 문화를 지속적으로 강조하는 것이 얼마나 중요한지 알고 있습니다. 특히 순손실이 발생하는 비즈니스에서는 더욱 중요합니다.
- 우리는 장기적 수익성과 자본 관리를 강조하는 성장에 집중할 것입니다. 이 단계에서 우리는 규모가 비즈니스 모델의 잠재력을 성취하는 데 핵심이라고 믿기 때문에 성장에 우선순위를 둡니다.
- 우리는 다재다능하고 능력 있는 직원을 채용하고 유지하는 데 주력하고 현금보다는 스톡옵션 보상을 계속 적용할 것입니다. 우리는 동기가 높은 직원을 채용하고 유지하는 능력이 우리의 성공에 큰 영향을 미칠 것임을 알고 있습니다. 직원들은 각각 주인의 관점으로 생각해야 하고, 그러려면 실제로 주인이 되어야 합니다.

'올바른' 투자 철학이라 선언할 만큼 대담한 것은 아닐지라도 위의 내용은 우리의 철학입니다. 우리가 지금까지 지켜왔고 앞으로 지켜갈 이 접근 방식을 우리는 분명하게 인지하고 있습니다. 이런 관점에서 우리가 집중하는 사업을 돌아보고 1997년의 사업 진행 상황과 미래 전망을 설명 드리겠습니다.

고객에 대한 집착

창립 때부터 우리는 고객에게 경쟁력 있는 가치 제안에 집중했습니다. 우리는 과거에도 현재에도 웹이 엄청나게 느리다는 것을 깨달았습니다. 그래서 우리는 고객이 어떤 방식으로도 얻을 수 없는 것을 제안하기 시작했고 책을 판매하는 것부터 시작했습니다. 우리는 고객에게 오프라인 서점에서 접할 수 있는 양보다 훨씬 많은 종류의 책을 제공했습니다(우리의 온라인 매장을 오프라인으로 옮기면 아마도 축구장 6개 정도의 크기가 될 겁니다). 그리고 찾기 쉽고 조회하기 편리한 유용한 포맷으로 1년 365일 24시간 쉬지 않고 운영하고 있습니다. 우리는 쇼핑 경험을 개선하기 위해 치열하게 노력했고 1997년에는 의미 있는 진전을 이루었습니다.

현재 우리는 고객에게 상품권, 원클릭 쇼핑, 방대한 구매 후기, 콘텐츠, 브라우징 옵션, 도서 추천 기능을 제공합니다. 우리는 가격을 대폭 인하함으로써 고객가치를 더욱 높였습니다. 입소문은 여전히 가장 강력한 고객 확보 수단이며, 고객이 보내준 신뢰에 감사드립니다. 반복 구매와 입소문이 합쳐져 아마존닷컴은 온라인 도서 판매의 선도 기업이 되었습니다. 여러 가지 지표상으로 아마존닷컴은 다음과 같이 1997년에 큰 발전을 이루었습니다.

- 매출은 1996년 157만 달러에서 1억 4,780만 달러로 838% 증가했습니다.
- 누적 고객 계정 수는 18만개에서 151만개로 738% 증가했습니다.
- 고객의 재주문 비율은 1996년 4분기 46%에서 1997년 같은 기간 58%로 늘었습니다.
- 미니어 매트릭스에 따르면 우리 웹사이트는 90위로 시작해 20위권 이내로 진입했습니다.
- 우리는 AOL, 야후, 익사이트, 넷스케이프, 지오시티, 알타비스타, 앳홈, 프로디지를 포함한 여러 전략적 파트너와 장기적인 관계를 구축했습니다.

아마존

각 문화 맵은 제프 베조스가 1997년과 2018년 사이 보낸 주주서한을 분석해 얻은 결과다. 베조스가 서한에서 언급한 혁신 내용에서 결과, 활동, 조력자와 방해꾼을 파악해 문화 맵으로 시각화했다.

322

문화

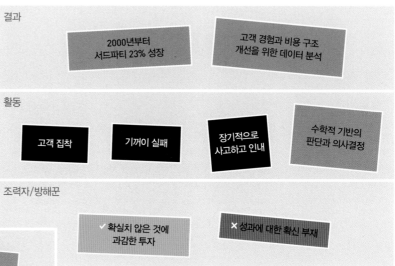

2005년

결과	
2000년부터 서드파티 23% 성장	고객 경험과 비용 구조 개선을 위한 데이터 분석

활동

고객 집착 / 기꺼이 실패 / 장기적으로 사고하고 인내 / 수학적 기반의 판단과 의사결정

조력자/방해꾼

✓ 확실치 않은 것에 과감한 투자 ✗ 성과에 대한 확신 부재

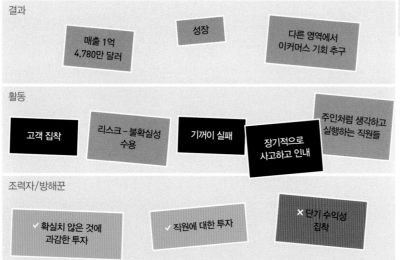

1997년

결과

매출 1억 4,780만 달러 / 성장 / 다른 영역에서 이커머스 기회 추구

활동

고객 집착 / 리스크-불확실성 수용 / 기꺼이 실패 / 장기적으로 사고하고 인내 / 주인처럼 생각하고 실행하는 직원들

조력자/방해꾼

✓ 확실치 않은 것에 과감한 투자 ✓ 직원에 대한 투자 ✗ 단기 수익성 집착

아마존 기업문화의 기초는 첫 연례 보고서에 첨부된 베조스의 주주서한에 잘 나타나 있다. 기업문화를 떠받치는 기둥(고객 집착, 기꺼이 실패, 장기적으로 사고하고 인내)은 기본적으로 변함이 없다. 1997년 주주서한은 이후 발간되는 모든 애뉴얼 리포트Annual report에 첨부되었다. 여기에 제시한 문화 맵은 주주서한을 분석해 아마존 혁신 문화의 일관성을 시각화한 것으로 아마존의 혁신 과정과 결과물을 한눈에 살펴볼 수 있다.

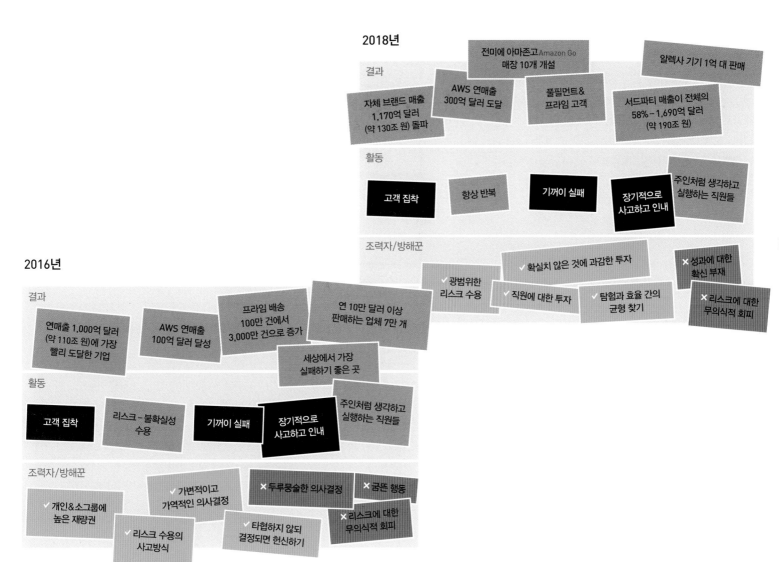

2018년

결과

전미에 아마존고 Amazon Go 매장 10개 개설

알렉사 기기 1억 대 판매

자체 브랜드 매출 1,170억 달러 (약 130조 원) 돌파

AWS 연매출 300억 달러 도달

풀필먼트& 프라임 고객

서드파티 매출이 전체의 58% - 1,690억 달러 (약 190조 원)

활동

고객 집착

항상 반복

기꺼이 실패

장기적으로 사고하고 인내

주인처럼 생각하고 실행하는 직원들

조력자/방해꾼

광범위한 리스크 수용

✓ 확실치 않은 것에 과감한 투자

✓ 직원에 대한 투자

✓ 탐험과 효율 간의 균형 찾기

✗ 성과에 대한 확신 부재

✗ 리스크에 대한 무의식적 회피

2016년

결과

연매출 1,000억 달러 (약 110조 원)에 가장 빨리 도달한 기업

AWS 연매출 100억 달러 달성

프라임 배송 100만 건에서 3,000만 건으로 증가

연 10만 달러 이상 판매하는 업체 7만 개

세상에서 가장 실패하기 좋은 곳

활동

고객 집착

리스크 - 불확실성 수용

기꺼이 실패

장기적으로 사고하고 인내

주인처럼 생각하고 실행하는 직원들

조력자/방해꾼

✓ 개인&소그룹에 높은 재량권

✓ 가변적이고 가역적인 의사결정

✗ 두루뭉술한 의사결정

✗ 굼뜬 행동

✓ 리스크 수용의 사고방식

✓ 타협하지 않되 결정되면 헌신하기

✗ 리스크에 대한 무의식적 회피

문화 맵 적용하기

기존 문화에서 향후 추구하는 문화에 이르기까지 문화 맵을 적용할 수 있다. 결과를 설정한 다음 그와 관련된 활동, 조력자와 방해꾼을 찾는 톱다운 방식으로 세션을 진행할지는 당신이 정하기 나름이다. 활동에서 시작하는 것이 진행하기 쉽기 때문에, 여기서는 그 방법을 보여준다.

현재 상태의 혁신 문화

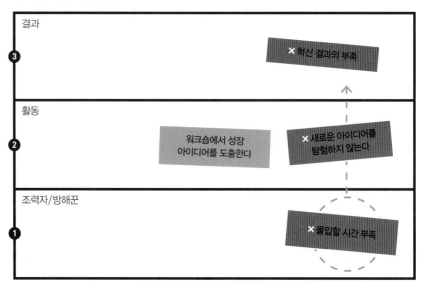

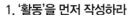

1. '활동'을 먼저 작성하라

"우리는 혁신을 소홀히 한다."와 같이 추상적으로 활동을 묘사하는 경향이 있다. 반드시 구체적인 사례를 사용해 의견이 아니라 증거에 입각해서 활동을 계획하는 습관을 가져라. "작년에 우리는 새로운 성장 아이디어를 개발하기 위해 워크숍을 2회 진행했지만 워크숍이 끝난 뒤 아무도 그 아이디어를 탐험하는 데 시간을 쏟지 않았다." 이렇게 묘사하라. 반드시 긍정적 혹은 부정적 활동을 비슷한 개수로 적는다. 이를 위해 팀이나 조직에서 벌어지는 현상을 중립적인 입장에서 파악하라.

2. 초래되는 결과를 기록하라

이제 막 작성을 끝낸 각각의 활동에서 야기될 긍정적 혹은 부정적 결과를 기록하라. 어떤 활동을 누락했는지, 당신이 적은 새로운 결과가 활동과 관련이 있는지 없는지 스스로 물어라. 다시 한 번 중립적인 입장을 취하고 긍정적 결과와 부정적 결과를 모두 기록하라.

3. 조력자와 방해꾼을 규명하라

이제 무엇이 활동과 결과로 이끄는지 스스로에게 질문할 타이밍이다. "좋은 활동을 가능하게 만드는 조력자는 무엇인가?", "좋은 활동이 나오지 못하게 막는 방해꾼은 무엇인가?" 하고 질문하라. 프로세스, 인센티브 제도 같은 공식적인 것 외에 회의 관행이나 지식 부족 같은 비공식적인 것까지 모두 규명하라. 리더의 활동 역시 조력자와 방해꾼이 될 수 있음에 주목해야 한다.

4. 추구하는 문화를 디자인하라

기존 문화에 대해 문화 맵을 완성했다면 이제 추구
하는 문화에 대해 꿈꿀 시간이다. 추구하는 결과, 그
에 필요한 활동, 그런 문화를 가능케 할 조력자와 훼
방 놓을 방해꾼도 디자인해보라.

팁&트릭

안전 공간 Safe Space **창조**
리더의 참여 없이 혁신 문화를 디자인하
면 실패할 가능성이 크다. 리더가 혁신 문
화를 창조하는 데 진정으로 관심을 갖도
록 만들라. 관심을 갖도록 만들려면 리더
에게 현재의 문화 맵을 보여주어라.

방해꾼과 조력자만
방해꾼과 조력자만 파악하도록 하라. 처
음에는 혁신을 저지시키는 방해꾼을 규명
하라. 그런 다음 어떤 조력자가 혁신을 신
장할 수 있고 방해꾼을 어떻게 제거할 수
있을지 브레인스토밍하라. 아이디어들을
'즉시' 할 수 있는 것, 1개월, 1분기, 1년
안에 할 수 있는 것, 현실적으로 달성 불
가능한 것으로 구분하라.

추구하는 문화를 전시
정립하기를 원하는 문화를 눈에 잘 띄게
게시하라. 모든 사람이 볼 수 있는 공간에
문화 맵을 게시함으로써 앞으로 어떤 과
업이 필요한지 상기시켜라. 회의실에 걸
어둠으로써 회의의 결정 사항이 문화 맵
의 정보에 따라 이루어질 수 있게 하라.

추구하는 혁신 문화

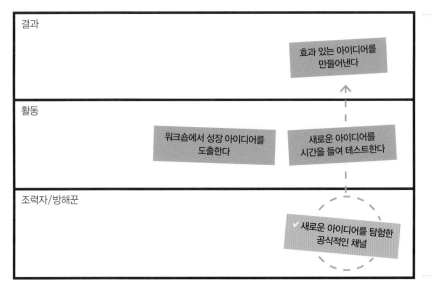

최강의 기업은 한 지붕 아래 강력한 탐험과 활용의
문화를 동시에 구축한다. 이 책에서 우리는 강력한
탐험의 문화를 구축하는 법을 주로 설명할 것이다.
대부분의 기업은 이미 상당히 강력한 활용의 문화를
갖고 있기 때문이다. 우리는 탐험의 문화를 창조하는
데 사용할 수 있는 3개의 주요 수단이 있다고 생각한다.

탐험 문화 디자인하기

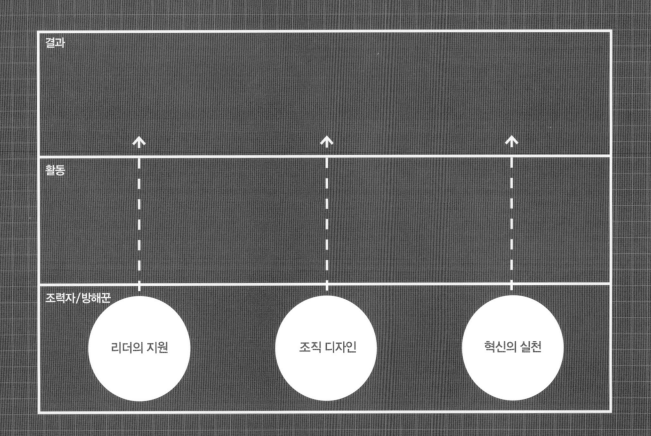

혁신의
활동과 결과

최강의 기업은 리더의 지원, 조직 디자인, 혁신의 실천이라는 3가지 영역별로 훌륭한 조력자들을 디자인하고 방해꾼들을 제거한다. 이런 조치는 다음과 같은 혁신 활동으로 이어진다.

✓ 리더의 활동

리더들은 혁신이 어떻게 작동하는지 알고 있고 자신의 시간을 적절히 투자한다. 혁신 프로젝트에 명확한 전략적 가이던스를 제공하고 기업 차원의 활용 및 탐험 포트폴리오를 정기적으로 검토한다. 새로운 성장 기회를 탐험하는 데 의욕적으로 나서고 그와 관련된 리스트를 관리하는 방법을 알고 있다.

✓ 조직의 활동

탐험의 문화를 가진 조직에서는 전략에 적합한 새로운 성장 기회를 실험한다는 이유로 해고되는 사람이 없다. 가장 중요한 회의 어젠다에 혁신이 올라가 있고 구성원은 자신의 경력 경로로 혁신을 선택한다. 혁신가는 기존 비즈니스 리더와 관리자들이 갖는 제약 조건을 잘 알고 있고 그들 역시 그 답례로 혁신가를 돕기 위해 최선을 다한다. 탐험과 실행은 현재를 관리하고 미래를 탐험하기 위한 진정한 파트너십을 형성한다.

✓ 혁신팀의 활동

혁신가는 자신의 의견이나 상사의 의견이 아니라 실험에서 얻은 증거에 근거해 아이디어를 추구한다. 아이디어의 리스크와 불확실성은 체계적으로 측정되고 프로젝트는 저렴하고 신속한 실험으로 시작된다. 실험에 드는 시간과 비용은 증거가 늘어나고 불확실성이 줄어들수록 증가한다. 혁신팀 구성원은 수년 간 실무를 통해 역량을 축적하고 프로젝트의 실패를 학습하며 성장한다.

문화 맵: 혁신 문화의 활동과 결과

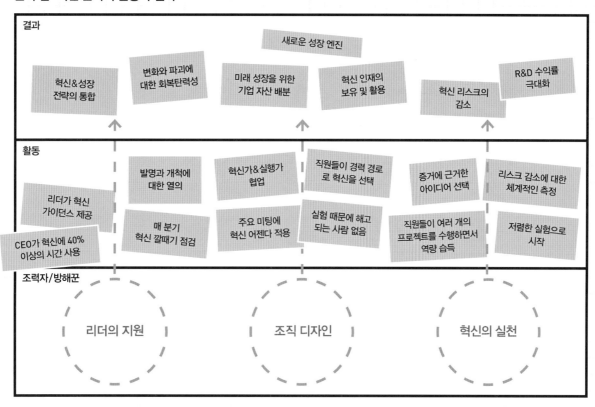

결과

새로운 성장 엔진

혁신&성장
전략의 통합

변화와 파괴에
대한 회복탄력성

미래 성장을 위한
기업 자산 배분

혁신 인재의
보유 및 활용

혁신 리스크의
감소

R&D 수익률
극대화

활동

발명과 개척에
대한 열의

혁신가&실행가
협업

직원들이 경력 경로
로 혁신을 선택

증거에 근거한
아이디어 선택

리스크 감소에 대한
체계적인 측정

리더가 혁신
가이던스 제공

매 분기
혁신 깔때기 점검

주요 미팅에
혁신 어젠다 적용

실험 때문에 해고
되는 사람 없음

직원들이 여러 개의
프로젝트를 수행하면서
역량 습득

저렴한 실험으로
시작

CEO가 혁신에 40%
이상의 시간 사용

조력자/방해꾼

리더의 지원

조직 디자인

혁신의 실천

혁신 문화의
방해꾼

혁신이 미흡한 회사에서는 적어도 다음과 같은
혁신의 훼방꾼을 발견할 수 있다.

✕ 리더의 지원

리더는 대부분 분기별 성과에 초점을 맞추고 혁신을 블랙박스(이해할 수 없는 복잡한 기계 장치처럼 여긴다는 뜻-옮긴이)로 간주한다. 명확한 혁신 전략도 없고 전반적인 장기적 혁신 포트폴리오 관리도 없다. 경영진은 현재의 비즈니스 모델에 얽매여 있고 새로운 방향을 탐색하는 것은 리더의 일반적 토론 주제가 아니다.

✕ 조직 디자인

보상 시스템은 기존 비즈니스 모델을 관리하고 개선하는 쪽으로 설계되어 있다. 실패는 조직에서 용납되지 않는데 세계적 수준의 운영 관리를 위해 필요하다 해도 새로운 아이디어를 실험하는 데는 치명적이다. 혁신팀에는 자율권이 거의 없고 운영 프로세스 때문에 제대로 된 활동을 하지 못하고 지지부진하다. 혁신팀이 실험을 위해 고객과 자원에 접근(예: 브랜드, 프로토타입 제작을 위한 자원, 기타 전문성)하기가 쉽지 않다.

✕ 혁신의 실천

혁신은 재무, 마케팅, 운영처럼 본질적으로 전문 직업이다. 하루아침에 혁신에 능숙해질 수 없고 오랜 시간 경험을 쌓아야 한다. 직무 기술서에 혁신이 유일한 업무로 명시된 전담 팀이 없다면 조직은 세계적 수준의 혁신 문화에 도달하지 못할 것이다. 혁신을 하려면 재무, 영업, 운영처럼 그것을 위한 프로세스, KPI, 문화가 필요하다

문화 맵: 혁신 문화의 방해꾼

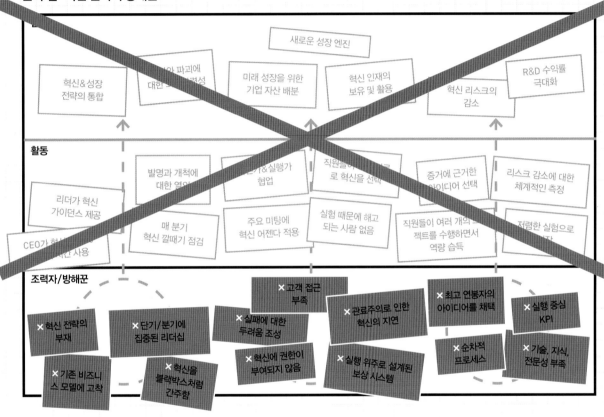

활동

조력자/방해꾼

새로운 성장 엔진

혁신&성장
전략의 통합

미래 성장을 위한
기업 자산 배분

혁신 인재의
보유 및 활용

혁신 리스크의
감소

R&D 수익률
극대화

발명과 개척에
대한 열의

&실행가
협업

직원들이 로 혁신을 선택

증거에 근거한
아이디어 선택

리스크 감소에 대한
체계적인 측정

리더가 혁신
가이던스 제공

매 분기
혁신 깔때기 점검

주요 미팅에
혁신 어젠다 적용

실험 때문에 해고
되는 사람 없음

직원들이 여러 개의
젝트를 수행하면서
역량 습득

저렴한 실험으로

CEO가 산 사용

✕ 고객 접근
부족

✕ 최고 연봉자의
아이디어를 채택

✕ 실행 중심
KPI

✕ 혁신 전략의
부재

✕ 단기/분기에
집중된 리더십

✕ 실패에 대한
두려움 조성

✕ 관료주의로 인한
혁신의 지연

✕ 순차적
프로세스

✕ 기술, 지식,
전문성 부족

✕ 기존 비즈니
스 모델에 고착

✕ 혁신을
블랙박스처럼
간주함

✕ 혁신에 권한이
부여되지 않음

✕ 실행 위주로 설계된
보상 시스템

331

혁신 문화 평가

앞에서 최강의 기업이 어떻게 실행하며 대다수 기업이 어떻게 혁신을 막는지 살펴봤다. 이제 《코퍼레이트 스타트업》The Corporate Startup 의 공저자 텐데이 비키Tendayi Viki와 함께 개발한 스코어 카드로 혁신 문화를 평가하는 방법을 알아보자. 그런 다음 올바른 조력자를 올바른 자리에 위치시킴으로써 최강 기업처럼 할 수 있는 방법을 살펴보자.

최강 기업이 되려면 카테고리별로 3가지 조력자에 공을 들여야 한다.

리더의 지원

- **전략적 가이던스:** 전체 전략 중에서 중요 부분인 혁신 전략을 분명하고 명쾌하게 의사소통하는 것을 말한다. 전략적 가이던스는 '어디에서 플레이 할지', '어디로 진입할지', '어디서 빠져나올지'를 정해준다.
- **자원 할당:** 혁신에 가용 자원을 일상적으로 할당하는 것으로 R&D 예산과는 다르다. 자원에는 예산과 시간뿐 아니라 비즈니스 아이디어를 테스트하는 데 필요한 모든 것이 포함된다.
- **포트폴리오 관리:** 효율 혁신부터 시작해 혁신을 유지하고 새로운 비즈니스 모델을 통한 급진적인 성장 혁신에 이르기까지 혁신의 스펙트럼 전체를 탐험하는 것을 말한다. 여기에는 광범위한 '혁신 깔때기'가 포함된다.

조직 디자인

- **권한과 힘:** 조직 내에서 해당 주제를 담당하는 '성장 및 혁신팀'의 위상을 말한다.
- **핵심과 연계:** 혁신팀이 핵심 비즈니스의 자원과 스킬셋에 접근하는 것과 기존 비즈니스가 혁신팀과 파트너십을 맺는 것을 말한다.
- **보상과 인센티브:** 관리와 운영을 위해서가 아니라 성장과 혁신을 추구하는 실험을 위해 설계된 보상 시스템을 말한다.

혁신의 실천

- **혁신 도구:** 선진 조직이 실행하는 최신 혁신 콘셉트와 도구를 적용하고 숙달하는 것을 뜻한다.
- **프로세스 관리:** 아이디어에서 확장 가능한 비즈니스에 이르기까지 리스크 및 불확실성의 경감 여부를 측정하는 혁신 프로세스와 지표를 말한다.
- **역량 개발:** 전문 혁신팀에서 기존 비즈니스의 단위 조직에 이르기까지 조직 전체에 걸쳐 세계적 수준의 혁신 역량과 경험이 존재하는지 아닌지를 뜻한다.

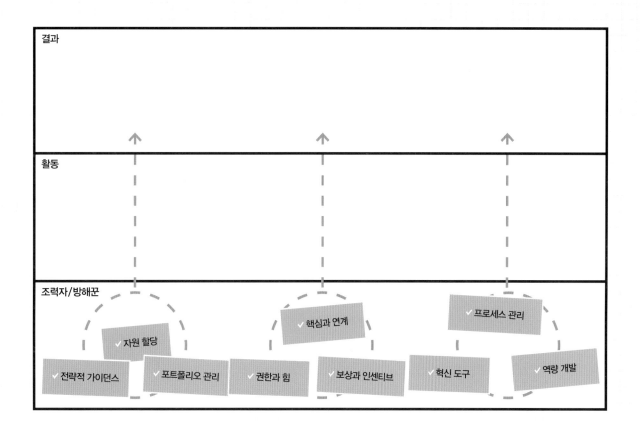

리더의 지원

전략적 가이던스

명확한 전략적 혁신 가이던스를 지닌 기업에서 리더는 적어도 분기에 한 번은 중요 회의에서 전략을 소통한다. 혁신 가이던스는 전사 전략에 완전히 정렬되어 있고 조직 구성원 전체는 이를 잘 이해하고 있다. 명확한 가이던스의 좋은 사례는 아마존과 핑안이다.

자원 할당

최강의 기업에서 혁신을 위한 자원 할당은 일상적으로 이루어지고 리더는 자신의 시간을 상당 부분 혁신에 쏟는다. 자원에는 다음과 같은 것들이 포함된다.

- 리더의 시간: 혁신 기업의 CEO 혹은 공동 CEO는 자신의 시간 중 50~100%를 혁신에 쏟는다. 좋은 사례는 로지텍 CEO인 브래큰 대럴과 핑안의 공동 CEO인 제시카 탄이다.

- 혁신 자금: 내부와 외부 혁신팀에 투자되는 돈을 말한다. 투자는 처음에 스몰벳 형태로 진행되다가 증거에 근거해 후속 투자가 이루어진다. 혁신 자금 투자는 R&D 투자와는 다르다.

- 혁신의 핵심 팀: 프로젝트를 이끌거나 조직 전체에 퍼져 있는 여러 프로젝트팀을 코칭하는 경험 많은 전문 혁신가들로 이루어진 팀을 말한다.

- 시간: 조직에서 가장 희소한 자원 중 하나가 시간이다. 아이디어를 체계적으로 테스트하고 리스크를 경감시키려면 프로젝트팀이 상당한 시간을 투자해야 한다.

- 시제품을 위한 자원: 혁신팀은 실험을 진행하면서 물리적 혹은 디지털 시제품 제작, 그래픽 디자인, 동영상 제작 등을 위한 자원에 접근할 필요가 있다.

- 고객, 브랜드, 스킬셋에 접근: 혁신팀은 핵심 비즈니스가 통제하고 있는 자원에 접근할 필요가 있다. 테스트를 하려면 고객, 브랜드 사용 권한, 핵심 비즈니스의 기타 스킬셋과 자원에 접근이 필요하다.

포트폴리오 관리

최강의 기업에서 리더는 시장 개척에 열의를 보인다. 리더는 거대한 혁신 파이프라인에 스몰벳 형태로 투자하고 그중 가능성이 높은 것에 후속 투자를 진행한다. 포트폴리오는 효율 혁신부터 획기적인 성장 혁신에 이르기까지 탐험의 전체 범위를 아우른다.

문화 맵: 혁신 문화의 조력자

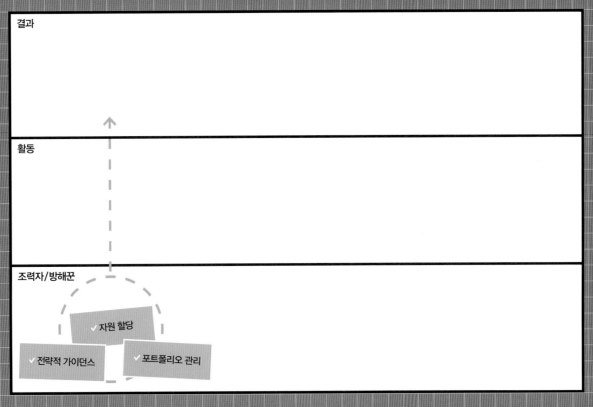

□ 당신의 회사를 영역별로 평가해서 1점부터 5점까지 점수를 매겨라.

□ 향후 12~36개월간 향상시키고 싶은 영역을 설정하라.

□ 향상된 목표를 달성하는 데 도움이 되도록 방해꾼을 제거하고 조력자를 동원하라.

		초보적 수준 경험이 전무하거나 아주 미약하다.	약간의 경험이 있다.	중간 수준 종종 이렇게 하지만 체계적이지는 않다.	자주 이렇게 한다.	세계적 수준 우리의 활동은 타 기업을 위한 사례 연구로 사용된다.
당신의 '리더의 지원' 정도를 평가하라	전략적 가이던스	① 리더가 혁신에 대한 명확한 전략적 가이던스를 제시하지 않는다.	②	③ 혁신을 위한 몇몇 전략적 가이던스가 있지만 조직 구성원 모두가 알지는 못한다.	④	⑤ 리더는 중요 미팅에서 혁신에 대한 전략적 가이던스를 제공하며 모두가 그것을 알고 있다.
	자원 할당	① 혁신을 위한 자원은 자력으로 구해야 하거나 임의적으로 할당된다.	②	③ 혁신을 위한 자원에 접근할 수 있지만 충분하지 않고 계획적으로 할당되지 않는다.	④	⑤ 혁신 자원 할당은 일상적으로 이루어지고 리더는 본인 시간의 최소 40%를 혁신에 투자한다.
	포트폴리오 관리	① 리더는 대부분 기존 핵심 비즈니스를 개선하는 데 집중한다.	②	③ 미래의 새로운 비즈니스를 탐험하는 데 어느 정도 투자하지만 체계적이지는 않다.	④	⑤ 리더는 시장 개척에 의욕적이고 거대한 혁신 파이프라인에 스몰벳 형태로 투자하여 최고의 가능성을 보이는 것에 후속 투자를 진행한다.

문화 맵: 혁신 문화의 조력자

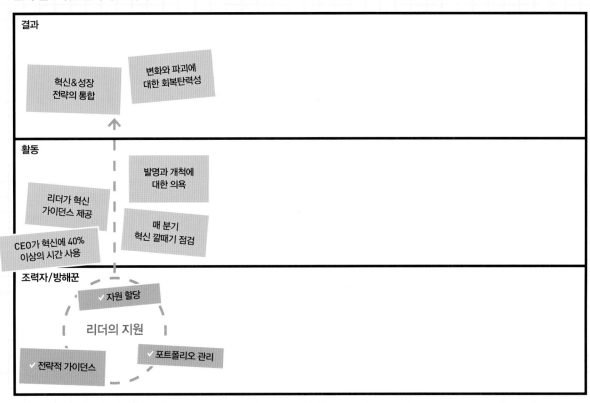

결과

혁신&성장 전략의 통합

변화와 파괴에 대한 회복탄력성

활동

발명과 개척에 대한 의욕

리더가 혁신 가이던스 제공

매 분기 혁신 깔때기 점검

CEO가 혁신에 40% 이상의 시간 사용

조력자/방해꾼

✓ 자원 할당

리더의 지원

✓ 전략적 가이던스

✓ 포트폴리오 관리

조직 디자인

권한과 힘

아마존, 핑안 등 최강의 기업은 혁신팀에 권한과 힘을 부여한다. 영향력을 발휘하기 하려면 혁신팀이 조직도 아주 높은 곳에 위치할 필요가 있다. CEO, 공동 CEO, 이사회와 직접 소통하는 인물로 성장과 혁신에 책임감을 가져야 하고 진지한 관심과 시간과 에너지를 혁신에 쏟아야 한다.

혁신을 상위 레벨에서만 공유하는 것으로는 충분치 않다. 애석하게도 혁신팀은 대다수 조직에서 권한과 힘을 제대로 확보하지 못하는 현실이다. 우리는 혁신팀 리더가 조직도 2~3단계 아래에 위치해 있는 것을 많이 봤다. 사정이 이러하면 얼마나 영향력을 발휘할 수 있을까?

성장과 혁신에 이렇게 권한과 힘을 실어주지 않으면 다음과 같은 심각한 결과로 이어질 수 있다.

1. 혁신이 권위를 갖지 못하고 우선순위에서 밀려나 모든 사람들이 혁신을 '해야 할 일' 가장 밑에 둔다.
2. 구성원이 새로운 아이디어 탐험을 기피한다. 리스크가 무섭고 자신이 경력에 해가 될까 두렵기 때문이다.
3. 유망한 혁신 프로젝트가 지지부진한 상태로 남아 있다가 조직 내 반대 세력에 의해 폐기된다. 혁신이 중요하게 받아들여지지 않기 때문이다. 단기적 어젠다만 만연하고 혁신은 전혀 확대되지 못한다.
4. 최고의 인재가 혁신을 자신의 경력 경로로 선택하지 않을 뿐더러 경쟁사나 스타트업으로 떠나기도 한다.

핵심과 연계

최강 기업에서 탐험과 활용은 서로 조화를 이루는 동등한 파트너로 작동한다. 그런 기업에는 혁신팀과 기존 핵심 비즈니스가 협업하도록 돕는 명확한 정책이 있다. 혁신가는 핵심 비즈니스의 핵심 자원에 쉽게 접근할 수 있다.

핵심과 분명하게 연계할 수 없으면 혁신팀은 핵심 비즈니스의 고객, 자원, 역량에 전혀 접근할 수 없거나 충돌 때문에 제한적으로 접근할 수밖에 없다. 최악의 경우 혁신 프로젝트는 아이디어와 탐험과 테스트에 필요한 것에 접근하지 못하게 차단당하기도 한다. 혁신 프로젝트는 기본적으로 족쇄에 묶인 스타트업처럼 운영될 수밖에 없다. 스타트업처럼 자원 확보에 제약이 있지만 그렇다고 스타트업 같은 추진력이 있는 것도 아닌 상태가 되는 것이다. 그래서 우리는 '최고 내부 대사'Chief Internal Ambassador와 지원팀을 둠으로써 CEO 혹은 이사회를 대신해 탐험과 활용의 관계를 명시적으로 관리할 것을 제안한다(p.340).

보상과 인센티브

우리는 기업 자문을 하면서 혁신의 동기는 혁신가와 기업가에게 내재돼 있는 것이라는 말을 자주 듣는다. 계획에 없던 것을 시도할 때마다 벌을 받는 혁신가, 조직을 위해 수백만 달러 규모의 신규 비즈니스를 반복적으로 창조하며 승진과 연봉 인상이라는 보상을 받는 혁신가. 둘 중 누가 혁신을 위해 최선을 다하겠는가? 둘 중 누가 조직에 오래 남아 있을까? 우리는 보상과 인센티브라는 '이원 전략'이 잘 작동한다고 생각한다. 무엇보다도 혁신가가 조직 내에서 혁신을 포기하게 만드는 모든 부정적인 측면을 제거하라. 그렇게 한 다음 혁신을 위한 보상 시스템을 설계하라.

문화 맵: 혁신 문화의 조력자

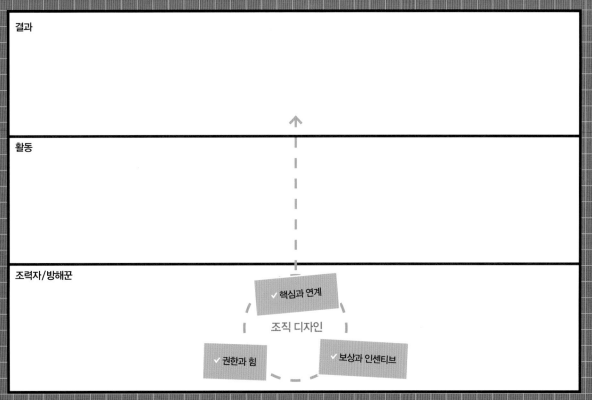

결과

활동

조력자/방해꾼

✔ 핵심과 연계

조직 디자인

✔ 권한과 힘

✔ 보상과 인센티브

권한과 힘,
핵심과 연계

CEO를 비롯해 전통적인 리더십을 지닌 경영진은 알려진 비즈니스 모델 안에서 기업을 성장시키고 경영하는 데는 일반적으로 탁월하다. 하지만 그들은 미래 성장 엔진을 혁신하는 과업에서는 종종 미흡한 모습을 보인다. 새로운 성장을 창조하고 관리하려면 전담 직원을 보유한 최고 기업가가 필요하다. 이 새로운 팀은 기존 임원이 기존 비즈니스에 신경 쓰는 동안 기업의 미래를 창조할 책임을 가진다. 물론 이들 2개의 그룹은 조화를 이루며 운영해나갈 필요가 있다.

최고 기업가 Chief Entrepreneur : 최고 기업가는 새로운 비즈니스 모델과 가치 제안을 실험하는 여러 기업가를 관리할 책임을 가진다. 실적뿐 아니라 새로운 성장을 창조하기 위해 '계산된 리스크'를 무릅쓰려는 열정을 지니고 있다. 최고 기업가는 CEO만큼 강력한 권한을 가질 필요가 있다. 사실 아마존 같은 조직에서는 CEO가 곧 최고 기업가이다. 핑안의 제시카 탄처럼 공동 CEO 중 한 명이 미래를 책임지기도 한다.

최고 포트폴리오 관리자 Chief Portfolio Manager : 최고 포트폴리오 관리자CPM는 미래의 성장을 이끌 광범위한 기회와 비즈니스 모델을 바라보도록 만든다. 어떤 기회는 리스크가 클 것이고 어떤 기회는 적을 것이다. 어떤 기회는 수익 잠재력이 클 것이고 어떤 것은 전적으로 수익을 보장할 것이다. 미래를 위해 기업의 위상을 결정하는 포트폴리오를 수립하고 관리하는 것이 CPM의 임무다.

최고 벤처캐피털리스트 Chief Venture Capitalist : 최고 벤처캐피털리스트CVC는 예산을 할당하고 내·외부 팀을 위해 투자 라운드를 관리한다. 프로젝트가 곧바로 필요자금을 모두 받지 못하더라도 분할해 받을 수 있다. CVC는 비용이 적게 드는 초기 실험에 자금을 수혈하는 '앤젤 투자'를 제공한다. 실험이 성공적으로 끝나고 증거가 도출되면 CVC는 더 많은 자금을 투자한다. CVC는 기존 비즈니스의 CFO 역할에 해당한다. CFO가 기존 비즈니스에 예산을 할당하듯 CVC는 미래 비즈니스 발견에 자금을 할당한다.

최고 리스크 책임자 Chief Risk Officer : 팀이 수행할 몇몇 실험은 브랜드에 해를 끼칠 수 있고 법적 책임을 수반할 수 있다. 소송은 기업이 실험을 수행하는 데 커다란 제약 요소가 된다. 최고 리스크 책임자CRO는 팀을 조력하기 위해 존재한다. 리스크에 처하지 않으면서 실험을 수행하는 방법을 기업가에게 이해시킨다.

최고 내부 대사 Chief Internal Ambassador : 최고 내부 대사CIA는 기업의 탐험과 실행 양측에서 진행되는 모든 것을 알고 있는 영향력과 신용을 갖춘 인물이다. CIA와 팀은 조직의 실행 측면이 가진 자원, 활동, 특허를 모두 알고 있고 그것을 관리할 권한을 지닌 이들에게 신뢰받는다. CIA는 고객, 영업 인력, 브랜드, 공급사슬, 기타 스킬셋 및 지식과 같은 요소에 접근하는 권한을 협상함으로써 최고 기업가가 기존 비즈니스의 강점을 활용하도록 해준다. CIA는 기존 비즈니스와 혁신팀의 파트너십을 형성시키고 유지시킨다. 우리는 CIA가 경력의 정점에 올랐을 때, 즉 자신의 경력을 위해 타인에게 능력을 증명해야 하거나 정치적 게임에 휘말릴 필요가 없을 때 성공적으로 역할을 수행하는 것을 목격했다.

기업가Entrepreneurs : 비즈니스를 구축하는 내·외부 사람으로 각각 특정 프로젝트를 책임지는 리더들이다. 이 역할은 일반적인 프로젝트 관리자보다 매우 강력한 자리다. 명확한 인센티브와 프로젝트 지분을 갖는 진정한 기업가이기 때문이다.

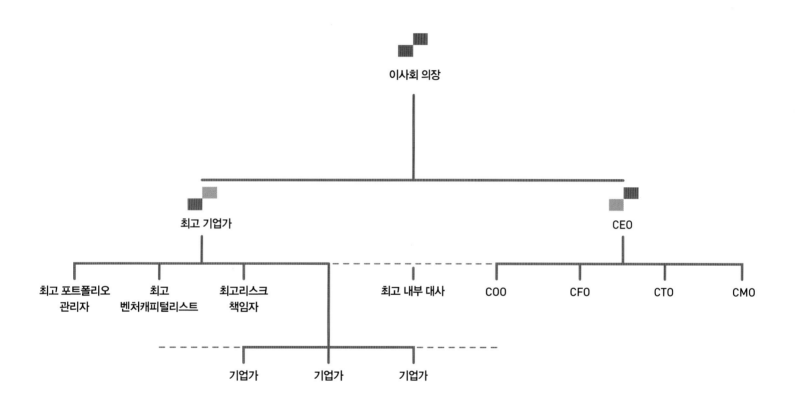

이사회 의장

최고 기업가

CEO

최고 포트폴리오
관리자

최고
벤처캐피털리스트

최고리스크
책임자

최고 내부 대사

COO

CFO

CTO

CMO

기업가

기업가

기업가

최고 기업가
채용하기

〈포춘〉 500대 기업은 항상 미래를 구축할 최고 기업가를 찾고 있다. 최고 기업가는 새로운 비즈니스 모델과 가치 제안을 실험하는 기업가들의 포트폴리오를 관리할 책임을 가진다. 후보자가 되려면 '계산된 리스크'를 무릅쓸 열정을 지녀야 한다. CTO 역할도 아니고 CEO에게 직접 보고하는 역할도 아니다. 최고 기업가는 CEO만큼이나 강력한 힘을 가진 임원으로 회사 내에서 벌어지는 급진적 혁신 전반에 대해 명확한 리더십을 발휘하는 인물이다.

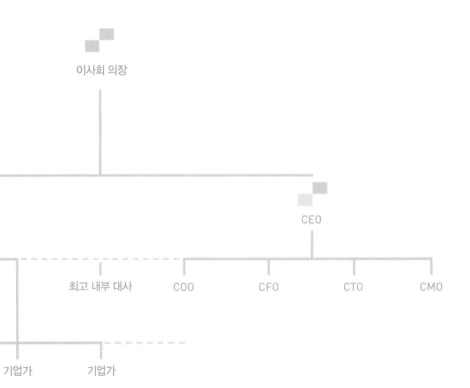

이런 사람을 찾아라.

- **비즈니스를 구축하는 데 열정적인 사람**
  무모한 도박이 아니라 '계산된 투자'로 성장 엔진을 구축한다.

- **무엇이든 가능하다고 믿는 사람**
  어려움에 굴복하지 않는다. 팀으로 하여금 무엇이든 가능하다고 믿게 만드는 매력, 카리스마, 열정, 직업윤리, 마케팅 마인드를 갖고 있다.

- **무에서 10억 달러 규모의 사업을 일군 사람**
  큰 기업에서 이 숫자(약 1조 원)를 달성했다면 특별히 가치 있는 사람이다.

- **불확실성에도 침착함을 잃지 않는 사람**
  실패를 두려워하지 않는다. 실패를 학습의 기회로 보고 해결책을 찾기 위해 계속 시도한다.

- **엄청난 외교적 수완을 가진 사람**
  아이디어를 테스트하는 데 필요한 자금과 자원을 확보하는 것에 초점을 맞추면서 갈등을 정면으로 마주하고 해결한다.

당신이 이런 사람인 것 같은가? 그렇다면 당신의 일상적 과업으로 다음을 고려해보자.

최고 기업가의 책임

☐ 기업을 위해 미래를 구축한다. 아무리 강조해도 지나치지 않다. 최고 기업가는 기업의 미래 성장을 위해 새로운 비즈니스 모델과 가치 제안 개발의 책임을 진다.

☐ 기업가의 팀을 가이던스하고 지원한다. 과거에 기업가인 적이 있기 때문에 그들과 공유할 지식을 가지고 있다. 당신의 팀은 성장 기회를 중심으로 비즈니스 모델과 가치 제안을 탐색하고 평가할 것이다. 즉 트렌드와 시장 행동을 헤쳐 나가는 기업을 관리한다는 뜻이다.

☐ 혁신의 공간을 디자인하고 유지한다. 당신의 팀이 실험하고 실패하고 학습할 '거주지'를 조성할 책임이 있다. 이는 아이디어가 철저하게 테스트되는 곳에 필요한 또 하나의 문화다. 당신은 이런 공간이 만들어내는 문화, 프로세스, 인센티브, 지표를 보호해야 한다.

☐ 혁신 지표를 제시한다. 당신은 새로운 비즈니스를 구축하는 데 진전을 보이는지 측정할 새로운 프로세스를 개발해야 한다. 어떻게 해야 팀이 실험을 통해 학습하고 불확실성과 리스크를 경감시키며 앞으로 나아갈 수 있을까 생각하라.

☐ CEO와 파트너십을 구축하고 육성한다. 아이디어를 검증하거나 무효화하기 위해 필요한 자원과 자산을 확실히 확보하기 위해 CEO와 함께 일해야 한다. 진전 과정을 토론하고 새로운 아이디어를 공유하기 위해 파트너십을 구축할 책임이 있다. 의사소통은 이 파트너십에 핵심 요소다. CEO는 미래를 위한 실험에 자금을 지원할 수 있는 사람이다. 규모 확대의 기회를 실례로 보여주는 검증된 비즈니스 모델을 (CEO에게) 양도하는 것이 중요하다는 것 또한 알게 될 것이다.

☐ 진척 과정을 이사회 의장에게 직접 보고하라. 당신은 CEO나 CTO, CIO, CFO를 위해 일하지 않는다. 그들은 기존 비즈니스를 계속 좋은 상태로 유지할 의무를 가졌다. 만약 최고 기업가가 CEO에게 보고하면 CEO는 실패로부터 기업을 보호할 목적으로 자원을 틀어쥐고 잠재적 아이디어에 거부권을 행사할 수도 있다.

혁신은 어디에 있는가?

때로 리더는 모든 사람이 혁신가가 될 필요가 있다고 말한다. 이것은 옳은 말인 동시에 어리석은 말이다. 혁신의 유형은 여러 가지라서 각각 다른 스킬셋, 프로세스, 마인드셋을 필요로 한다. 우리는 클레이튼 크리스텐슨의 연구를 대폭 참조해 혁신을 효율 혁신, 지속적 혁신, 변혁적 혁신이라는 3가지 유형으로 구분했다.

변혁적 혁신

가장 급진적이고 기업에 익숙하지 않은 새로운 비즈니스 모델을 필연적으로 수반한다. 이 혁신은 (반드시 그렇지는 않지만) 기존 비즈니스 모델의 잠식can-nibalization을 가져올 수 있다. 가장 큰 장기적 성장 잠재력을 갖고 있고 회사로 하여금 미래의 위상을 정립하게 한다. 높은 불확실성 때문에 이 혁신을 위해선 가장 발전된 방법의 테스트를 진행해야 하며 여러 프로젝트의 광범위한 포트폴리오를 탐험할 필요가 있다.

재무적 영향 장기적으로 상당히 크다.
파괴에 대비한 보호 매우 강력하다.
혁신의 장소 생존을 보장하기 위해 기존 핵심 비즈니스 밖에서 일어난다.
혁신 주체 핵심 비즈니스로부터 특정 스킬셋과 자원을 지원받는 전문 혁신가들.
불확실성 최고 수준 – 가본 적 없는 영역을 탐험하는 것이기 때문이다.
테스트 수용 가능성, 생존 가능성, 실현 가능성, 적응 가능성.

지속적 혁신

혁신을 지속하면서 입증된 비즈니스 모델을 개선하고 확장한다. 이때의 불확실성은 높은 편으로 새로운 시장 세그먼트, 새로운 가치 제안, 새로운 채널에 관여하기 때문이다. 그 결과 전혀 새로운 활동과 자원에 능숙해져야 할지 모른다. 이 유형의 혁신은 비즈니스 모델의 전환을 수반하고 비즈니스 모델의 수명에 상당한 영향을 끼칠 수 있다.

재무적 영향 잠재적으로 상당하다. 즉각적 영향을 미치는 경우는 드물다.
파괴에 대비한 보호 제한적이다.
혁신의 장소 기존 핵심 비즈니스 내 혹은 잠재적으로 밖에서 일어날 수 있다.
혁신 주체 전문 혁신가의 지원을 받는 핵심 비즈니스 소속의 구성원.
불확실성 중간 수준 – 입증된 비즈니스 모델 위에 혁신을 구축하기 때문이다.
테스트 수용 가능성, 생존 가능성, 실현 가능성, 적응 가능성(혁신의 특성에 따라서).

효율 혁신

기존 비즈니스 모델이 원활하게 운영되도록 개선하는 모든 것을 말한다. 불확실성은 비교적 낮은데, 입증된 비즈니스 모델을 개선하는 것이기 때문이다. 하지만 높은 실현 가능성 리스크를 가진 매우 정교한 기술 혁신을 수반할 수 있다. 영업, 고객 지원, 마케팅, 재무, 운영 등 내부 이해관계자들을 위한 디지털 도구를 만들 때처럼 수용 가능성 리스크를 가져올 수 있다. 효율 혁신의 즉각적인 재무적 영향은 매우 높을 수 있는데, 한 예로 그 영향이 이윤 폭 확대 형태로 나타날 수 있다.

재무적 영향 '작다'에서 '매우 크다'까지 – 보통은 중간 수준이다.
파괴에 대비한 보호 없다.
혁신의 장소 기존 핵심 비즈니스 내에서 일어난다.
혁신 주체 핵심 비즈니스 소속의 구성원.
불확실성 낮다.
테스트 주로 실현 가능성 테스트를 하지만 때로 내부적인 수용 가능성 테스트를 한다. 잠재적으로 비용 절감이나 매출 향상에 영향을 준다.

부정적인 면을 제거하라

방해꾼	이렇게 하지 마라	이렇게 하라
출발의 장애물	관료주의나 기타 장애물 형태의 장벽을 만들어 혁신가가 새로운 아이디어를 시도하는 것을 어렵게 만들지 마라.	아이디어 테스트 시작을 원하는 사람이라면 누구에게나 필요한 접근 권한과 함께 시간적 여유나 작은 규모의 예산을 제공하라. 아이디어가 견인력을 보이면 추가 투자를 하라.
비즈니스 플랜/사례	스프레드시트에서 좋게 보이도록 상세한 비즈니스 플랜을 수립하라고 혁신가를 압박하지 마라. 그렇게 하면 새로운 아이디어의 진짜 리스크를 발견할 수 없다.	아이디어를 테스트하고 리스크 및 불확실성의 경감 여부를 측정하는 프로세스 가이던스를 제공하라. 파워포인트 발표 자료에서 좋아 보이는 아이디어가 아니라 테스트에서 나온 증거로 아이디어를 판단하라.
실행에 초점을 맞춘 KPI	실행만을 기준으로 혁신가에게 보상하지 마라. 그렇게 하면 혁신가는 실험에 소홀해지고 혁신 리스크를 줄이는 데 실패할 것이다.	새로운 아이디어를 실험하는 혁신가를 위해 특별히 설계한 KPI를 제공하라. 프로젝트를 실행하고 예산에 맞춰 적기에 결과를 내야 하는 사람을 위한 KPI와는 달라야 한다.
자율성 결여	혁신팀에 실험과 아이디어 변경에 관한 모든 결정에 승인을 요구하지 마라. 속도와 적응력이 떨어진다.	조직을 위험에 처하게 만들지 않는 한 아이디어를 테스트하고 증거를 찾고 아이디어를 변경할 수 있는 자율성을 부여하라.
접근 권한 부족	혁신가가 아이디어를 테스트하는 데 필요한 자원(고객, 브랜드, 시제품 제작, 리더의 지원 등)에 접근하기 어렵게 만들지 마라.	혁신가가 신속하고 저렴하며 어려움 없이 적절한 실험으로 아이디어를 테스트하도록 인프라를 제공하고 지원하라.
스킬셋 부족	관리 역량과 혁신·기업가적 역량을 혼동하지 마라. 새로운 아이디어를 탐험하는 것과 활용(실행)하는 것은 전혀 다른 게임이다.	혁신 및 기업가정신에 관해 교육하라. 좋은 관리자라도 아이디어를 테스트하기 위한 적절한 역량과 마인드셋을 갖추지 않은 자에게 새로운 아이디어를 탐색하라고 하지 마라.
경력 리스크	새로운 아이디어에 대한 실험이 실패했다고 경력상에 제한을 가하지 마라.	여러 실험들이 실패로 끝났더라도 경력 전체를 새로운 아이디어 추구에 헌신한 사람을 돋보이게 하고 승진시켜라.

조직 디자인

보상과 인센티브

✕ 방해꾼을 없애라!

많은 조직에서 혁신을 담당한다는 것은 경력상의 자해처럼 여겨진다. 그렇게 되어서는 안 된다. 여기에 혁신가를 위해 부정적인 요소를 어떻게 없앨지 그 방법을 소개한다. 동료이자 혁신 전문가인 스콧 앤서니Scott Anthony와의 토론에서 우리는 혁신 활동을 권장하기에는 가야 할 길이 멀다는 것을 깨달았다. 심지어 공식적인 보상을 마련한다 해도 말이다.

긍정적인 면을 보상하라

보상	창의적 방법을 찾아라	인센티브
활동 혁신을 '섹시'하게 만든다	거대한 팀과 예산을 관리하는 만큼 혁신이 조직 내에서 권위를 갖도록 만들라. 관리 측면의 장점을 지닌 사람뿐 아니라 비록 실패할지라도 새로운 아이디어를 과감히 시도할 용기를 지닌 사람도 승진시켜라. 혁신의 결과뿐 아니라 혁신 과정에도 보상하라. 소수의 '대박' 프로젝트뿐 아니라 혁신 프로젝트의 전체 포트폴리오에 대해 보상하라.	• 경력상의 승진 • 영예로운 혁신 보상(결과뿐 아니라 활동에 대해서도) • 회사 전체에 알리고 인정 • 최고 경영진의 인정 • 흥미로운 신규 프로젝트 부여 • '혁신 깔때기'의 모든 단계에 보상(비록 실패하더라도)
결과 기업가의 참여	내부 메커니즘이나 기업 벤처캐피털을 통해 혁신가가 새로운 아이디어의 재무적 성과를 공유할 수 있도록 하라. 투자를 해서 잠재적으로 매수한다는 옵션을 제공함으로써 조직 밖에 있는 사람이나 팀이 자신의 아이디어를 탐험할 수 있도록 하라.	• 아이디어의 재무적 성과 지분 • 성공 보너스(예: 새로운 제품이나 서비스의 판매량, 매출, 이익률, 이익 등에 연동) • 외부인이 아이디어를 탐험하도록 스타트업 캐피털 혹은 투자
영향 세상을 바꾼다	기업의 미션을 어필함으로써 외부의 혁신 인재들을 유인하라. 세계적 수준의 혁신가에게 당신의 조직에 합류하면 세상에 어떤 변화를 줄 수 있으며 사회에 어떤 실질적 영향을 미칠 수 있는지 보여주라. 당신의 회사가 스타트업을 창업하거나 경쟁사에 입사하는 것보다 더 매력적인 이유를 강조하라.	• 무언가를 상징하는 회사를 위해 일하는 것 • 변화를 이루는 것(사회적 영향) • 스타트업이나 경쟁사엔 없는 자원에 접근하는 것(예: 인프라, 브랜드, 지식재산, 시장 도달 범위 등)

✓ 조력자를 만들라

부정적인 면을 제거했다면 이제 긍정적인 면에 초점을 맞춰라. 혁신을 추진하는 사람에게 인센티브를 주는 보상 시스템을 디자인하라. 반드시 성공적인 결과에만 상을 주지 않도록 하라. 실패한 수많은 실험이 있어야 크게 성공할 '아웃라이어'outlier를 발굴할 수 있기 때문이다. 바람직한 혁신 실행에도 결과물에 보상하는 것만큼 보상하라. 결과는 자연스럽게 따라올 것이다. 마지막으로 '영향'에 초점을 맞춰라. 최고의 혁신 인재를 끌어들이고 유지하는 데 아주 중요한 보상이기도 하다.

□ 당신의 회사를 영역별로 평가해서 1점부터 5점까지 점수를 매겨라.

□ 향후 12~36개월간 향상시키고 싶은 영역을 설정하라.

□ 향상된 목표를 달성하는 데 도움이 되도록 방해꾼을 제거하고 조력자를 동원하라.

		초보적 수준 경험이 전무하거나 아주 미약하다.	약간의 경험이 있다.	중간 수준 종종 이렇게 하지만 체계적이지는 않다.	자주 이렇게 한다.	세계적 수준 우리의 활동은 타 기업을 위한 사례 연구로 사용된다.
기업의 '조직 디자인' 수준을 평가하라	권한과 힘	① 혁신 프로젝트는 비밀리에 진행되고 공식적 채널 밖에 위치한다.	②	③ 혁신팀은 공식적으로 조직도에 나와 있지만 힘과 영향력이 부족하다.	④	⑤ 혁신팀은 조직도의 최상단에 위치해 있고 힘과 영향력을 갖고 있다.
	핵심과 연계	① 혁신팀은 핵심 비즈니스의 고객, 자원, 역량에 접근하지 못하거나 제한적으로만 접근한다.	②	③ 핵심 비즈니스와 혁신팀은 협업하지만 갈등이 존재한다.	④	⑤ 혁신팀과 핵심 비즈니스가 동등한 파트너로서 협업하도록 하는 명확한 정책이 있다.
	보상과 인센티브	① 혁신팀은 핵심 비즈니스의 것과 구별되는 자체적 인센티브 시스템을 가지고 있지 못하다.	②	③ 혁신팀을 독려하기 위한 인센티브를 어느 정도 가지고 있고 실행 조직과는 다르게 보상한다.	④	⑤ 혁신팀은 실험과 새로운 가치 창조에 보상받는 자체적 인센티브 시스템을 가지고 있다.

문화 맵: 혁신 문화의 조력자

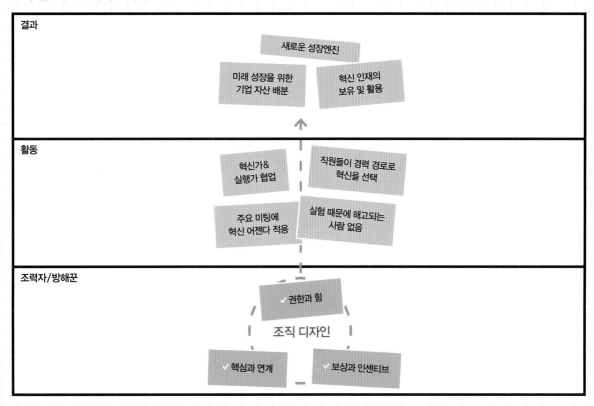

결과

새로운 성장엔진

미래 성장을 위한
기업 자산 배분

혁신 인재의
보유 및 활용

활동

혁신가&
실행가 협업

직원들이 경력 경로로
혁신을 선택

주요 미팅에
혁신 어젠다 적용

실험 때문에 해고되는
사람 없음

조력자/방해꾼

✓ 권한과 힘

조직 디자인

✓ 핵심과 연계

✓ 보상과 인센티브

혁신의 실천

혁신 도구

혁신 담당자는 외과의사가 수술 도구를 자유자재로 다루듯 여러 전용 도구를 능숙하게 사용할 줄 알아야 한다. 우리는 혁신 도구의 질이 성장과 변화를 위한 작업의 질에 커다란 영향을 끼친다고 생각한다. 도구는 중립적이지 않다. 도구는 결과의 질에 크게 영향을 미친다. 사용할 도구를 조심스럽게 선택하고 도구를 정확하게 사용하는 법을 배우는 것이 엄청나게 중요한 이유다.

프로세스 관리

최강의 기업은 혁신에 최적화된 전용 프로세스와 의사결정 구조를 갖고 있다. 그들은 전형적인 실행 KPI인 '일정 및 예산 준수' 여부보다 새로운 아이디어의 리스크 경감 수준을 체계적이고 효과적으로 측정한다. 혁신 프로세스와 혁신 지표는 제2장 '관리'에서 깊이 다룬 바 있다.

역량 개발

기존 것을 관리하는 일과 새로운 것을 발명하는 일은 근본적으로 다른 전문 분야다. 혁신가는 시장의 현실과 새로운 통찰에 적응하기 위해 높은 불확실성과 급진적인 전환을 그리 불편하게 여기지 않는다. 최강의 기업은 조직 전체에 걸쳐 광범위한 혁신 경험을 지닌 세계적 수준의 혁신 인재를 체계적으로 개발한다.

문화 맵: 혁신 문화의 조력자

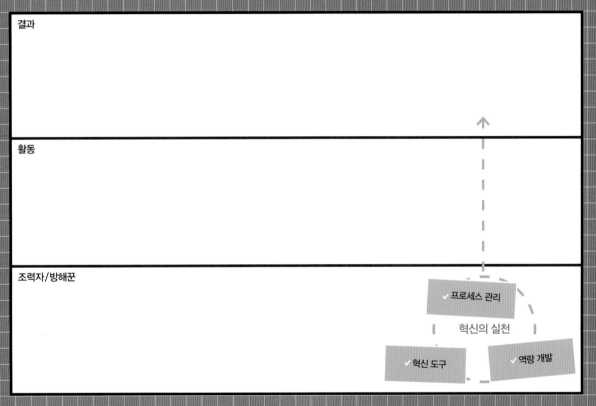

혁신 도구와
프로세스

혁신 도구를 마스터하면 새로운 성장 엔진 탐색을 급진적으로 촉진할 수 있다. 우리는 조직 내에서 아이디어를 형성하고 테스트하고 성장시키기 위한 '통합 도구 상자'를 제안한다.

기업 정체성 트라이앵글

포트폴리오 가이드를 설정하기 위해 조직 정체성을 명확히 하는 전략적 관리 프레임워크.

포트폴리오 가이던스
어떤 유형의 혁신을 추구하고자 하는지 정의하는 가이던스. 무엇을 하고 무엇을 하지 않을지 명확히 해준다.

포트폴리오 맵

기존 비즈니스 모델과 미래의 비즈니스 모델을 동시에 시각화하고 분석하고 관리하기 위한 분석적 전략 도구.

팀 정렬 맵
이 혁신 프로젝트 과정 전체에 걸쳐 정렬을 유지하도록 하는 프로젝트 관리 도구

문화 맵

기업의 혁신 문화를 평가하고 디자인하고 구현하고 탈바꿈하는 데 도움을 주는 전략적 관리 도구.

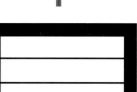

비즈니스 디자인

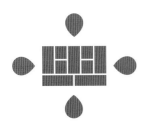

비즈니스 환경 맵

비즈니스를 수행하는 환경 전반을 예상하고 조망하기 위한 도구. 조직을 파괴할 트렌드나 성장시키고 탈바꿈할 새로운 아이디어를 제안하는 트렌드를 포착할 수 있다.

비즈니스 모델 캔버스

가치를 창조하고 전달하고 포착하는 방법을 명확히 하는 전략적 관리 도구. 기존 비즈니스 모델을 개선하거나 새로운 비즈니스 모델을 발명하는 데 사용된다. 새로운 비즈니스 아이디어에 대한 가설을 규명하기 위한 기초가 된다.

가치 제안 캔버스

고객을 위한 가치를 어떻게 창조할지 명확히 하는 제품 관리 도구. 기존 가치 제안을 평가하고 향상시키거나 새로운 가치 제안을 창조하는 데 사용된다. 고객, 제품과 서비스에 대한 가설을 규명하는 기초가 된다.

테스트

스트래티저 혁신 지표

새로운 비즈니스 아이디어의 리스크와 불확실성 경감 수준을 측정하고 아이디어가 검증된 케이스로 진척되는 과정을 시각화하며 기업 비즈니스 포트폴리오의 '파괴 리스크'를 평가하기 위한 지표 체계.

가정 맵

테스트할 가설을 먼저 규명하기 위한 실용적 도구.

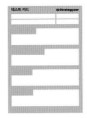

테스트 카드

비즈니스 가설을 테스트하기 위한 적절한 비즈니스 실험을 디자인하는 실용적 도구.

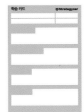

학습 카드

비즈니스 실험으로부터 통찰을 얻고 그에 따라 결정하고 조치를 취하기 위한 실용적 도구.

역량 개발

기업가정신과 혁신에 필요한 여러 스킬 중 원대한 아이디어를 실제의 비즈니스로 구현하는 데 결정적으로 중요하고 학습 가능한 3가지 스킬이 있다.

1. 비즈니스 디자인(비즈니스 관리와는 다름)

가장 매력적인 가치 제안과 비즈니스 모델을 구성하고 그것을 지속적으로 변화시키는 능력.

가치 제안 캔버스VPC를 통달하라
- 고객을 유혹하는 가치 제안을 디자인하라.
- 고객이 기꺼이 돈을 지불할 가치 제안을 디자인하라.

비즈니스 모델 캔버스BMC를 통달하라
- 수익성 있고 규모 확대가 가능한 비즈니스 모델을 디자인하라.
- 보호할 수 있는 비즈니스 모델을 디자인하라.

2. 테스트(그리고 학습)

효력이 없는 아이디어를 추구할 리스크를 줄이기 위해 커다란 아이디어를 테스트 가능한 가설로 분할할 수 있는 능력.

- 가장 중요한 가설을 규명하라.
- 가설을 지지하거나 기각할 실험을 디자인하고 실행하라.
- 증거로부터 패턴을 감지하라.

3. 리딩과 실행

팀에게 영감을 주고 커다란 장애물을 극복할 수 있는 능력.

- 아이디어를 실제 비즈니스로 구현하는 데까지 팀을 이끌고 조율하라.
- 아이디어를 확장 가능한 비즈니스로 효과적으로 진전시킬 수 있는 것에 모든 팀원이 계속 집중하게 하라.
- 역경에 맞서 팀을 이끌고 혁신의 여정에서 피할 수 없는 장애물을 극복할 수 있도록 팀에게 동기부여하라.

☐ **아이디어에서 비즈니스로 전환하면서 필요한 스킬의 진화**

프로젝트를 진행하는 과정에서 리더와 팀에게 요구되는 스킬은 크게 변화한다. 발견 과정에서 필요한 스킬과 실행 및 규모 확대 과정에서 필요한 스킬의 핵심적 차이를 여기에 소개한다.

	 발견	 검증	 가속	 실행 및 규모 확대
핵심 증거	• 시장 규모 • 기회의 규모 • 고객의 활동, 불만, 혜택 • 문제/해결책 적합도 • 지불 의사(기본적 증거)	• 가치 제안 • 지불과 가격 책정 의지(강력한 증거) • 실현 가능성(기본적 증거)	• 제품/시장 적합도 • 실현 가능성(강력한 증거) • 인수와 유지 • 수익성	• 매출(고객) 성장
핵심 질문	기회가 있는가?	이 시장에서 가치를 창조할 수 있는가?	어떻게 최상의 수요와 성장을 이끌어낼 수 있는가?	수요를 만족시키기 위해 어떻게 우리 조직의 규모를 확대할 수 있는가?
팀 규모	1~3명	3~8명	8명 이상	무제한
핵심 리더십 스킬	• 비전 제시와 동기부여 • 근본 가정에 대한 의문 • 패턴 인식 • 피벗 • 비즈니스 모델	• 비전 제시와 동기부여 • 패턴 인식 • 피벗 • 비즈니스 모델	• 비전 제시와 동기부여 • 분야 전문가 리딩 • 비즈니스 모델	• 동기 부여 및 관여 • 규모 확대 • 채용 • 관리
팀 스킬	• 지식 • 테스트 • 극도의 적응력 • 인내	• 테스트 • 프로토타입 제작 • 인내	• 분야 전문성 • 마케팅 • 인내	• 리더십, 실행, 규모 확대 • 높은 분야 전문성 • 채용 • 기능 전문성(마케팅, 재무, 법무 등)

기업가
리더십 및 팀

우리는 몇 개의 프로젝트를 병행 관리하는 프로젝트 매니저가 최강 기업 내에서 가장 성공적인 프로젝트팀을 이끌 수 있다고 생각하지 않는다. 성공적인 팀은 스스로를 기업가라 생각하는 리더만이 이끌 수 있다. 기업가적 리더는 비록 실제로는 월급을 받는 직원이지만 아이디어가 결실을 맺는 데 전념하는 기업가처럼 실행한다. 기업가적 성과에 대한 연구를 토대로 우리는 성공적인 혁신가와 기업가, 팀원들이 다음과 같은 특징을 가지고 있다고 믿는다.

팀과 벤처 조직을 이끄는 혁신가와 기업가의 특징

'현실 왜곡장'Reality Distortion Field을 만드는 능력

• 자신의 이상을 위해 자원과 인재를 동원할 수 있는 매혹적이고 재능 있는 커뮤니케이터다.
• 사람들을 이끌 방향을 잘 알고 이해관계자와 팀원으로 하여금 불가능한 것을 믿게 만든다.
• 팀원을 발견, 검증, 가속, 규모 확대의 여정으로 이끄는 강력한 '매력'을 창조한다.

끈질기고 회복탄력적

• 무언가를 개선하기 위해 현상 유지 관성을 극복하기를 갈망한다.
• 분석의 늪에 빠지지 않고 실행에 집중하며 역경이 닥쳐도 인내한다. 끈질기게 장애물을 극복하려 하고 차질이 빚어져도 쉽게 경로를 벗어나지 않는다.
• 높은 직업 윤리의 모범이 되고 자기 자신과 타인에게 높은 기준을 설정한다. 하지만 도전에 응하는 데 필요한 정신적 여유와 신체적 건강을 유지한다.

깊은 호기심

- 그들이 제시하는 몇몇 최고의 아이디어는 서로 다른 분야와 시장 간의 '이종교배'로부터 나온다.
- 믿을 수 없을 정도로 지적으로 민첩하다(제프 베조스: 책에서 아마존 웹서비스로, 스티브 잡스: 컴퓨터에서 뮤직 플레이어와 모바일폰으로, 일론 머스크: 결제 소프트웨어에서 전기차와 로켓으로).

독립적

- 다른 사람들의 도움을 최소화하며 자체적으로 운영하고자 한다.
- 무리에서 벗어나 있는 것을 즐긴다.
- 환경을 통제하는 것을 선호하고 누군가를 위해 일하는 것을 좋아하지 않는다.

혁신성

- 아이디어를 제시하고 새로운 가능성을 탐험한다.
- 거대한 정보 더미에서 유용한 패턴을 포착한다. 경험과 실험을 통해 학습하고 조정한다.
- 큰 그림의 전략적 질문과 핵심적 실험을 원활히 제안하고 분야 전문성을 발휘한다.

리스크 인내력

- 비즈니스 실험으로 테스트할 수 있도록 커다란 아이디어를 테스트 가능한 작은 가설로 쪼갠다.
- 불완전하거나 상충되는 정보로 결정을 내리는 데 주저하지 않고 모호함과 불확실함을 능숙하게 다룬다.
- 용감하지만 동시에 두려워할 줄 안다. 내부의 불안감과 실제 리스크에 대한 객관적 평가를 구분할 줄 안다.

시장 지향성

- 기회, 기술, 시장 니즈의 잠재력을 발견하고 그것을 구체적인 가치 제안과 비즈니스 모델로 바꾸어놓는다.
- 현장의 피드백과 실험 증거에 근거해 지속적으로 비즈니스 모델과 가치 제안을 조정한다.
- 기회에 민감하고 흥미로운 방향으로 빠르게 전환한다.

실용적 마인드와 풍부한 경험

- 어떤 실행과 결정이 근본적으로 눈에 띄는 움직임을 가져올지 알고 있다.
- 혁신 및 기업가정신 실현 과정에서 얻은 과거의 가치 있는 경험을 적용한다.
- 강력하고 단순 명쾌한 탐지 수단을 가지고 있다.

커리어의 절정에 이르렀을 때,
세계에서 가장 부유한 여성 중
한 명이었다.

엘리자베스 아덴 Elizabeth Arden
1910년 엘리자베스 아덴 설립

스포티파이는 소비자가 음악과
상호작용하는 방식을 영원히 바꾸어놓았다.

다니엘 에크 Daniel Ek
음악 스트리밍 서비스 스포티파이 창업자

메이저 항공사를 이끈
첫 번째 여성으로 '항공 분야
최초의 여성'이라 불린다.

올리브 앤 비치 Olive Ann Beech
비치 항공 공동 창업자

2019년 〈포브스〉 선정 '세계에서
가장 영향력 있는 인물' 21위에 올랐다.

마윈馬雲, Jack Ma
알리바바 그룹 공동 창업자

〈타임〉은 2008년 23앤드미의
NA 테스트 키트를 '올해의 발명품'으로
선정했다.

앤 워즈키키 Anne Wojkicki
23앤드미 공동 창업자

"옳은 일을 옳게 행한다."는
비즈니스 운동의 최초 개척자 중 한 사람.

이본 쉬나드 Yvon Chouinard
스포츠 의류 브랜드 파타고니아 창업자

2017년 〈포춘〉 선정 '세계에서
가장 위대한 리더' 33위에 올랐다.

스트라이브 마시위와 Strive Masiyiwa
미디어 및 기술 기업
에코넷 와이어리스 Econet Wireless 창업자

Photography : "Africa Progress Panel" by Rodger Bosch
for APP / CC BY 2.0

중국에서 가장 영향력 있는 미디어 업계 여성 중
한 사람으로 2013년 〈포브스〉 선정 '세계에서
가장 영향력 있는 여성 100인' 중 100위에 올랐다.

양 란 杨澜
썬 미디어 그룹 Sun Media Group 공동 창업자

Photography : "Yang Lan" by World Economic Forum
from Cologny, Switzerland / CC BY 2.0

'일본의 토마스 에디슨'이라 불리는 그는
가족이 운영하던 방직기 기업을
자동차 제조회사로 탈바꿈시켰다.

도요타 기이치로 豊田喜一郎
토요타 자동차 창업자

문화

세계적 기근을 해결하기 위해
기업가적 접근 방식을 사용했다.

재클린 노보그라츠 Jacqueline Novogratz
애큐먼 펀드 Acumen Fund 창업자

Photography : "Jacqueline Novogratz" by Acumen
/ CC BY 2.0

2019년 〈포브스〉 선정 '세계의 부자'
8위에 올랐고 남미에서 가장 부유한 사람으로
추정된다.

카를로스 슬림 Carlos Slim
그루포 카루소 Grupo Carso 그룹 창업자

Photography : "Mexican businessman Carlos Slim Helu."
by Jose Cruz / ABr / CC BY 3.0

2013년 〈포브스〉 선정
'세계에서 가장 영향력 있는 여성' 46위에 올랐다.

왕쉐훙 王雪紅, Cher Wang
HTC 공동 창업자

Photography : "HTC Chairwoman, Cher Wang, shows off new
mobile phone mother board" by Robert Scoble / CC BY 2.0

☐ 당신의 회사를 영역별로 평가해서 1점부터 5점까지 점수를 매겨라.

☐ 향후 12~36개월간 향상시키고 싶은 영역을 설정하라.

☐ 향상된 목표를 달성하는 데 도움이 되도록 방해꾼을 제거하고 조력자를 동원하라.

		초보적 수준 경험이 전무하거나 아주 미약하다.	약간의 경험이 있다.	중간 수준 종종 이렇게 하지만 체계적이지는 않다.	자주 이렇게 한다.	세계적 수준 우리의 활동은 타 기업을 위한 사례 연구로 사용된다.
기업의 '혁신의 실천'을 평가하라	혁신 도구	① 우리는 혁신을 위해 비즈니스 모델, 린스타트업, 디자인 씽킹 도구를 사용하지 않는다.	②	③ 비즈니스 모델, 린스타트업, 디자인 씽킹 도구를 조직의 몇몇 부서에서 사용한다.	④	⑤ 비즈니스 모델, 린스타트업, 디자인 씽킹 도구를 널리 사용하며 숙달되어 있다.
	프로세스 관리	① 우리의 프로세스는 선형적이며 재무적 추정을 포함한 상세 비즈니스 플랜을 필요로 한다.	②	③ 우리는 비즈니스 아이디어를 테스트하기 위해 가끔씩 반복적 프로세스와 체계적인 실험을 진행한다.	④	⑤ 우리의 프로세스는 혁신에 최적화되어 있고 우리는 새로운 아이디어의 리스크 경감 수준을 체계적으로 측정한다.
	역량 개발	① 우리는 혁신 스킬과 경험을 지닌 사람을 뽑지 않으며 그런 사람을 육성하지도 않는다.	②	③ 우리는 가끔 경험 많은 혁신 인재를 채용하고 몇몇 특정 직원들에게 혁신을 훈련시킨다.	④	⑤ 우리는 조직 전체에 걸쳐 폭넓은 경험을 지닌 세계적 수준의 혁신 인재를 채용하고 육성한다.

문화 맵: 혁신 문화의 조력자

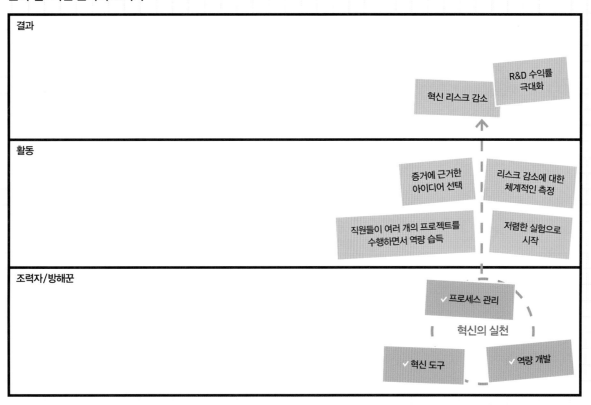

결과

혁신 리스크 감소

R&D 수익률 극대화

활동

증거에 근거한 아이디어 선택

리스크 감소에 대한 체계적인 측정

직원들이 여러 개의 프로젝트를 수행하면서 역량 습득

저렴한 실험으로 시작

조력자/방해꾼

✓ 프로세스 관리

혁신의 실천

✓ 혁신 도구

✓ 역량 개발

혁신 문화 평가

최강 기업이 되기 위해 얼마나 준비되어 있는가?

☐ 당신의 회사를 영역별로 평가해서 1점부터
5점까지 점수를 매겨라.

☐ 향후 12~36개월간 향상시키고 싶은 영역
을 설정하라.

☐ 향상된 목표를 달성하는 데 도움이 되도록
방해꾼을 제거하고 조력자를 동원하라.

**당신의
'리더의 지원'
정도를 평가하라**

전략적 가이던스

자원 할당

포트폴리오 관리

**기업의
'조직 디자인'
수준을 평가하라**

권한과 힘

핵심과 연계

보상과 인센티브

**기업의
'혁신의 실천'을
평가하라**

혁신 도구

프로세스 관리

역량 개발

초보적 수준 경험이 전무하거나 아주 미약하다.	약간의 경험이 있다.	중간 수준 종종 이렇게 하지만 체계적이지는 않다.	자주 이렇게 한다.	세계적 수준 우리의 활동은 타 기업을 위한 사례 연구로 사용된다.
① 리더가 혁신에 대한 명확한 전략적 가이던스를 제시하지 않는다.	②	③ 혁신을 위한 몇몇 전략적 가이던스가 있지만 조직 구성원 모두가 알지는 못한다.	④	⑤ 리더는 중요 미팅에서 혁신에 대한 전략적 가이던스를 제공하며 모두가 그것을 알고 있다.
① 혁신을 위한 자원은 자력으로 구해야 하거나 임의적으로 할당된다.	②	③ 혁신을 위한 자원에 접근할 수 있지만 충분하지 않고 계획적으로 할당되지 않는다.	④	⑤ 혁신 자원 할당은 일상적으로 이루어지고 리더는 본인 시간의 최소 40%를 혁신에 투자한다.
① 리더는 대부분 기존 핵심 비즈니스를 개선하는 데 집중한다.	②	③ 미래의 새로운 비즈니스를 탐험하는 데 어느 정도 투자하지만 체계적이지는 않다.	④	⑤ 리더는 시장 개척에 의욕적이고 거대한 혁신 파이프라인에 스몰벳 형태로 투자하여 최고의 가능성을 보이는 것에 후속 투자를 진행한다.
① 혁신 프로젝트는 비밀리에 진행되고 공식적 채널 밖에 위치한다.	②	③ 혁신팀은 공식적으로 조직도에 나와 있지만 힘과 영향력이 부족하다.	④	⑤ 혁신팀은 조직도의 최상단에 위치해 있고 힘과 영향력을 갖고 있다.
① 혁신팀은 핵심 비즈니스의 고객, 자원, 역량에 접근하지 못하거나 제한적으로만 접근한다.	②	③ 핵심 비즈니스와 혁신팀은 협업하지만 갈등이 존재한다.	④	⑤ 혁신팀과 핵심 비즈니스가 동등한 파트너로서 협업하도록 하는 명확한 정책이 있다.
① 혁신팀은 핵심 비즈니스의 것과 구별되는 자체적 인센티브 시스템을 가지고 있지 못한다.	②	③ 혁신팀을 독려하기 위한 인센티브를 어느 정도 가지고 있고 실행 조직과는 다르게 보상한다.	④	⑤ 혁신팀은 실험과 새로운 가치 창조에 보상받는 자체적 인센티브 시스템을 가지고 있다.
① 우리는 혁신을 위해 비즈니스 모델, 린스타트업, 디자인 씽킹 도구를 사용하지 않는다.	②	③ 비즈니스 모델, 린스타트업, 디자인 씽킹 도구를 조직의 몇몇 부서에서 사용한다.	④	⑤ 비즈니스 모델, 린스타트업, 디자인 씽킹 도구를 널리 사용하며 숙달되어 있다.
① 우리의 프로세스는 선형적이며 재무적 추정을 포함한 상세 비즈니스 플랜을 필요로 한다.	②	③ 우리는 비즈니스 아이디어를 테스트하기 위해 가끔씩 반복적 프로세스와 체계적인 실험을 진행한다.	④	⑤ 우리의 프로세스는 혁신에 최적화되어 있고 우리는 새로운 아이디어의 리스크 경감 수준을 체계적으로 측정한다.
① 우리는 혁신 스킬과 경험을 지닌 사람을 뽑지 않으며 그런 사람을 육성하지도 않는다.	②	③ 우리는 가끔 경험 많은 혁신 인재를 채용하고 몇몇 특정 직원들에게 혁신을 훈련시킨다.	④	⑤ 우리는 조직 전체에 걸쳐 폭넓은 경험을 지닌 세계적 수준의 혁신 인재를 채용하고 육성한다.

후기

용어 설명

가설 Hypothesis
가치 제안, 비즈니스 모델, 전략의 기초가 되는 가정. 비즈니스 아이디어가 효과가 있을지를 파악하려면 무엇을 알아야 하는지를 가리킨다. 비즈니스 아이디어의 수용 가능성, 실현 가능성, 생존 가능성, 적응 가능성과 관련되어 있다.

가이던스 Guidance
포트폴리오 관리를 위한 기본 전제. 자원 할당과 포트폴리오에 대한 조치가 가이던스의 주요 내용이 된다. 무엇을 집중하고 무엇을 집중하지 말아야 할지, 무엇에 투자하고 무엇을 처분할지, 무엇을 탐험하고 무엇을 탐험하지 말아야 할지를 이해하기 위한 명확한 경계선을 제공한다.

기대 수익 Expected Return
비즈니스 아이디어가 성공할 경우 회사에 가져다줄 돈의 크기.

문화 맵 Culture Map
조직에서 실현하고자 하는 기업문화를 이해하고 디자인하고 테스트하고 관리하기 위한 실용적이고 단순하며 시각적인 도구.

미터드 펀딩 Metered Funding
벤처캐피털 업계에서 사용하는 펀딩 방법으로 테스트에서 증거가 도출되는 프로젝트에는 투자를 점점 늘리고 그렇지 않은 프로젝트는 보류하는 방법.

비즈니스 R&D Business R&D
기업이 참신한 비즈니스 기회의 포트폴리오를 감지하고 창조하며 테스트하고 리스크를 경감시키며 투자하는 모든 행위. 기존 비즈니스를 개선하고 새로운 비즈니스를 탐험하는 것. 비즈니스 R&D의 핵심은 가치 제안과 비즈니스 모델을 형성하고 리스크를 테스트하는 기술과 과학이다. 주로 실현 가능성에 초점을 맞추는 기존의 기술과 제품 R&D를 보완한다.

비즈니스 디자인 Business Design
비즈니스 아이디어를 형성하고 재형성해서 최상의 가능성 있는 비즈니스 모델과 가치 제안으로 전환시키는 프로세스. 초기에는 직감과 시작점(제품 아이디어, 기술, 시장 기회 등)에 바탕을 두고 비즈니스 디자인 과정을 반복한다. 그 후에는 테스트에서 얻은 증거와 통찰을 바탕으로 비즈니스 디자인을 진행한다.

비즈니스 모델 전환 Business Model Shift
쇠퇴 중이거나 효력이 다한 비즈니스 모델에서 좀 더 경쟁력 있는 비즈니스 모델로 조직이 탈바꿈하는 것.

비즈니스 모델 캔버스 Business Model Canvas
조직이 가치를 창조하고 전달하고 포착하는 방법을 명확히 하는 전략적 관리 도구.

비즈니스 모델 패턴 Business Model Pattern
조직 전체의 비즈니스 모델을 강화하도록 서로 다른 비즈니스 모델 구성요소를 구성하여 패턴화한 것. 새로운 벤처가 기술, 제품, 서비스, 가격을 뛰어넘어 경쟁우위를 개발하도록 돕는다. 또한 기존의 기업이 구식이 된 비즈니스 모델에서 좀 더 경쟁력 있는 비즈니스 모델로 전환하도록 돕는다. 하나의 비즈니스 모델은 여러 개의 패턴을 포함할 수 있다.

비즈니스 모델 포트폴리오 Business Model Portfolio
기업이 활용하는 기존 비즈니스 모델과 파괴를 막고 지속을 보장받기 위해 탐험하는 새로운 비즈니스 모델의 모음.

비즈니스 모델 Business Model
조직이 가치를 창조하고 전달하고 포착하는 방법의 근거.

생존 가능성 리스크 Viability Risk
성공적인 매출 흐름을 창출할 수 없을 때, 고객이 기꺼이 충분한 돈을 지불하려 하지 않을 때, 비용이 너무 높아 지속적으로 이익을 벌어들이지 못할 때의 리스크.

성장 Grow
성장 궤도에 있는 기존 비즈니스 모델을 유지하는 활동. 여기에는 부상 중인 비즈니스 모델을 확대하고 쇠퇴 중인 비즈니스 모델을 뜯어 고치며 성공적인 비즈니스 모델을 보호하는 활동이 포함된다. 수익을 개선하고 파괴 리스크를 최소화함으로써 성장을 보장받을 수 있다.

수용 가능성 리스크 Desirability Risk
비즈니스가 타깃으로 삼은 시장이 너무 작아서 가치 제안을 원하는 고객이 너무 적을 경우 혹은 회사가 목표 고객에게 접근해 그들을 확보하고 유지할 수 없을 때의 리스크.

수익 Return
비즈니스 아이디어가 기업을 위해 창출할 돈의 크기.

스트래티저혁신 지표 Strategyzer Innovation Metrix
대규모 투자와 규모 확대 전에 새로운 아이디어의 리스크와 불확실성의 경감 수준을 측정하는 일련의 도구들.

실험 Experiment
가치 제안이나 비즈니스 모델 가설을 증거를 통해 입증하거나 반증하는 과정. 비즈니스 아이디어의 리스크와 불확실성을 경감하는 데 사용된다.

실현 가능성 리스크 Feasibility Risk
핵심 자원(기술, 지식재산, 브랜드 등), 핵심 활동, 핵심 파트너를 관리하거나 확대하거나 접근할 수 없을 때의 리스크.

적응 가능성 리스크 Adaptability Risk
비즈니스가 경쟁적 환경, 기술, 규제, 사회적 트렌드, 시장 트렌드에 적응할 수 없을 때 혹은 거시환경이 우호적이지 않을 때(인프라 부족, 불황 등)의 리스크.

종말 및 파괴 리스크 Death and Disruption Risk
비즈니스가 사망하거나 파괴될 리스크. 어떤 비즈니스가 부상 중이지만 아직 취약할 때 혹은 비즈니스가 기술, 경쟁, 규제 변화, 기타 트렌드에 의해 파괴될 위협하에 있을 때 커진다. 비즈니스를 보호할 해자가 있어야 리스크가 감소한다.

증거 Evidence
실험에서 도출되거나 현장에서 수집된 데이터. 비즈니스 가설, 고객에 대한 통찰 혹은 가치 제안, 비즈니스 모델, 전략, 환경에 대한 믿음을 입증하거나 반증한다.

탐색 Search
기업의 미래를 보장하기 위해 새로운 아이디어, 가치 제안, 비즈니스 모델을 찾는 것. 기대 수익을 최대화하고 혁신 리스크를 최소화하는 데 주안점을 둔다.

탐험 포트폴리오 Explore Portfolio
혁신 프로젝트의 포트폴리오, 새로운 비즈니스 모델, 새로운 가치 제안, 새로운 제품과 서비스를 '기대 수익'과 '혁신 리스크'를 기준으로 모두 표현한 것.

테스트 Test
비즈니스 디자인과 투자 의사결정에 정보를 주기 위해 비즈니스 아이디어에 깔려 있는 가장 중요한 가설을 규명하고 테스트하는 프로세스.

팀 맵 Team Map
스테파노 마스트로지아코모가 창안한 좀 더 효과적인 회의와 대화를 위해 팀원들 간의 정렬을 촉진하는 시각적 도구.

포트폴리오 맵 Portfolio Map
기존 비즈니스 모델과 미래의 비즈니스 모델을 동시에 시각화하고 분석하고 관리하기 위한 전략 도구.

포트폴리오 활동 Portfolio Actions
탐험 포트폴리오에서 취하는 활동(발상, 투자, 유지, 피벗, 폐기, 스핀아웃, 환승)과 활용 포트폴리오에서 취하는 활동(인수, 파트너십, 투자, 개선, 합병, 처분, 해체)들.

피벗 Pivot
비즈니스 모델과 가치 제안에서 하나 혹은 그 이상의 요소를 근본적으로 변화시키는 결정.

혁신 리스크 Innovation Risk
비즈니스 아이디어가 실패로 끝날 리스크. 슬라이드와 스프레드시트 속의 증거가 아니라 아이디어의 성공 가능성을 지지하는 실질적 증거가 거의 없다면 리스크가 높아진다. 비즈니스 아이디어의 수용 가능성, 실현 가능성, 생존 가능성, 적응 가능성을 지지하는 증거의 양에 따라 리스크는 감소한다.

혁신 깔때기 Innovation Funnel
비즈니스 아이디어와 혁신 프로젝트를 지속적으로 탐험하고 테스트하는 메커니즘. 깔때기 앞쪽에 있는 많은 아이디어를 테스트에서 나온 증거에 따라 점차 걸러낸 후 남은 프로젝트에 미터드 펀딩으로 투자를 진행하는 방식.

혁신의 유형 Types of Innovation
우리는 하버드 교수였던 클레이튼 크리스텐슨의 분류를 빌려 혁신을 크게 '효율 혁신', '지속적 혁신', '변혁적 혁신'으로 구분.

활용 포트폴리오 Exploit Portfolio
기존 비즈니스의 포트폴리오, 가치 제안, 제품과 서비스를 '수익'과 '종말 및 파괴 리스크'를 기준으로 모두 표현한 것.

주석

도구

1. "보쉬 그룹 살펴보기"The Bosch Group at a Glance, https://www.bosch.com/company/our-figures/.
2. "인수와 철수"Acquisitions and Disposals, 네슬레Nestle, https://www.nestle.com/investors/overview/mergers-and-acquisitions.
3. "네슬레, 네슬레 스킨헬스 판매를 끝내다"Nestle Closes the Sale of Nestle Skin Health, 2019년 10월 2일, https://www.nestle.com/media/pressreleases/allpressreleases/nestle-closes-sale-nestle-skin-health.
4. "고어 스토리"The Gore Story, https://www.gore.com/about/the-gore-story.관리MANAGE

관리

1. 세스 레빈Seth Levine, "벤처의 결과는 생각보다 훨씬 편향되어 있다"Venture Outcomes are Even More Skewed Than You Think, 2014년 8월 12일, https://www.sethlevine.com/archives/2014/08/venture-outcomes-are-even-more-skewed-than-you-think.html.
2. 찰스 아서Charles Arthur, "아마존, 안 팔린 파이어 폰 1억 7,000만 달러 어치를 폐기하다"Amazon Writes Off $170M on Unsold Fire Phones, 〈가디언〉The Guardian, 2014년 10월 24일, https://www.theguardian.com/technology/2014/oct/24/amazon-unsold-fire-phones.
3. "핑안, 3년 연속 세계 정상급 보험 브랜드로 선정"Ping An Tops Global Insurance Brands for the Third Consecutive Year, 〈PR Newswire Asia〉, 2018년 5월 30일, https://www.asiaone.com/business/ping-ranks-third-among-global-financial-services-companies-2018-brandztm-top-100-most.
4. 슈-칭 장 첸Shu-Ching Jean Chen, "중국의 거대 기업 핑안이 보험을 넘어 핀테크의 미래를 노린다"Chinese Giant Ping An Looks Beyond Insurance to a Fintech Future, 〈포브스〉, 2018년 6월, https://www.forbes.com/sites/shuching-jeanchen/2018/06/06/chinese-giant-ping-an-looks-beyond-insurance-to-a-fintech-future/.
5. 핑안 2019년 중간 결산보고서.
6. 에릭슨 챈Ericson Chan, "핀테크는 당신을 죽이지 않는다. 더 강하게 만든다"FinTech, If It Doesn't Kill You, Makes You Stronger, 2018년 4월 13일, https://www.youtube.com/watch?v=UixV7NNSgVl.
7. "핑안, 사기꾼을 예방하기 위한 마이크로-익스페션 기술을 채용하다"Ping An to Employ MicroExpression Technology to Deter Scammers, 2018년 11월 1일, https://www.chinaknowledge.com/News/DetailNews/81721/Ping-An-to-employ-micro-expression-technology-to-deter-scammers.
8. 슈-칭 장 첸Shu-Ching Jean Chen, "중국의 거대 기업 핑안이 보험을 넘어 핀테크의 미래를 노린다"Chinese Giant Ping An Looks Beyond.
9. "핑안, 세계를 주도할 핀테크 및 헬스케어에 힘을 집중하다"Ping An Powering Ahead with World- Leading Fintech and Healthtech, 〈PR News Asia〉, 2018년 11월 7일, https://www.prnewswire.com/news-releases/ping-an-powering-ahead-with-world-leading-fintech-and-healthtech-300745534.html.
10. 핑안 2018년 연례보고서.
11. 캐인 우Kane Wu, "핑안의 후원을 받는 루팍스, 낮은 가치로 13억 달러를 조달하다"Ping An-Backed Lufax Raises $1.3 Billion at Lower Valuation: Sources, 2018년 12월 3일, https://www.reuters.com/article/us-lufax-fundraising/ping-anbacked-lufax-raises-13-billion-at-lowervaluation-sources-idUSKBN1O2OHG.
12. 로라 헤Laura He, "핑안 굿닥터는 유통 열기 속에서 최고 11억 2,000만 달러의 IPO를 달성"Ping An Good Doctor Prices US$1.12 Billion IPO at Top End Amid Retail Frenzy, 2018년 4월 27일, https://www.scmp.com/business/companies/article/2143745/ping-good-doctor-prices-us112-billion-ipo-top-end-amid-retail.
13. 오토홈 2018년 연례보고서.
14. "오토홈, 주주 간 거래와 이사회 변경을 발표하다"Autohome Inc. Announces Transaction between Shareholders and Board Change, 2017년 2월 22일, https://www.globenewswire.com/news-release/2017/12/01/1216061/0/en/Autohome-Inc-Announces-the-Shareholder-Resolutions-Adopted-at-2017-Annual-General-Meeting-and-Board-Change.html.
15. 마이클 오드와이어Michael O'Dwyer, "중국 깊이 알기: 디지털 보험의 생태계"China In Depth: Digital Insurance Ecosystems, https://www.the-digital-insurer.com/thought-leadership/china-in-depth-ecosystems-in-china/.
16. "핑안, 텔스트라로부터 오토홈 주식을 16억 달러에 인수"Ping An to Buy Autohome Stake from Telstra for $1.6 Billion, 2016년 4월 15일, https://www.bloomberg.com/news/articles/2016-04-15/ping-an-to-buy-stake-in-autohome-from-telstra-for-1-6-billion.
17. 텐다이 비키Tendayi Viki, "혁신 대 R&D 지출"Innovation Versus R&D Spending, 2019년 5월 20일, https://www.strategyzer.com/blog/innovation-versus-rd-spending.
18. 배리 야루젤스키Barry Jaruzelski·로버트 츠왈리크Robert Chwalik·브래드 필레Brad Goehle, "최고 혁신가들이 옳은 것들"What the Top Innovators Get Right, 2018년 10월 30일, https://www.strategy-business.com/feature/What-the-Top-

Innovators-Get-Right.

19. 크리스 레이Chris Wray, "소니의 2018~2019년 결산 결과 - 지금껏 가장 수익성이 높은 해"Sony 2018-19 Financial Year Results-Most Profitable Year Ever, 2018년 4월 27일, https://wccftech.com/sony-2018-19-financial-year-results/.

20. 스티븐 J. 보넌-니콜스Steven J. Vaughan-Nichols, "마이크로소프트의 OIN 합류가 당신에게 의미하는 것은?"What Does Microsoft Joining the Open Invention Network Mean for You?, 2018년 10월 11일, https://www.zdnet.com/article/what-does-microsoft-joining-the-open-invention-network-mean-for-you/.

21. 서러Surur, "마이크로소프트, 홀로렌즈가 얼마나 팔렸는지 마침내 공개하다"Microsoft Finally Reveals How Many HoloLens Units Have Been Sold, 2018년 4월 25일, https://mspoweruser.com/microsoft-finally-reveals-how-many-hololens-units-have-been-sold/.

22. 헤서 켈리Heather Kelly, "마이크로소프트의 새로운 3,500달러짜리 홀로렌즈 2 헤드셋은 진지하다"Microsoft's New $3,500 HoloLens 2 Headset Means Business, 2019년 2월 25일, https://edition.cnn.com/2019/02/24/tech/microsoft-hololens-2/index.html.

23. 앨리슨 린Allison Linn, "마이크로소프트의 프로젝트 옥스퍼드는 개발자들이 더 많은 인텔리전트 앱을 만들도록 돕는다"Microsoft's Project Oxford Helps Developers Build More Intelligent Apps, 2015년 5월 1일, https://blogs.microsoft.com/ai/microsofts-project-oxford-helps-developers-build-more-intelligent-apps/.

24. "마이크로소프트, 깃허브를 75억 달러에 인수하다"Microsoft to Acquire GitHub for $7.5 Billion, 2018년 6월 4일, https://news.microsoft.com/2018/06/04/microsoft-to-acquire-github-for-7-5-billion/.

25. 알렉스 헤른Alex Hern·아나 카스페르케비크Jana Kasperkevic, "링크드인, 현금 260억 달러에 매수되다"LinkedIn Bought by Microsoft for $26.2BN in Cash, 2016년 6월 13일, London and New York, https://www.theguardian.com/technology/2016/jun/13/linkedin-bought-by-microsoft-for-262bn-in-cash.

26. "마이크로소프트와 구글, M&A를 통해 아마존의 클라우드 지배력 확보"Microsoft & Google Use M&A To Make A Run At Amazon's Cloud Dominance, https://www.cbinsights.com/research/microsoft-google-amazon-cloud-acquisitions-expert-intelligence/.

27. 톰 워렌Tom Warren, "마이크로소프트, 실패한 노키아 인수로 최소 80억 달러를 날리다"Microsoft Wasted at Least $8 Billion on Its Failed Nokia Experiment, 2016년 5월 25일, https://www.theverge.com/2016/5/25/11766540/microsoft-nokia-acquisition-costs.

28. 폴 써로트Paul Thurrott, "성장하려면 마이크로소프트는 윈도에 덜 집중해야 한다"To Grow, Microsoft Must Deemphasize Windows, 2014년 2월 4일, https://www.itprotoday.com/compute-engines/grow-microsoft-must-deemphasize-windows.

29. 대니얼 B. 클린Daniel B. Kline, "PC 판매 감소가 마이크로소프트에 의미하는 것"What Declining PC Sales Mean for Microsoft, 2016년 5월 9일, https://www.fool.com/investing/general/2016/05/09/what-declining-pc-sales-mean-for-microsoft.aspx.

30. 톰 크라지트Tom Krazit, "애저의 매출은 미스터리지만 클라우드 서비스는 계속 마이크로소프트를 앞서 나가게 한다"Azure Revenue Remains a Mystery, but Cloud Services Continue to Drive Microsoft Forward, 2019년 4월 24일, https://www.geekwire.com/2019/azure-revenue-remains-mystery-cloud-services-continue-drive-microsoft-forward/.

31. 톰 워렌Tom Warren, "마이크로소프트와 아마존이 코르타나와 알렉사의 통합을 공개하다"Microsoft and Amazon Release Preview of Cortana and Alexa Integration, 2018년 8월 15일, https://www.theverge.com/2018/8/15/17691920/microsoft-amazon-alexa-cortana-integration-preview-features.

32. "유니레버의 목적 지향의 브랜드들, 더 좋은 결과를 내다"Unilever's Purpose-Led Brands Outperform, 2019년 11월 6일, 2019, https://www.unilever.com/news/press-releases/2019/unilevers-purpose-led-brands-outperform.html.

33. "유니레버, 슬림-패스트 판매로 허리띠를 졸라매다"Unilever Tightens Belt with SlimFast Sale, 〈The Telegraph〉, 2020년 1월 20일, https://www.telegraph.co.uk/finance/newsbysector/retailandconsumer/10960347/Unilever-tightens-belt-with-Slim-Fast-sale.html.

34. "인수와 철수"Acquisitions and Disposals, 유니레버Unilever, https://www.unilever.com/investor-relations/understanding-unilever/acquisitions-and-disposals/.

35. 밀리 빈센트Milly Vincent, "마마이트, 팟누들, 매그넘은 지구에 의미 있는 영향을 미친다는 걸 증명하지 못하면 유니레버에 의해 매각될 운명이다"Marmite, Pot Noodles and Magnums Face Being Sold by Unilever If They Can't Prove They Make 'Meaningful' Impact on the Planet, 2019년 7월 27일, https://www.dailymail.co.uk/news/article-7291997/Marmite-favourites-like-Pot-Noodles-Magnums-face-sold-Unilever.html.

36. 랜스 휘트니Lance Whitney, "로지텍, 구글 TV로 엄청난 실수를 저질렀다고 고백하다"Logitech Confesses to 'Gigantic' Mistake with Google TV, 2011년 11월 11일, https://www.cnet.com/tech/services-and-software/logitech-confesses-to-gigantic-mistake-with-google-tv/.

37. 로지텍 2019년 연례 보고서.

38. "인수"Acquisitions, 로지텍Logitech, https://www.crunchbase.com/organization/logitech/acquisitions/acquisitions_list#section-acquisitions.

39. "라이프사이즈, 로지텍에서 떨어져 나오다"Lifesize Splits from Logitech, 2016년 1월 14일, https://www.lifesize.com/en/

company/news/in-thenews/2016/20160114-com-ms-business-lifesize-splits-from-logitech.

40. 앤튼 쉴로프Anton Shilov, "로지텍, 공식적으로 OEM 마우스 시장에서 빠져 나오다"Logitech Formally Exits OEM Mouse Market, 2016년 1월 22일, https://www.anandtech.com/show/9984/logitech-exits-oem-mouse-market.

41. "폭풍 속에서 에피소드 2: 후지필름"Inside the Storm Ep 2: Fujifilm, 〈채널 뉴스 아시아〉Channel News Asia, 2017년 2월 1일, https://www.channelnewsasia.com/news/video-on-demand/inside-the-storm-s2/fujifilm-7824486.

42. 후지필름 2019년 연례보고서.

43. "중기 경영계획 비전 75"Medium Term Management Plan VISION 75 [2008], 2008년 4월 28일, https://ir.fujifilm.com/en/investors/ir-materials/presentations/main/0117/teaserItems1/0/tableContents/06/multiFileUpload2_0/link/ff_vision75_2008_001.pdf.

발명 패턴

1. 제시카 캘드웰Jessica Caldwell, "테슬라의 모델 S, 미국 부자들 다수가 선택한 자동차"Drive by Numbers-Tesla Model S Is the Vehicle of Choice in Many of America's Wealthiest Zip Codes, 2013년 10월 31일, https://www.edmunds.com/industry-center/analysis/drive-by-numbers-tesla-model-s-is-the-vehicle-of-choice-in-many-of-americas-wealthiest-zip-codes.html.

2. 《블루오션 전략》Blue Ocean Strategy.

3. 프레드 램버트Fred Lambert, "테슬라, 슈퍼차저 설치에 박차를 가하다, V3 스테이션 10곳이 추가로 확정되다"Tesla Is Accelerating Supercharger Deployment, 10 More V3 Stations Confirmed, 2019년 9월 25일, https://electrek.co/2019/09/25/tesla-accelerating-supercharger-deploy-ment-v3-stations-confirmed/.

4. 알렉스 헤른Alex Hern, "테슬라 모터스, 모델 3 사전 판매 2일 만에 100억 달러를 벌다"Tesla Motors Receives $10BN in Model 3 Pre-Orders in Just Two Days, 〈가디언〉, 2016년 4월 4일, https://www.theguardian.com/technology/2016/apr/04/tesla-motors-sells-10bn-model-3-two-days.

5. "2019년 11월 글로벌 Top 20"Global Top 20 November 2019, 2019년 12월 27일, http://ev-sales.blogspot.com/2019/12/global-top-20-november-2019.html.

6. 케빈 P. 도노번Kevin P. Donovan, "모바일 머니가 더 많은 자유를 주는가-엠페사 네트워크의 힘이 자유의 발전에 미치는 영향"Mobile Money, More Freedom? The Impact of M-PESA's Network Power on Development as Freedom, 케이프타운대학교University of CapeTown, 〈국제 커뮤니케이션 저널〉International Journal of Communication 6(2012): 2647-2669.

7. 벤Ben & 알렉스Alex, "모바일 머니 혁명: 엠페사"The Mobile Money Revolution: M-Pesa, 2018년 6월 15일, https://medium.com/@benandalex/the-mobilemoney-revolution-m-pesa-f3fc8f86dbc9.

8. 롭 매트슨Rob Matheson, "연구: 모바일 머니 서비스, 케냐인의 빈곤 탈출을 돕는다"Study: Mobile-Money Services Lift Kenyans Out of Poverty, 〈MIT News Office〉, 2015년 12월 8일, https://news.mit.edu/2016/mobile-money-kenyans-out-poverty-1208.

9. "케냐 외 지역의 엠페사 사용자가 1,340만 명에 달한다"M-Pesa Users Outside Kenya Hit 13.4 Million, 〈Business Daily〉, 2019년 1월 29일, https://www.businessdailyafrica.com/corporate/companies/M-Pesa-usersoutside-Kenya-hit-13-4-million/4003102-4956208-16s8a9/index.html.

10. 세계은행World Bank, "케냐의 모바일 머니 성공이 아랍 세계에 어떤 의미가 있는가"What Kenya's Mobile Money Success Could Mean for the Arab World, 2018년 10월 3일, https://www.worldbank.org/en/news/feature/2018/10/03/what-kenya-s-mobile-money-success-could-mean-for-the-arab-world.

11. 레오 반 호브Leo Van Hove · 안토니에 더부스Antoine Dubus, "엠페사와 케냐의 금융적 포용: 지불이 저축이 되는가?"M-PESA and Financial Inclusion in Kenya: Of Paying Comes Saving, MDPI, 2019년 1월 22일.

12. "엠페사란 무엇인가"What Is M-Pesa?, https://www.vodafone.com/what-we-do/services/m-pesa.

13. PI, "케냐의 모바일 화폐: 엠페사"Mobile Currency in Kenya: the M-Pesa, 2016년 3월 21일, https://www.centreforpublicimpact.org/case-study/m-currency-in-kenya.

14. 시어스 연감Sears Archives, http://www.searsarchives.com/history/history1890s.htm.

15. 존 머레이 브라운John Murray Brown · 아라시 마소디Arash Massoudi, "유니레버, 달러 셰이브 클럽을 10억 달러에 인수하다"Unilever Buys Dollar Shave Club for $1bn, 〈파이낸셜 타임스〉, 2015년 7월 20일, https://www.ft.com/content/bd07237e-4e45-11e6-8172-e39ecd3b86fc.

16. 달러 셰이브 클럽Dollar Shave Club, 유튜브Youtube, https://www.youtube.com/watch?v=ZUG9qYTJMsI.

17. 바라라 부스Barbara Booth, "단순성에 기반한 비즈니스가 복잡해지면 어떤 일이 벌어지는가? 달러 셰이브 클럽의 창업자 마이클 더빈이 알아내다"What happens when a business built on simplicity gets complicated? Dollar Shave Club's founder Michael Dubin found out, CNBC, 2019년 3월 24일, https://www.cnbc.com/2019/03/23/dollar-shaves-dubin-admits-a-business-built-on-simplicity-can-get-complicated.html.

18. 캣 에슈너Kat Eschner, "브라우니 와이즈 스토리, 타파웨어 파티 이면의 천재적인 마케터"The Story of Brownie Wise, the Ingenious Marketer behind the Tupperware Party, 스미소니언 Smithsonian, 2018년 4월 10일, https://www.smithsonianmag.com/smithsonian-institution/story-brownie-wise-ingenious-marketer-behind-tupper-

19. 밥 키엘링Bob Kealing, 《파티의 인생: 브라우니 와이즈의 흥망 스토리》Life of the Party: The Remarkable Story of How Brownie Wise Built, and Lost..., New York: Crown/Archetype, 2008.

20. 도리 오웬스Dory Owens, "타파웨어, 파티를 업무 현장으로 가져오다"Tupperware Takes Its Parties into the Workplace, 1987년 7월 12일, https://www.washingtonpost.com/archive/business/1987/07/12/tupperware-takes-its-parties-into-the-work-place/1cc29d20-49ff-4d63-94b4-32f46cbca15b/.

21. 캣 애슈너Kat Eschner, "브라운 와이즈 스토리"The Story of Brownie Wise, https://www.smithsonianmag.com/smithsonian-institution/story-brownie-wise-ingenious-marketer-behind-tupperware-party-180968658/.

22. 애빌 벡포드Avil Beckford, "비즈니스의 리더 얼 타파, 타파웨어라는 밀폐 플라스틱 용기를 발명하다"Earl Tupper, Business Leader, Invented Tupperware, Air-Tight Plastic Containers, 2013년 2월 15일, https://theinvisiblementor.com/earl-tupper-business-leader-invented-tupperware-air-tight-plastic-containers/.

23. 내츄라 2018 연례보고서, https://mz-filemanager.s3.amazonaws.com/9e61d5ff-4641-4ec3-97a5-3595f938bb75/relatorios/8321a62d4128b42ac9397ce5469a1055cb1d-96505b13a691901bf0376249db62/relatorio_anual_natura_2018.pdf.

24. 마이크로소프트 윈도의 역사Microsoft Windows history, 2019년 11월 16일, https://www.computerhope.com/history/windows.htm.

25. 에이미 스티븐슨Amy Stevenson, "윈도 역사: 윈도 3.0 이륙하다"Windows History: Windows 3.0 Takes Off, 2018년 1월 25일, https://community.windows.com/en-us/stories/story-of-windows3.

26. 에밀 프로탈린스키Emil Protalinski, "OEM 업체들, 윈도 1카피 당 50달러가량을 마이크로소프트에 지급하다"OEMs Pay Microsoft about $50 for Each Copy of Windows, 2009년 9월 17일, https://arstechnica.com/informationtechnology/2009/09/microsoft-oems-pay-about-50-for-each-copy-of-windows/.

27. 제임스 글라이크James Gleick, "자본주의를 위해 마이크로소프트를 보호하기"Making Microsoft Safe for Capitalism, 1995년 11월 5일, https://www.nytimes.com/1995/11/05/magazine/making-microsoft-safe-for-capitalism.html.

28. "1990~2021년 마이크로소프트의 연도별 매출액"Microsoft Revenue by Year: FY 1990 – 2021, https://dazeinfo.com/2019/11/11/microsoft-revenue-world-wide-by-year-graphfarm/.

29. 제이콥 카스트레나케스Jacob Kastrenakes, "할로 프랜차이즈가 50억 달러 이상을 벌다"The Halo Franchise Has Made More Than $5 Billion, 2015년 11월 4일, https://www.theverge.com/2015/11/4/9668876/halo-franchise-5-billion-guardians-launch-sales.

30. "경찰, 구글 모바일 앱과 드라이버에서 '스토킹' 기능을 삭제하라고 지시함"Police Urge Google to Turn Off 'stalking' Feature on Mobile App for Drivers, AP 통신Associated Press, Washington, 2015년 1월 27일, https://www.theguardian.com/technology/2015/jan/26/police-pressure-google-turn-off-waze-app-feature.

31. 테크크런치TechCrunch, "웨이즈"Waze.(2014~2016년 데이터는 없음)

32. 애런 프레스먼Aaron Pressman · 애덤 라쉰스키Adam Lashinsky, "웨이즈가 구글맵 데이터 쉬트와 트래픽 데이터를 공유하지 않는 이유"Why Waze Doesn't Share Traffic Data with Google Maps-Data Sheet, 2019년 10월 11일, https://fortune.com/2019/10/11/waze-google-maps-how-it-works/.

33. 크리스텐 할 가이슬러Kristen Hall-Geisler, "웨이즈와 에스리가 '앱-투-인프라'를 가능케 한다"Waze and Esri Make App-to-Infrastructure Possible, AEDT, 2016년 10월 12일, https://techcrunch.com/2016/10/11/waze-and-ezri-make-app-to-infrastructure-possible/.

34. 죠우 싱Zhou Xin Ed., "디디, 2017년에 74억 3,000만 회의 탑승을 기록하다"Completes 7.43 Bln Rides in 2017, 신화통신 Xinhua, 2008년 1월 8일, http://www.xinhuanet.com/english/2018-01/08/c_136880236.htm.

35. "현재 5억 5,000만 사용자가 매일 3,000만 회 이용하는 디디는 메이투안에 대항해 성장 중이다"Didi Now Serves 550M Users 30M Rides per Day, Growing against Meituan Challenges, 2018년 6월 7일, https://kr-asia.com/didi-now-serves-550m-users-30m-rides-per-day-growing-against-meituan-challenges.

36. 제인 쯔앙Jane Zhang, "숫자로 보는 디디: 이승차 호출 서비스 기업은 2018년 지구에서 해왕성을 5번 왕복하는 것보다 더 많이 달렸다"DiDi by the Numbers: Ride- Hailing Firm Covered More Miles in 2018 Than 5 Earth-to-Neptune Round-Trips, 2019년 1월 23일, https://www.scmp.com/tech/start-ups/article/2181542/didi-numbers-ride-hailing-firm-covered-more-miles-2018-5-earth.

37. 클로에 소르비노Chloe Sorvino, "억만장자 제임스 다이슨의 재발명 공장의 내면: 진공청소기에서 헤어드라이어, 이제는 배터리까지"Inside Billionaire James Dyson's Reinvention Factory: From Vacuums to Hair Dryers and Now Batteries, 2016년 9월 13일, https://www.forbes.com/sites/chloesorvino/2016/08/24/james-dyson-exclusive-top-secret-reinvention-factory/?sh=1ece13302e87.

38. 마이클 폴러Michael Pooler · 페기 홀린저Peggy Hollinger, "다이슨의 완벽주의자들, 진공청소기를 넘어 미래를 발명하다"Dyson's Perfectionists Invent a Future beyond Vacuum Cleaners, 2017년 2월 8일, https://www.ft.com/content/2041b5b2-ec75-11e6-ba01-119a44939bb6.

39. 소피 챕먼Sophie Chapman, "다이슨, 2017년에 8억 100만 파운드라는 기록적인 이익을 달성하다"Dyson Reaches Record Profits in 2017 Hitting £801MN, 2018년 3월 2일, https://www.manufacturingglobal.com/leadership/dyson-

reaches-record-profits-2017-hitting-ps801mn.

40. 브라이언 돌런Brian Dolan, 《웨지우드: 최초의 거물》 Wedgwood: The First Tycoon, New York: Viking, 2004.

41. "모델 TModel T", 《브리태니카 백과사전》Encyclopaedia Britannica, 2019년 12월 5일, https://www.britannica. com/technology/Model-T.

42. "1,000만 번째 포드 모델 T, 1896 4행정과 함께 한 헨리 포드, 1924년"Henry Ford with Ten-Millionth Ford Model T and 1896 Quadricycle, 1924, https://www.thehenryford.org/ collections-and-research/digital-collections/arti-fact/276378/.

43. "이동 조립라인과 일당 5달러"The Moving Assembly Line and the Five-Dollar Workday, https://corporate.ford.com/arti-cles/history/moving-assembly-line.html.

44. "포드의 조립라인, 굴러가기 시작하다"Ford's Assembly Line Starts Rolling, 2009년 11월 13일, https://www.history. com/this-day-in-history/fords-assembly-line-starts-rolling.

45. "포드의 조립라인 100주년: 제조업과 사회를 변화시키다"Ford's Assembly Line Turns 100: How It Changed Manufacturing and Society, 《뉴욕 데일리 뉴스》New York Daily News, 2013년 10월 7일, https://www.nydailynews.com/autos/ford-as-sembly-line-turns-100-changed-society-arti-cle-1.1478331.

46. 메어리 핸버리Mary Hanbury, "우리는 자라가 옷을 만드는 공장 한 곳을 들여다보았다. 이것이 세계 최대의 패션 유통업체가 일하는 방식이다"We Went Inside One of the Sprawling Factories Where Zara Makes Its Clothes. Here's How the World's Biggest Fashion Retailer Gets It Done, 2018년 10월 29일, https://www.businessinsider.com.au/how-zara-makes-its-clothes-2018-10?r=US&IR=T.

47. 세스 스티븐슨Seth Stevenson, "폴카닷이 들어왔나? 그렇고말고!"Polka Dots Are In? Polka Dots It Is!, 2012년 6월 21일, https://slate.com/culture/2012/06/zaras-fast-

fashion-how-the-company-gets-new-styles-to-stores-so-quickly.html.

48. "델의 역사"Dell Inc. history, http://www.fundinguniverse. com/company-histories/dell-inc-history/.

49. 리엄 오코넬Liam O'Connell, "2001~2020년 이케아의 전 세계 매출"Annual revenue of the IKEA Group worldwide from 2001 to 2020, 2021년 5월 11일, https://www.statista.com/sta-tistics/264433/annual-sales-of-ikea-worldwide/.

50. 리엄 오코넬Liam O'Connell, "2010~2020년 전 세계 이케아 매장 방문객 수"Number of visits to IKEA stores worldwide from 2010 to 2020, 2021년 5월 11일, https://www.statista.com/ statistics/241828/number-of-visits-to-ikea-stores-worldwide/.

51. "왜 이케아는 그렇게 성공했나?"Why Is IKEA So Successful?, 2018년 7월 12일, https://furnitureblog.simplicitysofas. com/blog/why-is-ikea-so-successful/.

52. 장-베네딕드 스틴캠Jan-Benedict Steenkamp, 《글로벌 브랜드 전략: 브랜딩의 시대의 세계적 마케팅》Global Brand Strategy: World-Wise Marketing in the Age of Branding, New York: Springer, 2017.

53. "미국 가구가 지난 10년간 이케아에서 가구를 구입한 양" Quantity of Furniture U.S. Homeowners Bought from IKEA in the Last Decade 2016, Statista Research Department, 2016년 9월 20일, https://www.statista.com/statistics/618639/ quantity-of-furniture-us-homeowners-bought-from-ikea-in-the-last-decade/.

54. IBM 뉴스룸IBM Newsroom, "IBM, 레드햇을 340억 달러에 인수하는 역사적 작업을 마무리하다; 오픈 클라우드의 미래를 정의하다"IBM Closes Landmark Acquisition of Red Hat for $34 Billion; Defines Open, Hybrid Cloud Future, Armonk, NY and Raleigh, NC, 2019년 7월 9일, https://newsroom. ibm.com/2019-07-09-IBM-Closes-Landmark-Acqui-sition-of-Red-Hat-for-34-Billion-Defines-Open-Hy-brid-Cloud-Future.

55. 게리 심스Gary Sims, "ARM, 작은 도토리에서 세계적 리더로 부상하다"ARM's Rise from a Small Acorn to a World Leader, 2014년 5월 19일, https://www.androidauthority.com/ arms-rise-small-acorn-world-leader-376606/.

56. 크리스틴 벤트Kristin Bent, "ARM, 스마트폰 시장의 95%를 낚아채며 새로운 성장 분야를 노린다"ARM Snags 95 Percent of Smartphone Market, Eyes New Areas for Growth, 2012년 7월 16일, https://www.crn.com/news/components-pe-ripherals/240003811/arm-snags-95-percent-of-smartphone-market-eyes-new-areas-for-growth. htm.

57. 아라쉬 마소우디Arash Massoudi, 제임스 폰타넬라-칸James Fontanella-Khan, 리차드 워터스Richard Waters, "소프트뱅크, 영국 ARM 홀딩스를 243억 파운드에 인수하다"SoftBank to Acquire UK's ARM Holdings for £24.3BN, 2016년 7월 19일, https://www.ft.com/content/235b1af4-4c7f-11e6-8172-e39ecd3b86fc.

58. 댄 스윈호Dan Swinhoe, "영국 정부, 보안 칩 개발 건으로 ARM에 3,600만 파운드 지불"UK Government Gives £36 Million to ARM to Develop Secure Chips, 2019년 10월 24일, https://www.csoonline.com/article/3447856/uk-gov-ernment-gives-36-million-to-arm-to-develop-se-cure-chips.html.

59. ARM 2009년 연례보고서, http://www.annualreports. com/HostedData/AnnualReportArchive/a/LSE_ARM_2009.pdf.

60. ARM 2008년 연례보고서.

61. 제나 구드로Jenna Goudreau, "디즈니 프린세스, 오락 상품 Top 20 베스트셀러에 오르다"Disney Princess Tops List of the 20 Best-Selling Entertainment Products, https://www.forbes. com/sites/jennagoudreau/2012/09/17/disney-prin-cess-tops-list-of-the-20-best-selling-entertainment-products/?sh=1f0c0a17ab06.

62. 빅토리아 쉐로우Victoria Sherrow, 《헤어의 백과사전: 문화적

역사》Encyclopedia of Hair: A Cultural History, Westport, CT: Greenwood Publishing Group, 2006.

63. "마사 마틸다 하퍼"Martha Matilda Harper, 여성 명예의 전당 National Women's Hall of Fame, https://www.womenofthe-hall.org/inductee/martha-matilda-harper/.

64. "마사 마틸다 하퍼: 하녀에서 미의 기업가로"Martha Matilda Harper: Servant Girl to Beauty Entrepreneur, https://racing-nelliebly.com/strange_times/servant-girl-beauty-en-trepreneur/.

65. 제이미 시튼Jaimie Seaton, "마사 마틸다 하퍼, 지금껏 들어본 적 없는 위대한 비즈니스 우먼"Martha Matilda Harper, The Greatest Business Woman You've Never Heard Of, 2017년 1월 11일, https://www.atlasobscura.com/articles/mar-tha-matilda-harper-the-greatest-businesswom-an-youve-never-heard-of.

66. "프랜차이징이 국가 경제에 미치는 영향 살펴보기"A Look at How Franchises Impact the Economy, 세계프랜차이즈협회 International Franchise Association, https://www.franchise-direct.com/information/a-look-at-how-franchises-impact-the-economy.

67. 클리브 톰슨Clive Thompson, "어떻게 복사기 업체가 우리의 일하는 방식을 변화시켰나"How the Photocopier Changed the Way We Worked-and Played, 2015년 3월, https://www.smithsonianmag.com/history/duplication-na-tion-3D-printing-rise-180954332/.

68. "제록스, 최초의 복사기를 선보이다"Xerox Introduces the First Photocopier, 2019년 11월 28일, https://www.encyclope-dia.com/science/encyclopedias-almanacs-tran-scripts-and-maps/xerox-introduces-first-photo-copier.

69. 대니얼 그로스Daniel Gross, "조셉 윌슨의 결단과 포브스 선정 역사상 가장 위대한 비즈니스 스토리 제록스 914"Betting the Company: Joseph Wilson and the Xerox 914 from Forbes Greatest Business Stories of All Time, http://www.stephenhicks.org/wp-content/uploads/2012/01/forbes-xerox.pdf.

70. 알렉스 허친슨Alex Hutchinson, 《빅 아이디어: 우리 세계를 변모시킨 100개의 현대 발명품》Big Ideas: That Have Transformed Our World, New York: Sterling Publishing, 2009.

71. "제록스 914라는 일반 용지 복사기"Xerox 914 Plain Paper Copier, 국립 미국사 박물관National Museum of American History, https://americanhistory.si.edu/collections/search/object/nmah_1085916.

72. "제록스그라피 이야기"The Story of Xerography, https://www.xerox.com/downloads/usa/en/s/Storyofxerography.pdf.

73. 루이스 콜럼버스Louis Columbus, "2018년 구독경제 현황"The State of the Subscription Economy, 2018, 〈포브스〉, https://www.forbes.com/sites/louiscolumbus/2018/03/04/the-state-of-the-subscription-economy-2018/.

74. "용기 활성화"Activating Brave, 〈인트라브랜드〉Intrabrand, https://www.interbrand.com/wp-content/uploads/2018/10/Interbrand_Best_Global_Brands_2018.pdf.

75. 제임스 카울링James Cowling, "코닥: 브라우니에서 롤 필름, 그리고 디지털 재앙까지"Kodak: From Brownie and Roll Film to Digital Disaster, BBC News, 2012년 1월 20일, https://www.bbc.com/news/business-16627167.

76. 존 맥도너John McDonough, 카렌 이골프Karen Egolf, 《광고의 시대 광고의 백과사전》The Advertising Age Encyclopedia of Advertising, Chicago, IL:Fitzroy Dearborn Publishers, 2002.

77. 제이슨 파라고Jason Farago, "우리의 '코닥 모먼트' 그리고 창의력은 사라지다"Our 'Kodak Moments'- and Creativity- Are Gone, 2013년 8월 23일, https://www.theguardian.com/commentisfree/2013/aug/23/photography-photogra-phy.

78. 데이비드 어스본David Usborne, "모든 것이 코닥에게 잘못 돌아가던 순간"The Moment It All Went Wrong for Kodak, 2012년 1월 20일, https://www.independent.co.uk/news/busi-ness/analysis-and-features/the-moment-it-all-went-wrong-for-kodak-6292212.html.

79. 욘 리세겐Jorn Lyseggen, 《외부의 통찰: 데이터로 가득한 세상 탐험하기》Outside Insight: Navigating a World Drowning in Data, London: Penguin, 2016.

80. 만수르 이크발Mansoor Iqbal, "2021년 스포티파이 사용량과 매출 통계"Spotify Usage and Revenue Statistics [2021], 2021년 7월 6일, https://www.businessofapps.com/data/spoti-fy-statistics/.

81. 벡키 피터슨Becky Peterson, "스포티파이, 설립 이래 음악 로열티로 100억 달러를 지출했고, 이것이 현금 출혈의 가장 큰 이유다"Spotify has spent $10 billion on music royalties since it's creation and it's a big part of why its bleeding money, 2018년 3월 1일, https://www.businessinsider.in/spotify-has-spent-10-billion-on-music-royalties-since-its-cre-ation-and-its-a-big-part-of-why-its-bleeding-money/articleshow/63118184.cms.

82. 모니카 머큐리Monica Mercuri, "스포티파이, 1분기 영업이익 발표. 유료 구독자 수 9,600만 명 도달"Spotify Reports First Quarterly Operating Profit, Reaches 96 Million Paid Subscribers, https://www.forbes.com/sites/monicamercuri/2019/02/06/spotify-reports-first-quarterly-operat-ing-profit-reaches-96-million-paid-subscribers/.

83. "스포티파이 테크놀로지 S.A., 2019년 2분기 결산을 발표하다"Spotify Technology S.A. Announces Financial Results for Second Quarter 2019, 2019년 7월 31일, https://investors.spotify.com/financials/press-release-details/2019/Spotify-Technology-SA-Announces-Financial-Results-for-Second-Quarter-2019/default.aspx.

84. 마크 멀리건Mark Mulligan, "스포티파이 2018년 4분기: 견고한 성장을 보이며 수익성을 나타내나 장기적으론 의문"Spoti-fy Q4 2018: Solid Growth with a Hint of Profitability but Longer

Term Questions, 2019년 2월 14일, https://www.midiare-search.com/blog/spotify-q4-2018-solid-growth-with-a-hint-of-profitability-but-longer-term-questions.

85. 폴 소어즈Paul Sawers, "스포티파이, 2019년 3분기 사용자 수 30% 증가하여 1억 1,300만 명 도달"Spotify Grows Users 30% in Q3 2019, Premium Subscribers Reach 113 Million, 2019년 10월 28일, https://venturebeat.com/2019/10/28/spotify-grows-users-30-in-q3-2019-premium-subscribers-reach-113-million/.

86. 애리엘Ariel, "2018년 미국의 2,500만 대 아이폰에 스포티파이가 다운로드됐다"Spotify Was Downloaded on 25 Million iPhones in the U.S. in 2018, 2018년 10월 23일, https://blog.appfigures.com/pandora-chases-spotify-but-spotify-charges-ahead/.

87. 키스 코울필드Keith Caulfield, "2019년 미국 온디멘드 오디오 스트리밍이 5,000억 회 초과, 아리아나 그란데의 'Thank U, Next' 앨범이 올해 20억 회 스트리밍 도달"2019 U.S. On-Demand Audio Streams Surpass Half-Trillion, Ariana Grande's 'Thank U, Next' First Album to Reach 2 Billion Streams This Year, 2019년 9월 21일, https://www.billboard.com/articles/business/chart-beat/8530681/2019-on-demand-audio-streams-surpass-half-trillion-ariana-grande.

88. 케일리 바난델름디Kayleigh Vanandelmdy, "사례 연구: 스포티파이가 46%라는 유료 구독자 전환율에 도달한 방법"Case Study: How Spotify Achieves Astonishing 46% Conversion Rate from Free to Paid, 2019년 10월 8일, https://growrevenue.io/spotify-free-to-paid-case-study/.

89. "포트나이트 현상이 한 게임 개발자를 억만장자로 만들다"Fortnite Phenomenon Turns a Game Developer into a Billionaire, 2018년 7월 24일, https://adage.com/article/media/fortnite-phenomenon-turns-game-developer-into-a-billionaire/314357.

90. 캐서린 뉴Catherine New, "얼마나 많은 사람이 공유경제를 만드나?"How Much Are People Making from the Sharing Economy?, 2017년 6월 13일, https://www.earnest.com/blog/sharing-economy-income-data/.

91. 에어비앤비 뉴스룸 공지사항Airbnb Newsroom Fast Facts, https://news.airbnb.com/fast-facts/.

92. S. 락S. Lock, "2015년부터 2018년까지 미국과 유럽에서 에어비앤비를 사용하는 레저 및 비즈니스 여행자의 비율"Share of Leisure and Business Travelers using Airbnb in the United States and Europe from 2015 to 2018, 2019년 1월 16일, https://www.statista.com/statistics/795675/travelers-using-airbnb/.

93. 잭 쿠안턴스Zack Quaintance, "2018년에 최초로 일어난 일들: 미국 소비자가 힐튼보다 에어비앤비에 더 많이 지출"A First in 2018: American Consumers Spent More on Airbnb Than on Hilton, 2019년 4월 13일, https://tophotel.news/a-first-in-2018-american-consumers-spent-more-on-airbnb-than-on-hilton/.

94. 파르미 올슨Parmy Olson, "단독: 잔 코움이 왓츠앱을 190억 달러에 매각하고 페이스북 품으로 들어가 가난뱅이가 부자가 된 이야기"Exclusive: The Rags-To-Riches Tale of How Jan Koum Built WhatsApp into Facebook's New $19 Billion Baby, 2014년 2월 19일, https://www.forbes.com/sites/parmyolson/2014/02/19/exclusive-inside-story-how-jan-koum-built-whatsapp-into-facebooks-new-19-billion-baby/?sh=5501daae2fa1.

95. 라이언 부쉬Ryan Bushey, "문자 메시지 앱, 왓츠앱은 이제 매달 4억 명이 사용"Texting App WhatsApp Now Has 400 Million People Using It Every Month, 2013년 12월 20일, https://www.businessinsider.com.au/whatsapp-400-million-users-2013-12?r=US&IR=T.

96. 도미닉 로쉬Dominic Rushe, "왓츠앱: 페이스북, 190억 달러 거래로 메시징 서비스 인수"WhatsApp: Facebook Acquires Messaging Service in $19BN Deal, 2014년 2월 20일, https://www.theguardian.com/technology/2014/feb/19/facebook-buys-whatsapp-16bn-deal.

97. 다이앤 드라건Diane Dragan, "당신이 지불했다고 생각 못할 10가지 엄청난 가격 인상"10 Outrageous Markups You'd Never Guess You Were Paying, rd.com/advice/savingmoney/10-outrageous-markups-youd-neverguess-you-were-paying/.

98. 만수르 이크발Mansoor Iqbal, "2021년 왓츠앱 매출과 사용량"WhatsApp Revenue and Usage Statistics [2021], 2021년 5월 13일, https://www.businessofapps.com/data/whatsapp-statistics/.

99. "2004~2014년 미국 모바일 메시지 사용량"Mobile messaging volumes in the U.S. from 2004 to 2014, https://www.statista.com/statistics/215776/mobile-messaging-volumes-in-the-us/.

100. 찰스 아서Charles Arthur, "앱 메시징이 모바일 네트워크의 텍스트 수익을 손상시킨다"App Messaging Damages Mobile Networks' Text Revenues, 2013년 4월 29일, https://www.theguardian.com/technology/2013/apr/29/app-messaging-damages-mobile-text-revenues.

101. 시티즌 M 호텔 뱅크사이드 런던Citizen M Hotel Bankside London, https://archello.com/project/citizen-m-hotel-bankside-london.

102. 마틸다 크르치코프스키Matylda Krzykowski, "시티즌M의 실태"CitizenM by Concrete, 2008년 11월 7일, https://www.dezeen.com/2008/11/07/citizenm-by-concrete/.

103. 김위찬W. Chan Kim · 르네 마보안Renee Mauborgne, "시티즌M이 호텔 산업에서 새로운 시장 공간을 만든 방법"How CitizenM Created New Market Space in the Hotel Industry, https://www.blueoceanstrategy.com/blog/citizenm-hotels-a-blue-ocean-chain-in-a-red-ocean-industry/.

104. "미리 지어진 호텔: 시티즌M이 건물을 짓는 방법"Hotels That Arrive Prebuilt: How CitizenM Manufactures Its Buildings, 2017년 12월 15일, https://www.wired.co.uk/article/hotels-that-arrive-prebuilt.

105. "시티즌M, 저렴한 럭셔리의 시대를 열다"CitizenM Celebrates Yet Another Year of Affordable Luxury, https://www.citizenm.

com/news/citizenm-celebrates-yet-another-year-of-affordable.

106. "첫 주말에 100만 대의 새로운 아이폰 판매"A Million New iPhones Sold in the First Weekend, 로이터, 2008년 7월 15일, https://www.nytimes.com/2008/07/15/technology/15apple.html.

107. 매튜 존스Matthew Jones, "아이폰 역사: 타임라인 순으로 보는 모든 세대의 아이폰"iPhone History: Every Generation in Timeline Order, 2014년 9월 14일, https://historycooperative.org/the-history-of-the-iphone/.

108. 테크인사이트의 BOMBill of Materials from Techinsights; 애플의 제품 발표Apple Product Announcements.

109. 척 존스Chuck Jones, "애플의 아이폰: 모든 이익을 포착할 때 대수에 관심을 갖는 이유"Apple's iPhone: Why Care about Units When It Captures All the Profits, https://www.forbes.com/sites/chuckjones/2015/11/16/apples-iphone-why-care-about-units-when-it-captures-all-the-profits/?sh=2aab-907b5a77.

110. J. 클레멘트J. Clement, "2021년 주요 앱 스토어에서 사용할 수 있는 앱 수"Number of Apps Available in Leading App Stores 2021, 2021년 7월 6일, https://www.statista.com/statistics/276623/number-of-apps-available-in-leading-app-stores/.

111. 샘 코스텔로Sam Costello, "전 세계적으로 몇 대의 아이폰이 판매되었습니까?"How Many iPhones Have Been Sold Worldwide?, 2019년 12월 27일, https://www.lifewire.com/how-many-iphones-have-been-sold-1999500.

112. 김위찬W. Chan Kim · 르네 마보안Renee Mauborgne, "시티즌M이 호텔 산업에서 새로운 시장 공간을 만든 방법"How CitizenM Created New Market Space in the Hotel Industry, https://www.blueoceanstrategy.com/blog/citizenm-hotels-a-blue-ocean-chain-in-a-red-ocean-industry/.

113. 마틸다 크르치코프스키Matylda Krzykowski, "시티즌M의 실태"CitizenM by Concrete, 2008년 11월 7일, https://www.dezeen.com/2008/11/07/citizenm-by-concrete/.

114. 키스 코핀Keith Goffin · 릭 미첼Rick Mitchell, 《혁신 관리: 효과적인 전략 및 구현》Innovation Management: Effective Strategy and Implementation, Palgrave, 2017.

115. "원커넥트, 2019년 IDC 파이낸셜 인사이트 핀테크 랭킹 Top 100에서 상승"OneConnect moves up in the 2019 IDC Financial Insights FinTech Rankings Top 100 list, 2019년 10월 10일, https://en.prnasia.com/releases/apac/oneconnect-moves-up-in-the-2019-idc-financial-insights-fintech-rankings-top-100-list-260270.shtml.

116. "핑안의 핀테크 원커넥트, 9월쯤 뉴욕 상장 계획: 국내 리포트"Ping An Fintech Vehicle OneConnect Plans to List in New York by as Soon as September: Domestic Report, 중국은행뉴스China Banking News, http://www.chinabankingnews.com/2019/06/18/ping-ans-fintech-vehicle-oneconnect-plans-to-list-in-new-york-by-september-domestic-reports/.

117. "핀리프, 원커넥트와 파트너십을 맺어 유럽에 우수한 기술을 제공"finleap connect partners with OneConnect to bring superior technology to Europe, 2019년 8월 26일, https://www.prnewswire.com/news-releases/finleap-connect-partners-with-oneconnect-to-bring-superior-technology-to-europe-300906797.html.

118. 케이스 퍼그슨Keith Pogson, "은행이 핵심 레거시 뱅킹 플랫폼 업그레이드를 지연할 수 없는 이유"Why banks can't delay upgrading core legacy banking platforms, 2019년 6월 18일, https://www.ey.com/en_gl/banking-capital-markets/why-banks-can-t-delay-upgrading-core-legacy-banking-platforms.

119. "핑안, 인도네시아 금융 산업의 디지털 혁신 가속화"Ping An Accelerates Digital Transformation in Indonesia's Finance Industry, 2019년 2월 20일, https://www.prnewswire.com/news-releases/ping-an-accelerates-digital-transformation-in-indonesias-finance-industry-300798850.html.

120. 윌 하일러Will Huyler, "핑안의 원커넥트 개요"An Overview of Pingan's OneConnect, 2019년 5월 20일, https://www.kapronasia.com/asia-banking-research-category/an-overview-of-pingan-s-oneconnect.html.

개선 패턴

1. 라몬 카사데서스-마사넬Ramon Casadesus-Masanell · 올리버 가스만Oliver Gassmann · 로만 소이어Roman Sauer, "힐티의 플리트 경영: 성공적인 비즈니스 모델을 실현"Hilti Fleet ManagementA: Turning a Successful Business Model on Its Head, 2018년 9월, https://www.hbs.edu/faculty/Pages/item.aspx?num=52550.

2. 크리스토프 루스 박사, 힐티 CEO.

3. 미첼 카스티요Michelle Castillo, "리드 헤이스팅스의 넷플릭스 설립 이야기가 여러 번 바뀌다"Reed Hastings' Story about the Founding of Netflix Has Changed Several Times, 2017년 5월 23일, https://www.cnbc.com/2017/05/23/netflix-ceo-reed-hastings-on-how-the-company-was-born.html.

4. 토드 스팽글러Todd Spangler, "넷플릭스, 2018년 콘텐츠에 120억 달러를 지출, 분석가들은 올해 150억 달러로 증가할 것으로 예상"Netflix Spent $12 Billion on Content in 2018. Analysts Expect That to Grow to $15 Billion This Year, 2019년 1월 18일, https://variety.com/2019/digital/news/netflix-content-spending-2019-15-billion-1203112090/.

5. 로렌 파이너Lauren Feiner, "넷플릭스, 미국에서 전체 TV 시청 시간의 10%를 차지하는 등 쇼에 관한 엄청난 숫자를 공개"Netflix Says It Has 10% of All TV Time in the US and Discloses Some Colossal Numbers for Its Shows, 2019년 1월 17일, https://www.cnbc.com/2019/01/17/netflix-how-many-people-watch-bird-box.html.

6. 에이미 왓슨Amy Watson, "2013~2021년 전 세계 넷플릭스

유료 구독자 수"Netflix subscribers count worldwide 2013-2021, 2021년 4월 21일, https://www.statista.com/statistics/250934/quarterly-number-of-netflix-streaming-subscribers-worldwide/.

7. J. 클레멘트J. Clement, "2008~2017년 애플 앱 스토어에서 사용 가능한 앱 수"Number of available apps in the Apple App Store 2008-2017, 2018년 9월 12일, https://www.statista.com/statistics/263795/number-of-available-apps-in-the-apple-app-store/.

8. 알렉스 구요트Alex Guyot, "앱 스토어의 10년: 시작부터 현재까지"A Decade on the App Store: From Day One Through Today, 2018년 7월 11일, https://www.macstories.net/news/a-decade-on-the-app-store-from-day-one-through-today/.

9. 마이크 워텔레Mike Wuerthele, "애플은 2008년부터 개발자에게 1,200억 달러를 지급"Apple Has Paid Out $120 Billion to Developers since 2008, 2019년 1월 28일, https://appleinsider.com/articles/19/01/28/apple-has-paid-out-120-billion-to-developers-since-2008.

10. 전용 비디오 게임기 판매대수"Dedicated Video Games Sales Units, 2019년 9월 30일, https://www.nintendo.co.jp/ir/en/finance/hard_soft/.

11. "테드, 10억 조회 수 달성!"TED Reaches Its Billionth Video View!, 2012년 11월 13일, https://blog.ted.com/ted-reaches-its-billionth-video-view/.

12. "테드의 역사"History of TED, https://www.ted.com/about/our-organization/history-of-ted.

13. "테드", https://www.ted.com/talks.

14. "테드, 미디어 플랫폼이 기록적인 글로벌 시청자 증가를 보임에 따라 밴쿠버에서 연례 콘퍼런스를 연다"TED Opens Annual Conference in Vancouver as Media Platform Sees Record Global Audience Growth, 2018년 4월 10일, https://blog.ted.com/ted-opens-annual-conference-in-vancouver-as-media-platform-sees-record-global-audience-growth/.

15. 인텔 1993년 연례보고서, https://www.intel.com/content/www/us/en/history/history-1993-annual-report.html.

16. "가트너의 최종 결과에 따르면 2016년 전 세계 반도체 매출 2.6% 증가"Worldwide Semiconductor Revenue Grew 2.6 Percent in 2016, According to Final Results by Gartner, Stamford, Conn., 2017년 5월 15일, https://www.gartner.com/en/newsroom/press-releases/2017-05-15-worldwide-semiconductor-revenue-grew-2-percent-in-2016-according-to-final-results-by-gartner.

17. 인텔 1991년 연례보고서, https://www.intel.com/content/www/us/en/history/history-1991-annual-report.html.

18. 인텔 기업 연감Intel Corporation History, http://www.fundinguniverse.com/company-histories/intel-corporation-history/.

19. 짐 달림플Jim Dalrymple, "애플 스토어 2012년 3억 명 방문, 지니어스 바는 하루 5만 명 방문"Apple Stores See 300 Million Visitors in FY 2012, 50,000 Genius Bar Visits a Day, 2012년 8월 20일, https://www.loopinsight.com/2012/08/20/apple-stores-see-300-million-visitors-in-2012-50000-genius-bar-visits-a-day/.

20. 후지필름 2006년 연례보고서.

21. 후지필름 2019년 연례보고서.

22. "폭풍 속으로 에피소드 2: 후지필름"Inside the Storm Ep 2: Fujifilm, 〈채널 뉴스 아시아〉, 2017년 2월 1일, https://www.channelnewsasia.com/news/video-on-demand/inside-the-storm-s2/fujifilm-7824486.

23. 제이크 닐슨Jake Nielson, "코닥 이야기: 비즈니스를 구할 수 있었던 방법"Story of Kodak: How They Could Have Saved the Business, 2014년 8월 22일, https://www.ignitionframework.com/story-of-kodak/.

24. "TRAI가 2019년 10월 31일에 발표한 통신 가입 데이터"TRAI releases Telecom Subscription Data as on 31st October, 2019, 인도 통신 규제국Telecom Regulatory Authority of India, 뉴델리New Delhi, 2019년 12월 30일, https://www.trai.gov.in/sites/default/files/PR_No.128of2019.pdf.

25. 비재이 고빈다라잔Vijay Govindarajan, "텔레콤 기업의 경쟁적 솔루션: 아웃소싱?"Telecom's Competitive Solution: Outsourcing?, 2012년 5월 8일, https://hbr.org/2012/05/telecoms-ompetitive-solution-outsourcing.

26. 스티븐 J. 본-니콜스Steven J. Vaughan-Nichols, "마이크로소프트가 오픈 이노베이션 네트워크에 참여하는 의미?"What Does Microsoft Joining the Open Invention Network Mean for You?, 2018년 10월 11일, https://www.zdnet.com/article/what-does-microsoft-joining-the-open-invention-network-mean-for-you/.

27. "마이크로소프트, 깃허브를 75억 달러에 인수"Microsoft to Acquire GitHub for $7.5 Billion, 2018년 6월 4일, https://news.microsoft.com/2018/06/04/microsoft-to-acquire-github-for-7-5-billion/.

28. "마이크로소프트는 깃허브의 오픈소스에 대한 가장 큰 단일 기업 기여자"Microsoft Is the Largest Single Corporate Contributor to Open Source on Github, https://ballardchalmers.com/2018/05/07/microsoft-largest-single-corporate-contributor-open-source-github/.

29. 브룩스 반스Brooks Barnes, "디즈니는 픽사, 마블, 루카스 필름을 합친 것보다 테마파크에 더 많이 지출"Disney Is Spending More on Theme Parks Than It Did on Pixar, Marvel and Lucasfilm Combined, 2018년 11월 16일, https://www.nytimes.com/interactive/2018/11/16/business/media/disney-invests-billions-in-theme-parks.html.

30. 린다 로젠크랜스Linda Rosencrance, "다우코닝, 자이어미터 사업 부문 론칭"Dow Corning Launches Business Unit, Xiameter, 2002년 3월 14일, https://www.computerworld.com/article/2587477/dow-corning-launches-business-unit--xiameter.html.

31. 브루스 마이어Bruce Meyer, "자이어미터 비즈니스, 웹의 성공 스토리", 2011년 8월 23일, 2011, https://www.rubber-news.com/article/20110823/NEWS/308239996/xiam-eter-business-a-web-success-story.

32. "두 브랜드 전략이 다이코닝 성공의 비결"TwoBrand Strategy Spells Success for Dow Corning, Noria Corporation, https://www.reliableplant.com/Read/5144/two-br-strategy-spells-success-for-dowcorning.

33. "2006~2021년 어도비 이익률Adobe Profit Margin 2006-2021", https://www.macrotrends.net/stocks/charts/ADBE/adobe/profit-margins.

34. 이투 라소르Itu Rathore, "어도비의 세그먼트에 따른 분기별 구독 매출"Adobe Quarterly Subscription Revenue by Segment, 2019년 11월 7일, https://dazeinfo.com/2019/11/07/adobe-quarterly-subscription-revenue-by-seg-ment-graphfarm/.

35. 존 마코프John Markoff, "기업 보고서: 1995년 이후 애플의 첫 연간 이익"Company Reports; Apple's First Annual Profit Since 1995, 1998년 10월 15일, https://www.nytimes.com/1998/10/15/business/company-reports-ap-ple-s-first-annual-profit-since-1995.html.

36. "애플, 80만 대의 아이맥이 판매됐고 구매자의 45%가 처음 맥을 사용하는 사람이라고 발표"Apple Announces That 800,000 iMacs Sold/ 45% of Buyers New to Mac, 1999년 1월 6일, https://www.macobserver.com/news/99/janu-ary/990106/800000imacs.html.

37. 더그 바솔로뮤Doug Bartholomew, "무엇이 애플의 회복을 가능케 했나"What's Really Driving Apple's Recovery, 1999년 3월 16일, https://www.industryweek.com/leadership/companiesexecutives/article/21960994/whats-real-ly-driving-apples-recovery.

38. "전략적 변화를 이끈 글로벌 Top 20 기업"The Transformation 20: The Top Global Companies Leading Strategic Transformations, 2019년 9월, https://www.innosight.com/insight/the-transformation-20/.

39. 외르스테드의 2018년 ESG 성과 보고서Ørsted ESG Per-formance Report 2018, https://orsted.com/-/media/Annual_2018/Orsted_ESG_performance_report_2018.ashx?la=en&hash=315A4E48E0AD794B64B9A-C56EE7ED2F1.

40. 롤스로이스 홀딩스 PLC의 연례보고서.

41. 에이미 미첼Amy Mitchell · 마크 주르코비츠Mark Jurkowitz · 에밀리 구스킨Emily Guskin, "숫자로 보는 워싱턴 포스트"The Washington Post: By the Numbers, 2013년 8월 7일, https://www.journalism.org/2013/08/07/the-washington-post-by-the-numbers/.

42. 죠수아 벤튼Joshua Benton, "LA 타임즈의 실망스러운 디지털 성과는 게임의 비결이 구독자를 끌어들이는 것이 아니라 유지하는 것임을 보여준다"The L.A. Times' Disappointing Digital Numbers Show the Game's Not Just about Drawing in Subscribers- It's about Keeping Them, 2019년 7월 31일, https://www.niemanlab.org/2019/07/the-l-a-times-disappointing-digital-numbers-show-the-games-not-just-about-drawing-in-subscribers-its-about-keeping-them/.

43. "워싱턴 포스트, 2019년 3월 방문자 8,660만 명 달성"The Washington Post Records 86.6 Million Unique Visitors in March 2019, 2019년 4월 18일, https://www.washingtonpost.com/pr/2019/04/17/washington-post-records-mil-lion-unique-visitors-march/.

44. 매튜 캐진Matthew Kazin, "델타의 아메리칸 익스프레스 신용 카드로 항공사 수익 증대"Delta's American Express Credit Card Helps Boost Airline's Bottom Line, https://www.foxbusiness.com/markets/deltas-american-express-credit-card-helps-boost-airlines-bottom-line.

45. "아메리칸 익스프레스와 델타, 업계 최고의 파트너십 갱신, 고객 혜택을 지속적으로 혁신하기 위한 기초 마련"American Express and Delta Renew Industry-Leading Partnership, Lay Foundation to Continue Innovating Customer Benefits, 2019년 4월 2일, https://news.delta.com/american-ex-press-and-delta-renew-industry-leading-partner-ship-lay-foundation-continue-innovating.

이미지 출처

도구

보쉬 · Courtesy of Bosch
고어 · Courtesy of Gore

관리

아마존 · Courtesy of Amazon
핑안 · Courtesy of Ping An
소니 스타트업 엑셀러레이터 프로그램 · Courtesy of Sony
마이크로소프트 · Courtesy of Microsoft
유니레버 · Courtesy of Unilever
로지텍 · Courtesy of Logitech
후지필름 · Courtesy of Fujifilm

발명 패턴

테슬라 · Courtesy of Tesla
테슬라 · Tesla – "2018 Tesla Model S 75D Taken in A464, Priorslee Road, Shifnal" by Vauxford / CC BY 4.0, https://commons.wikimedia.org/wiki/File:2018_Tesla_Model_S_75D.jpg
토요타 프리우스 · "Toyota Prius" by SPanishCoches / CC BY 2.0, https://www.flickr.com/photos/39302751@N06/6790397898

스마트 일렉트릭 · "Smart Electric Drive" by John Karakatsanis / CC BY 2.0, https://www.flickr.com/photos/johnkarakatsanis/14408896673/in/photostream/
달러 셰이브 클럽 · Dollar Shave Club youtube, https://www.youtube.com/watch?v=ZUG9q-YTJMsl
타파웨어 · Serious Partying, Tupperware Ad. Courtesy of the Smithsonian, National Museum of American History, https://americanhistory.si.edu/object-project/refrigerators/tupperware
이케아 · "Shopping at IKEA: backyard patio tiles" by osseous / CC BY 2.0, https://www.flickr.com/photos/10787737@N02/46561611371
하퍼 · (ca. 1914) Rear view of woman, possibly Martha Matilda Harper, with hair reaching down near her ankles., ca. 1914. [Photograph] Retrieved from the Library of Congress, https://www.loc.gov/item/2002698518/
제록스 · Xerox 914 Plain Paper Copier. Courtesy of the Smithsonian, National Museum of American History, https://americanhistory.si.edu/collections/search/object/nmah_1085916
코닥 브라우니 · "the Basic Brownie Camera" by Alan Levine / CC0 1.0, https://en.wikipedia.org/wiki/Brownie_(camera)#/media/File:2014-365-233_The_Basic_Brownie_Camera_(14809795240).jpg
코닥 필름 · "Eastman Kodak Non Curling 116 Film by" by Thistle33 is licensed under CC BY-SA 4.0, https://commons.wikimedia.org/wiki/File:Kodak_NonCurling_1925.jpg#/media/File:Kodak_NonCurling_1925.jpg
에어비앤비 · Photo by Matthew T Rader on Unsplash, https://unsplash.com/photos/9ZaqDVDdMwg
시티즌M · (a) Courtesy of citizenM (b) "citizenM" by Jumilla / CC BY 2.0, https://flic.kr/p/aSSQUe (c) Courtesy of citizenM

개선 패턴

힐티 · Courtesy of Hilti

애플 지니어스 바 · "Genius Bar" by renatomitra / CC BY-SA 2.0, https://www.flickr.com/photos/33029569@N00/3554552146/

'소비자에게 다가가기' 트렌드

애플 스토어 · "1373" by ptwo / CC BY 2.0, https://search.creativecommons.org/photos/45d908ee-a3d2-4ce4-85b9-babae4603d4a

네스프레소 부티크 · Photo by Ayach Art on Pexels, https://www.pexels.com/photo/coffee-market-room-shop-453098/

오데마 피케 · "Place de la Fusterie: magasin Audemars Piguet" by MHM55 / CC BY 4.0, https://commons.wikimedia.org/wiki/File:Place_de_la_Fusterie-03.jpg

틈새의 부상

크래프트 맥주 · "Craft Beer Booze Brew Alcohol Celebrate Refreshment" / CC0 1.0, https://www.rawpixel.com/image/33597/premium-photoimage-beer-bar-alcohol

공동 브랜드 신용카드 · "Amazon Prime Rewards Card" by Ajay Suresh / CC BY 2.0, https://commons.wikimedia.org/wiki/File:Amazon_Prime_Rewards_Card_(32861518627).jpg

익스클루시브 운동화 · Photo by Florian Olivo on Unsplash, https://unsplash.com/photos/5d4EhqeV0Og

애플 아이맥 · "Apple iMac G3 computer." by Musee Bolo / CC BY 2.0 France, https://upload.wikimedia.org/wikipedia/commons/2/22/IMac-IMG_7042.jpg

외르스테드 · Photo by Nicholas Doherty on Unsplash, https://unsplash.com/photos/pON-BhDyOFoM

문화

문화 맵 · Courtesy of Dave Gray

아마존 혁신 문화 · Courtesy of Amazon Entrepreneurial Leadership and Team

엘리자베스 아덴 · Library of Congress, Prints and Photographs Division, NYWT&S Collection, [LC-USZ62-123247], http://hdl.loc.gov/loc.pnp/cph.3c23247

다니엘 에크 · Daniel Ek, CEO and Co-founder of Spotify, is interviewed by Andy Serwer of Fortune Magazine at Fortune Brainstorm TECH at the Aspen Institute Campus. Photograph by Stuart Isett/Fortune Brainstorm TECH / CC BY 2.0, https://commons.wikimedia.org/wiki/File:Fortune_Brainstorm_TECH_2011_(5961801428).jpg

올리브 앤 비치 · "Beech, Olive Ann" by San Diego Air and Space Museum Archive, https://commons.wikimedia.org/wiki/File:Beech,_Olive_Ann.jpg

마윈 · Jack Ma attends the 20th Anniversary Schwab Foundation Gala Dinner on September 23, 2018 in New York, NY USA. Copyright by World Economic Forum / Ben Hider / CC BY 2.0, https://commons.wikimedia.org/wiki/File:20th_Anniversary_Schwab_Foundation_Gala_Dinner_(44887783681).jpg

앤 워즈키키 · "TechCrunch Disrupt SF 2017 - Day 2" by Techcrunch / CC BY 2.0, https://www.flickr.com/photos/52522100@N07/36938473750/

이본 쉬나드 · "A photo of rock climber Yvon Chouinard." by Tom Frost / CC BY 2.0, https://commons.wikimedia.org/wiki/File:Yvon_Chouinard_by_Tom_Frost.jpg

스트라이브 마시위와 · "Africa Progress Panel" by Rodger Bosch for APP / CC BY 2.0, https://www.flickr.com/photos/africaprogresspanel/8738568324/in/photostream/

양란 · "Yang Lan" by World Economic Forum from Cologny, Switzerland / CC BY 2.0, https://zh.m.wikipedia.org/wiki/File:Yang_Lan_-_Annual_Meeting_of_the_New_Champions_2012.jpg

도요타 기이치로 · "Kiichiro Toyoda was an engineer in Japan.", https://de.m.wikipedia.org/wiki/Datei:Kiichiro_Toyoda.jpg

재클린 노보그라츠 · "Jacqueline Novogratz" by Acumen / CC BY 2.0, https://www.flickr.com/photos/acumenfund/38439020321/in/photostream/

카를로스 슬림 · "Mexican businessman Carlos Slim Helú." by José Cruz/ABr / CC BY 3.0, https://commons.wikimedia.org/wiki/File:Carlos_Slim_Hel%C3%BA.jpg

왕쉐훙 · "HTC Chairwoman, Cher Wang, shows off new mobile phone mother board" by Robert Scoble / CC BY 2.0, https://www.flickr.com/photos/scobleizer/2215637255

색인

감사의 글

이 책은 가족, 스트래티저의 모든 팀원, 영감을 준 많은 사상가, 실무자, 그리고 피드백을 준 모든 이들의 사랑과 지원 없이는 만들 수 없었을 것이다. 책 내용과 디자인에 기여한 핵심 팀원 로렌 캔터Lauren Cantor, 맷 우드워드Matt Woodward, 에린 맥피Erin McPhee에게 감사한다.

우리에게 영감을 주고 우리가 믿고 따를 수 있었으며, 피드백을 준 많은 분들에게 특별한 감사를 전한다. 특히 데이브 그레이Dave Gray, 스티브 블랭크Steve Blank, 리타 맥그래스Rita McGrath, 로저 마틴Roger Martin, 헨리 체스브로Henry Chesbrough, 루이스 펠리페 시스네로스 마르티네즈Luis Felipe Cisneros Martinez, 스콧 앤서니Scott Anthony, 빌 피셔Bill Fischer, 사울 카플란Saul Kaplan, 마셜 골드스미스Marshall Goldsmith에게 감사한다.

에이미 칼훈Amy Calhoun, 브래큰 대럴Bracken Darrell, 크리스토프 루스Christoph Loos, 데이브 리스Dave Liss, 프랑소아 앙리 베나미아스Francois-Henry Bennahmias, 우베 키르슈너Uwe Kirschner, 신지 오다시마Shinji Odashima 등 비즈니스 및 혁신 리더들이 직접 시간을 내어 사례 연구에 기여했다.

스트래티저의 팀 모두가 이 책을 가능하게 하는 데 도움을 주었고 이 책을 완성하기 위해 여러 프로젝트를 잠시 멈춰야 했다. 스트래티저 어드바이저팀은 책의 내용을 테스트하는 데 특별히 노력해주었다. 텐다이 비키Tendayi Viki, 샤미라 밀러Shamira Miller, 패리스 토마스Paris Thomas, 그렉 버나다Greg Bernarda, 크리스천 돌Christian Doll, 마이클 윌켄스Michael Wilkens에게 감사한다.

또한 내용 테스트에 도움을 준 스트래티저 코치 및 혁신 실천가 커뮤니티 멤버인 캐롤린 바움가르트Caroline Baumgart, 피트 코헨Pete Cohen, 팀 대니얼Tim Daniel, 조시 깁슨Josie Gibson, 존 히블John Hibble, 닉 라키스Nick Rakis에게도 감사한다.

샐리 베이트먼Sally Bateman, 빈센티 베스나드Vincent Besnard, 티에리 보네토Thierry Bonetto, 바우도윈 코먼Baudouin Corman, 캐롤 코르조Carol Corzo, 에글란틴 에티엠블Eglantine Etiemble, 재이 자야마란Jay Jayamaran, 앤드루 젠킨Andrew Jenkin, 케이트 코흐Kate Koch, 팀 레이건Tim Regan, 마이클 드 로비라Michel de Rovira, 헤닝 트릴Henning Trill 등 특별히 시간을 내어 책 내용을 검토해준 경영진에 감사의 말씀을 드린다.

마지막으로 스트래티저 시리즈의 모든 책을 출판한 와일리Wiley 팀 전체와, 특별히 《비즈니스 모델의 탄생》 때부터 함께 한 리처드 나라모어Richard Narramore에게 감사드린다.

함께 만든 사람들

디자이너

크리스 화이트 Chris White
디자이너, 아트 디렉터

토론토에 거주 중인 크리스는 여러 학위를 가진 디자이너. 그는 수많은 비즈니스 출판물에서 다양한 역할을 수행했다. 가장 최근에는 종이 출판과 온라인 출판을 위한 프레젠테이션 디자인을 다루는 《글로브 앤드 메일》The Globe and Mail 보조 아트 디렉터로 참여했다. 이 책은 그가 스트래티저와 협업한 첫 번째 책이다.

디자이너

트리쉬 파파다코스 Trish Papadakos
디자이너, 사진가, 크리에이터

런던의 센트럴 세인트 마틴 Central St. Martins 에서 디자인 석사 학위를, 토론토의 요크 쉐리던 조인트 프로그램 York Sheridan Joint Program 에서 디자인 학사 학위를 받았다. 그녀는 자신의 모교에서 디자인을 가르쳤고 실력 있는 에이전시에서 일했으며 몇 차례 창업도 했다. 현재는 스트래티저와 네 번째로 협업 중이다.

@trishpapadakos

내용 자문

루시 루오 Lucy Luo
어드바이저, 문제 해결사

루시는 크고 작은 조직을 서비스하는 혁신 어드바이저로 획기적인 성장을 가져다 줄 새로운 제품 아이디어를 창안하고 론칭하는 일을 돕는다. 그녀는 다국적 기업과 혁신 전략을 수립하고 구현하는 일을 즐겨할 뿐만 아니라, 유럽과 아시아에 걸쳐 초기 단계의 스타트업들과 함께 일한다. 유엔UN, 글로벌 셰이퍼스 Global Shapers 등의 비영리 단체와 혁신 툴킷을 사용해 사회적, 지속가능적 도전 과제를 해결하는 열정을 지니고 있다.

한국어판 옮긴이

유정식

경영컨설턴트이자 인사 및 전략 전문 컨설팅 회사인 인퓨처컨설팅 대표다. 포항공과대학교(포스텍) 산업경영공학과를 졸업하고 연세대학교에서 경영학 석사 학위를 받았다. 기아자동차, LG CNS를 거쳐 글로벌 컨설팅 회사인 아서앤더슨과 왓슨와이어트에서 전략과 인사 전문 컨설턴트로 경력을 쌓았다. 인퓨처컨설팅을 설립한 이후에는 시나리오 플래닝, HR 전략, 경영 전략, 문제 해결력 등을 주제로 국내 유수 기업과 공공기관을 대상으로 컨설팅과 교육을 진행하고 있다. 15년간 블로그 '인퓨처컨설팅&유정식'을 운영 중이며 2020년 4월부터는 경영 전문 주간지 《주간 유정식》을 발행하고 있다. 지은 책으로 《일이 끊겨서 글을 씁니다》, 《나의 첫 경영어 수업》, 《빌 게이츠는 왜 과학책을 읽을까》, 《당신들은 늘 착각 속에 산다》, 《전략가의 시나리오》, 《착각하는 CEO》 등이 있으며, 옮긴 책으로 《비즈니스 아이디어의 탄생》, 《순서 파괴》, 《하이 아웃풋 매니지먼트》, 《에어비앤비 스토리》, 《피터 드러커의 최고의 질문》, 《당신은 사업가입니까》, 《디맨드》 등이 있다.